O fim da Lava-Jato

Aguirre Talento
e Bela Megale

O fim da Lava-Jato

Como a atuação de Bolsonaro, Lula e Moro enterrou a maior e mais controversa investigação do Brasil

GLOBOLIVROS

Copyright © 2022 by Editora Globo S.A. para a presente edição
Copyright © 2022 Aguirre Talento e Bela Megale

Todos os direitos reservados. Nenhuma parte desta edição pode ser utilizada ou reproduzida — em qualquer meio ou forma, seja mecânico ou eletrônico, fotocópia, gravação etc. — nem apropriada ou estocada em sistema de banco de dados sem a expressa autorização da editora.

Texto fixado conforme as regras do Acordo Ortográfico da Língua Portuguesa (Decreto Legislativo nº 54, de 1995).

Editora responsável: Amanda Orlando
Assistente editorial: Isis Batista
Revisão: Cláudia Mesquita e Mariana Donner
Diagramação: Alfredo Rodrigues
Capa: Renata Zucchini

1ª edição, 2022

CIP-BRASIL. CATALOGAÇÃO NA PUBLICAÇÃO
SINDICATO NACIONAL DOS EDITORES DE LIVROS, RJ

T148f

Talento, Aguirre.
    O fim da lava-jato : como a atuação de Bolsonaro, Lula e Moro enterrou a maior e mais controversa investigação do Brasil / Bela Megale, Aguirre Talento. - 1. ed. - Rio de Janeiro : Globo Livros, 2022.
    376 p. ; 23 cm..

    ISBN 978-65-5987-057-8

    1. Corrupção na política - Brasil. 2. Brasil - Política e governo I. Megale, Bela. II. Título.

22-77802   CDD: 320.981
                                 CDU: 32(81)

Gabriela Faray Ferreira Lopes - Bibliotecária - CRB-7/6643
17/05/2022 19/05/2022

Direitos exclusivos de edição em língua portuguesa para o Brasil adquiridos por Editora Globo S. A.
Rua Marquês de Pombal, 25 — 20230-240 — Rio de Janeiro — RJ
www.globolivros.com.br

Sumário

Introdução 9

1. O juiz 25
2. Lava-Jato eleitoral 43
3. O político 67
4. Transações atípicas 81
5. Pacote Anticrime 103
6. "Hacker aqui" 121
7. Coveiro da Lava-Jato 143
8. A crise da PF 169
9. O estremecimento 189
10. A demissão 201
11. A guinada na Procuradoria-Geral da República 223
12. O Centrão no poder 245
13. O fim das forças-tarefas 265
14. Lula livre 289

Epílogo 315
Notas 325

A Dione, Biaggio, Helenita, Solange e Luisa,
por me ensinarem tudo que importa.
Aguirre Talento

A Marta, Adauto e Celo, por fazerem tudo valer a pena sempre.
A André, pelo amor e companheirismo. E a Nilza, meu maior exemplo.
Bela Megale

Introdução

"Você quer ver como vou desmoralizar o Moro? Vou demitir o diretor da Polícia Federal!"[1]

Sentado em uma das poltronas de cor bege do seu gabinete no Palácio do Planalto, o presidente da República Jair Messias Bolsonaro fechou o semblante e adotou um tom de voz abaixo do que costuma usar quando disparou a frase acima. Minutos antes, ele havia se levantado e escondido seu celular em uma gaveta, para evitar qualquer chance de ser grampeado. Era manhã de uma terça-feira, 20 de agosto de 2019. Bolsonaro chamou para um café em seu gabinete uma autoridade do mundo jurídico de Brasília. O visitante já tinha sido obrigado a deixar seu telefone em uma caixa fora da sala, protocolo de segurança estabelecido pela equipe do Palácio do Planalto para evitar que o presidente seja gravado indevidamente, como havia ocorrido com seu antecessor Michel Temer. Bolsonaro ainda adotou um cuidado adicional e, como se acreditasse que o próprio celular pudesse servir de instrumento para uma interceptação clandestina, preferiu também esconder o aparelho. Logo em seguida, o presidente da República se sentiu à vontade para disparar uma saraivada de críticas ao ministro mais popular do seu governo, o ex-juiz da Operação Lava-Jato Sergio Fernando Moro. A avalanche de reclamações e xingamentos causou surpresa no visitante. Até aquele momento, o presidente fazia questão de passar a imagem pública de que tinha total afinidade com o ministro, mas criticava Moro com frequência nas conversas com auxiliares de seu círculo de confiança mais restrito e dava a entender que a presença dele no primeiro escalão de seu governo já havia se tornado incômoda demais.

Sergio Moro pediu demissão de uma carreira de 22 anos na magistratura em novembro do ano anterior,[2] após um convite para fazer parte da equipe do presidente recém-eleito, no cargo de ministro da Justiça e Segurança Pública. Emprestou sua popularidade e credibilidade ao primeiro escalão do governo federal que, até então, tinha o ministro da Economia, Paulo Guedes, como principal estrela. A promessa feita por Bolsonaro quando formalizou o convite foi que Moro teria autonomia total para implementar políticas de combate à criminalidade organizada e à corrupção.[3] Mas, passados oito meses de sua participação no governo, o ex-juiz já percebia que a tal "carta branca" ficou apenas na promessa. As interferências se tornavam cada vez mais frequentes e incisivas. Ainda assim, o ministro surfava na onda da maior investigação contra corrupção já realizada no Brasil. Quando os atritos com o presidente tiveram início, Moro ostentava índices de aprovação 25 pontos acima dos números do seu chefe, segundo pesquisa do instituto Datafolha de setembro de 2019.[4] Bolsonaro não via benefício algum em ter um ministro mais popular que ele e a cada dia tinha mais dificuldades para esconder isso.

Auxiliares próximos de Bolsonaro, em especial os ministros da ala militar, como os generais reformados Augusto Heleno (Gabinete de Segurança Institucional) e Luiz Eduardo Ramos (Secretaria de Governo), tentavam acalmar os ânimos do chefe sempre que esses rompantes contra Moro surgiam. Eles acreditavam que uma eventual saída do ministro da Justiça derrubaria a popularidade do governo, o que poderia até mesmo empurrar Jair Bolsonaro para um processo de impeachment.

Mas Bolsonaro já não conseguia esconder esse incômodo e, por isso, não teve nenhum pudor de fazer críticas a Moro na conversa com seu visitante. Queixou-se abertamente do ministro e o acusou de trazer problemas à articulação política do governo com o Congresso Nacional.[5] Moro chegou a

Brasília focado em prosseguir com sua bandeira de combate à corrupção. Por isso, atuava como defensor intransigente de projetos que poderiam fortalecer os órgãos de controle ou um opositor de propostas legislativas que tinham qualquer chance de enfraquecer esses órgãos, mas tudo isso fazia a classe política torcer o nariz para o ministro. A pauta e a figura do ex-juiz da Lava--Jato eram um problema para boa parte do Congresso Nacional e, também, para o próprio Bolsonaro.

Poucos dias antes dos ataques a Moro naquela reunião a portas fechadas, a Câmara dos Deputados havia aprovado o projeto de lei do abuso de autoridade,[6] proposto pelo senador Renan Calheiros (MDB-AL) em 2016 — quando o parlamentar era alvo de doze inquéritos em andamento no Supremo Tribunal Federal (STF), dos quais oito faziam parte das investigações da Operação Lava-Jato.[7] Renan, portanto, era interessado direto na proposta, que prometia punição a juízes, procuradores e delegados. O projeto de lei abria brechas para que eles fossem penalizados não apenas por situações de abuso, mas pelo simples cumprimento de seus deveres. Moro trabalhava dentro do governo para tentar derrubar essa nova lei. Em uma conversa com Bolsonaro após a aprovação no Congresso, o ministro pediu ao presidente que vetasse o texto aprovado pelos parlamentares.

Pressionado por todos os lados, Bolsonaro precisava da Câmara dos Deputados e do Senado para aprovar sua Reforma da Previdência, primeira das grandes ações econômicas prometidas por seu governo. Sem saber o que fazer, o presidente desabafou sobre aquilo com o visitante, um jurista com trânsito no Congresso Nacional e nos tribunais superiores. O visitante ressaltou para Bolsonaro a importância que aquele projeto tinha tanto para os senadores como para integrantes da cúpula do Judiciário. Por isso, ele fez uma sugestão para que o presidente não sofresse desgaste na opinião pública e mesmo assim permitisse o funcionamento da lei: vetar uma quantidade grande de trechos pouco relevantes do texto recém-aprovado, que não inviabilizariam a aplicação da lei e permitiriam a publicação de manchetes na imprensa ressaltando o número de vetos feitos pelo Palácio do Planalto. Bolsonaro adorou a sugestão e deu ordens à sua equipe para segui-la.[8] Assim foi feito, e o presidente vetou 36 dos 108 dispositivos legais aprovados na Lei de Abuso de Autoridade.[9] Em seguida, entretanto, o próprio Congresso derrubou parte dos vetos presidenciais,[10] impondo a primeira de muitas derrotas às instituições de combate à corrupção ocorridas no governo Bolsonaro.

Apesar do seu costume de mesclar palavrões e piadas em conversas com qualquer interlocutor, Bolsonaro deixou claro que falar sobre Sergio Moro o tirava do sério e alterava seu humor. Em momento algum o presidente escondeu sua irritação ao relatar ao visitante a batalha que vinha travando nos bastidores pelo controle da Polícia Federal. Havia algumas semanas, ele tentava emplacar um nome de sua confiança no comando da Superintendência da Polícia Federal do Rio, o delegado Alexandre Saraiva, mas a sugestão havia sido barrada[11] pelo diretor-geral da corporação, Maurício Valeixo, experiente delegado escolhido por Moro para comandar a PF. Mais do que isso, a tentativa provocou calafrios nos policiais federais mais antigos da corporação. Lembraram-se de como a PF era usada de moeda de troca no toma lá dá cá do jogo político nos anos 1990:[12] bancadas parlamentares do Congresso Nacional indicavam ou davam o aval aos superintendentes dos seus estados, de forma que o nome não lhes causasse problemas em sua atuação. Era uma época em que as investigações passavam longe de incomodar a classe política, especialmente de Brasília. Como não conseguia fazer valer a sua vontade, Bolsonaro passou a pressionar a PF por meio de declarações públicas, que atingiam por tabela seu ministro mais popular.

A guerra se tornou pública no dia 15 de agosto. Ao deixar o Palácio da Alvorada, sua residência oficial, o presidente anunciou a jornalistas que faziam plantão na porta de sua casa que iria trocar o superintendente do Rio por problemas de produtividade.[13] Com a frase de Bolsonaro, uma crise sem precedentes foi deflagrada na corporação. A troca do comando no Rio não estava prevista para aquele momento, nem o nome desejado por Bolsonaro estava nos planos de Maurício Valeixo.

A reação de Valeixo veio no mesmo dia, com a divulgação de um comunicado à imprensa desmentindo o presidente da República.[14] O texto dizia que não existiam problemas de produtividade por parte do superintendente da PF do Rio, Ricardo Saadi, e anunciava que o nome escolhido não era o que Bolsonaro queria. Antes de divulgar a nota, Valeixo consultou Sergio Moro, que lhe deu o sinal verde.[15] O diretor-geral deixou claro para Moro que, se a vontade de Bolsonaro prevalecesse, ele deixaria o cargo. Irritado com a pressão exercida pelo presidente, pela primeira vez o ministro cogitou deixar o governo. Moro já havia recuado em outras ações da sua gestão por ordens de Bolsonaro, mas a interferência na PF era uma linha intransponível para ele.

Segundo uma nota publicada às 16h48 no site oficial da corporação:

> A Polícia Federal informa, em relação à substituição do Superintendente Regional no Estado do Rio de Janeiro, que a troca da autoridade máxima do órgão no estado já estava sendo planejada havia alguns meses e o motivo da providência é o desejo manifestado, pelo próprio policial, de vir trabalhar em Brasília, não guardando qualquer relação com o desempenho do atual ocupante do cargo. A substituição de superintendentes regionais é normal em um cenário de novo governo. De janeiro para cá, a PF já promoveu a troca de onze superintendentes. O nome do substituto, escolhido pela Direção Geral da Polícia Federal, é o do delegado de polícia federal Carlos Henrique Oliveira Sousa, atual Superintendente Regional em Pernambuco.[16]

O episódio deixou Bolsonaro possesso. Como de costume, o presidente dobrou a aposta e passou a subir o tom das suas declarações. O embate sobre a PF do Rio foi o que faltou para Bolsonaro passar a ter em sua mente o pensamento de que Moro não era seu aliado e, para além disso, que seria seu adversário político nas eleições de 2022.

No dia 20 de agosto, ele desabafou sobre tudo isso àquele visitante. Poderia, entretanto, não passar de uma bravata dita em um momento de cabeça quente. Mas, dois dias depois, Bolsonaro mostrou que estava falando sério e colocou em prática o seu plano de desmoralizar Moro publicamente. Parou mais uma vez diante dos jornalistas na porta do Palácio da Alvorada, que se aglomeravam no chamado "cercadinho", para dar declarações polêmicas. Não por acaso, o local foi apelidado por ministros e assessores de "fábrica de crises", já que as falas do presidente sempre se convertiam em problemas para o governo. Vestido com terno preto, gravata listrada e camisa branca, Bolsonaro tinha um semblante irritado e olhava na direção dos jornalistas enquanto falava. Fez uma ameaça a Moro e a Valeixo: quem dava a palavra final sobre o diretor-geral da Polícia Federal era ele, o presidente da República, e não o ministro da Justiça.

"Ele (Valeixo) é subordinado a mim, não ao ministro, deixar bem claro isso aí. Eu é que indico, está na lei, o diretor-geral. Agora, uma onda terrível sobre superintendência, onze foram trocados, ninguém falou nada. Quando eu sugiro um cara de um estado para ir para lá, 'está interferindo'. Espera aí. Se eu não posso trocar um superintendente, eu vou trocar o diretor-geral, não se discute isso aí", afirmou.[17]

Foi o primeiro ataque público e direto de Bolsonaro a Moro. Isso incendiou a crise instaurada havia poucos dias na Polícia Federal diante do burburinho sobre a pressão do presidente para substituição de cargos na corporação. Naquele dia, boa parte da cúpula da instituição estava reunida em Salvador, em um evento organizado pela Associação de Delegados da Polícia Federal (ADPF) para discutir técnicas de combate à corrupção. O sentimento deles era unânime: o presidente havia passado dos limites e ameaçava a independência da PF como instituição com aquelas declarações.[18] Delegados cogitaram entregar coletivamente seus cargos caso aquela crise resultasse na queda de Moro e Valeixo. Também lamentavam a falta de uma defesa pública da instituição pelo ministro da Justiça, que ficou em silêncio. O clima era tenso e foi sintetizado pelo presidente da associação, o delegado Edvandir Felix de Paiva, em seu discurso de abertura do evento.

"É fundamental que o nosso diretor-geral tenha mandato, seja escolhido por critérios técnicos e republicanos, que tenha a capacidade de formar a sua equipe sem interferência de nenhum posto político do governo. Porque a Polícia Federal é uma polícia de Estado. Nós respeitamos a autoridade que o povo conferiu ao presidente da República, entretanto, o trabalho da Polícia Federal é um trabalho de Estado, permanente, independentemente de qualquer governo", afirmou Paiva.[19]

Ministros do núcleo militar do governo entraram em campo para abaixar a temperatura do conflito e pacificar a situação. Ao fim, Bolsonaro recuou no desejo de indicar diretamente o delegado que comandaria a Superintendência do Rio. Mas o recuo era temporário. A partir daquele momento, Bolsonaro manteve uma ideia fixa na cabeça: precisava manter o controle sobre a Polícia Federal.

Foi nesse episódio que ficou escancarado para os aliados do governo que a relação entre Bolsonaro e seu ministro da Justiça estava azeda — e a tendência dali em diante era apenas piorar. Apenas oito meses de governo se passaram e Bolsonaro mostrava nítido descontentamento com qualquer citação ao nome de Moro. Àquela altura, o adjetivo "traidor" era um dos mais brandos que ele usava para se referir ao ministro. Adepto a teorias da conspiração, desconfiava, sem ter provas, de que Moro vazava informações à imprensa com o objetivo de desgastar seu governo e costumava dizer que o ministro trabalhava contra o presidente, preocupado apenas com sua reputação pessoal.[20]

Com esse descontentamento acumulado, Bolsonaro logo também descartou outra promessa feita no calor do período eleitoral: a possível indicação de Moro para uma vaga de ministro do STF. No início de agosto de 2019, antes de a crise da PF estourar, o presidente recebeu no seu gabinete o deputado federal Otoni de Paula, um dos seus mais leais apoiadores. Eleito para o primeiro mandato na onda bolsonarista das eleições de 2018 e evangélico da Assembleia de Deus, Otoni era frequentador do gabinete presidencial e costumava ir até lá bater papo com o presidente, mesmo sem horário marcado na disputada agenda de Bolsonaro. Naquele dia, Otoni puxou conversa sobre a vaga do STF que seria aberta em novembro de 2020 com a aposentadoria do decano Celso de Mello. Defendeu ao presidente que a primeira indicação não precisaria ser de um "terrivelmente evangélico", como o próprio Bolsonaro já havia sinalizado. Para agradar a militância e ainda tirar um forte concorrente eleitoral do seu caminho em 2022, Otoni sugeriu que ele já indicasse Sergio Moro a essa primeira cadeira do Supremo. Mas o parlamentar recebeu uma resposta exaltada do presidente.[21]

"Eu não vou colocar o Moro no Supremo", disse.

"Mas, presidente, como assim? Isso foi promessa de campanha", replicou o deputado.

"O Moro é um traidor. Se eu o indicar ao STF, vou estar colocando alguém que vai querer me destruir", concluiu Bolsonaro.

Estupefato com aquela revelação, Otoni preferiu não perguntar mais detalhes sobre o que havia motivado o desentendimento entre eles. O próprio Bolsonaro repetia críticas ao ministro a outros parlamentares com quem tinha relação próxima. Nessa mesma época, em um diálogo com a deputada federal Bia Kicis, integrante de sua tropa de choque e, até então, fervorosa defensora da Lava-Jato, Bolsonaro avisou de forma cifrada:

"Olha, o Moro não é aquilo que vocês estão pensando não. Aguardem e vocês verão", disse, também sem dar detalhes.[22]

O principal motivo do desgaste entre Jair Bolsonaro e Sergio Moro envolvia a atuação do ministro da Justiça em um assunto que atingia diretamente a família do presidente. Bolsonaro passou a considerar Moro um traidor porque ele não atuou na defesa dos seus interesses em uma investigação em curso no Ministério Público do Estado do Rio de Janeiro contra seu filho Flávio Bolsonaro, o "01". Eleito senador em 2018, Flávio antes era deputado estadual na Assembleia Legislativa do Rio (Alerj). Provas robustas de movimentações financeiras atípicas no gabinete de Flávio na Alerj indicavam o funcionamento de um dos mais primitivos esquemas de desvios de recursos dentre os muitos já criados no Brasil: embolsar salários dos assessores, prática batizada pelo nome de "rachadinha" e que pode caracterizar crime de peculato (desvio de recursos públicos), quase sempre acompanhado também por delitos de lavagem de dinheiro.[23]

Em tese, Moro não teria nenhuma ingerência sobre essa investigação, porque o trabalho estava a cargo do Ministério Público do Rio, instituição sem nenhuma relação hierárquica com o Ministério da Justiça. Mas os indícios de movimentações financeiras irregulares foram descobertos por um organismo até então pouco conhecido do grande público no Brasil, o Conselho de Controle de Atividades Financeiras, o Coaf, que no início do governo Bolsonaro havia sido transferido para dentro do organograma do Ministério da Justiça. Pelo arcabouço legal existente no Brasil para o combate a crimes financeiros, todo banco ou instituição financeira precisa informar ao Coaf a realização de transações bancárias suspeitas por parte de seus clientes. Essas suspeitas podem se referir a valores elevados de movimentações financeiras, fora do padrão do cliente, ou pelo modo atípico como a operação foi realizada. O gabinete de Flávio estava repleto dessas transações, principalmente saques em espécie e transferências para seu assessor de maior confiança, Fabrício Queiroz, um tipo de faz-tudo que acompanhava a família Bolsonaro havia muitos anos. O caso se tornou a principal suspeita de envolvimento da família do presidente com desvios de recursos públicos, apesar de ele ter sido eleito com um discurso de moralização da política e combate à corrupção.

Os advogados de Flávio tinham conseguido, em julho de 2019, paralisar toda a investigação graças a uma decisão liminar (provisória) proferida pelo presidente do STF Dias Toffoli durante o recesso do Judiciário, quando ele respondia pelo plantão da Corte.[24] Nomeado pelo ex-presidente petista Luiz Inácio Lula da Silva para uma vaga na Corte Suprema, Toffoli caiu nas graças de Bolsonaro logo no início de sua gestão à frente do governo federal e rapidamente desenvolveu uma boa relação com o novo presidente. Participava de almoços e jantares com ele e se tornou um conselheiro, tentando aproximá-lo do Judiciário. Essa relação ficou ainda melhor depois que, durante aquele plantão, Toffoli determinou a suspensão de todas as investigações do Brasil que envolvessem o compartilhamento de dados financeiros pelo Coaf após um pedido da defesa de Flávio Bolsonaro feito dentro de um processo que tratava de outro assunto — o compartilhamento de dados entre a Receita Federal e o Ministério Público. Parecia uma artimanha jurídica arquitetada para ajudar o filho do presidente.

O problema é que o ex-juiz Sergio Moro, que entendia muito bem como funcionava o compartilhamento de informações pelo Coaf, discordava frontalmente da decisão adotada por Toffoli. Moro entendia que o regramento jurídico brasileiro era claro em permitir o compartilhamento de informações entre o Coaf e o Ministério Público sem precisar de autorização judicial. Mais do que isso, o ministro considerava que a decisão de Toffoli era um retrocesso para o Brasil. Isso porque ia na contramão de todo o esforço mundial no combate à lavagem de dinheiro: organismos internacionais alertavam que o país poderia perder pontos na economia internacional como destino de investimentos seguros e começaria a ser visto como um paraíso fiscal. Por sua pauta de defesa do combate à corrupção, Moro decidiu não ficar inerte diante daquela decisão. Por isso, o ministro aproveitou uma reunião com Toffoli no dia 29 de julho para abordar o assunto. Alertou o presidente do Supremo que centenas de investigações estavam suspensas por causa daquela decisão judicial e que o Coaf também estava paralisado, sem saber como proceder com o trabalho. Pediu, então, que o presidente do STF revisse sua posição e tomasse uma medida rápida sobre o assunto.[25]

Toffoli, porém, não nutria simpatia por Sergio Moro. O presidente do STF havia se tornado um crítico da Lava-Jato, principalmente depois que seu nome começou a surgir em negociações de delação premiada feitas pela operação. O ministro desconfiava que os investigadores buscavam formas de atingi-lo e passou a adotar posicionamentos jurídicos contrários à operação, alinhando-se ao ministro Gilmar Mendes. Foi por isso que, naquela ocasião, Toffoli ficou irritado com a abordagem do ministro da Justiça. Ele, que era o chefe de um dos Três Poderes da República, considerava completamente descabido ser cobrado daquele jeito por um auxiliar do chefe do Poder Executivo e decidiu relatar a conversa a Bolsonaro, que explodiu de raiva ao saber do episódio. Irritadíssimo, chamou o seu ministro da Justiça para uma reunião no Palácio da Alvorada.

"Moro, eu nunca te pedi para fazer nada por meus filhos, e você também nunca se ofereceu, mas tudo bem. Só quero lhe pedir uma coisa: se não puder ajudar, não atrapalhe", disse Bolsonaro.[26]

A partir daquele momento, ele passou a considerar que Moro não agiu com a lealdade devida. Para o presidente, o ministro deveria defendê-lo em primeiro lugar. Só depois é que deveria se preocupar com as instituições do país, o combate à lavagem de dinheiro, a imagem internacional do Brasil ou coisas do tipo. Moro, portanto, era um traidor, como passou a dizer em conversas privadas.

Foi pouco depois daquela ríspida discussão que Bolsonaro passou a desautorizar Moro publicamente sobre trocas de cargos na Polícia Federal. Naquele pronunciamento na porta do Palácio da Alvorada, no dia 22 de agosto, a mensagem do presidente foi clara: se quisesse, iria interferir na PF e demitir o escolhido de Moro para comandar o órgão. Quem mandava era ele. Não faltava vontade a Bolsonaro para demitir Moro, mas ele era fortemente desaconselhado a fazer isso pelos seus ministros, em especial os da ala militar, por medo do impacto negativo que a ação causaria ao seu governo. Mas, a partir daí, além dos atritos públicos, Bolsonaro passou a atuar na fritura de seu ministro mais popular, minou sua autoridade e esvaziou as pautas de combate à corrupção. O presidente sancionou leis que criavam dificuldades para o andamento de investigações, mexeu no funcionamento dos órgãos de controle e escolheu um procurador-geral da República que adotou como prioridade acabar com as forças-tarefas da Lava-Jato. Todas essas medidas criaram o ambiente propício para o fim da maior operação de combate à corrupção do país. O vento havia mudado de direção justamente no governo de um presidente eleito sob o esteio da Lava-Jato como bandeira eleitoral.

Se o sentimento que Bolsonaro passou a nutrir por Sergio Moro foi de descontentamento pelo fato de seu ministro não ter se engajado na blindagem de sua família contra investigações de desvios de recursos públicos, o ex-juiz da Lava-Jato desenvolveu uma decepção com o presidente da República pelo descumprimento da promessa de apoiar o endurecimento do combate à corrupção e à criminalidade organizada.

Um velho amigo de Sergio Moro, de Curitiba, que trabalhou com ele durante as investigações da Operação Lava-Jato, telefonou-lhe no início do mês de março de 2020 para avisar que estaria em Brasília para compromissos profissionais. Com pouco contato com Moro desde que ele havia deixado seu cargo de juiz federal, acertaram de almoçar para colocar o papo em dia. Em uma manhã daquela semana, Moro estava com a agenda mais tranquila e telefonou para combinar um almoço em um restaurante de carnes nobres de Brasília com vista para o lago Paranoá. Sob intensa pressão dentro do governo e profundamente decepcionado com o presidente, Moro sinalizou que gostaria de desabafar.

"Se quiser convidar alguém para vir junto, tudo bem. Mas chama alguém com quem eu possa falar à vontade", disse o ministro.[27]

A relação com Bolsonaro estava cada vez mais desgastada e ele já tinha cogitado sair do governo por diversas vezes. Mas desistiu por duas razões: tinha a esperança de ainda conseguir implementar alterações legislativas que favorecessem o combate à criminalidade e, apesar dos sinais em direção oposta, ainda acreditava que existia chance de ser indicado a uma vaga de ministro do STF.

Moro, frequentador assíduo daquele restaurante, pediu que fosse disponibilizada uma sala reservada, longe dos olhares do público, para permitir que a conversa transcorresse mais à vontade. O ministro demonstrou um nítido abatimento, o que surpreendeu o amigo. Usualmente comedido e de poucas palavras, Moro dessa vez desatou a falar. Admitiu que estava decepcionado com a experiência no governo, porque acreditava que teria força para realizar mudanças no combate à criminalidade, mas acabou sendo desautorizado pelo próprio presidente da República.[28] Muitas derrotas já se acumulavam naquele momento: a sanção presidencial à Lei de Abuso de Autoridade e à figura do juiz das garantias dentro do Pacote Anticrime, tentativas de interferência na Polícia Federal, a retirada do Coaf da estrutura do Ministério da Justiça e até mesmo especulações sobre a recriação do Ministério da Segurança Pública para diminuir seu poder, tirando a PF da sua responsabilidade.

Moro já tinha um diagnóstico claro sobre os planos de governo de Jair Bolsonaro naquele momento. Disse isso abertamente durante aquele almoço.

"O foco do governo é proteger os filhos do presidente", afirmou.[29]

O ministro deixou claro que, por causa disso, Jair Bolsonaro atuava deliberadamente contra a agenda anticorrupção que havia abraçado na sua campanha de 2018. Durante a eleição, apesar de não ter se engajado publicamente, Moro fazia a defesa do candidato Bolsonaro em conversas privadas e costumava dizer uma frase de efeito para justificar o seu apoio: "Pelo menos ele não tem envolvimento com corrupção".

Um mês depois que Moro aceitou o convite para se tornar ministro e pediu seu desligamento da magistratura, veio a público o escândalo das rachadinhas no gabinete de Flávio Bolsonaro na Assembleia Legislativa do Rio. Aquilo pautaria todas as ações do presidente sobre as políticas públicas de combate à criminalidade. Passados um ano e três meses do início do governo, Moro estava diante de um Bolsonaro muito diferente do que viu em 2018. Conversando em um tom franco e aberto, o amigo lhe perguntou:

"Se esse caso da rachadinha tivesse aparecido antes, você acha que aceitaria o convite mesmo assim?"[30]

Moro se calou, com o olhar distante. Não respondeu. Mas sinalizou que sua permanência no governo estava próxima do fim. A relação com Bolsonaro seguia insustentável e a pressão para interferir na PF continuava presente. O ministro ouvia pedidos feitos pelo presidente que considerava não republicanos, mas sua lealdade ao governo o impedia de divulgá-los publicamente.

Na semana anterior àquele almoço, por exemplo, o ministro estava em viagem aos Estados Unidos quando recebeu uma mensagem de WhatsApp do presidente, mais uma vez abordando o tema da Polícia Federal. Bolsonaro deixava claro que queria interferir na escolha do superintendente da PF do Rio de Janeiro, colocando no cargo um nome de sua confiança. "Moro, você tem 27 Superintendências, eu quero apenas uma, a do Rio de Janeiro", escreveu na mensagem o presidente da República.[31]

Naquele momento, Moro pensava em se segurar no governo até novembro de 2020, quando abriria uma vaga no STF devido à aposentadoria de Celso de Mello. O sonho de ser ministro da Suprema Corte atrapalhava o ex-juiz da Lava-Jato de enxergar o que todos viam com clareza — que ele nunca seria o escolhido para o cargo. Mas Moro ainda acreditava que Bolsonaro poderia usar a indicação ao Supremo como uma saída honrosa para tirá-lo do governo.

"Me colocar na vaga do STF pode ser uma maneira elegante para o governo se livrar de mim, sem ficar mal com a opinião pública", disse Moro ao amigo.[32]

Mas ele não conseguiu resistir à pressão. No dia 24 de abril de 2020, após o presidente Jair Bolsonaro publicar no Diário Oficial a exoneração de Maurício Valeixo do cargo de diretor-geral da Polícia Federal, Sergio Moro finalmente decidiu pedir demissão e deixar o governo que havia sido eleito graças ao seu trabalho como juiz. Estava selado o divórcio entre o lavajatismo e o bolsonarismo, ao mesmo tempo que o bolsonarismo passaria a atuar para desmontar a Lava-Jato. Não era mais campanha eleitoral. Jair Bolsonaro não queria instituições independentes que pudessem investigar seus familiares ou aliados. Para o presidente da República, apoiar essas instituições só foi um discurso eleitoral conveniente enquanto elas atingiam seus adversários políticos.

Mesmo muitos meses depois de ter deixado o governo, Sergio Moro nunca demonstrou arrependimento por ter largado a magistratura para integrar a equipe de Jair Bolsonaro. Já confidenciou a amigos que, para ele, essa era a escolha possível diante das circunstâncias das eleições de 2018.[33] Mas o mesmo não se aplica ao presidente: ele já deixou claro para pessoas próximas que se arrependeu de ter convidado o juiz para ser ministro do seu governo. Certa ocasião, algum tempo após o rompimento com Moro, Bolsonaro se encontrou com o ministro do Supremo Tribunal Federal Gilmar Mendes para bater papo. Não eram amigos íntimos, mas ambos passaram a manter uma relação respeitosa durante sua gestão na Presidência da República. Ao refletir sobre os muitos problemas enfrentados no governo, Bolsonaro lembrou do antigo aliado.

"Olha, ministro, se eu tivesse mais experiência de governo, eu teria evitado muitos erros. Por exemplo, não teria convidado o Moro para ser ministro", confessou.[34]

Gilmar, que se notabilizou na Corte por ser a voz mais crítica à Operação Lava-Jato e ao ex-juiz Sergio Moro, prontamente respondeu:

"Não, presidente. O senhor deu uma grande contribuição para o Brasil: ter tirado o Moro de Curitiba e depois tê-lo devolvido para o nada."[35]

Bolsonaro gargalhou alto.

Este livro conta a história de como o juiz Sergio Fernando Moro, responsável pela principal investigação de combate à corrupção do Brasil, transformou-se em político e passou a integrar o governo do presidente Jair Bolsonaro, eleito em 2018 depois que a Operação Lava-Jato tirou da disputa o seu principal adversário, o petista Luiz Inácio Lula da Silva.

Mais do que isso, a ironia desta história é que justamente o governo do qual Sergio Moro participou foi o responsável por enterrar todo o legado da Lava-Jato e desmontar as instituições de combate à corrupção e à criminalidade, além de atacar até mesmo as instituições democráticas e flertar abertamente com uma ruptura institucional. Este livro conta os bastidores da posição incômoda que o ex-juiz passou a ter dentro do governo e como se tornou *persona non grata* para o presidente.

Como parte desse mesmo enredo, nossa apuração mostra de que modo a Procuradoria-Geral da República (PGR), órgão máximo do Ministério Público Federal, foi aparelhado pelo presidente Jair Bolsonaro e passou a atacar o próprio trabalho da instituição ao acabar com as forças-tarefas da Lava-Jato e promover um sentimento de caça às bruxas contra todos que haviam atuado em grandes investigações. Bolsonaro também conseguiu acabar com a imagem de independência e combatividade da Polícia Federal ao tentar interferir na escolha dos diretores-gerais e falar publicamente, com frequência, sobre o controle que desejava exercer na corporação. E, por último, aliou-se ao bloco parlamentar conhecido como Centrão na tentativa de construir uma base de apoio que impedisse qualquer tentativa de impeachment contra ele, abraçando políticos que recentemente haviam sido alvejados pelas investigações da Lava-Jato, mas passavam a ser agraciados com verbas expressivas do orçamento do governo federal.

A história aqui contada não busca construir heróis nem demonizar vilões, mas tem o objetivo de retratar todos os personagens na complexidade de suas decisões e desejos pessoais. A própria Operação Lava-Jato foi uma das responsáveis por sua derrocada depois que um ataque hacker expôs conversas no mínimo inadequadas entre os procuradores e o juiz Sergio Moro, que evidenciaram falhas e desvios éticos do trabalho de investigação. Nos diálogos, ficava claro que o ex-presidente Luiz Inácio Lula da Silva era um alvo prioritário e que faltou imparcialidade na investigação contra ele. Isso desmontou a aura de honestidade e heroísmo que os atores da Lava-Jato haviam adquirido ao longo dos primeiros anos da operação, fortalecendo a narrativa de perseguição política contra Lula.

E, por último, as relações impróprias entre as empreiteiras Odebrecht e OAS com o ex-presidente Lula, marcadas pelo pagamento de diversas benesses após as empresas terem atingido níveis recordes de lucro durante as gestões do petista, foram todas enterradas por causa da conduta inadequada do juiz e dos investigadores, que impediram uma investigação imparcial baseada unicamente nos fatos.

O fim da Lava-Jato, portanto, foi uma obra com contribuição ativa desses diversos atores. Mas é inegável que a investigação deixou um marco na história recente do país, lançou novos personagens no cenário político e continuará sendo um fator relevante nas próximas eleições do Brasil. Este livro é uma tentativa dos autores de jogar luz sobre todo esse processo e permitir uma melhor compreensão do período.

I.

O JUIZ

Sergio Moro estava de volta a Curitiba no início do ano de 2013, após ter passado uma temporada em Brasília no ano anterior. Ele havia trabalhado como juiz auxiliar da ministra do Supremo Tribunal Federal Rosa Weber no julgamento do mensalão — era responsável por analisar o processo e escrever a minuta do voto e dos posicionamentos da ministra. Com o fim do julgamento, Moro reassumiu o posto de juiz titular da 2ª Vara Federal Criminal de Curitiba, mas precisou encarar uma situação extremamente incômoda — uma verdadeira pedra em seu sapato. Na sala ao lado da sua, ocupando a função de juiz substituto, que seria responsável por atuar em seus processos nos períodos de férias ou outras situações excepcionais, Moro encontrou um colega com perfil completamente oposto ao seu, a quem até mesmo evitava dirigir a palavra. Nada de bate-papo, nenhuma descontração e zero abertura para festas de confraternização. O clima que se instalou na Vara era péssimo.

Àquela época, Moro já era conhecido e respeitado por seus pares pela atuação na área de investigações de lavagem de dinheiro e pelo rigor das suas decisões judiciais. Porém, agora, ele tinha que conviver com o juiz substituto Flávio Antônio da Cruz, que era considerado pelos advogados como um "garantista", palavra do jargão jurídico usada para definir um magistrado que costuma dar decisões mais favoráveis à liberdade e aos direitos dos réus.[1]

A divergência de pensamento entre eles era gritante, e esse conflito transbordava para o ambiente de trabalho. Um advogado descreveu a situação da seguinte forma:

"Eles eram completamente opostos, como se você tivesse os ministros do Supremo Tribunal Federal Luís Roberto Barroso e Gilmar Mendes trabalhando juntos."[2]

Esses dois ministros são rompidos, já brigaram publicamente no plenário da Corte e evitam ao máximo conversar. Barroso tem a caneta pesada nos casos de corrupção, enquanto Gilmar ganhou fama ao fazer duras críticas ao Ministério Público e por conceder liberdade a diversos alvos de investigações de crimes do colarinho branco.

Com o retorno de Moro ao batente, não demorou para que se instalasse um clima de permanente tensão. Moro falava com seu substituto apenas o estritamente necessário sobre assuntos relacionados ao trabalho. Não confiava em Flávio Antônio da Cruz. O maior receio de Moro era que o juiz soltasse alvos presos por ele ou proferisse decisões que os beneficiassem.[3] O mal-estar era nítido para todos os servidores que trabalhavam na Vara, que tentavam se equilibrar em meio a essa tensão.

De perfil extremamente reservado, Moro reassumiu seus antigos processos e se fechou no trabalho. Seu posto já estava mais do que consolidado. Nascido em Maringá, no interior do Paraná, em 1º de agosto de 1972, Moro se formou em direito aos 23 anos e, no ano seguinte, em 1996, foi aprovado no concurso público para juiz federal na 4ª Região, que abrange os estados do Paraná, Santa Catarina e Rio Grande do Sul.[4]

Alguns anos depois, em junho de 2003, uma resolução aprovada pelo Conselho da Justiça Federal determinou a criação de Varas especializadas em lavagem de dinheiro por todo o país. A decisão acabou alçando aquele jovem juiz ao comando da 2ª Vara Federal Criminal de Curitiba, uma das primeiras do país a ter essa especialidade.[5] Era uma iniciativa pioneira idealizada pelo então ministro do Superior Tribunal de Justiça Gilson Dipp, quando atuou no Conselho da Justiça Federal. Com pouco tempo de criação, a Vara comandada por Sergio Moro logo conduziu investigações importantes, dentre elas o embrião da Lava-Jato, conhecida como Escândalo do Banestado, que apurou um megaesquema de lavagem de dinheiro e evasão de divisas envolvendo doleiros — um dos alvos se tornou nacionalmente conhecido tempos depois, o doleiro Alberto Youssef.

Em junho de 2013, devido a uma reorganização interna, a Vara foi rebatizada e se tornou a 13ª Vara Federal de Curitiba,[6] denominação pela qual se tornou famosa durante a Lava-Jato. Moro acompanhou todo esse processo e já estava lá, portanto, havia dez anos. Flávio Antônio da Cruz havia chegado fazia pouco tempo e logo sairia, já que o ofício dos juízes federais substitutos é mais rotativo.

O ambiente da 13º Vara pouco tempo depois se transformaria completamente com uma mudança ocorrida no início de 2014. A Lava-Jato ainda não havia sido deflagrada nem tinha nenhuma relação com essa transformação. Naquele momento, uma juíza federal que atuava havia três anos no município de Paranaguá,[7] situado no litoral do Paraná, a 91 quilômetros de Curitiba, foi transferida para assumir o posto de Flávio Antônio da Cruz. Chamava-se Gabriela Hardt. Ao contrário do antecessor, Gabriela nutria respeito e admiração pelo trabalho de Moro, mas nunca havia atuado em casos de lavagem de dinheiro e crimes financeiros. Por isso, assim que foi nomeada para a função, telefonou para o juiz titular para se apresentar e pedir dicas de livros jurídicos sobre o tema. Moro não escondeu a satisfação com a mudança. Abriu-se ao diálogo e se colocou à disposição para ajudar a colega.[8]

A fama de Sergio Moro na Justiça Federal não era das melhores. Apesar de ser uma referência jurídica, servidores e magistrados o consideravam uma pessoa difícil de lidar:[9] extremamente metódico, reservado e workaholic. Era educado com os colegas, mas dava pouca abertura para uma aproximação pessoal. Os funcionários o chamavam de "doutor Sergio". Os demais juízes, apenas de "Sergio". Não era comum se referirem a ele pelo sobrenome.

Invariavelmente, Moro chegava ao prédio da Justiça Federal por volta das nove da manhã, bem antes dos servidores e da romaria de advogados que, com frequência, iam até lá para tentar despachar com o juiz e convencê-lo da inocência de seus clientes — quase sempre, sem sucesso. Seu pequeno gabinete era repleto de livros jurídicos, que abordavam principalmente o Código Penal e temas relacionados à lavagem de dinheiro. O espaço ainda era tomado por pilhas de papel e de processos espalhados por todas as superfícies, desde sua mesa de trabalho até os armários. Moro costumava trabalhar com as portas abertas. Apenas se trancava quando precisava de extrema concentração em alguma tarefa, como escrever uma sentença ou decisão mais sensível.

Os colegas diziam que sua esposa, a advogada Rosangela Wolff Moro, era quem o puxava para a convivência social e fazia um contraponto à sua personalidade circunspecta. Expansiva e falante, Rosangela eventualmente ia à 13ª Vara encontrar o marido no fim do expediente e o levava para tomar um chope nos bares próximos, no centro de Curitiba. Moro mantinha um círculo social restrito entre seus colegas de magistratura. Com alguns poucos juízes, participava de uma "confraria" que eventualmente saía para fumar charuto, tomar vinho e conversar sobre amenidades. O grupo era fechado e incluía apenas juízes federais da área criminal. Dentre os membros estavam Danilo Pereira Júnior, Marcos Josegrei e Ricardo Rachid de Oliveira. Havia uma regra tácita de não se intrometer nos processos dos colegas, por isso a confraria quase nunca tratava de trabalho, apenas de temas pessoais. Todos evitavam perguntar sobre os casos em que os demais atuavam e só davam pitacos quando alguém pedia, mas jamais por iniciativa própria.[10]

Essa etiqueta também foi aplicada na relação entre Moro e sua juíza substituta. Era ele quem tomava a iniciativa e costumava ir até o gabinete de Gabriela Hardt avisar sobre alguns casos mais importantes, nos quais ela poderia ser chamada a atuar. Como conhecia bem o titular, Gabriela se limitava a perguntar o estritamente necessário. Com o tempo, Moro passou a confiar na colega. Ia até a sala dela para lhe contar sobre o andamento de processos e relatar a solução jurídica que adotaria, para ouvir a opinião de Gabriela a respeito. A boa relação estabelecida entre eles melhorou muito o funcionamento da 13ª Vara. Os servidores passaram a ter um ambiente tranquilo para trabalhar e um diálogo mais aberto com os dois juízes. No final daquele ano, um evento antes impensável ocorreu: os servidores organizaram um churrasco de confraternização, com a presença de Moro e Gabriela. O evento passou a se repetir nos anos seguintes.[11]

Um dia, ao final do expediente, Moro saía para a confraria dos juízes e resolveu passar no gabinete de Gabriela Hardt para convidá-la. O encontro, entretanto, não parecia nada convidativo à presença feminina. Por isso, a juíza declinou, mas agradeceu o convite. No dia seguinte, fez uma brincadeira com um dos membros, o juiz federal Marcos Josegrei:

"Ô Josegrei, dá um toque no Moro que vocês vão lá pra falar besteira, ficar à vontade. Acho que o Moro é tão distraído que ele nem percebeu que eu sou mulher."

Em seguida, ambos caíram na gargalhada.[12]

No dia 14 de março, uma sexta-feira, Sergio Moro foi até o gabinete da colega para lhe avisar sobre uma grande operação que estava prestes a estourar na segunda-feira seguinte. O caso era tratado internamente como prioridade, pelo tamanho da ação a ser deflagrada e pelas cifras envolvidas. Naquele momento, porém, era só mais um entre muitos inquéritos que tramitavam na 13ª Vara. A Polícia Federal havia mobilizado quatrocentos agentes, delegados e escrivães para cumprir 28 mandados de prisões preventivas e temporárias, dezenove de condução coercitiva (quando a pessoa é levada pela polícia para prestar depoimento) e 81 de busca e apreensão nos estados do Paraná, São Paulo, Distrito Federal, Rio Grande do Sul, Santa Catarina, Rio de Janeiro e Mato Grosso. Tratava-se de uma grande investigação sobre doleiros com esquemas bilionários de lavagem de dinheiro e movimentações financeiras que ultrapassavam o valor de R$ 10 bilhões. Curiosamente, o esquema de lavagem envolvia postos de combustíveis e lavanderias. Uma das delegadas que trabalhava no caso se inspirou nisso, e nos altos valores, para batizar o nome da operação: Lava-Jato.[13]

Moro já havia autorizado e expedido todos os mandados. Um dos alvos era seu velho conhecido: o doleiro Alberto Youssef, preso na investigação do caso Banestado, conduzido por Moro nos anos 2000. Na ocasião, Youssef assinou seu primeiro acordo de delação premiada com a Justiça Federal e revelou meandros da remessa ilegal de recursos ao exterior por meio de doleiros. Como seus principais concorrentes acabaram presos ou escanteados após terem sido alvos da investigação, Youssef passou a dominar o mercado e voltou a cometer crimes. Após pedido dos investigadores, Moro autorizou que Youssef fosse preso novamente. Pelo grande porte dessa operação, ele considerou que Gabriela precisava ser informada, porque, eventualmente, teria que atuar no caso. Relatou-lhe de forma objetiva e não demonstrou nenhuma alteração significativa no seu semblante enquanto conversava com a colega.

"Olha, vai ter uma deflagração de uma operação grande, a gente está acompanhando essa investigação faz um tempo. Coincidentemente, chegou de novo no Alberto Youssef. Vamos ter algumas prisões e mandados de buscas", explicou o juiz.[14]

Gabriela ouviu com atenção e, como de costume, pouco perguntou. Moro mencionou um detalhe que, posteriormente, seria essencial para a investigação: detectaram que o doleiro Alberto Youssef fez o pagamento de um carro para um ex-diretor da Petrobras, Paulo Roberto Costa, que também seria alvo das buscas. Mas Moro relatou à juíza que, naquele momento, ainda não estava claro para a investigação qual era a relação entre o doleiro e o ex-diretor.[15]

Por volta das seis da manhã daquela segunda-feira, 17 de março de 2014, policiais federais começaram a se mobilizar para deflagrar a primeira fase da Operação Lava-Jato. O luxuoso apartamento de Paulo Roberto Costa na Barra da Tijuca, no Rio de Janeiro, foi um dos alvos. A agente da PF Shelly Claro acompanhou a apreensão de documentos e dinheiro vivo na residência do ex-diretor da Petrobras e, de lá, foi escalada para se dirigir ao escritório dele, no condomínio Península Office, onde também deveria realizar a busca e apreensão de material suspeito. Era um trajeto de aproximadamente meia hora; por causa do trânsito pesado na Barra da Tijuca, Shelly chegou ao prédio de escritórios por volta das nove horas e se identificou na portaria.[16] Antes de pegar o elevador, dirigiu-se aos vigilantes e perguntou:

"Antes da chegada da polícia, houve alguma movimentação nessa sala comercial?"[17]

O chefe da segurança do prédio, Ardanny Brasil da Silva Júnior, não titubeou:

"Houve, sim."[18]

A agente da PF estava prestes a flagrar um dos mais bem-documentados casos de destruição de provas da história da crônica policial brasileira. Shelly pediu acesso às imagens do circuito interno de segurança, e Ardanny a levou a uma salinha na área administrativa do prédio. Mostrou as imagens de familiares de Paulo Roberto Costa que subiam e desciam pelo elevador do prédio carregando bolsas, sacolas, mochilas repletas de documentos e um notebook — tudo diante dos olhos do circuito interno de vigilância. Aquela movimentação ocorrera havia menos de uma hora. Ardanny relatou à agente da PF quem eram aquelas pessoas:

"Essa aqui é a filha do Paulo Roberto e esse aqui é o genro", apontou enquanto exibia as imagens.[19] A PF solicitou imediatamente uma cópia das gravações.

O flagrante mudou os rumos da investigação. Com base nisso, a PF pediu a prisão temporária por cinco dias de Paulo Roberto sob suspeita de que ele obstruiu as investigações. Sergio Moro autorizou. Com isso, três dias após a operação, a PF bateu novamente na residência do ex-diretor da Petrobras, dessa vez para levá-lo para a cadeia. A prisão foi logo convertida em preventiva, ou seja, sem prazo para terminar.[20] Paulo Roberto foi enviado para a carceragem da PF em Curitiba, onde encontrou seu amigo Alberto Youssef. Em pouco tempo, os dois assinaram acordos de delação premiada que descortinaram um bilionário esquema de corrupção e desvio de recursos dos cofres da estatal, que era utilizada pelos partidos políticos para arrecadar dinheiro ilegalmente. Essas delações deram o impulso que tornou aquela a maior investigação de crimes do colarinho branco já realizada no Brasil até então.

O juiz Marcos Josegrei tinha acabado de estacionar seu carro na garagem da Justiça Federal em Curitiba quando viu uma pessoa descendo de sua bicicleta. O homem vestia uma roupa preta de ciclista, mas era impossível identificá-lo. Josegrei se espantou quando o homem tirou o capacete. Era seu colega Sergio Moro. A cena ocorreu em meados de 2015,[21] quando Josegrei ocupava a 14ª Vara Federal de Curitiba e a Lava-Jato já estava a todo vapor. Naquele momento, os principais empreiteiros do país já haviam sido presos pela caneta de Moro, mas ele não mudou sua rotina. Continuava pedalando diariamente até o trabalho. Ao chegar no prédio, subia até seu gabinete ainda com as roupas de ciclismo, tomava banho em seu banheiro privativo e vestia o terno para começar os despachos. No caminho, ainda arrancava suspiros das servidoras da Justiça Federal. "Você viu o doutor Sergio de shortinho?", comentavam quando ele passava. Mas Josegrei nunca tinha visto o colega naqueles trajes. Aproximou-se e puxou conversa:

"Você vem trabalhar de bicicleta? Mas tá cheio de gente querendo a sua cabeça!"

"Imagina, não tem nada disso. Eu moro perto daqui", respondeu Moro.

"Se você quiser, eu te dou meu carro e venho trabalhar na sua bicicleta", brincou Josegrei.[22]

Ambos riram e seguiram para o elevador. Apesar de Moro não ter levado a sério o comentário do colega, sua *bike* já se tornara uma preocupação institucional na Justiça Federal do Paraná. Seus colegas mais próximos estavam empenhados em convencê-lo a abandonar esse hábito e ir trabalhar de carro.[23] Não havia nenhuma ameaça concreta à sua segurança, mas a Lava-Jato atacou de frente elites políticas e econômicas do país, por isso não era recomendável que Moro ficasse vulnerável daquele jeito.

Ele, entretanto, resistia a mudar a rotina. Gabriela Hardt tentou abordar o assunto com o colega, mas o juiz, como costuma fazer, deu de ombros. Afirmou que não tinha um carro disponível para seu uso. A família possuía dois veículos, mas um era utilizado por Rosangela e o outro ficava à disposição de seus dois filhos para que um motorista os levasse à escola ou a atividades como aulas de inglês.

"Eu não tenho nem carro, só a bicicleta", justificou Moro.[24]

Gabriela Hardt pediu ao juiz Danilo Pereira Júnior, titular da 12ª Vara Federal de Curitiba, que intercedesse na situação. Um dos membros mais antigos da Justiça Federal do Paraná, Danilo era um dos poucos juízes com quem Moro tinha uma relação de amizade. Gabriela propôs que fizessem um rodízio para buscar e levar o juiz diariamente. Danilo concordou com o arranjo. A juíza, então, avisou a Moro que havia encontrado uma solução para sua falta de carro, mas ele não ficou nada satisfeito com a ideia.[25]

A direção da Justiça Federal do Paraná também manifestou preocupação e ofereceu um veículo funcional para convencê-lo a abandonar a bicicleta. Constrangido com a oferta da carona dos colegas, Moro se convenceu a abandonar a bicicleta e passou a ir trabalhar de carro. O chefe da segurança da Justiça Federal, Fábio Luiz dos Santos, também entrou em campo. Ele ofereceu uma equipe de seguranças para acompanhar o juiz diariamente, mas Moro não queria escolta. Ele já havia passado por isso dez anos antes, quando foi o responsável por condenar o traficante Fernandinho Beira-Mar a 29 anos e 8 meses de prisão em regime fechado.[26] Sua sentença contra o traficante foi proferida em 28 de agosto de 2008. Na época, o juiz teve que receber escolta policial, mas considerou a experiência muito desgastante para a família.[27]

Fabião, como era conhecido, só conseguiu convencê-lo a ser acompanhado por seguranças após a condução coercitiva contra o ex-presidente petista Luiz Inácio Lula da Silva, realizada pela Lava-Jato em 4 de março de 2016. Lula subiu o tom contra as ações da operação e inflamou o ambiente político, aumentando a preocupação de Fabião com a integridade física de Moro. Uma equipe de seguranças então foi oficialmente designada, mas o juiz com frequência os driblava. Viajava desacompanhado ou saía da Justiça Federal para ir para casa sem que ninguém o visse. Após alguns episódios do tipo, Fabião perdeu a paciência.

"Doutor Moro, eu quero que o senhor assine um termo de responsabilidade. O senhor não quer viajar com a equipe de segurança, fica achando ruim estar com ela. Eu quero que o senhor assine um termo de responsabilidade por sua vida porque, se acontecer alguma coisa com o senhor, eu sou o responsável. Quem vai ser cobrado serei eu", disparou.[28]

Como juiz da Lava-Jato, Moro procurava ter atuação discreta diante de seu fã-clube. Por exemplo: sempre evitou comparecer pessoalmente a atos públicos a favor da operação, como ao acampamento de apoiadores da Lava-Jato que se instalou por mais de seis meses na frente do prédio da Justiça Federal em Curitiba. Em uma ocasião, chegou a acionar os seguranças do órgão para que fossem retirados do local cartazes de apoio ao Ato Institucional nº 5,[29] decreto publicado pela ditadura militar em 1968 para cassar mandatos parlamentares e suspender garantias constitucionais.[30]

Mas, em algumas ocasiões, o juiz se posicionou além do recomendado para quem veste a toga. Uma delas foi quando emitiu uma nota pública em um domingo, 13 de março de 2016, em apoio às manifestações que aconteceram contra o governo da então presidente Dilma Rousseff. O Partido dos Trabalhadores era o mais atingido pela operação. Aquela foi a primeira ocasião em que pessoas próximas ao juiz começaram a enxergar pretensões políticas em seu trabalho.[31] Ele redigiu o texto e fez a sua divulgação sem consultar a assessoria de imprensa da Justiça Federal do Paraná, o que costumava ser feito em casos do tipo. O tema do texto de Moro não tinha relação com nenhum dos processos que conduzia na Lava-Jato, que vivia seu auge. No comunicado de quatro parágrafos reproduzidos pelos principais jornais e televisões do país, Moro se dizia "tocado" pelo apoio popular às investigações e pedia às autoridades para "ouvirem a voz das ruas". Ele escreveu:

> *É importante que as autoridades eleitas e os partidos ouçam a voz das ruas e igualmente se comprometam com o combate à corrupção, reforçando nossas instituições e cortando, sem exceção, na própria carne, pois atualmente trata-se de iniciativa quase que exclusiva das instâncias de controle.*[32]

Os atos, que tinham bandeiras como o impeachment de Dilma e a prisão do ex-presidente Lula foram alguns dos maiores da história recente do Brasil, reunindo 3,6 milhões de pessoas em trezentas cidades, segundo a Polícia Militar. Só na avenida Paulista, em São Paulo, cerca de 1,4 milhão de pessoas estiveram presentes.[33] A manifestação pública de Moro foi interpretada no meio político como um apoio explícito ao impeachment.

Mais do que isso: seu trabalho na operação foi decisivo para o aprofundamento do processo de impeachment contra a presidente. Naquele dia 16 de março de 2016, Sergio Moro, que costumava manter um semblante calmo mesmo diante dos momentos de maior tensão, não conseguia disfarçar certo grau de nervosismo diante do que precisaria decidir. As investigações contra Lula estavam no auge e o ex-presidente já havia sido alvo de uma condução coercitiva no início do mês. Lula foi levado até a Polícia Federal, no aeroporto de Guarulhos–SP, para prestar esclarecimentos sobre uma reforma feita pela empreiteira OAS em um apartamento tríplex no Guarujá–SP, que estaria reservado para o petista. Os investigadores desconfiavam se tratar de um caso de corrupção: a OAS teria bancado reformas no valor de R$ 1,1 milhão para compensar os contratos milionários que havia ganhado durante a gestão de Lula como presidente da República.[34] Na manhã daquele dia, a força-tarefa da Lava-Jato fez um pedido para que Moro retirasse o sigilo de um conjunto de interceptações telefônicas do ex-presidente. Havia conversas dele com seus familiares e com ministros do governo de Dilma Rousseff. No início da tarde, Moro já havia preparado a minuta da decisão e avisou seus assessores sobre o caso.[35] Adotaria o mesmo procedimento que tornou padrão nas investigações da Lava-Jato: retirar o sigilo de tudo. Em tese, era simples a questão. Mas um fato relevantíssimo transformou essa decisão em um dos pontos mais problemáticos da atuação de Moro em toda sua carreira de juiz federal.

Às 11h13, Moro proferiu uma decisão determinando a interrupção dos grampos. Não havia mais necessidade da interceptação telefônica para a continuidade das investigações. Às 12h18, a Polícia Federal e as operadoras de telefonia foram intimadas da decisão. Ainda demoraria algumas horas para que as operadoras cumprissem a ordem e interrompessem a interceptação, por isso a PF continuou monitorando e escutando os telefonemas do petista. Foi isso que causou todo o problema. Às 13h32, a presidente Dilma Rousseff telefonou para o celular de um assessor de Lula, que ainda estava grampeado.[36] O ex-presidente sempre evitou ter seu próprio aparelho e usava o telefone de seus auxiliares mais próximos. Aquela conversa entre a mais alta autoridade do Poder Executivo da República e um ex-presidente acabou sendo gravada durante esse período de completo vácuo legal — os aparelhos não poderiam mais estar grampeados porque a ordem judicial havia determinado sua interrupção, mas, na verdade, continuavam sendo monitorados. Dilma avisava Lula que enviaria um documento comprovando sua nomeação como ministro da Casa Civil, articulada em meio a um processo de impeachment contra a presidente. O ex-mandatário era a esperança do governo petista para reaglutinar as forças políticas em torno de Dilma Rousseff e mantê-la no cargo.

O áudio captado tinha apenas 1 minuto e 35 segundos de duração. Nele, uma funcionária do gabinete de Dilma telefona para um assessor de Lula avisando que a presidente gostaria de falar com seu antecessor. O diálogo que se travou a seguir estava sujeito a interpretações diversas, mas foi visto pela Lava-Jato como prova cabal de interferência nas investigações. Ao ser nomeado ministro, Lula ganharia foro privilegiado e sua investigação subiria para o STF. A interpretação dos investigadores foi a de que Lula receberia o termo de posse para sair da jurisdição de Curitiba caso se tornasse alvo de uma ação da Lava-Jato, como um mandado de prisão, o que poderia caracterizar até mesmo crime de obstrução de Justiça. O diálogo era o seguinte:[37]

Dilma: Alô.
Lula: Alô.
Dilma: Lula, deixa eu te falar uma coisa.

Lula: Fala, querida. Ahn?
Dilma: Seguinte, eu tô mandando o "Bessias" junto com o papel pra gente ter ele, e só usa em caso de necessidade, que é o termo de posse, tá?!
Lula: Uhum. Tá bom, tá bom.
Dilma: Só isso, você espera aí que ele tá indo aí.
Lula: Tá bom, eu tô aqui, fico aguardando.
Dilma: Tá?!
Lula: Tá bom.
Dilma: Tchau.
Lula: Tchau, querida.

Em estado de euforia, a equipe da Lava-Jato da Polícia Federal registrou no processo eletrônico uma cópia da gravação, avisando a Moro sobre seu conteúdo às 15h34.[38] A decisão para retirada do sigilo já estava pronta desde o início da tarde. Moro ficou chocado com o teor da conversa. Logo que foi avisado, o juiz imediatamente imprimiu o documento de três páginas no qual a PF transcrevia o diálogo. Mostrou o documento a assessores, expressando seu espanto com a descoberta, e reiterou que iria retirar o sigilo de todo o material.[39] Como todos estavam impressionados com o diálogo entre os petistas, ninguém havia percebido naquele momento um detalhe fundamental: o horário da captação do diálogo era posterior à ordem do próprio Sergio Moro para a interrupção dos grampos. A conclusão lógica dessa constatação seria uma só: a gravação era ilegal e jamais poderia ser inserida em um processo judicial. Porém, às 16h21, o juiz proferiu o despacho retirando o sigilo total do processo.[40]

No início da tarde, o Palácio do Planalto divulgou uma nota anunciando oficialmente a nomeação de Lula como ministro da Casa Civil. Por volta das 16h30, pouco depois de Moro ter autorizado a divulgação das gravações, Dilma deu uma entrevista coletiva à imprensa na qual falou sobre a nomeação.

"O presidente Lula, no meu governo, terá os poderes necessários para nos ajudar, ajudar o Brasil. Tudo o que ele puder fazer para ajudar o Brasil será feito, tudo", afirmou.

Nessa mesma entrevista, ela disse que não existia intenção de obstruir as investigações contra o ex-mandatário e afirmou que elas prosseguiriam normalmente no STF.

"Até que ponto você acha que a investigação do Sergio Moro é melhor que a do Supremo?", indagou a presidente aos repórteres. "É inversão de hierarquia, me desculpa", concluiu, demonstrando irritação.[41]

A Operação Lava-Jato, entretanto, faria de tudo para que a nomeação não fosse concretizada. Os investigadores tinham em suas mãos o que consideravam ser uma bomba atômica: a gravação daquela conversa entre Lula e Dilma que, na interpretação deles, era um claro indício de obstrução de Justiça. Após Moro ter retirado o sigilo do processo, que tramitava no sistema eletrônico da Justiça Federal do Paraná, o "Eproc", qualquer pessoa que tivesse o número e a chave poderia acessá-lo e ouvir as interceptações telefônicas contra o ex-presidente. Mas conseguir esse código não era tão simples. Depois de o sigilo ter sido derrubado, coube aos investigadores da Lava-Jato repassar a chave para alguns jornalistas. Tudo foi feito "em *off*", como é comum na relação entre fonte e jornalista: aquele código de letras e números tratava de um assunto sensível demais e nenhum investigador queria ser identificado como o vazador daquele material, ainda que a rigor não houvesse nenhum crime nisso, já que o juiz havia retirado o sigilo de toda a documentação. O furo foi da GloboNews. Por volta das 18h30, a emissora exibia pela primeira vez o áudio da conversa entre Lula e Dilma,[42] que deixou em choque o mundo político de Brasília e seria repetido durante toda a noite por todos os veículos de comunicação. Naquele dia, a assessora de imprensa da Justiça Federal do Paraná, Christianne Machiavelli, só ficou sabendo daqueles áudios quando assistiu ao jornal na GloboNews. Imediatamente, seu telefone começou a tocar e não parou mais: jornalistas de todo o país queriam ter acesso à chave do processo que continha aquelas gravações. Ela telefonou na mesma hora para o juiz da Lava-Jato:[43]

"Doutor Sergio, tem esse áudio aí... a interceptação telefônica do Lula já está na mão da imprensa."[44]

Moro cortou a conversa.

"Não fui eu quem passou a chave do processo. Eu não vou passar", disse, encerrando a ligação.[45]

Àquela altura, porém, o áudio do "Bessias" já incendiava o país. Manifestantes começaram a se dirigir à Praça dos Três Poderes para um protesto contra o governo Dilma. No ambiente político de Brasília, começou a se disseminar um sentimento de que o governo havia acabado ali, com a divulgação daquele áudio. A oposição subia o tom contra a presidente e anunciava que entraria com ações na Justiça para impedir a posse de Lula. Em Curitiba, carros passavam buzinando com força na frente do prédio da Justiça Federal. Manifestantes também foram até lá e começaram a se aglomerar em uma ação de repúdio contra o governo. Todos gritavam o nome de Sergio Moro, consagrado naquele momento como herói nacional. A cena era impactante para quem estava dentro do prédio. A multidão do lado de fora impedia que os servidores fossem embora para casa.

Por volta das 20h30, a assessora de imprensa da Justiça Federal voltou a telefonar para Moro.

"Doutor Sergio, agora quem está me procurando é a imprensa estrangeira, porque toda a imprensa nacional já tem o áudio. Mantenho a mesma posição?"[46]

Moro pediu alguns minutos para refletir. Pouco depois, enviou uma mensagem de WhatsApp para ela: "Este é o número do processo e a chave, pode liberar. Agora já não tem mais o que fazer mesmo".[47]

Políticos aliados de Dilma Rousseff, porém, divergiam da interpretação dada pela Lava-Jato àquele diálogo. O advogado-geral da União, José Eduardo Cardozo, afirmou que o termo de posse seria enviado a Lula porque ele estava com dificuldades para comparecer pessoalmente à cerimônia em Brasília.[48] O ministro da Casa Civil, Jaques Wagner, classificou a divulgação de "arbitrariedade" e disse que a Lava-Jato "extrapolou os limites" ao expor uma conversa da presidente da República.

"A presidenta não teve nenhuma intenção de obstruir a Justiça, apenas enviou o termo de posse para o novo ministro", disse Jaques Wagner.[49]

Independentemente da interpretação dos fatos, o impacto político havia sido imenso. Três anos depois desse episódio, conversas dos procuradores da Lava-Jato (obtidas por meio de um ataque hacker e entregues ao site *The Intercept Brasil*) mostraram outras peças dessa história que não foram tornadas públicas no processo. Além da famosa gravação do "Bessias", vários grampos foram feitos naquele mesmo dia colocando em dúvida a tese de Moro de que

Lula havia topado ser ministro com o objetivo de escapar das investigações de Curitiba. E mais: não foi apenas a conversa entre Lula e Dilma que a Lava-Jato captou após a ordem de Moro para interromper os grampos. De acordo com os diálogos entre os procuradores, ao menos 22 ligações do telefone do assessor de Lula foram captadas e monitoradas pela PF depois que Moro determinou a interrupção da interceptação.[50] Os diálogos trazem conversas do petista com políticos, como o então vice-presidente Michel Temer, e com sindicalistas. Neles, o ex-presidente repete a diferentes interlocutores que não queria aceitar o convite para ser ministro, mas cedeu a pressões de aliados. As conversas foram registradas por um agente da PF que monitorava os grampos e relatadas informalmente aos procuradores da força-tarefa, mas nunca foram inseridas no processo. O agente foi instruído a fazer um relatório apenas sobre a conversa entre Lula e Dilma, sem citar os demais diálogos.[51]

Diante de tamanha pressão após tomar conhecimento de que o grampo entre Lula e Dilma fora captado após a ordem para interromper as gravações, Sergio Moro chegou cedo à Justiça Federal no dia seguinte. Ele proferiu um despacho às 10h21 no qual apresentou a justificativa para sua ação, sem admitir qualquer erro:

> *Entre a decisão e a implementação da ordem junto às operadoras, colhido novo diálogo telefônico, às 13:32, juntado pela autoridade policial no evento 133. Não havia reparado antes no ponto, mas não vejo maior relevância. Como havia justa causa e autorização legal para a interceptação, não vislumbro maiores problemas no ocorrido.*[52]

O áudio acabou anulado pelo ministro do STF Teori Zavascki, que considerou ter existido uma ilegalidade em sua divulgação. Teori determinou que a gravação fosse descartada em uma decisão proferida três meses depois da difusão, com o estrago na opinião pública já consumado. Ele escreveu:

> *Assim, não há como manter a aludida decisão de 17.3.2016, que deve ser cassada desde logo. Além de proferida com violação da competência desta Corte, ela teve como válida interceptação telefônica*

> *evidentemente ilegítima, porque colhida quando já não mais vigia autorização judicial para tanto.*[53]

Isso não impediu que seu colega na Corte, o ministro Gilmar Mendes, usasse aquele áudio como um dos elementos para proferir uma decisão liminar (provisória) que suspendeu a nomeação de Lula como ministro de Dilma Rousseff. As ações foram protocoladas pelo PSDB e PPS, partidos de oposição à presidente.

Uma cerimônia de posse para Lula foi realizada no Palácio do Planalto no dia seguinte, 17 de março, sob vaias de manifestantes que se aglomeravam do lado de fora. O petista, porém, nem chegou a sentar na cadeira de ministro. Uma hora depois, um juiz federal suspendeu sua nomeação. Em uma violação completa da separação entre os Três Poderes, um juiz de primeira instância proferia uma decisão determinando a derrubada de uma nomeação da presidente da República. Esse juiz, Itagiba Catta Preta Neto, da 4ª Vara Federal de Brasília, fazia publicações em suas redes sociais com críticas a Dilma Rousseff e elogios a Moro.[54] A partir desse momento, o governo passou a travar uma batalha nos tribunais para tentar garantir que Lula se tornasse ministro, mas o golpe final veio no dia seguinte. Na noite daquela sexta-feira, 18 de março, o ministro do STF Gilmar Mendes suspendeu a nomeação.[55] Na decisão, Gilmar escreveu que os argumentos do Palácio do Planalto sobre o envio do termo de posse não faziam sentido porque Lula só poderia assumir o cargo na Casa Civil caso comparecesse pessoalmente à cerimônia em Brasília.

Gilmar, que chegou ao STF por indicação do então presidente tucano Fernando Henrique Cardoso, adversário político de Lula, poucos anos depois se tornaria o mais ácido crítico da Operação Lava-Jato, mas, naquele momento, aderiu totalmente à argumentação apresentada pelos investigadores. Enquanto a Lava-Jato devastava o PT, os discursos e posicionamentos de Gilmar eram de apoio à operação. A ação contra a nomeação de Lula foi muito simbólica disso: Gilmar, um ferrenho defensor do direito de defesa e do devido processo legal, ignorou a ilegalidade daquela interceptação e escreveu que o envio do termo de posse era uma fraude para que Lula escapasse de uma eventual ordem de prisão de Sergio Moro. Ele escreveu:

> *Uma explicação plausível para o documento objeto da conversa é que foi produzido um termo de posse, assinado de forma antecipada pela presidente da República, com a finalidade de comprovar fato não verídico — que Luiz Inácio Lula da Silva já ocupava o cargo de Ministro de Estado. O objetivo da falsidade é claro: impedir o cumprimento de ordem de prisão de juiz de primeira instância. Uma espécie de salvo-conduto emitido pela presidente da República. Ou seja, a conduta demonstra não apenas os elementos objetivos do desvio de finalidade, mas também a intenção de fraudar.*[56]

A decisão provisória de Gilmar Mendes nunca chegou a ser julgada pelo plenário do STF. Em 16 de maio, o próprio ministro proferiu um despacho no qual declarou que o processo havia perdido o objeto, ou seja, não tinha mais validade. Argumentou que o governo federal revogou a nomeação de Lula, e, por isso, não faria mais sentido julgar se ele poderia tomar posse ou não, já que a nomeação não existia mais.[57] Em outros casos de investigados da Lava-Jato que ganharam o cargo de ministro, o Supremo adotou entendimento diferente. Em fevereiro de 2017, o ministro Celso de Mello rejeitou um pedido para barrar a nomeação de Moreira Franco como ministro do governo do presidente Michel Temer. O argumento apresentado por partidos de oposição era o mesmo: houve desvio de finalidade para que ele ganhasse foro privilegiado e escapasse da Lava-Jato.[58] Mas esse entendimento só valeu para o ex-presidente Luiz Inácio Lula da Silva.

O processo de impeachment de Dilma Rousseff já estava em curso na Câmara dos Deputados e a chegada de Lula como ministro poderia dar força para barrá-lo, por sua capacidade de articulação política. Mesmo sem o cargo, ele permaneceu em Brasília negociando com líderes políticos para votarem contra a abertura do impeachment. Não é possível saber se o cargo de ministro da Casa Civil faria alguma diferença para Lula nesse processo de negociação — diante do grande desgaste de Dilma perante o Congresso, é provável que o impeachment fosse consumado mesmo assim. Mas é fato que a atuação da Lava-Jato, ao impedir a posse de Lula como ministro, representou um forte golpe na articulação do governo e contribuiu ativamente para a queda da presidente da República.

2.

Lava-Jato eleitoral

Nada de propostas mirabolantes, promessas impossíveis de serem cumpridas ou planos de governo minuciosamente calculados por especialistas no orçamento público. O fator mais significativo para as eleições de 2018 foi, sem nenhuma dúvida, a Operação Lava-Jato. Ao longo de quatro anos de investigações, a operação praticamente desmontou o sistema político tradicional brasileiro, atingindo todos os grandes partidos existentes no país com acusações de corrupção, lavagem de dinheiro, caixa dois e outros delitos do tipo. Ao puxar o fio daquela Land Rover dada de presente pelo doleiro Alberto Youssef a um ex-diretor da Petrobras, os investigadores constataram a existência de um esquema na estatal para irrigar ilegalmente os cofres do PP, do PT e do PMDB — tanto dos partidos como de seus dirigentes. Mas não apenas isso: os crimes na Petrobras impulsionaram outros braços da investigação, que se expandiu para Brasília, Rio de Janeiro e São Paulo. Era uma situação de "infecção generalizada" com crimes por toda a administração pública. A definição foi feita pela Procuradoria-Geral da República (PGR), órgão responsável em Brasília pelas investigações da Lava-Jato contra políticos com foro privilegiado. A PGR batizou uma das suas operações com o nome de Sépsis, termo médico que define uma infecção generalizada no corpo humano, mas que nesse caso tinha a ideia de mostrar como os crimes de corrupção haviam se alastrado por toda a administração pública. A Operação Sépsis revelava um esquema de corrupção na Caixa Econômica Federal com a participação de políticos poderosos. Onde quer que as investigações colocassem a lupa, algum esquema criminoso era encontrado.

A impressão provocada pela hecatombe da Lava-Jato era que todo o sistema político funcionava para desviar dinheiro público, em esquemas acertados com doleiros, contas na Suíça e muito, mas muito dinheiro vivo — em boa parte das vezes, as suspeitas das investigações tinham fortes fundamentos, como no caso dos R$ 51 milhões encontrados em grana viva dentro de um apartamento em Salvador ligado a Geddel Vieira Lima,[1] ex-ministro da Secretaria de Governo da gestão do presidente Michel Temer, ou nas transferências de US$ 1,3 milhão feitas por um lobista que atuava na Petrobras diretamente para uma conta secreta na Suíça pertencente ao presidente da Câmara Eduardo Cunha,[2] que acabou perdendo o mandato por causa desse caso. Nessa esteira, também foram atingidos os principais políticos de oposição ao governo federal, integrantes de legendas como PSDB e DEM. Em um ambiente em que todos roubavam, o partido político ao qual se pertencia não fazia mais diferença — ao menos foi esse o efeito provocado pela Lava-Jato na opinião pública.

Em julho de 2018, quando a campanha eleitoral começou oficialmente, os números contabilizados pela operação eram grandiosos. A PGR havia apresentado 36 denúncias ao Supremo Tribunal Federal (STF) contra políticos com foro privilegiado; a força-tarefa de Curitiba havia deflagrado 52 operações; mais de 160 pessoas haviam sido condenadas em primeira instância em Curitiba e no Rio de Janeiro; e os procuradores calculavam um ressarcimento aos cofres públicos no valor de R$ 12,3 bilhões. Naquele momento, o dinheiro estava retornando à União por meio de 187 acordos de delação premiada com pessoas físicas e onze acordos de leniência com empresas.[3]

Além desse impacto generalizado no sistema político, a Lava-Jato foi responsável direta por tirar da eleição o candidato até então mais bem posicionado nas pesquisas: o ex-presidente Luiz Inácio Lula da Silva. Em 12 de julho de 2017, o juiz Sergio Moro condenou o petista a uma pena de nove anos e seis meses de prisão por corrupção passiva e lavagem de dinheiro no caso do tríplex do Guarujá–SP.[4] Moro entendeu que reformas feitas pela empreiteira OAS em um apartamento tríplex reservado para Lula configuraram pagamento de propina. O ex-presidente nunca chegou a ocupar o imóvel, mas documentos colhidos na investigação indicavam que aquele tríplex era destinado a ele.[5] Depois, em uma tramitação mais rápida que o normal,[6] a 8ª Turma do Tribunal Regional Federal da 4ª Região (TRF-4) confirmou, em 24 de janeiro de 2018, a condenação de Lula, aumentando sua pena para doze anos e um mês de prisão.[7] A condenação em segunda instância colocava o petista no rol dos ficha-suja e o impedia de disputar as eleições, de acordo com a Lei da Ficha Limpa, sancionada por ele próprio em junho de 2010.[8] A Lava-Jato o tirava do páreo, apesar de ele ainda liderar as pesquisas. Um levantamento feito pelo Datafolha em 31 de janeiro de 2018, portanto uma semana após o julgamento do TRF-4, mostrou que Lula era o líder isolado da disputa eleitoral, com 31% das intenções de voto.[9] A defesa de Lula recorreu ao próprio TRF-4 contra a condenação, mas foi novamente derrotada. Como o Supremo Tribunal Federal havia firmado o entendimento de que a pena de prisão poderia ser executada após uma condenação em segunda instância, aquilo resultaria no encarceramento do petista. Com isso, no dia 5 de abril de 2018, o juiz Sergio Moro determinou a imediata prisão de Luiz Inácio Lula da Silva,[10] que foi recolhido em uma carceragem na sede da Superintendência da Polícia Federal de Curitiba.

Esse cenário de terra arrasada, de completo descrédito da política tradicional, era o ambiente perfeito para o surgimento de um *outsider*, uma pessoa que estava fora do sistema político tradicional e se apresentava como a renovação. Foi assim que aconteceu na Itália após a avalanche das investigações da Operação Mãos Limpas: diante do descrédito dos partidos italianos, o empresário Silvio Berlusconi, que não fazia parte da política tradicional, criou uma agremiação em 1994 e já naquele mesmo ano chegou ao Parlamento e ao cargo de primeiro-ministro pela primeira vez.[11] Aproveitou-se do descrédito dos seus adversários diante da Mãos Limpas, mas posteriormente ele próprio se envolveu em casos de corrupção[12] e até mesmo em escândalos sexuais.[13] Também passou a patrocinar mudanças na lei para livrar os políticos de punições e esvaziar a Mãos Limpas.[14]

No Brasil, o resultado da Lava-Jato foi a ascensão de um velho político que não tinha nenhuma relevância no cenário nacional, mas de repente passou a canalizar toda a insatisfação da população com o sistema: Jair Messias Bolsonaro. Era um deputado federal folclórico, conhecido até então por declarações bizarras que exaltavam figuras da ditadura militar e por sua produção legislativa pífia. Não representava nada de novo na política, já que estava em seu sétimo mandato de deputado, sempre integrando o baixo clero, grupo de parlamentares pouco influentes na Casa. A imprensa não o levava a sério: aquele deputado só tinha algum destaque na mídia quando fazia algum de seus atos bizarros, como exaltar o torturador Carlos Alberto Brilhante Ustra,[15] coronel do Exército que chefiou uma das unidades do Doi-Codi durante a ditadura militar, usada para a repressão violenta de opositores. Porém, após as eleições de 2014, Bolsonaro passou a viajar pelo país e se tornar uma voz ativa nas redes sociais para preparar o terreno para o pleito de 2018. Esse movimento, pouco percebido pela classe política e ignorado pela imprensa, serviu para que ele se apresentasse com o discurso da antipolítica e como um crítico do sistema político tradicional. Além disso, em um momento no qual a Operação Lava-Jato dividiu a opinião pública nacional em uma simplista polarização (quem não aplaudisse todos os atos da operação era logo classificado de apoiador da corrupção), Jair Bolsonaro incorporou a atitude ao seu discurso eleitoral e se tornou um ferrenho defensor da Lava-Jato. Posicionava-se como o candidato de 2018 que preservaria o legado da operação. Bolsonaro surfava na onda lavajatista e se consolidava no segundo lugar nas pesquisas eleitorais.

Em janeiro de 2018, Bolsonaro tinha 16% das intenções de voto, atrás apenas de Lula, que liderava com 31%.[16] Mas a condenação do petista mudou tudo. As pesquisas Datafolha continuaram mostrando Lula em primeiro lugar nas intenções de voto, mas ele não poderia mais concorrer às eleições. Em 10 de junho de 2018, por exemplo, Lula tinha 30%, enquanto Bolsonaro ficava com 17%, segundo o Datafolha.[17] Apesar da condenação, o petista ainda depositava suas esperanças em uma decisão do Tribunal Superior Eleitoral, que poderia liberá-lo para disputar a eleição. Mesmo preso em Curitiba, Lula continuava sendo o candidato do PT e resistia a anunciar outro nome para assumir a cabeça da chapa. Foi somente em 11 de setembro que o partido anunciou o ex-ministro da Educação Fernando Haddad como o candidato à Presidência no lugar de Lula.[18] Com isso,

Bolsonaro passou a liderar as pesquisas. O levantamento do Datafolha realizado logo depois e divulgado em 14 de setembro mostrou o seguinte placar: Bolsonaro em primeiro com 26%, Haddad empatado em segundo lugar com Ciro Gomes (PDT), com 13%.[19]

Ao longo da campanha, Bolsonaro tentava colar ao máximo sua imagem à da Operação Lava-Jato, tanto nas peças publicitárias como nas entrevistas e declarações à imprensa. Em 3 de agosto de 2018, em uma entrevista à GloboNews, Bolsonaro exaltou a operação e criticou os acordos políticos feitos mediante a entrega de cargos públicos. Ele discursou:

> *Você sabe como funciona aquela questão lá... esse troca-troca de cargos. De toma lá, dá cá. O Brasil não aguenta mais isso. Isso leva à ineficiência do Estado e à corrupção. É o que está aí. Graças a Deus tá havendo a Lava-Jato. Porque se não estivesse havendo a Lava-Jato, eu acho que o Brasil estaria numa situação pior do que se encontra no momento. Por isso, devo fortalecer a Operação Lava-Jato. Como? Entre outras maneiras, colaborando com a Polícia Federal, dando mais meios para a Polícia Federal poder investigar. Não precisa fazer como um candidato aí falou agora pouco, "Ah, nós vamos pegar o pessoal do MP e do Judiciário e colocar cada um no seu quadradinho". Não é isso, pô.*[20]

Sempre que via uma brecha, Bolsonaro repetia a declaração do doleiro Alberto Youssef em sua delação premiada, na qual afirmou que o deputado, então filiado ao PP, era um dos poucos a não ter se beneficiado de dinheiro ilícito da Petrobras.[21] O candidato também recorria a uma referência feita pelo então ministro do STF Joaquim Barbosa no julgamento do mensalão. O ministro citou, durante o julgamento, que Bolsonaro foi um dos poucos deputados do PP que não acompanhou as posições do seu partido em votações na Câmara dos Deputados nas quais o PT teria comprado apoio mediante pagamentos de propina aos partidos aliados.[22]

Em entrevista ao *Jornal Nacional*, no dia 28 de agosto de 2018, ao ser questionado como se considerava representante da nova política se estava na Câmara dos Deputados havia tanto tempo, ele respondeu com as seguintes referências:

> *Geralmente, quando se fala em família na política, são famílias enroladas em atos de corrupção. A minha família é limpa na política. Sempre integrei o baixo clero no Brasil. Se tivesse, na forma de fazer política, ocupado altos postos, com toda certeza estaria envolvido na Lava-Jato hoje em dia. Então, mantive a minha linha em Brasília. Inclusive, fui citado no mensalão por Joaquim Barbosa como o único deputado que não foi comprado pelo PP, citado por Alberto Youssef como um dos três deputados do PP que não buscou dinheiro na Petrobras. E, também, na questão da JBS Friboi, fui o único deputado que recebeu do partido dinheiro oriundo da JBS Friboi e devolveu para o partido.*[23]

Embora se declarasse um entusiasta da Lava-Jato, o único contato pessoal que Bolsonaro havia tido com Sergio Moro fora um desastre. Em março de 2017, o desconhecido deputado encontrou Moro por coincidência no Aeroporto Internacional de Brasília e ensaiou uma aproximação. A cena foi filmada por seus apoiadores. O juiz tinha participado de uma audiência na Câmara dos Deputados e estava voltando para Curitiba. Moro estava na fila de uma lanchonete conversando com a então deputada federal Mara Gabrilli quando Bolsonaro foi cumprimentá-lo. "E aí, Moro?", ele diz, batendo continência. O juiz olha para o parlamentar e dá uma resposta protocolar: "Oi, tudo bem? Como vai?" e em seguida vira o rosto e caminha para outro local. A cena viralizou nas redes sociais, com ênfase ao fato de Bolsonaro ter sido esnobado.[24]

Só por causa da repercussão é que o juiz percebeu que se tratava de um deputado federal. Na ocasião, chegou a emitir uma nota em que disse não ter tido a intenção de ofender o parlamentar, mas que não queria que a cena fosse "explorada politicamente".[25] Depois do mal-entendido, ele acabou telefonando para Bolsonaro para pedir desculpas. Também confidenciou a amigos que ficou constrangido com a gafe cometida e disse que não havia reconhecido o deputado durante o encontro.

Apesar do gesto de Moro, Bolsonaro nunca engoliu o episódio. Seis meses após o ocorrido, ele revelou sua mágoa em uma entrevista à RedeTV!.

"Não há dúvida que eu fiquei chateado. Esperava trinta segundos de conversa com ele."[26]

Já no Palácio do Planalto, Bolsonaro costumava rememorar esse caso em momentos de insatisfação com seu ministro da Justiça. Ao citar o episódio, dizia que Moro sempre se achou muito importante, mas que o presidente da República era ele.[27]

O clima eleitoral contagiou também a 13ª Vara Federal de Curitiba. Nas conversas do dia a dia, os servidores e juízes da Vara sempre trocavam impressões sobre o assunto.[28] Nada mais natural, já que o pleito eleitoral ocorria sob total influência do trabalho da equipe da Justiça Federal do Paraná.

Durante a campanha, os servidores batiam papo com Sergio Moro e com a juíza substituta Gabriela Hardt a respeito dos candidatos. Certo dia, alguns funcionários entraram na sala da juíza substituta para fazer uma enquete. Perguntaram a opinião dela a respeito do candidato ao governo do Rio de Janeiro Wilson Witzel, do PSC.[29] O ex-juiz federal ainda era um azarão na campanha eleitoral do Rio, mas era bastante conhecido entre os colegas de magistratura. Gabriela respondeu incisivamente:

"Esse cara é um louco. Tem que ir para um hospital psiquiátrico."[30]

Em seguida, os mesmos servidores foram até a sala de Moro e fizeram a mesma pergunta. A resposta os surpreendeu:

"Witzel vai ser o melhor governador do Brasil", afirmou Moro.[31]

A declaração foi vista mais como uma demonstração de desconhecimento político do que uma opinião fundamentada em fatos e argumentos. O entusiasmo também indicava que Moro aprovava a migração de magistrados para a política, uma sinalização clara do caminho que ele próprio poderia adotar mais adiante. Ironicamente, dos governadores eleitos em 2018, Witzel foi o primeiro afastado do cargo por suspeitas de corrupção. O afastamento foi confirmado por maioria da Corte Especial do Superior Tribunal de Justiça (STJ) em 2 de setembro de 2020.[32]

Em outros momentos, as conversas giravam em torno da eleição presidencial. A própria juíza Gabriela Hardt puxava o assunto com Moro. Ela entendia que a Lava-Jato, justamente por ter atingido os principais partidos políticos, tinha uma responsabilidade especial sobre aquele pleito. Por isso, confidenciou a servidores da Vara e a colegas da magistratura que via com preocupação a ascensão de Bolsonaro nas pesquisas.[33] Gabriela considerava inaceitáveis as bizarrices daquele candidato, como os já citados elogios ao coronel Carlos Alberto Brilhante Ustra.

Nas suas conversas com os colegas, Moro deixava claro que não queria a eleição do candidato petista Fernando Haddad.[34] Acreditava que, caso o PT conquistasse o comando do governo federal novamente, teria que deixar o país e viver um exílio no exterior. O juiz vislumbrava em Bolsonaro uma alternativa viável de poder, percepção que assustava seus colegas mais próximos. Em conversas testemunhadas pelos próprios servidores da 13ª Vara Federal, os dois juízes debatiam o assunto.

"Sergio, não é possível que Bolsonaro seja a alternativa ao PT. Você vai ter uma voz nessa eleição, tem que existir uma alternativa a esse homem", afirmou Gabriela Hardt em uma das ocasiões.[35]

Para a surpresa de todos, Moro já saía em defesa do candidato. Dizia acreditar que Bolsonaro deixaria de radicalismos caso fosse eleito e assumiria um papel de "estadista", de homem público comprometido com o país. Justificava seu raciocínio com uma impressão que não tinha lastro na vida real: Moro dizia que o candidato havia se tornado mais sensato durante a campanha, deixando de lado os arroubos autoritários. Quando lhe pediam exemplos dessa moderação, o juiz mudava de assunto.[36]

"Ele já moderou o discurso dele", era apenas o que dizia.[37]

Até a força-tarefa de Curitiba tinha uma leitura política diferente. Os procuradores não tiveram conversas com Moro sobre a eleição, mas esse era um tema de discussão frequente no grupo de conversas que os catorze integrantes da força-tarefa mantinham no aplicativo Telegram. Ao menos uma vez por mês, eles faziam uma enquete entre eles para saber em quem cada um votaria. A favorita, que costumava ter 80% das citações, era a ex-ministra Marina Silva, candidata da Rede Sustentabilidade — ela havia alcançado o terceiro lugar nas eleições presidenciais de 2014, mas em 2018 sua candidatura acabou derretendo. Não havia votos para Bolsonaro no primeiro turno. Entretanto, nas enquetes do segundo turno, os votos dos procuradores migravam para o candidato do PSL. A avaliação deles é que Bolsonaro era o preço a se pagar para derrotar o PT, que representava tudo o que a Lava-Jato estava combatendo.[38]

Em uma entrevista após ter se aposentado do cargo de procurador, o veterano do grupo, Carlos Fernando dos Santos Lima, até mesmo admitiu seu voto em Bolsonaro no segundo turno:

"No primeiro turno, eram muito variadas todas as opções. Eu, a princípio, era Marina Silva. A partir do segundo turno, você fica entre 'o diabo e o coisa ruim', como dizia Brizola. Você não tem muita opção. Votar em Haddad, nesse caso, claramente um reprodutor apenas das ordens do Lula, era, para a maior parte de nós, impossível. Mesmo assim, houve procuradores que votaram em Haddad. No segundo turno, eu votei em Bolsonaro."[39]

Nas conversas que mantinham no aplicativo Telegram, reveladas pelo site *The Intercept Brasil*, os procuradores demonstraram preocupação com o uso eleitoral da Lava-Jato e o que chamavam de "efeito Berlusconi": a eleição de um candidato com viés antidemocrático que atuaria para enfraquecer o combate à corrupção, fenômeno semelhante ao ocorrido na Itália. No dia 25 de outubro de 2018, pouco antes do segundo turno, a procuradora Jerusa Viecili se queixou da ausência de manifestações da força-tarefa diante das sinalizações antidemocráticas de Bolsonaro.[40] Uma delas em especial chamava a atenção do grupo: Bolsonaro não se comprometia em nomear um procurador-geral da República escolhido em votação interna da categoria, que forma uma lista de três nomes para basear a escolha do presidente. Essa lista tríplice para o comando da PGR não está prevista na Constituição, mas vinha sendo respeitada desde 2003, a partir da gestão do presidente Luiz Inácio Lula da Silva. O Ministério Público Federal defendia o instrumento como uma forma de garantir um procurador-geral da República independente e escolhido pela própria classe, que não ficaria submisso às vontades do presidente da República. Os procuradores sabiam que a Lava-Jato só havia decolado graças ao respeito à lista tríplice, que elegeu Rodrigo Janot para o comando da PGR por duas vezes. Romper com essa tradição era uma sinalização péssima para os investigadores. Jerusa escreveu:

> *Acho muito grave ficarmos em silêncio quando um dos candidatos manifesta-se contra a nomeação da lista tríplice pela PGR, diante de questões ideológicas. Mais grave ainda, assistirmos passivamente, ameaças à liberdade de imprensa quando nós somos os primeiros a afirmar*

> *a importância da imprensa para o sucesso da Lava-Jato. Igualmente grave, candidatos divulgarem nomes de futuros ministros que são alvos de investigações e processos por corrupção. Nossa omissão também tem peso e influência. Eu sinceramente não quero (e isso apenas a história dirá) que a Lava-Jato seja vista, no futuro, como perseguição ao PT e, muito menos, como corresponsável pelos acontecimentos eleitorais de 2018.*[41]

Seu colega Paulo Galvão, em resposta enviada no mesmo dia, apontou que eles apenas estavam cumprindo com as suas funções, ainda que isso resultasse na eleição de Bolsonaro:

> *Pessoal, nós somos procuradores da República. Cumprimos a nossa função no combate à corrupção, e não poderíamos ter feito diferente, ainda que soubéssemos que daí poderia advir um eleito antidemocrático (e sabíamos, pois estudamos e conhecíamos o risco Berlusconi).*[42]

Sergio Moro manteve absoluto segredo sobre o assunto, mas a verdade é que ele autorizou um dos candidatos presidenciais das eleições de 2018 a fazer campanha usando seu nome. Por ocupar o cargo de juiz, Moro não podia ter participação ativa na campanha eleitoral — isso poderia lhe render punições disciplinares pelo Conselho Nacional de Justiça (CNJ). Mas deu sinal verde para que seu prestígio como juiz da Lava-Jato fosse explorado por um candidato com quem tinha boa relação: o senador paranaense Álvaro Dias, que se preparava para disputar a Presidência da República pelo partido Podemos.

O juiz conhecia o trabalho parlamentar de Álvaro Dias. Não eram amigos íntimos, mas mantinham uma boa relação. Moro, por exemplo, já havia procurado o senador em algumas ocasiões para sugerir alterações em projetos que tramitavam no Congresso Nacional. No início de 2018, a esposa de Moro, a advogada Rosangela Wolff Moro, esteve no gabinete de Álvaro Dias em Brasília para conversar sobre um projeto de lei apresentado pelo senador a seu pedido, a criação de um fundo especial para bancar o funcionamento da Associação de Pais e Amigos dos Excepcionais (Apae), entidade voltada a pessoas com deficiência intelectual. Rosangela era procuradora jurídica da Federação Nacional das Apaes. O próprio Álvaro Dias divulgou em suas redes sociais que esse projeto havia sido sugerido pela esposa do juiz Sergio Moro como forma de se cacifar politicamente. O projeto de lei 22 de 2017 foi aprovado na Comissão de Constituição e Justiça em fevereiro de 2018.[43]

Por causa da discussão sobre o projeto, Rosangela esteve com Álvaro Dias no Senado no início do ano de 2018. No meio da conversa, o senador fez uma provocação sobre o marido dela:

"Eu acho que o Moro desempenhou uma função muito importante como juiz, mas agora poderia dar uma maior contribuição para a vida pública. Será que ele não quer ser candidato?"[44]

Rosangela não demonstrou muito entusiasmo com o assunto.

"Olha, o mundo dele é o meio jurídico, mas você pode tentar convencê-lo. Convença ele!"[45]

O assunto, entretanto, não foi adiante. Naquele ano, foi o próprio Álvaro Dias quem decidiu se lançar como candidato a Presidente da República. Em junho, ele aparecia nas pesquisas eleitorais na casa dos 4% das intenções de votos.[46] Não era ainda um número expressivo, mas significava uma grande quantidade de votos, por se tratar de uma disputa presidencial. Antes de oficializar sua candidatura, o senador entrou em contato com Moro por telefone para abordar o assunto. Disse que tinha interesse em convidá-lo para o cargo de ministro e pediu autorização para utilizar seu nome na campanha eleitoral.

"Eu gostaria de lhe propor a institucionalização da Operação Lava-Jato, como uma política de Estado de combate à corrupção. E o ponto de partida seria a convocação para que você fosse o ministro da Justiça, para liderar esse processo", disse Álvaro Dias a Moro.[47]

"Olha, como juiz, eu não posso manifestar opiniões políticas. Mas você está liberado para falar isso, sim", foi a resposta do titular da 13ª Vara Federal de Curitiba.[48]

Munido desse aval, Álvaro Dias lançou sua candidatura na convenção partidária do Podemos em 4 de agosto de 2018. No evento, anunciou que uma das suas principais bandeiras era apoiar a Operação Lava-Jato e já adiantou que convidaria Moro para ser ministro da Justiça.

"A limpeza não terminou, a limpeza tem que continuar. E por isso, eu anuncio aqui, em primeira mão, que vou convidar para ser ministro da Justiça, se ele aceitar, o juiz Sergio Moro", discursou Álvaro Dias.[49]

Também no horário eleitoral gratuito, o candidato veiculou peças publicitárias com fotos dele ao lado do juiz Sergio Moro e declarações de apoio às investigações.[50]

Na reta final do primeiro turno, apesar de não ter se engajado publicamente na campanha, uma decisão judicial de Moro provocou polêmica e gerou a acusação de que o juiz estava tentando interferir indevidamente no pleito. No dia 1º de outubro, correspondente à segunda-feira anterior à disputa eleitoral que ocorreria no domingo, Moro tirou o sigilo de um depoimento da recém-assinada delação premiada do ex-ministro petista Antonio Palocci.[51] Essa decisão foi proferida dentro de uma das ações da Lava-Jato contra Lula, envolvendo supostos pagamentos de propina da Odebrecht. O argumento utilizado pelo juiz era que Palocci também era réu na ação e, por isso, os demais acusados deveriam tomar conhecimento do conteúdo da delação para exercerem sua ampla defesa. Juridicamente, o argumento fazia sentido e seguia o padrão adotado pelo juiz de tornar público o conteúdo das investigações da Lava-Jato, mas o despacho causou estranheza justamente por sua proximidade com a data da eleição. Também foi uma decisão proferida "de ofício", por iniciativa própria do juiz, sem pedido de nenhuma das partes. Ironicamente, no mesmo despacho que liberou a delação de Palocci, Moro escreveu que suspendeu os interrogatórios da ação para evitar que Lula pudesse explorá-los politicamente a seu favor. Com isso, apenas a divulgação negativa ao petista foi permitida, enquanto eventuais fatos do processo que o favorecessem estavam suspensos.[52] De acordo com Moro:

> *Na ação penal 5021365-32.2017.404.7000 suspendi os interrogatórios para evitar qualquer confusão na exploração das audiências, inclusive e especialmente pelo acusado Luiz Inácio Lula da Silva que tem transformado as datas de seus interrogatórios em eventos partidários, como se viu nesta e na ação penal 5046512-94.2016.4.04.7000. Realizar o interrogatório dele durante o período eleitoral poderia gerar riscos ao ato e até mesmo à integridade de seus apoiadores ou oponentes políticos.*[53]

Na eleição realizada no domingo seguinte, o candidato que tentou surfar na imagem de Moro não deslanchou. Álvaro Dias foi o nono colocado no primeiro turno, realizado em 7 de outubro de 2018. Teve 859 mil votos, o equivalente a 0,80%. O voto da Lava-Jato migrou mesmo foi para Jair Bolsonaro que, naquele dia, teve 46,03% dos votos e ficou em primeiro lugar. Disputaria o segundo turno com o petista Fernando Haddad, que assumiu a cabeça de chapa após a candidatura de Lula ter sido impedida.[54]

Apesar de Álvaro Dias não ter sido eleito, Sergio Moro continuava sendo alvo de cobiça, agora da equipe do candidato que liderava as pesquisas, Jair Bolsonaro. Quando tudo indicava que ele iria para o segundo turno, a equipe de campanha começou a discutir nomes para compor o futuro governo. Foi neste momento que passou a ser discutido o plano de incluir Moro. A ideia surgiu de um dos conselheiros da área econômica, o empresário Marcos Troyjo, que tinha um amigo em comum com o juiz. Por isso, decidiu dar a sugestão ao futuro ministro da Economia, Paulo Guedes, para emplacar um nome de peso no governo com o objetivo de combater a criminalidade.

"Paulo, eu vejo você falando muito sobre desaparelhar o Estado, acabar com esse negócio de indicação política. Você quer trazer o Moro para ser um símbolo de combate à corrupção?"[55]

Guedes adorou a ideia. Dentro dos planos que ele traçava para o Brasil, aquilo fazia todo o sentido: ele levaria adiante as reformas econômicas necessárias para impulsionar o país, enquanto Moro cuidaria da criminalidade e acabaria com a corrupção. Simbolizariam, na concepção do economista, a ordem e o progresso estampados na bandeira do Brasil: a ordem pelas mãos do juiz linha-dura, o progresso por meio de reformas econômicas. A ideia de Guedes era ter um primeiro escalão composto de nomes reconhecidos em âmbito nacional, não necessariamente de dentro do meio político, já que ele mesmo tinha esse perfil. O Ministério da Justiça nas mãos de Moro, o superjuiz da Lava-Jato, seria um simulacro do Ministério da Economia nas mãos do economista Paulo Guedes, na sua avaliação.[56] Para sua sorte, Troyjo conhecia havia muito tempo um advogado de Curitiba, Carlos Zucolotto Júnior, que ajudaria a fazer a aproximação. Zucolotto era amigo íntimo de Moro, frequentador de sua casa e uma das poucas pessoas verdadeiramente próximas do juiz. Por isso, o futuro ministro da Economia deu o aval para que um encontro fosse marcado com Sergio Moro para sondá-lo a respeito de uma futura vaga no governo. O juiz topou conversar e marcou um jantar em Curitiba para discutir o assunto.

Em meio à correria da campanha eleitoral, Guedes e Troyjo pegaram um avião rumo à capital paranaense para encontrar Moro na residência de Zucolotto, uma semana antes do primeiro turno das eleições. Logo no começo da conversa, o juiz alertou que aquele encontro não poderia vazar para o público porque prejudicaria seu trabalho na 13ª Vara Federal, já que ele era responsável por analisar processos contra o adversário de Bolsonaro naquele pleito, o ex-presidente Lula, que tinha ficado de fora justamente por ter sido condenado por Moro. Foi exatamente por sua extrema confiança em Zucolotto que ele marcou o jantar na casa do advogado, por ter convicção de que o amigo manteria aquele diálogo em absoluto sigilo. A conversa foi regada a vinho, carnes nobres e acompanhada pelo discurso sedutor de Guedes a respeito do futuro governo. O economista apresentou a Moro sua visão sobre a política do país e disse que o governo Bolsonaro seria uma aliança entre liberais (do ponto de vista econômico) e conservadores (nos costumes) para "deixar o PT para trás", conforme foi dito na conversa.[57]

"Troyjo deu a ideia que você poderia ser um ótimo ministro da Justiça. Eu achei muito interessante", Guedes declarou a Moro.[58]

Logo de início, o futuro ministro da Economia deixou claro que se tratava apenas de uma sondagem e que ainda não havia levado a ideia para Jair Bolsonaro. Bom de papo, Guedes inflou o ego de Moro e rasgou elogios ao seu trabalho como juiz. Apresentou a promessa de implantarem um projeto para transformar "profundamente" a sociedade brasileira. No que concerne a Moro, ele teria total poder para exercer seu trabalho de combate à corrupção. A pasta da Justiça voltaria a comandar também a área de segurança pública e a Polícia Federal, que haviam ficado com o Ministério da Segurança Pública durante o governo do presidente Michel Temer. Ao final da conversa, Guedes perguntou se poderia conversar com Bolsonaro a respeito do assunto.[59]

"Pode, mas só depois do segundo turno."[60]

Seus olhos brilharam diante de todas aquelas promessas. Guedes não chegou a abordar a possibilidade de Moro ser indicado futuramente para uma vaga de ministro do STF, que era o seu sonho, mas o teor da conversa deu a entender ao juiz que isso era uma possibilidade concreta. Moro se entusiasmou e já sinalizou que aceitaria o futuro convite. Combinaram, entretanto, que o assunto precisaria ser mantido em segredo e divulgado apenas após as eleições.[61] Moro dizia que queria evitar que o seu nome exercesse uma influência eleitoral na reta final do segundo turno — o que poderia inclusive lhe render problemas no Conselho Nacional de Justiça (CNJ), já que magistrados não podem manifestar opiniões partidárias. Ao contrário da autorização secreta que havia dado a Álvaro Dias para usar seu nome no primeiro turno da campanha eleitoral, desta vez Moro preferiu adotar certa cautela.

Antes de Guedes levar o assunto a Bolsonaro, ele precisava desatar um nó dentro da campanha. A vaga de ministro da Justiça estava prometida ao advogado Gustavo Bebianno, que foi um dos principais articuladores da sua campanha presidencial. Guedes convidou Bebianno para um almoço no requintado restaurante do Gávea Golf Club, no Rio de Janeiro, sem adiantar qual seria o assunto tratado. Passou a maior parte do tempo conversando sobre amenidades, mas enfim decidiu entrar no tema que havia motivado aquele almoço. Ele narrou a Bebianno que estava articulando a ida de Moro para o governo no cargo de ministro da Justiça, mas sabia que o futuro presidente havia sinalizado a indicação do cargo para Bebianno. Sem dizer claramente, Guedes queria saber se o advogado abriria mão da pasta. Bebianno prontamente concordou:[62]

"Paulo, se você conseguir trazer o Moro para o Ministério da Justiça, esse é o maior gol que você vai ter no governo Bolsonaro. Da minha parte, você tem todo o apoio."[63]

Depois de aparadas as arestas com Bebianno, Guedes finalmente tratou do tema com Jair Bolsonaro. O futuro ministro da Economia relatou a conversa que teve com Moro em Curitiba e lhe expôs seu plano: convidar Moro para ser ministro da Justiça seria essencial para garantir o sucesso do futuro governo.[64] Àquela época, Bolsonaro era um entusiasta do juiz e, apesar da malsucedida tentativa de abordagem no aeroporto de Brasília, empolgou-se com a ideia e deu o aval para que Guedes fosse adiante nas tratativas.

Os militares que participavam da equipe de campanha também se entusiasmaram, principalmente o general Augusto Heleno, cujo posto no futuro governo ainda não havia sido definido. Heleno era um fã incondicional de Sergio Moro e, por isso, adoraria ver o juiz como integrante da equipe de Bolsonaro.[65] Feita toda essa articulação, Guedes fez o seguinte acordo com Moro: levaria o juiz para conversar com Bolsonaro no Rio de Janeiro logo após a definição da eleição para que acertassem os detalhes do convite.

Sergio Moro não planejou se tornar ministro de Estado, mas já dava sinais claros de cansaço com o trabalho na Operação Lava-Jato. O volume de processos era absurdo, dentre ações penais, inquéritos, pedidos de quebras de sigilo e pedidos de liberdade de alvos presos. No período de quatro anos, Moro já havia recebido 72 denúncias feitas pela força-tarefa contra 289 pessoas. O juiz condenou 123 alvos até o mês de março de 2018[66] e mantinha um tempo médio de tramitação das ações penais de nove meses,[67] o que representa um processo extremamente ágil, principalmente se comparado ao restante do Judiciário. Nas férias, jamais se desligava completamente e sempre mantinha contato com procuradores e delegados do caso.[68] Não era pouco trabalho para apenas um único juiz.

    O desgaste se acumulava e Moro começava a pensar em outros caminhos. Comentava havia algum tempo com pessoas próximas sobre seu desejo de estudar no exterior, mas a operação ainda não havia permitido. Também deixava claro aos procuradores que a investigação precisava de um ponto-final — a avaliação de Moro era que a Lava-Jato não poderia se prolongar indefinidamente, pelo risco de se tornar alvo de uma forte reação contrária, tal qual ocorreu no caso da Mãos Limpas.[69] Em uma tentativa de deixar a operação, Moro procurou, no início daquele ano de 2018, o juiz Danilo Pereira Júnior, com quem tinha relação de amizade, e perguntou se ele desejava fazer uma permuta. Danilo assumiria a 13ª Vara Federal de Curitiba e, consequentemente, todos os processos da Operação Lava-Jato, enquanto Moro iria para a 12ª Vara Federal. A vara de Danilo cuidava de execuções penais de réus presos por ordem da Justiça Federal do Paraná, dentre eles os próprios alvos da Lava-Jato. Caso essa troca se concretizasse, Moro continuaria atuando em uma parte da operação, mas o volume principal do material ficaria com seu amigo, que era um respeitado juiz da área criminal. Justamente por isso, Moro confiava que Danilo daria um bom prosseguimento ao seu trabalho e preservaria o legado da operação. Seu colega, entretanto, não topou a permuta. Ninguém conseguiria manter o ritmo de trabalho de Moro; substituí-lo era tarefa inglória que garantiria certeiras críticas ao substituto por causa do parâmetro inevitável de comparação. Por causa disso, Danilo declinou gentilmente aquela oferta, e Moro teve uma das suas opções de deixar a Lava-Jato inviabilizada.[70]

O juiz também começou a aparecer em pesquisas eleitorais como um forte candidato para a disputa presidencial de 2018. Apesar de, naquela ocasião, não ter cogitado deixar a magistratura para seguir a carreira política, o fato de se tornar uma figura relevante no cenário nacional fortaleceu seu desejo de deixar a 13ª Vara de Curitiba.

Na última semana do segundo turno da campanha eleitoral, disputado entre Bolsonaro e Haddad, a juíza substituta Gabriela Hardt avisou a Moro que estava saindo de férias. Ele não contou nada sobre a conversa com Paulo Guedes nem sobre a possibilidade de se tornar ministro do futuro governo Bolsonaro. Pelo contrário, até combinou com a colega um remanejamento dos processos da 13ª Vara. Como o ritmo das investigações da Lava-Jato havia diminuído, Moro achava que não precisava mais ficar dedicado exclusivamente aos processos da operação e sinalizou a Gabriela que desejava voltar a atuar em seus antigos processos, que estavam com a juíza substituta. Isso, então, seria resolvido depois que Gabriela voltasse de férias.[71]

Mas, ao mesmo tempo, o juiz começava a planejar sua carreira política. Logo após a conversa com Guedes, Sergio Moro consultou delegados da Polícia Federal de Curitiba com quem tinha mais afinidade sobre o convite para ser ministro da Justiça. Mesmo antes de sentar na cadeira, fez uma espécie de sondagem para levá-los a Brasília, ainda sem definição de cargos.[72] Também conversou com procuradores do Ministério Público Federal com quem tinha mais proximidade para saber o que achavam do futuro cargo, mas sua decisão já estava tomada. O coordenador da força-tarefa, Deltan Dallagnol, chegou a consultar os colegas do grupo e a opinião foi unânime: a saída de Moro para se tornar ministro de Bolsonaro inevitavelmente lançaria um carimbo de suspeição e parcialidade sobre o trabalho da Lava-Jato, o que seria o pior dos mundos para o resultado final dos processos, além de alimentar todas as teorias de perseguição política atribuídas à operação.[73]

O resultado da eleição foi divulgado por volta das 19h do domingo, 28 de outubro de 2018. Jair Bolsonaro foi eleito com 57,8 milhões de votos, o equivalente a 55,13% do total. Fernando Haddad teve 47 milhões de votos (44,87%).[74] Moro nem esperou muito para mostrar que tinha um lado naquela disputa. Ainda naquele domingo, divulgou uma nota pública parabenizando Bolsonaro, ação inusitada para um juiz em pleno exercício de seu cargo e cuja atuação tirou do páreo o principal adversário do presidente eleito. Ele escreveu:

> *Encerradas as eleições, cabe congratular o presidente eleito e desejar que faça um bom governo. São importantes, com diálogo e tolerância, reformas para recuperar a economia e a integridade da Administração Pública, assim resgatando a confiança da população na classe política.*[75]

Rosangela, esposa de Moro, também fez uma enfática manifestação de apoio. Em seu perfil no Instagram, a advogada publicou uma imagem do Cristo Redentor apontando para o número 17, que era usado pelo candidato Bolsonaro, e a legenda: "Feliz". Em seguida, a advogada postou a imagem do mapa do Brasil com a imagem da bandeira nacional e a mensagem "Sob nova direção".[76] Eleito presidente da República, Bolsonaro deu entrevistas a três emissoras de televisão e prontamente rompeu o segredo: anunciou sua intenção de convidar Moro para o governo. Ao *Jornal Nacional*, da TV Globo, o futuro presidente afirmou:

"O juiz Sergio Moro é um símbolo aqui no Brasil. Eu costumo dizer que é um homem que perdeu sua liberdade no combate à corrupção. Ele não pode mais ir à padaria sozinho ou ir passear com a família no shopping sem ter um aparato de segurança do lado. É um homem que tem que ter o trabalho reconhecido. Pretendo conversar com ele brevemente, e já foi feita a sinalização positiva. Pretendo convidá-lo para o Ministério da Justiça ou — no futuro — quando abrir uma vaga no Supremo Tribunal Federal, onde ele achar que pode trabalhar para o Brasil. Ele é um homem com passado exemplar no combate à corrupção e em qualquer uma das duas casas levaria avante sua proposta. A corrupção tem que ser banida do Brasil, ninguém suporta mais conviver com essa prática tão nefasta."[77]

O convite a Moro se tornou público a partir daquela entrevista. Com isso, o juiz avaliou que precisava acelerar uma definição a respeito do cargo, para se afastar dos processos da Lava-Jato o quanto antes. Na quinta-feira seguinte à eleição, voou para o Rio de Janeiro para um encontro com o presidente eleito, no qual conversariam pela primeira vez a respeito do convite. Seria o segundo encontro pessoal de Sergio Moro com Jair Bolsonaro depois daquele desastroso evento no aeroporto de Brasília. Moro saiu cedo de Curitiba e chegou por volta de nove da manhã à residência do presidente eleito, em um condomínio na Barra da Tijuca.[78] A conversa durou uma hora e meia. Além de Moro e Bolsonaro, estavam presentes os auxiliares mais próximos da campanha e o homem responsável por levar o juiz para a equipe: Paulo Guedes, futuro ministro da Economia. Bolsonaro lhe garantiu que teria "carta branca" para montar sua equipe e tocar o trabalho de ministro. Moro afirmou que desejava prosseguir com sua agenda anticorrupção e também atuar com força no combate ao crime organizado. Na conversa, o juiz disse que o governo federal fazia muito pouco na área de segurança pública e queria contribuir mais nesse ponto.

Nessa primeira reunião, foi abordado um tema que seria fonte de preocupações e desgastes nos primeiros meses do governo: a alocação de um órgão estratégico no combate à lavagem de dinheiro, o já mencionado Coaf. O órgão recebe comunicações do sistema bancário a respeito de transações financeiras atípicas, que tenham valor muito alto ou fora do padrão do cliente do banco. Até aquele momento, o órgão era subordinado ao Ministério da Fazenda, mas Guedes não fazia questão dele. Na reunião, ficou acertado que o Coaf ficaria com Moro, dentro da estrutura do Ministério da Justiça. Os relatos divergem sobre o autor da ideia: pessoas próximas a Moro dizem que a sugestão partiu do próprio Guedes, enquanto o outro lado afirma que foi um pedido expresso de Sergio Moro.[79] Bolsonaro, entretanto, nada opinou sobre o assunto: ignorava a relevância do Coaf dentro da estrutura do governo. Mas, poucas semanas depois, aquele órgão deflagraria uma hecatombe contra a família do presidente eleito: um relatório produzido pelo Coaf detectou movimentações financeiras atípicas envolvendo um de seus filhos, o senador eleito Flávio Bolsonaro, e gerou uma investigação contra ele por suspeitas de desvios de recursos públicos. Ainda na conversa com o futuro ministro, o futuro presidente garantiu que não blindaria ninguém do governo que fosse alvo de acusações de corrupção — ele ainda não sabia que seu filho estava na mira de investigações, o que mudaria todo o rumo das políticas do governo sobre o tema.

"Se tiver algum caso de corrupção, não vou proteger ninguém", garantiu Bolsonaro.[80]

Na reta final da conversa, Guedes preferiu deixar a sala para que Bolsonaro e Moro conversassem sobre os últimos detalhes. Pouco tempo depois, foi chamado de volta e se surpreendeu: o juiz ainda não havia decidido aceitar o convite. Moro dirigiu-se a Guedes:

"Olha, tivemos uma conversa muito boa aqui. Eu disse ao deputado que agora preciso voltar para Curitiba, pensar um pouco, conversar com as pessoas."[81]

Guedes, responsável por toda articulação para trazê-lo ao futuro governo, ficou furioso com aquela resposta. Toda a imprensa estava do lado de fora da casa de Bolsonaro esperando um anúncio definitivo da entrada de Moro no governo, que não ocorreria. Seria péssimo para a imagem do governo.

"Não, Sergio, vamos anunciar logo. Tem um mundo de gente ali fora, tem um mundo de gente. Você é uma celebridade. Você vem aqui conversar com Bolsonaro e se você sair e disser que vai pensar sobre o convite, você ferrou ele. Se, ao contrário, quando você falar "fechamos um acordo", você já criou um novo astral no Brasil, já virou um negócio bacana. Pô, 'o ministro da Economia é o Paulo Guedes, o ministro da Justiça é o Sergio Moro, já começou um Brasil novo'", defendeu Guedes.[82]

Mas Bolsonaro não se importou muito com a indefinição.

"Ó, se quiser deixar ele pensar, não tem problema, não. Deixa ele pensar."[83]

Guedes, porém, retrucou:

"Não, presidente, tem que anunciar isso hoje!"[84]

"Vocês se resolvem aí então", declarou por fim Bolsonaro.[85]

Após a reunião, Bolsonaro, Guedes e Moro saíram da residência por volta das onze da manhã para dar declarações à imprensa sobre o convite. A confusão era tão grande, com os jornalistas tentando arrancar declarações, que Moro preferiu não falar nada, entrou no carro de Paulo Guedes e saiu com ele rumo ao aeroporto. Coube a Bolsonaro resumir o teor da conversa, mas sem adiantar se o convite havia sido aceito ou não.

"Ele falou o que deveria ser, o que ele gostaria de fazer lá dentro. Se teria meios e liberdade para perseguir uma agenda para combate efetivo da corrupção e ao crime organizado. Obviamente, ao lado da Constituição e das leis. Outra coisa que nós conversamos e chegamos em acordo em 100% em tudo. Então, no meu entender, quem ganha não é o governo Jair Bolsonaro, mas sim o Brasil, com essa agenda extremamente positiva, com um nome de peso, de uma pessoa que por si só no seu trabalho demonstrou ao povo brasileiro que é possível sim combater um dos maiores males que temos em nossa nação, que é a corrupção."[86]

Como o voo de Moro ainda levaria tempo, Guedes sugeriu que fossem juntos almoçar. Levou o juiz ao restaurante do Gávea Golf Club, um dos seus favoritos, e voltaram a falar sobre o assunto. Moro explicou, então, que deixou claro a Bolsonaro que aceitaria o convite, mas pediu um tempo para decidir de que forma aquilo seria anunciado. Guedes insistiu:

"Sergio, anuncia agora. Você tá parecendo que tá pensando se vale a pena entrar. É um mal começo se você hesitar."[87]

O juiz se convenceu. Por volta das onze e meia, trinta minutos após terem saído da reunião com o presidente eleito, Moro redigiu uma nota e a divulgou para seus contatos na imprensa, confirmando sua entrada no futuro governo:

> *Fui convidado pelo sr. presidente eleito para ser nomeado ministro da Justiça e da Segurança Pública na próxima gestão. Após reunião pessoal na qual foram discutidas políticas para a pasta, aceitei o honrado convite. Fiz com certo pesar, pois terei que abandonar 22 anos de magistratura. No entanto, a perspectiva de implementar uma forte agenda anticorrupção e anticrime organizado, com respeito à Constituição, à lei e aos direitos, levaram-me a tomar esta decisão. Na prática, significa consolidar os avanços contra o crime e a corrupção dos últimos anos e afastar riscos de retrocessos por um bem maior. A Operação Lava-Jato seguirá em Curitiba com os valorosos juízes locais. De todo modo, para evitar controvérsias desnecessárias, devo desde logo afastar-me de novas audiências. Na próxima semana, concederei entrevista coletiva com maiores detalhes.*[88]

Guedes não disfarçou o alívio com aquilo. Ao deixar Moro no aeroporto, confessou ao juiz:

"Que bom que você anunciou. Eu tinha medo de te deixar no aeroporto, você entrar no avião e mudar de ideia!"[89]

Enquanto Sergio Moro definia os detalhes de sua saída da 13ª Vara Federal de Curitiba, a juíza substituta Gabriela Hardt gastava mais de doze horas em voos, aeroportos e troca de aviões para passar férias nas paradisíacas praias de mar azul da Tailândia. Pretendia se desligar do mundo por algumas semanas e acabou fazendo isso até mesmo de forma involuntária. Logo nos primeiros dias de férias, Gabriela perdeu seu telefone celular e ficou incomunicável.

Ela iniciou a viagem pouco antes do segundo turno. Sergio Moro já negociava com Paulo Guedes sua entrada no governo, mas não falou nada para a colega. Pelo contrário, já que prometeu pegar de volta um grande volume de processos, o que diminuiria a sobrecarga da juíza. Mas Gabriela já havia percebido que Moro teria alguma influência no governo Bolsonaro pela forma como ele defendia o candidato e demonstrava se identificar com ele. Preocupada com o radicalismo de Bolsonaro, antes de sair de férias, Gabriela conversou com Moro a respeito do assunto:

"Sergio, eu sei que você vai ter voz nesse próximo governo. Eu só queria te pedir uma coisa, tente moderar o discurso deles."[90]

Sem celular na Tailândia, Gabriela não estava acompanhando o noticiário político no Brasil. Seu namorado, que continuou munido de um telefone, eventualmente olhava os portais e lhe informava sobre os principais acontecimentos. Foi assim que, naquele dia 1º de novembro, Gabriela soube que os principais jornais do país já noticiavam que Moro tinha viajado para se encontrar com Bolsonaro no Rio de Janeiro e aceitado o convite para se tornar ministro no futuro governo. Imediatamente, a juíza se espantou e partiu em busca de um novo aparelho com um chip da Tailândia para se comunicar com o Brasil. Naquele mesmo dia, uma de suas assessoras da 13ª Vara Federal de Curitiba recebeu uma estranha mensagem de um DDI 66. Ela só acreditou que se tratava realmente da juíza quando confirmou que aquele código era da Tailândia.[91]

"Oi, aqui é a Gabriela. Estou na Tailândia com esse outro número de celular. Avisa ao Sergio que vou ligar pra ele desse número, por favor!", pediu a juíza.[92]

Algumas horas depois, Gabriela conseguiu contato com Moro e o parabenizou pela decisão. Mas logo começaram a discutir assuntos práticos. Estava agendada para a segunda-feira seguinte, dia 5 de novembro, uma audiência em uma ação penal contra o ex-presidente Luiz Inácio Lula da Silva, que o acusava de receber propina por meio da compra e de reformas no sítio de Atibaia–SP. Seriam ouvidos dois delatores da empreiteira Odebrecht. Moro, que ainda não havia se afastado do cargo de juiz, ficou na dúvida se poderia conduzir ou não aquela audiência.

"Gabriela, tem uma audiência na segunda-feira. O que você quer que eu faça? Mantenho a data ou redesigno? Acho que a partir de hoje eu...", ele perguntou à colega, mas foi logo interrompido.[93]

"Sergio, a partir de hoje você não pode atuar em nenhum processo mais. Pode manter a de segunda-feira que eu voltarei a tempo", Gabriela foi categórica.[94]

No longo tempo dos voos para o retorno ao Brasil, a juíza se dedicou a ler todas as peças do processo do sítio de Atibaia. Na própria segunda-feira, os dois se encontraram na 13ª Vara de Curitiba e conversaram sobre os trâmites da saída de Moro. Ele havia decidido primeiro sair de férias, para começar a planejar sua ida ao governo, e só depois pedir exoneração. Entretanto, Moro começou a ser pressionado publicamente para deixar de vez o cargo de juiz federal, já que oficialmente ele ainda era o juiz dos casos do ex-presidente Lula, mesmo tendo aceitado o convite para se tornar ministro. Com isso, Moro pediu definitivamente a exoneração do cargo de juiz federal para mergulhar de vez na transição para o novo governo Bolsonaro. Sua saída foi oficializada no dia 19 de novembro.[95] Devido à correria da mudança, não conseguiu fazer nenhum evento de despedida. Os servidores organizaram uma cerimônia simples, com um bolo, na sede da 13ª Vara Federal. Moro levaria duas integrantes daquela equipe, a oficial de gabinete, Flávia Heidemann, e a diretora de secretaria da 13ª Vara, Flávia Bianco, para trabalharem com ele no Ministério da Justiça. Estava encerrada uma carreira de 22 anos como juiz e, a partir de então, teria início uma nova etapa de sua vida, no papel de político.

3.

O POLÍTICO

A República de Curitiba, como ficou conhecido o grupo que estava à frente da Operação Lava-Jato, havia enfim chegado ao poder. Após aceitar o convite de Jair Bolsonaro para compor o primeiro escalão do governo que começaria em 1º de janeiro de 2019, Sergio Moro já começou a definir seus projetos prioritários e a montar a composição do Ministério da Justiça, incluindo seu órgão mais poderoso: a Polícia Federal. Com isso, nomes que haviam atuado na operação foram alçados a funções de comando em Brasília.

Já afastado dos processos, Moro continuou indo ao seu gabinete na 13ª Vara Federal de Curitiba durante o mês de novembro para empacotar suas pilhas de livros e de documentos. Enquanto isso, aproveitava o local para fazer reuniões com futuros integrantes do seu time em Brasília. Os delegados da Polícia Federal Maurício Valeixo e Igor Romário de Paula foram chamados até lá para uma conversa.[1] Pessoalmente, o futuro ministro lhes relatou que Jair Bolsonaro prometeu compromisso com o combate à corrupção e lhe deu "carta branca" para trabalhar. Para isso, Moro queria ter a ajuda de Valeixo em um posto-chave: a direção-geral da Polícia Federal. Valeixo não era amigo íntimo de Moro, mas era um delegado muito respeitado dentro da PF e tinha a confiança do futuro ministro da Justiça por sua atuação competente no cargo de superintendente da instituição em Curitiba, que ocupava desde dezembro de 2017. Nessa função, o delegado teve atuação essencial nos momentos mais delicados do ano de 2018: cuidou da execução da ordem de prisão do ex-presidente Luiz Inácio Lula da Silva e, também, atuou para evitar que o petista fosse solto em 8 de julho de 2018, quando o desembargador plantonista do Tribunal Regional Federal da 4ª Região Rogério Favreto acolheu um inusitado *habeas corpus* e determinou a libertação de Lula, usando argumentos mais políticos do que jurídicos.[2] Naquela ocasião, Moro e Valeixo atuaram para ganhar tempo. O juiz estava de férias, mas telefonou para os delegados da PF do Paraná pedindo que o petista não fosse solto e avisando que a decisão liminar seria revertida.[3] Foi o que aconteceu. Outra decisão proferida no mesmo dia, esta pelo presidente do TRF-4 Thompson Flores, cassou a determinação de Favreto e manteve Lula preso.[4]

Naquela mesma conversa, o delegado Igor Romário, que coordenou as investigações da Lava-Jato dentro da PF de Curitiba, também foi convidado para participar da cúpula da nova gestão da Polícia Federal. Posteriormente, ele foi escalado para um cargo estratégico, a Diretoria de Investigação e Combate ao Crime Organizado,[5] conhecida pela sigla Dicor, responsável pelas investigações de políticos com foro privilegiado. Para o horror da classe política, Moro sinalizava que queria impulsionar as investigações em Brasília. Outros nomes da Lava-Jato de Curitiba foram depois escalados para compor sua equipe em Brasília. Também ex-superintendente da PF do Paraná na fase inicial da operação, o delegado Rosalvo Franco foi escolhido para comandar um órgão que seria criado para integrar o trabalho do governo federal com as secretarias de segurança pública dos estados, batizado de Secretaria de Operações Integradas (Seop). A delegada Érika Marena, responsável por batizar aquela operação de lavagem de dinheiro com o nome pela qual ficou famosa, foi escolhida para comandar o Departamento de Recuperação de Ativos e Cooperação Jurídica Internacional (DRCI),[6] órgão que funciona como um intermediário entre investigações no Brasil e autoridades no exterior. Serve, por exemplo, para pedir dados de contas bancárias suspeitas sediadas em paraísos fiscais e buscar a recuperação dos valores desviados. Outro delegado responsável pelos primórdios da operação, Márcio Adriano Anselmo, já havia assumido um ano antes o comando da Divisão de Crimes Financeiros da PF, durante a gestão anterior, e foi mantido no cargo.

Outro personagem importante da República de Curitiba convocado para a nova equipe foi o auditor fiscal Roberto Leonel de Oliveira Lima.[7] Leonel comandou o escritório de Pesquisa e Investigação da Receita Federal na 9ª Região Fiscal, responsável pelo estado do Paraná. Nessa função, atuou como o ponto de apoio da força-tarefa da Lava-Jato dentro da Receita Federal e auxiliava diretamente as investigações com informações financeiras dos alvos. Leonel foi escolhido por Moro para comandar o Coaf, que passaria a fazer parte da estrutura do Ministério da Justiça, e recebeu a missão de incrementar os mecanismos de combate à lavagem de dinheiro e o compartilhamento de informações sobre transações suspeitas com os órgãos de investigação.

A sua antiga diretora da secretaria da 13ª Vara Federal, Flávia Bianco, assumiu o posto de chefe de gabinete do ministro da Justiça, atuando como sua fiel escudeira e principal assessora de confiança. A oficial de gabinete da 13ª Vara, Flávia Heidemann, foi alçada ao cargo de assessora especial do gabinete.

Moro escalou ainda o delegado da PF Luiz Pontel de Souza para ser o secretário-executivo do Ministério, cargo que corresponde ao número dois na hierarquia do comando. Seria o responsável por substituir o ministro em sua ausência e coordenar a implantação das políticas públicas da pasta. Pontel havia passado por diversas funções de comando dentro da Polícia Federal, mas conhecia o ministro desde a época do escândalo do Banestado — naquele caso, ele foi responsável por realizar a primeira prisão do doleiro Alberto Youssef.

Toda a equipe tinha um perfil técnico altamente qualificado. Isso poderia ser visto como uma característica positiva da sua gestão, mas as coisas em Brasília não funcionam bem assim. Justamente essa qualidade também escondia um defeito: esses nomes não tinham nenhuma experiência com o meio político nem com os meandros do funcionamento da máquina do governo federal, o que dificultaria a negociação de propostas dentro do governo de Jair Bolsonaro e perante o Congresso Nacional.

Rosangela Moro permaneceu em Curitiba com os dois filhos do casal, que nunca chegaram a se mudar para a capital federal. Ela viajava eventualmente para Brasília para ficar com o marido, e Moro também ia bastante a Curitiba visitar a família. Atenta aos primeiros atritos no início do governo, a advogada passou a ver a saída de Moro como uma "questão de tempo" e concluiu que se mudar para a capital federal só lhe daria trabalho dobrado.

"A fritura fez o plano ser abortado. Seriam dois trabalhos, ir e voltar. Senti que era uma questão de tempo. Duas pessoas do convívio pessoal dele [Bolsonaro] já tinham ido para a guilhotina. Não tinha a menor dúvida de que, quando chegasse a hora, Moro também iria. Eu pensei: vou focar na minha família, no nosso bem-estar, porque é muito transtorno", afirmou Rosangela em entrevista aos autores.

Mesmo antes de começar no governo, Moro contou a Pontel sobre seu plano de montar um projeto de lei para endurecer o combate à criminalidade organizada. Por isso, pediu a ajuda do delegado para formatar o texto, que posteriormente ficou conhecido como Pacote Anticrime.[8] Já no início da gestão, o ministro incumbiu Pontel de montar uma lista de projetos prioritários para serem executados. A lista começou com 120 ações e, após a aplicação de muitos filtros, foi reduzida para 54, dentre elas o Pacote Anticrime. Mas o trabalho de ministro era bem diferente do seu trabalho como juiz. Sergio Moro tinha uma equipe imensa sob seu comando, com áreas diversas de atuação e uma infinidade de tarefas, burocracias e problemas a serem resolvidos. Metódico, ele sempre estipulava um prazo para cada pedido que fazia à sua equipe e realizava reuniões semanais com todas as áreas do Ministério para saber o que estavam fazendo e quais os avanços das demandas que havia solicitado.[9]

Mas o trabalho como ministro também era diferente em outro aspecto que Moro havia subestimado: a influência da política era muito maior do que parecia. Não seria possível tocar a gestão com a completa autonomia que ele imaginava. A todo momento chegariam pedidos ou recados para tentar interferir em seu trabalho. Às vezes, era possível ignorar e seguir em frente. Em outras ocasiões, isso não era possível. Moro buscava se equilibrar entre essas duas situações, mas não tinha o jogo de cintura característico de quem fez carreira como político. Logo nas primeiras semanas, o secretário-executivo Luiz Pontel recebeu, por escrito, um pedido inusitado do ministro da Casa Civil, Onyx Lorenzoni. Em um esforço de "varrer" os petistas de dentro da máquina do governo federal, Onyx enviou a Pontel o nome de uma funcionária que deveria ser demitida. Seria uma pessoa, na avaliação da Casa Civil, vinculada à gestão petista, ainda que não fosse filiada nem tivesse uma atuação político-partidária. Pontel chamou na sua sala o chefe imediato dessa funcionária e expôs a situação.

"Olha, chegou esse pedido aqui da Casa Civil, mas não vamos fazer nada. Vou guardar isso na gaveta, e eles vão atrás de outras pessoas. Uma hora vão esquecer dela", afirmou ao subordinado.[10]

De fato, Onyx não se lembrou do assunto nem voltou a pedir outras demissões ao Ministério da Justiça.

O discurso de Jair Bolsonaro no Fórum Econômico Mundial, em Davos, na Suíça, era o momento mais esperado da política brasileira em 22 de janeiro de 2019. Seria a primeira aparição internacional do presidente recém-eleito para uma qualificada plateia de chefes de Estado. Os recados passados pelo presidente brasileiro poderiam definir a atração de grandes investimentos para o Brasil e moldar a imagem internacional do novo governo. Pela tradição, o mandatário brasileiro costuma fazer o discurso de abertura da sessão plenária do fórum. Todos os noticiários falavam do assunto e buscavam traçar uma previsão de como seria o pronunciamento.[11] Também era a primeira viagem de Sergio Moro ao lado do presidente Jair Bolsonaro e o momento mais intenso de convivência entre os dois. De Brasília, a aeronave presidencial VC-1 Airbus A319CJ, da Força Aérea Brasileira, partiu na noite do dia 20 de janeiro, um domingo, e voaria por cerca de sete horas até Las Palmas, na ilha de Gran Canária, onde estava previsto um pouso para reabastecimento, até seguir por mais quatro horas até Zurique, na Suíça.[12] Com seu jeito escrachado, Bolsonaro passou boa parte do tempo fazendo piadas e disparando palavrões. Moro não esboçava reação e mantinha o semblante fechado, visivelmente constrangido.[13]

O discurso de Bolsonaro estava previsto para ter início por volta das 11h30 do dia 22 de janeiro.[14] Horas antes, a comitiva brasileira estava reunida de pé, na parte da frente de um dos salões do fórum. Em uma roda de conversa, estavam ministros como Paulo Guedes, da Economia, Ernesto Araújo, das Relações Exteriores, e Sergio Moro, da Justiça. De repente, uma jovem mulher se aproximou e abordou Moro.[15] Não era nenhuma autoridade estrangeira, tampouco alguma fã querendo tietar o ex-juiz da Lava-Jato. Ela falava português e queria se apresentar, porque participaria com ele de uma palestra naquela semana. O ministro a conhecia apenas pelo nome, mas nunca a vira pessoalmente. Tratava-se da cientista política Ilona Szabó, uma das principais especialistas brasileiras no tema da segurança pública e assuntos relacionados, como o da violência policial. Fundadora do Instituto Igarapé, que tem o objetivo de debater esses assuntos, Ilona criticava publicamente os planos armamentistas de Bolsonaro, que havia acabado de publicar um decreto diminuindo as exigências para que civis tivessem armas de fogo. Por isso, já era *persona non grata* para os bolsonaristas nas redes sociais. Dali a dois dias, Ilona iria participar de um debate no qual Moro também estaria presente, sobre criminalidade transnacional e lavagem de dinheiro, e aproveitou o momento para tentar uma aproximação.[16]

"Oi, ministro, como vai? Vamos participar juntos de um painel na quinta, então queria já me apresentar, eu sou a Ilona. Queria deixar um pedido para que depois de Davos a gente possa se reunir para conversar sobre nossas pautas", ela disse.

"Tudo bem? Eu conheço o trabalho de vocês, sim."

Era uma rápida conversa, com ambos de pé, sem tempo para aprofundar as discussões que Ilona queria levar ao Ministério. Mas ela aproveitou a oportunidade para cutucar Moro sobre um dos assuntos que considerava prioritário: a edição de um decreto presidencial que ampliou a possibilidade de acesso a armas de fogo pela população, autorizando que um cidadão passasse a ter até quatro armas em sua residência.[17]

"Olha, inclusive eu estou muito preocupada com esse decreto das armas."

"Mas isso foi uma proposta de campanha do presidente", tentou justificar Moro.

"Pois é, mas vai dificultar muito a sua gestão na segurança pública. Vamos conversar depois sobre isso", concluiu Ilona.[18]

Naquele rápido diálogo, Moro não se sentiu à vontade para dar sua opinião sobre o tema, mas a verdade é que ele concordava com Ilona sobre a questão do armamento, apesar de ter divergências de pensamento em outros assuntos. O ministro não acreditava que afrouxar o controle e armar a população seria uma política efetiva de segurança pública, mas levou o assunto adiante por entender se tratar de uma promessa de campanha de Bolsonaro e que, portanto, deveria ser cumprida. A minuta do decreto foi redigida no Ministério da Justiça, mas documentos da tramitação do processo mostram que Bolsonaro interferiu diretamente na definição de trechos do texto. Por exemplo: o presidente ordenou que o limite de armas que poderiam ser guardadas em casa fosse aumentado de duas para quatro. Moro pediu à sua equipe para fazer as alterações e informou, por e-mail: "A questão das quatro armas foi uma decisão do PR [presidente]".[19] Esse foi o primeiro decreto sobre o tema, publicado em 15 de janeiro, mas Bolsonaro editou vários outros que ampliaram o acesso às armas. Os demais acabaram nem passando pelo crivo do Ministério da Justiça.

Moro e Ilona participaram do painel do Fórum Econômico Mundial sobre criminalidade transnacional na quinta-feira, mas nenhum dos dois discursou sobre armamentos. Ambos focaram no assunto definido pelo evento.[20] Ilona decidiu esperar o retorno ao Brasil para retomar o diálogo com o ministro sobre assuntos referentes à realidade do país.

Apesar de não ter nenhuma afinidade ideológica com Sergio Moro, Ilona sabia da importância de buscar uma interlocução dentro do governo federal. Ela havia estabelecido um bom diálogo com o antecessor de Moro, o ministro da Segurança Pública Raul Jungmann, durante a gestão do presidente Michel Temer. O Instituto Igarapé até foi convidado pela gestão de Jungmann para participar do Conselho Nacional de Segurança Pública e Defesa Social, instaurado em setembro de 2018, para debater diretrizes com o objetivo de reduzir a criminalidade do país. O Conselho havia sido criado após a aprovação de uma lei, naquele ano, que instituiu o Sistema Único de Segurança Pública (Susp) e criou a Política Nacional de Segurança Pública e Defesa Social (PNSPDS).[21] Ilona, portanto, entendia claramente que era seu papel buscar os gestores da área de segurança pública e muni-los com informações relevantes para definir as políticas dessa área. Nesse contexto, ela compreendia como era importante manter debates com qualquer governo, independentemente da sua orientação ideológica. No caso da gestão recém-iniciada, ela buscava apresentar razões técnicas para tentar mudar o rumo das políticas de segurança pública no governo de Bolsonaro. Moro concordava no mesmo ponto: quanto mais diversificadas as vozes dentro do debate, melhor seria a formulação de políticas públicas.

Após Davos, o Instituto Igarapé solicitou formalmente uma agenda com o ministro Sergio Moro. Sua chefia de gabinete marcou a data do encontro: 27 de fevereiro.[22] Na véspera da reunião, Ilona recebeu um e-mail do próprio ministro[23] convidando-a para fazer parte do Conselho Nacional de Política Criminal e Penitenciária (CNPCP), órgão do Ministério que debate assuntos relacionados ao sistema penitenciário. Ilona seria suplente de um conselho que tinha 26 integrantes, com a função de discutir políticas públicas para presidiários. Ela prontamente aceitou sem achar que teria maiores problemas. A nomeação de Ilona foi divulgada no dia 27 de fevereiro, mesma data da reunião agendada com Moro no Ministério da Justiça.[24]

Ilona chegou a Brasília na manhã daquele dia, uma quarta-feira. Ao pousar, ela reativou o celular e percebeu uma movimentação incomum em suas redes sociais. A cientista política havia se tornado alvo de ataques intensos de bolsonaristas[25] em uma das principais ações orquestradas por um grupo ideológico alinhado ao presidente que depois ficaria conhecido como "Gabinete do Ódio". Apoiadores de Bolsonaro criticavam sua nomeação e pressionavam o governo a voltar atrás. Lançaram até mesmo uma hashtag (espécie de palavra-chave usada nas redes sociais): #IlonaNao. O guru da família Bolsonaro, Olavo de Carvalho, engrossava o coro contra a cientista política na internet: "Alguém, entre milhões de eleitores do Bolsonaro, votou nele PARA ISSO?".[26] Ilona era chamada de "desarmamentista" e "abortista", criticada por ser "defensora dos direitos humanos". Aquela era a primeira crise do presidente com sua militância nas redes sociais, que também pegou Moro de surpresa. Ele não imaginou que aquele singelo convite, para uma função sem nenhuma remuneração e de pouquíssima relevância na estrutura do governo, causaria toda aquela gritaria.[27]

Foi em meio a esse clima que Ilona chegou no início da tarde para a reunião com Sergio Moro no Palácio da Justiça, na Esplanada dos Ministérios. Também participou do encontro o general Guilherme Teóphilo, secretário nacional de Segurança Pública, e assessores do Ministério. Moro tinha um ar de constrangimento quando recebeu a cientista política em seu gabinete e comentou rapidamente sobre os ataques a ela nas redes sociais. Não deu sua opinião nem saiu em sua defesa, mas começou a reunião com um aviso:

"Vou me desculpar de antemão. Eu tinha reservado uma hora na agenda, mas vou ter que sair quinze minutos antes porque o presidente convocou uma reunião."[28]

Ilona estava acompanhada de Melina Risso, diretora do Instituto Igarapé e especialista em segurança pública. Juntas, fizeram uma apresentação sobre o trabalho do instituto e, em seguida, manifestaram profunda preocupação com as mudanças propostas por Moro no "excludente de ilicitude" dentro do Pacote Anticrime. Esse instrumento já existia no Código Penal, mas a legislação proposta por Moro ampliava a possibilidade de sua utilização e buscava dar a agentes de segurança pública, como policiais, uma maior garantia de impunidade caso cometessem crimes em ações nas ruas. Era uma espécie de "licença para matar" na opinião de especialistas em segurança.[29] O raciocínio apresentado por elas a Moro e Teóphilo sobre o conceito era claro. O Brasil já é um país de alta letalidade em ações policiais, que muitas vezes atingem pessoas inocentes, sem antecedentes criminais. Caso houvesse uma sinalização de que esse controle seria flexibilizado, haveria inevitavelmente um estímulo para o aumento de crimes cometidos por policiais. Moro discordou e defendeu seu ponto de vista:

"Nossa intenção apenas é dar mais segurança jurídica ao excludente de ilicitude. Isso já existe na lei."[30]

Ilona rebateu com ênfase os argumentos do ministro. Para ela, mais grave do que a alteração legislativa sobre o "excludente de ilicitude" era o simbolismo de criar uma sensação de impunidade à violência policial.

"Esse ponto é muito problemático. O sinal que isso passa, em um momento no qual você tem uma liderança política que incita o uso da força, é muito perigoso."[31]

Moro ouviu os argumentos do Instituto Igarapé, mas não se convenceu. Deu a reunião por encerrada pouco antes do horário previsto. Saiu correndo para o Palácio do Planalto, onde iria começar uma reunião do Conselho de Defesa Nacional, órgão que tinha o objetivo de assessorar o presidente da República em assuntos sobre a soberania nacional e defesa do Estado.

* * *

O presidente Jair Bolsonaro costuma contar a amigos, em tom de deboche contra Sergio Moro, a conversa que teve com ele sobre a nomeação de Ilona Szabó.[32] Há dúvidas sobre a veracidade do diálogo, porque Bolsonaro tem o costume de inventar ou exagerar histórias de reuniões a portas fechadas apenas para entreter seus interlocutores. Assessores do ministro à época dizem que o diálogo nunca ocorreu nesses exatos termos, mas a versão de Bolsonaro se tornou uma verdadeira lenda dentro Palácio do Planalto e rendeu até mesmo um apelido para o seu ministro da Justiça.

A versão do presidente é que ele convocou Moro para pedir explicações sobre a nomeação de Ilona dizendo o seguinte:[33]

"Moro, que história é essa de nomear essa Ilona? Você tá comendo ela? Se for isso, a gente dá um jeito de acomodar, mas, se não for, não dá."

"O quê, presidente? Imagina! Não tem nada disso. Ela é uma especialista..."

"Como assim? Vai dizer que você é camisolão?"

"Hã? O que é camisolão?"

Ainda na versão contada por Bolsonaro, ele teria gargalhado alto ao ouvir a resposta do ministro. Camisolão é um termo machista para se referir, de forma pejorativa, a homens que são fiéis no relacionamento conjugal e não traem suas mulheres. O episódio passou a ser contado com frequência pelo presidente, sempre na ausência de Sergio Moro, que ganhou o apelido de "camisolão". Após a saída dele do governo, um dos filhos do presidente, o vereador Carlos Bolsonaro, chegou a jogar o apelido no ventilador em um comentário em uma rede social, embora apenas os aliados mais próximos soubessem exatamente o que Carlos estava querendo dizer. "O que tem de camisolão fofoqueiro querendo que o país não avance não está no gibi. Alinhados à mídia, o que vale é pautar narrativas e usar a gravata suja depois! É bacana ver que a população não é aquela idiota que estes tentam plantar!", escreveu o vereador.[34]

Após a reunião com Moro, Ilona voltou para o Rio de Janeiro, onde morava. O ministro estava sendo pressionado a voltar atrás em sua nomeação para o Conselho, mas ainda não havia transparecido nada. O relato de assessores do ministro sobre o episódio é diferente da história que Bolsonaro conta.

Segundo eles, Moro discutiu o assunto com Bolsonaro por meio de mensagens de WhatsApp:[35]

"Presidente, isso vai dar mais desgaste para a gente do que para ela. Vamos passar por intolerantes", argumentou Moro.

"Não tem problema, pode jogar isso na minha conta", respondeu Bolsonaro.

"Vamos fazer o seguinte: vou esperar 24 horas e amanhã a gente conversa de novo. Se você decidir isso mesmo, aí eu desisto da nomeação", disse o ministro.[36]

Eles de fato conversaram novamente no dia seguinte e Bolsonaro reiterou que desejava a demissão de Ilona. Aquela ordem tinha um grande simbolismo. Para um presidente que havia prometido "carta branca" a Moro em seu trabalho, em menos de dois meses o ministro foi publicamente desautorizado. A equipe do Ministério ficou incomodada com a interferência, mas Moro justificava ter aceitado a ordem com uma resposta pragmática. Dizia que não valeria a pena comprar uma briga com o presidente por aquela questão, ainda no início do governo. Ele deixara uma carreira de mais de vinte anos de magistratura; não pediria demissão por uma pessoa que mal conhecia.[37]

Diante da insistência do presidente, Moro gastou alguns minutos lendo as críticas feitas a Ilona nas redes sociais. Viu que a cientista política havia feito campanha contra Bolsonaro nas eleições de 2018. Em uma das publicações, Ilona aderia às palavras de ordem contra o então candidato: "Ele não" e "Ele nunca". Moro riu discretamente e comentou com um assessor: "É, o presidente tem um ponto".[38]

Após não conseguir contornar o assunto com Bolsonaro, o ministro enviou uma mensagem a Ilona por WhatsApp:

"Aqui é o ministro, você pode falar?"[39]

Esse contato chamou a atenção dela, porque até então Ilona nem sequer tinha o número de telefone de Sergio Moro. Em poucos minutos, o ministro ligou para ela:

"O presidente me pediu para reavaliar sua nomeação, porque gerou uma reação muito negativa."

Ilona sentiu que Moro tinha a expectativa de que ela se antecipasse e pedisse para deixar o cargo. Mas a cientista preferiu deixar que Moro assumisse o desgaste.

"Ministro, eu não fiz nada de errado, mas o senhor tem todo o direito de me tirar. Se essa é a diretriz desse governo, é muito lamentável. Nunca imaginei que chegaria a esse nível", ela disse.

Moro se desculpou pelo ocorrido e afirmou que já tinha redigido uma nota à imprensa informando que havia desistido da nomeação.

"Eu vou te mandar essa nota, veja se para você está bem", Moro ofereceu.

"Ok, ministro. Vamos continuar fazendo nosso trabalho então", Ilona se despediu.[40]

A nota era elogiosa a Ilona e lhe pedia desculpas pelo episódio. Foi divulgada no fim do dia pela assessoria de imprensa do Ministério da Justiça. Dizia o texto:

> O Ministério da Justiça e Segurança Pública nomeou Ilona Szabó, do Instituto Igarapé, como um dos 26 componentes do Conselho Nacional de Política Criminal e Penitenciária (CNPCP), órgão consultivo do Ministério. A escolha foi motivada pelos relevantes conhecimentos da nomeada na área de segurança pública e igualmente pela notoriedade e qualidade dos serviços prestados pelo Instituto Igarapé. Diante da repercussão negativa em alguns segmentos, optou-se por revogar a nomeação, o que foi previamente comunicado à nomeada e a quem o Ministério respeitosamente apresenta escusas.[41]

No mesmo dia, Ilona também divulgou uma manifestação sobre o episódio:

> Ganha a polarização. A pluralidade é derrotada. Agradeço o convite do ministro Sergio Moro para compor o Conselho Nacional de Política Criminal e Penitenciária (CNPCP), e lamento não poder assumir o mandato devido à ação extremada de grupos minoritários. O Brasil precisa superar a intolerância para atingir nossos objetivos comuns na construção de um país mais justo e seguro. O Instituto Igarapé desde sua fundação trabalha de forma independente e em parceria com as instituições de segurança pública e justiça criminal no Brasil e em diversos países do mundo. Continuaremos abertos a contribuir com interlocutores comprometidos com políticas públicas baseadas em

evidências. O Brasil, mais que nunca, precisa do diálogo democrático, respeitoso e plural.[42]

Em meio ao episódio, Moro continuou defendendo aos integrantes do governo federal que a nomeação de Ilona era justificável. Em uma roda de conversas antes do início de uma reunião ministerial no Palácio do Planalto, o ministro afirmou que era importante a escolha de pessoas com visões diferentes para enriquecer o debate de políticas públicas. Mas Jair Bolsonaro tinha pouca tolerância para divergências de ideias. Mal terminou de falar, Moro ouviu de um colega ministro que estava na conversa:

"Isso contraria a orientação do governo."[43]

O papo terminou por aí.

4.

Transações atípicas

Uma famosa universidade de Direito de Brasília recebeu uma visita inesperada no final do ano de 2018. Um funcionário da Receita Federal chegou ao prédio espelhado da instituição, situado na avenida conhecida como L2 Sul, carregando uma intimação para entregar aos seus administradores. O documento não dizia que a universidade era alvo de uma investigação do Fisco, mas deixava claro que suas contas já haviam sido vasculhadas: os auditores pediram detalhes sobre patrocinadores, pagamentos e transações financeiras que haviam considerado suspeitas.[1]

Poderia parecer apenas uma ação corriqueira para fiscalizar grandes contribuintes, mas não era. A instituição na mira da Receita Federal era o Instituto Brasiliense de Direito Público, ou simplesmente IDP, muito respeitado pelo alto nível do seu corpo docente e dos seus cursos jurídicos. Mas o IDP é ainda mais conhecido em Brasília por um outro motivo: pertence ao ministro do Supremo Tribunal Federal (STF) Gilmar Mendes.[2] A intimação foi recebida justamente por seu filho, o advogado Francisco Schertel Mendes, responsável por dirigir o instituto, que logo avisou ao seu pai sobre o fato.

Quando tomou conhecimento da intimação, Gilmar se lembrou imediatamente de uma conversa que tivera semanas antes com sua esposa, Guiomar

Feitosa de Albuquerque Lima Mendes. Estavam na residência deles, uma luxuosa casa no bairro do Lago Norte, em Brasília. Advogada, Guiomar tem participação societária no escritório Sérgio Bermudes Advogados, um dos maiores do país, sediado no Rio de Janeiro e com filial em Brasília. Em um bate-papo com seu marido, Guiomar havia contado, em tom de preocupação, que a Receita Federal solicitou informações sobre as transações financeiras do seu escritório. Na ocasião, Gilmar minimizou a história.[3]

"Isso é absolutamente natural. Vocês devem ser uma das bancas que recebem mais dinheiro. Se eu também trabalhasse na Receita e fosse escolher, investigaria a empresa que movimenta mais dinheiro", disse ele, tentando tranquilizar a esposa.

"Não, a coisa tá estranha. Eles estão procurando os clientes do escritório, perguntando quem são os advogados que trabalham para eles, quais são os serviços prestados."[4]

O panorama mudou quando o ministro ficou sabendo que os auditores também haviam chegado ao IDP. Desconfiado, Gilmar acionou um advogado e pediu que solicitasse informações sobre o processo descrito naquela intimação. A partir daí, a história só piorou. O advogado solicitou uma cópia do procedimento com base no número fornecido na intimação da Receita Federal e, ao ter acesso à documentação, constatou que o procedimento fiscal nada tinha a ver com o IDP. Dizia respeito a uma borracharia no estado do Acre.[5] O ministro ficou furioso. Pensou imediatamente que haviam fabricado uma investigação com o objetivo de vasculhar sua vida. Em seguida, enviou uma cópia da intimação por WhatsApp para o secretário da Receita Federal, Jorge Rachid, que comandava o órgão naquele período, ainda durante o governo do presidente Michel Temer. Gilmar queria explicações. Rachid disse que iria pessoalmente conversar com o ministro.

O secretário da Receita Federal mostrou constrangimento durante a conversa. Não sabia explicar por qual motivo o número daquele processo era de uma borracharia no Acre, mas reiterou que o IDP não era alvo de investigações.

"Ministro, isso deve ter sido um equívoco. O número vai ser corrigido."[6]

Gilmar não acreditou naquela versão. Queria saber quem era o auditor fiscal que assinava a intimação.

"Quem é esse Luciano de Castro?"

"Ah, ele trabalha no Espírito Santo. Mas também está cedido para ajudar a Lava-Jato do Rio."[7]

Aquela resposta já era o suficiente para Gilmar chegar a uma conclusão: a Receita Federal não queria saber do IDP nem do escritório de sua mulher — o verdadeiro alvo dos auditores era ele, Gilmar Ferreira Mendes, que havia se tornado um dos principais opositores da Operação Lava-Jato e, por isso, atraía a fúria dos investigadores.

A investigação da Receita Federal que mirava o ministro Gilmar Mendes só se tornou pública em 8 de fevereiro de 2019 com a publicação de uma matéria pela coluna "Radar", da revista *Veja*. O documento chamava atenção porque não se limitava a uma análise financeira, mas lançava suspeita de diversos crimes contra o ministro do Supremo Tribunal Federal:

> *O presente trabalho tem como foco possíveis fraudes de corrupção, lavagem de dinheiro, ocultação de patrimônio ou tráfico de influência. Serão analisados o contribuinte Gilmar Ferreira Mendes, sua cônjuge Guiomar Feitosa de Albuquerque Lima Mendes, e seus relacionados (conexões com empresas, sócios, familiares etc.). O tráfico de influência normalmente se dá pelo julgamento de ações advocatícias de escritórios ligados ao contribuinte ou seus parentes, onde o próprio magistrado ou um de seus pares facilita o julgamento. O escritório ou empresa ligada ao contribuinte também poderá estar sendo utilizada com o intuito de lavagem de dinheiro.*

Até aquele momento, Gilmar estava atuando apenas nos bastidores. Com a publicação da matéria, abriu uma guerra pública contra a Receita Federal. Logo se espalhou em Brasília a informação de que outros ministros do Supremo Tribunal Federal e do Superior Tribunal de Justiça também estavam na mira dos auditores fiscais.[8] A revelação era bombástica. Os auditores haviam criado um grupo de elite para investigar as principais autoridades públicas do Judiciário, realizando uma ofensiva que nem a Operação Lava-Jato havia conseguido porque esbarrava na barreira do foro privilegiado e na blindagem do Judiciário.

Magistrados dos tribunais superiores apareceram eventualmente nas investigações, mas nunca chegaram a entrar na mira. Apenas um ministro do STJ, Marcelo Navarro Ribeiro Dantas, chegou a ser alvo de inquérito aberto com base na delação premiada do ex-senador petista Delcídio do Amaral, mas o caso foi arquivado por falta de provas.[9] A Procuradoria-Geral da República sempre fez um cálculo político de que atacar o STF e o STJ teria efeito inverso e geraria uma onda contrária à operação, por isso as investigações nunca avançaram muito nessa frente. O raciocínio fazia sentido: para abrir uma investigação contra um ministro do STF, por exemplo, seria preciso pedir autorização para outro ministro da mesma Corte, o que parece improvável de prosperar.

A iniciativa da Receita Federal, por outro lado, escapava dessa barreira: em tese, não existia foro privilegiado para investigações fiscais, então os auditores começaram a fazer essa devassa puxando as informações financeiras das autoridades públicas. Não estavam agindo de forma irregular, mas a reação contrária foi forte demais.

Na esteira da Lava-Jato, a Receita Federal havia criado, em março de 2017, a Equipe Especial de Programação de Combate a Fraudes Tributárias. O grupo desenvolveu uma metodologia para fiscalizar agentes públicos que movimentavam altos valores de recursos em suas contas. Primeiro, aplicavam um dos seguintes critérios: valor do patrimônio superior a R$ 5 milhões, valor do aumento patrimonial superior a R$ 500 mil, valor do rendimento isento superior a R$ 500 mil ou valor do dinheiro em espécie superior a R$ 100 mil. Após realizar uma busca nos bancos de dados do Imposto de Renda a partir desses critérios, os auditores localizaram um grupo inicial de 799 contribuintes que cumpriam um desses requisitos e seriam alvos de fiscalização. Em seguida, os auditores aplicaram uma nova camada de análise, para definir um escopo menor. Com isso, chegaram a um grupo de 134 contribuintes que seriam alvos da primeira rodada de investigação.[10] De acordo com a nota nº 48 da Receita Federal, de 2 de março de 2018:

> *Para tanto, considerou-se, como parâmetros, rendimentos isentos dos agentes públicos ou seus cônjuges superiores à quantia de R$ 2.500.000,00, ou sócios dos agentes públicos ou seus cônjuges com rendimentos isentos superiores a R$ 10.000.000,00.*[11]

Escrita pela auditora fiscal Ilka Marinho Barros Pugsley, a nota tinha a aprovação do coordenador-geral de programação e estudos da Receita Federal, Paulo Cirilo Santos Mendes, o que indicava o aval da cúpula do órgão àquele trabalho investigativo.

Era nesse último ponto que os magistrados alvos das investigações lançavam dúvidas. Indignado com o caso, Gilmar afirmava a pessoas próximas que fora escolhido a dedo para ser investigado, sem critérios técnicos que justificassem ter se tornado alvo, e acusava a Lava-Jato de ter participação nisso.[12] Não existia nenhuma relação direta entre esse trabalho da Receita Federal e as investigações da operação, mas o nome de outro auditor fiscal que atuou no procedimento contra Gilmar ajudou a reforçar essa suspeita. Tratava-se de Marco Aurélio Canal, que dava apoio às investigações da Lava--Jato do Rio de Janeiro.[13] A força-tarefa, entretanto, sempre negou que tivesse vínculo com Marco Aurélio Canal e sustentava que era apenas um trabalho de colaboração eventual. Tanto que, posteriormente, ele acabou sendo preso a pedido da própria força-tarefa, que o acusou de chefiar um esquema de cobrança de propina de alvos da operação.[14]

A verdade é que Gilmar Mendes despertava, sim, a ira dos investigadores das forças-tarefas de Curitiba, Rio de Janeiro e São Paulo. No caso do Rio, ele era o relator dos *habeas corpus* da operação que chegavam ao STF e costumava acolher os pedidos dos alvos da operação, soltando-os ou até mesmo determinando a anulação de processos. Em um curto período entre maio e junho de 2018, por exemplo, ele proferiu 21 decisões para soltar presos da Lava-Jato fluminense.[15] Além disso, como integrante da Segunda Turma do STF, Gilmar também participava dos julgamentos relacionados à força-tarefa de Curitiba e à Lava-Jato conduzida pela Procuradoria-Geral da República, que envolviam políticos com foro privilegiado. Em geral, sua posição era contrária aos interesses do Ministério Público e favorável aos direitos dos réus. Era por isso que Gilmar acreditava que a ação da Receita Federal era uma retaliação por sua intensa atuação crítica à operação.

Quando era procurador-geral da República, Rodrigo Janot apresentou ao STF, em agosto de 2017, um pedido de suspeição contra Gilmar no qual afirmava que o ministro não tinha imparcialidade para julgar o *habeas corpus* do empresário Jacob Barata Filho, do setor de transportes do Rio, que havia sido preso por ordem do juiz Marcelo Bretas, responsável pelos processos da operação no Rio de Janeiro. Janot argumentava que Gilmar havia sido padrinho de casamento da filha de Jacob Barata, e que o noivo dela era sobrinho de sua esposa Guiomar. Segundo a PGR:

> Gilmar Mendes, em 2013, foi padrinho de casamento de Beatriz Barata, filha do paciente, com Francisco Feitosa Filho. O noivo é filho de Francisco Feitosa de Albuquerque Lima, irmão de Guiomar Mendes, que vem a ser a esposa de Gilmar Mendes. A relação entre as famílias vai além. Conforme apuração do Ministério Público Federal, Jacob Barata Filho integra os quadros da sociedade Autoviação Metropolitana Ltda, ao lado, entre outros sócios, da FF Agropecuária e Empreendimentos S/A, administrada por Francisco Feitosa de Albuquerque Lima, cunhado do ministro Gilmar Mendes. Busca e apreensão realizada na Operação Ponto Final permitiu compreender que, além das ligações sociais e comerciais, Jacob Barata Filho mantém estreita relação de amizade e compadrio com Francisco Feitosa, cunhado do ministro Gilmar Mendes. As conversas de aplicativos que demonstram proximidade (encontro em Fortaleza) são de junho deste ano, dois meses antes de Gilmar Mendes assumir a relatoria. A busca e apreensão permitiu revelar, ainda, que o contato de Guiomar Mendes, esposa do ministro, está registrado na agenda telefônica de Jacob Barata Filho.[16]

A PGR, entretanto, não conseguiu afastá-lo do caso. Por mais que tenha divisões internas, o Supremo Tribunal Federal costuma evitar julgamentos que possam desautorizar a atuação de algum dos seus onze ministros e funciona com um forte instinto de autopreservação. Por isso, esse e outros pedidos para afastar Gilmar de processos nunca foram adiante. O acirramento entre a PGR e Gilmar Mendes chegou a níveis tão altos que gerou até um episódio bizarro. Janot revelou, em seu livro de memórias, que, após apresentar o pedido de suspeição, foi armado ao STF com a intenção de desferir um tiro no ministro, o que não chegou a ser concretizado:

> Num dos momentos de dor aguda, de ira cega, botei uma pistola carregada na cintura e por muito pouco não descarreguei na cabeça

de uma autoridade de língua ferina que, em meio àquela algaravia orquestrada pelos investigados, resolvera fazer graça com minha filha.[17]

Depois do episódio do Rio de Janeiro, a força-tarefa de Curitiba até pediu à sucessora de Janot, a procuradora-geral da República Raquel Dodge, que apresentasse um pedido de suspeição contra Gilmar na investigação envolvendo o senador tucano Aloysio Nunes (SP). A Lava-Jato havia encontrado, no aparelho celular de Aloysio, mensagens nas quais ele relatava ter procurado Gilmar para pedir sua ajuda na investigação. Dodge, que era aliada do ministro, arquivou o pedido e nem o apresentou ao STF.[18]

A reação contra os auditores da Receita Federal veio de várias instituições. O ministro do Tribunal de Contas da União (TCU) Bruno Dantas abriu uma inspeção para apurar se havia irregularidades na escolha dos alvos. Ele argumentou que não caberia aos auditores fiscais fazer análises sobre possíveis crimes, mas sim ao Ministério Público e à Polícia Federal, por isso havia indícios de desvio de finalidade nas justificativas apresentadas. Ao fim, pediu acesso a todos os documentos e à lista completa dos alvos da Receita Federal.[19] O próprio Supremo resolveu se movimentar também. O presidente da Corte, José Antonio Dias Toffoli, buscou uma brecha no regimento interno e determinou, em março de 2019, a abertura de um inquérito cujo objetivo era apurar ameaças e ataques aos ministros do STF. Mas, por trás dessa justificativa genérica e extremamente ampla, um dos fatos que o preocupava era a ofensiva dos auditores fiscais: sua mulher, a advogada Roberta Rangel, era um dos alvos da devassa da Receita Federal.[20] Essa investigação foi batizada de Inquérito das Fake News, autuada sob o número 4.781, e tinha tramitação totalmente atípica: o relator fora escolhido a dedo, sem sorteio, e ficaria responsável por tocar a investigação. Seria o ministro Alexandre de Moraes, indicado à Corte pelo presidente Michel Temer, ex-ministro da Justiça de seu governo e também ex-secretário de Segurança Pública de São Paulo, com fama de linha-dura na atuação criminal. O Ministério Público, que tem a missão constitucional de ser o órgão acusador e, por isso, conduz os inquéritos e é responsável pela apresentação de acusações criminais à Justiça, acabou ficando de fora. O próprio juiz conduziria a investigação, determinaria diligências e, posteriormente, julgaria os acusados.

Como já estava previsto desde a instauração, o objeto da investigação acabou não sendo apenas a disseminação de notícias falsas e ameaças à Corte. Já que o inquérito era amplo e sem objeto definido, passou a ser usado para barrar toda e qualquer iniciativa que pudesse desagradar os ministros do Supremo. Uma das suas primeiras medidas, por exemplo, foi censurar uma reportagem[21] publicada no site *Crusoé* sobre e-mails do empresário Marcelo Odebrecht nos quais ele citava a necessidade de pedir ajuda a Toffoli, então advogado-geral da União do governo Lula, para que a empreiteira arrematasse as obras das hidrelétricas do rio Madeira, em Rondônia. A reportagem revelava o apelido com o qual a equipe da Odebrecht se referia a Toffoli: "O amigo do amigo do meu pai".[22] Era uma referência ao fato de Toffoli ser próximo a Lula, que, por sua vez, era conhecido pelo codinome "amigo" por sua relação com Emílio Odebrecht. Moraes determinou que a reportagem saísse do ar, mas acabou voltando atrás diante da desastrosa repercussão do assunto.[23]

Posteriormente, o ministro proferiu outra decisão dentro desse inquérito determinando a suspensão das investigações da Receita Federal contra ministros do Supremo e o afastamento dos auditores do caso. Moraes escreveu:

> *Considerando que são claros os indícios de desvio de finalidade na apuração da Receita Federal, que, sem critérios objetivos de seleção, pretendeu, de forma oblíqua e ilegal investigar diversos agentes públicos, inclusive autoridades do Poder Judiciário, incluídos Ministros do Supremo Tribunal Federal, sem que houvesse, repita-se, qualquer indício de irregularidade por parte desses contribuintes.*[24]

O primeiro telefonema de Jair Bolsonaro para Gilmar Mendes na condição de presidente da República foi após tomar ciência do vazamento da investigação da Receita Federal contra o ministro. Bolsonaro lamentou a situação, que vinha da gestão anterior do órgão, e disse que o novo chefe da Receita, Marcos Cintra, tomaria providências.

"Ministro, eu já determinei à Receita Federal que esclareça tudo sobre o que aconteceu", afirmou o presidente.[25]

Foi o primeiro contato de uma relação que se fortaleceria dali em diante. Era uma aparente contradição de Bolsonaro, já que Gilmar se tornou um dos alvos favoritos da militância radical bolsonarista, um resquício da época em que esse público se identificava com a Lava-Jato e com a prisão de suspeitos de corrupção. Mas, como o ministro do STF que tinha melhor trânsito na classe política e mais capacidade de diálogo, Gilmar Mendes logo estabeleceu uma relação de respeito com o presidente. Com o tempo, passou a dar conselhos a Bolsonaro sobre sua relação com o Judiciário e com os demais Poderes — que o presidente costumava ouvir com atenção para, pouco tempo depois, fazer o contrário.[26] Insistia para o presidente se afastar dos radicais e, mais adiante, deu a benção para a nomeação do primeiro indicado do presidente ao STF, Kassio Nunes Marques. Naquele primeiro contato, porém, tiveram apenas uma conversa rápida.

O assunto da Receita Federal interessava a Bolsonaro porque ele também acreditava ser um dos alvos da corporação. Durante as eleições, um servidor da Receita sediado no Espírito Santo, Odilon Ayub, acessou indevidamente as declarações de Imposto de Renda do então candidato a presidente. O acesso foi feito com sua própria senha, e ficou registrado no sistema, no dia 31 de outubro de 2018. Após se tornar alvo de uma investigação, Ayub disse que entrou nos dados do candidato apenas por curiosidade. Foi denunciado pelo Ministério Público Federal pelo crime de usar função pública para acessar dado sigiloso, com pena prevista de dois a seis anos de prisão. Como a pena era baixa, Ayub assinou uma proposta de transação penal, uma espécie de acordo para encerrar o processo, e pagou multa de R$ 5 mil.[27]

O presidente também conversou com o ministro do Tribunal de Contas da União (TCU) Bruno Dantas sobre o assunto. Encontraram-se em um evento social algumas semanas depois de Dantas ter aberto a investigação sobre a atuação da Receita. Ao encontrar o ministro no local, Bolsonaro se aproximou, pegou Bruno Danas pelo braço e o levou para um canto. Queria saber sobre a devassa da Receita Federal.[28]

"Ministro, esses auditores também vasculharam a minha vida. Você pode dar uma olhada se consta meu nome nos registros?", pediu o presidente.[29]

Bruno Dantas prometeu verificar e dar uma resposta em seguida. Não localizou o nome do presidente entre os 134 alvos prioritários da Receita.

* * *

Sergio Moro não tinha nenhuma relação com as investigações conduzidas pela Receita Federal, mas o assunto respingou nele por causa de um outro órgão financeiro que estava sob seu comando: o Coaf, que recebe informações sobre movimentações financeiras suspeitas de pessoas físicas e jurídicas com o intuito de combater crimes como lavagem de dinheiro. Isso resultaria na sua primeira derrota no Congresso Nacional.

Ao ser convidado para o cargo de ministro, Moro acertou com a equipe do futuro presidente que o Coaf seria alocado dentro da estrutura do Ministério da Justiça e planejou otimizar o seu funcionamento.[30] Ele considerava que o órgão estava pouco valorizado na estrutura do antigo Ministério da Fazenda e sofria com déficit de servidores. Para comandar o Coaf, o ministro convidou um auditor fiscal de sua extrema confiança, que trabalhou com a força-tarefa da Lava-Jato de Curitiba: Roberto Leonel de Oliveira Lima. Ele foi chefe do Escritório de Pesquisa e Investigação na 9ª Região Fiscal e produziu relatórios financeiros que subsidiaram a operação desde seu início. Por seu conhecimento do assunto, Moro considerou que Leonel era o nome perfeito para fortalecer o órgão.

Durante sua gestão, o ministro determinou uma ampliação nos canais de acesso de órgãos de investigação às informações financeiras do Coaf. Moro queria facilitar o repasse dos relatórios para esses órgãos para impulsionar o trabalho investigativo. Mas essa ampliação também chegou aos ouvidos da classe política e provocou calafrios em Brasília, principalmente pelo fato de esse órgão tão poderoso estar subordinado ao antigo juiz da Lava-Jato. O ministro já não era benquisto no Congresso Nacional porque a operação atingiu em cheio os principais partidos políticos com cadeira no Legislativo. Então, depois de estourar o episódio da Receita Federal, parlamentares e ministros do STF passaram a ter receio de que Moro pudesse também usar o Coaf para vasculhar suas vidas e levantar informações sobre transações financeiras suspeitas. A informação de que o trabalho do Coaf estava a todo vapor circulou entre a classe política e foi capaz de unir todos contra Moro, gerando uma guerra nos bastidores de Brasília. Por isso, o Congresso fez de tudo para tirar o Coaf das mãos do ministro, e conseguiu.

No seu primeiro dia como presidente, Bolsonaro enviou ao Congresso uma medida provisória para implantar mudanças na estrutura administrativa do governo federal, como a diminuição no número de ministérios e o remanejamento de alguns órgãos. Foi essa Medida Provisória (MP) 870, de 2019, que também oficializou a transferência do Coaf para o Ministério da Justiça.[31] Como uma MP entra em vigor no imediato momento em que o presidente a assina, o Coaf passou para as mãos de Moro já no primeiro dia do governo. Mas essa alteração ainda precisaria do aval da Câmara dos Deputados e do Senado para ser convertida em lei.

Essa foi uma das primeiras e mais marcantes derrotas do governo no Legislativo. Na verdade, era uma derrota que não mirava o presidente Jair Bolsonaro, mas, sim, seu ministro Sergio Moro. O presidente da Câmara, Rodrigo Maia (DEM-RJ), e líderes do bloco parlamentar conhecido como Centrão, formado por partidos sem uma orientação ideológica determinada e que mantêm proximidade com quem está no poder para conseguir verbas parlamentares e cargos públicos, articularam, nos bastidores, a retirada do Coaf das mãos de Moro. Todos os partidos se uniram, incluindo siglas como PP, MDB e PT, que tiveram seus caciques políticos implicados na Lava-Jato. Esse foi o primeiro de vários atritos que Rodrigo Maia e Moro teriam durante a atuação do ex-juiz como ministro. Os embates se repetiram durante a tramitação do Pacote Anticrime. No Congresso e em parte do Palácio do Planalto, a proposta também era encarada como uma bandeira de Moro para se apresentar como candidato em 2022.

O assunto do Coaf foi colocado em votação no plenário da Câmara em 22 de maio. Naquele dia, Sergio Moro e a equipe do Ministério telefonaram para o maior número possível de parlamentares pedindo apoio na votação. Era o primeiro teste político do ministro. O PSL, partido do presidente, e outras legendas mais alinhadas a Bolsonaro orientaram seus parlamentares a votar favoravelmente ao pleito. Mas a bancada anti-Lava-Jato também se movimentou e mostrou sua força. Para não transparecer que estava atuando para enfraquecer os mecanismos de combate à corrupção, o deputado federal Arthur Lira (PP-AL), alvo de investigações no Supremo Tribunal Federal decorrentes da operação, justificou o voto de forma técnica:

"Em todos os países civilizados, inclusive os que fazem parte da Organização para a Cooperação e o Desenvolvimento Econômico, [órgãos como o Coaf] funcionam nos respectivos ministérios da Economia. A Alemanha, em 2018, para fazer acordo internacional, teve que modificar da Justiça para a Economia."³²

A articulação realizada por Sergio Moro surpreendeu Rodrigo Maia, que vislumbrou a possibilidade de uma inesperada vitória de Moro, um completo neófito na arte da política. O resultado foi apertado. Naquela noite, a Câmara aprovou, por 228 votos favoráveis e 210 votos contrários, a saída do Coaf do Ministério da Justiça e seu retorno para a pasta da Economia, onde estava originalmente.³³ Foi uma derrota, mas a quantidade de votos captados por Moro era significativa. No dia seguinte, o próprio Maia elogiou a atuação do ministro, declarando à imprensa:

"Ele [Moro] mostrou para o próprio governo que o diálogo pode gerar resultados. Ele conseguiu convencer bastante parlamentares. É mais do que o governo vem convencendo nos últimos meses."³⁴

Os parlamentares do Centrão ainda tentaram incluir, na medida provisória, um trecho que limitava o poder de investigação dos auditores da Receita Federal. Pelo texto, a Receita só poderia enviar informações para o Ministério Público Federal e a Polícia Federal com autorização judicial, o que dificultaria a comunicação de casos de lavagem de dinheiro e sonegação fiscal aos órgãos de investigação. A mudança foi proposta pelo senador Fernando Bezerra Coelho (MDB-PE), outro alvo da Lava-Jato. Essa sugestão foi apelidada pelos auditores fiscais de "emenda da mordaça". Era mais uma reação da classe política ao grupo especial de investigação montado pela Receita e que atingiu ministros do STF. Diante da pressão dos auditores, que realizaram manifestações por todo o país, a medida acabou rejeitada na votação no Congresso.³⁵

Moro também teve outra derrota na votação: os parlamentares decidiram que a Fundação Nacional do Índio, a Funai, deveria continuar no Ministério da Justiça.³⁶ Havia uma clara indisposição do governo Bolsonaro com a pauta indígena e ficar com o órgão significaria ter uma permanente usina de crises sob sua responsabilidade. Inicialmente, o governo havia deslocado a Funai para o Ministério da Mulher, Família e Direitos Humanos, comandado pela ministra Damares Alves. Com a votação na Câmara, o órgão voltou para o MJ.

* * *

Quando foi eleito para o cargo de presidente da República, Jair Messias Bolsonaro nem sequer sabia o que significava a sigla de quatro letras chamada Coaf. Na conversa que ele teve com o juiz Sergio Moro para oficializar o convite para o futuro governo, Bolsonaro nem deu palpite sobre o remanejamento do órgão para a estrutura do Ministério da Justiça, pouco se importando com o assunto.[37]

Mas, em 6 de dezembro de 2018, a importância do Coaf para a família Bolsonaro mudou completamente. Naquele dia, o jornal *O Estado de S. Paulo* revelou a existência de um relatório produzido por aquele órgão pouco conhecido que, pela primeira vez, lançou suspeitas concretas de desvios de recursos públicos envolvendo a família do presidente recém-eleito com um discurso de moralização da política e combate à corrupção.[38] O Coaf detectou movimentações financeiras atípicas no valor de R$ 1,2 milhão nas contas de Fabrício Queiroz, assessor de confiança da família Bolsonaro que, na ocasião, trabalhava no gabinete do seu filho Flávio na Assembleia Legislativa do Rio.[39] O caso estava sob investigação do Ministério Público do Rio, que suspeitava da existência de um esquema de desvio de recursos dos funcionários do gabinete. Era um sistema rudimentar adotado por muitos políticos que tinham o hábito de surrupiar os cofres públicos: os funcionários do gabinete eram obrigados a devolver uma parte dos seus salários, que engordavam o bolso do parlamentar. O apelido desse tipo de esquema era sugestivo: "rachadinhas". As transações financeiras detectadas pelo Coaf, com frequentes saques em espécie e transferências para Queiroz, indicavam que um esquema daquele tipo teria funcionado no gabinete de Flávio Bolsonaro, o filho "01" do presidente da República, recém-eleito para o cargo de senador. A revelação do personagem Queiroz também foi relevante: era um faz-tudo da família que seria uma espécie de operador financeiro do esquema. Pagava contas de Flávio Bolsonaro, indicava funcionários para o gabinete e arrecadava os recursos desviados, segundo os indícios obtidos pela investigação. Com o avanço da apuração, após a realização de quebras de sigilo bancário, o Ministério Público do Rio constatou que Queiroz havia recebido R$ 2 milhões em 483 depósitos de assessores ligados a Flávio Bolsonaro, representando fortes indícios dos desvios no gabinete.[40]

A partir deste momento, proteger Flávio se tornou uma das prioridades do plano de governo de Jair Bolsonaro. Esse foi o ponto decisivo para a mudança de postura do presidente recém-eleito. Até então, ele apoiava publicamente todas as pautas de combate à corrupção: prisão em segunda instância, endurecimento da legislação penal e carta branca para o ex-juiz da Lava-Jato implantar as políticas que achasse necessárias. Quando Flávio entrou na mira, Bolsonaro passou a fazer todo o possível para blindar e proteger seu filho e sua família de qualquer investigação. Seu argumento aos aliados era o de que estava sendo perseguido por setores da esquerda dentro do Ministério Público após ter se tornado presidente da República. Também passou a ver uma conspiração envolvendo o MP do Rio, a Polícia Civil e o governador Wilson Witzel, que era seu aliado, mas acabou rompendo com Bolsonaro para tentar se viabilizar como candidato à Presidência da República. Nenhum desses raciocínios de Bolsonaro tinha qualquer embasamento em fatos concretos.

A investigação seguia a todo vapor no Ministério Público do Rio de Janeiro quando um fato inusitado ocorreu no dia 16 de julho de 2019. O Judiciário estava em recesso. Com isso, apenas casos urgentes eram despachados pelo ministro plantonista do Supremo Tribunal Federal, função exercida pelo presidente e pelo vice-presidente. Nesse cenário se enquadram principalmente processos envolvendo pessoas presas ou que apresentem grave risco caso haja uma demora, como a liberação emergencial de um remédio para uma pessoa doente. Como não é possível o Judiciário ficar totalmente parado, é adotado esse regime de plantão durante o recesso.

O plantonista do STF era o presidente da Corte, José Antonio Dias Toffoli. Indicado a uma cadeira do Supremo pelo então presidente petista Luiz Inácio Lula da Silva em 2009, Toffoli foi advogado do PT e também advogado-geral da União no governo Lula.[41] Após assumir o cargo, o ministro paulatinamente afastou-se dos seus antigos aliados e aproximou-se de um dos principais adversários do PT no Judiciário, o ministro Gilmar Mendes, com quem passou a se alinhar nos julgamentos. Toffoli chegou à Presidência do STF em setembro de 2018 e logo buscou um general da reserva do Exército para ser seu assessor, vislumbrando que seria importante uma aproximação com os militares diante da possibilidade de um presidente da República oriundo da caserna. Para isso, nomeou o general Fernando Azevedo e Silva como seu assessor especial. Com o início do governo de Jair Bolsonaro, Toffoli logo buscou estabelecer uma boa relação com o presidente. Trocavam afagos mútuos. Em um café da manhã com parlamentares no Palácio do Planalto realizado no dia 30 de maio de 2019, por exemplo, Bolsonaro convidou Toffoli e rasgou elogios ao presidente do Supremo:

"A força do Executivo e do Legislativo juntos, com todo o respeito ao Dias Toffoli [risos], é muito forte. E é muito bom nós termos aqui a Justiça ao nosso lado, ao lado do que é certo, ao lado do que é razoável e ao lado do que é bom para o nosso Brasil."[42]

A auxiliares próximos, o presidente repetia elogios a Toffoli, com quem falava constantemente por telefone.[43] Toffoli retribuía na mesma moeda e falava abertamente que preferia Bolsonaro do que sua antecessora no Palácio do Planalto, a presidente petista Dilma Rousseff.[44] A gestão de Toffoli marcou o ponto alto da relação entre Jair Bolsonaro e o Poder Judiciário que, dali em diante, só passou a se deteriorar por causa das ameaças golpistas feitas pelo presidente da República e de ataques aos ministros do Supremo.[45]

Em meio a essa lua de mel entre Bolsonaro e o STF, não foi surpreendente quando, durante o recesso, Toffoli proferiu uma decisão liminar a pedido dos advogados do senador Flávio Bolsonaro e paralisou a investigação do MP do Rio no caso das rachadinhas, apontando supostas irregularidades no compartilhamento de informações financeiras pelo Coaf.[46] Mas Toffoli foi muito além: mandou suspender todas as investigações do Brasil que fossem baseadas em relatório do Coaf. O impacto dessa ordem judicial era imenso: o Ministério Público Federal contabilizou 935 investigações paralisadas por causa da decisão do presidente do STF.[47]

O que mais chamou a atenção dos investigadores foi que o procedimento do Coaf no caso de Flávio Bolsonaro estava estritamente dentro do padrão adotado pelo órgão, era autorizado por lei, seguia as diretrizes dos mecanismos internacionais de combate à lavagem de dinheiro e, além disso tudo, nunca havia sido alvo de nenhuma contestação daquelas. O Coaf existia desde 2007 e, nos cinco anos anteriores, havia produzido mais de 20 mil relatórios sobre movimentações financeiras suspeitas,[48] envolvendo os principais personagens do Brasil investigados por corrupção e lavagem de dinheiro, incluindo os alvos da Operação Lava-Jato. Apenas no caso de Flávio Bolsonaro o órgão máximo do Poder Judiciário considerou que poderia haver irregularidades naquela sistemática.

A liminar de Toffoli imediatamente gerou reação de entidades como o Ministério Público Federal e dos organismos de combate à lavagem de dinheiro. Jair Bolsonaro, porém, estava muito satisfeito com a decisão, que ajudou a estreitar ainda mais sua aproximação com Toffoli e selou o seu rompimento com uma das estrelas do seu governo, o ex-juiz Sergio Moro.

Foi nessa época que Bolsonaro teve seu primeiro grave desentendimento com o ministro da Justiça. Desde esse episódio, o presidente nunca mais recuperou a confiança no ministro. Moro discordava da decisão de Toffoli sobre o Coaf, já que ela inviabilizava a atuação do órgão e ameaçava todo o trabalho desenvolvido até o momento no Brasil para combater a lavagem de dinheiro. No dia 29 de julho, Moro atravessou a distância de um quilômetro que separa o Palácio da Justiça do Supremo Tribunal Federal para ter uma reunião com Toffoli. A pauta oficial do encontro tratava de assuntos relacionados ao Conselho Nacional de Justiça (CNJ), como questões sobre o sistema prisional. No encontro, porém, o ex-juiz da Lava-Jato deixou claro o tema que realmente queria tratar e externou sua preocupação com a decisão liminar de Toffoli que paralisou as investigações baseadas nos relatórios do Coaf.[49] Moro argumentou que o Coaf seguiu os procedimentos previstos em lei e que agora o órgão não sabia mais como proceder para realizar seu trabalho. Por isso, o ministro da Justiça afirmou a Toffoli que seria importante ter uma rápida definição do STF sobre o assunto, sugerindo que o Supremo deveria levar o caso para julgamento o quanto antes.[50] O ministro da Justiça tentou adotar um tom cauteloso, mas Toffoli entendeu o recado e ficou irritadíssimo com a intervenção. Não demorou para o magistrado relatar a Bolsonaro a conversa. O presidente do STF considerou inaceitável a cobrança feita por Moro, ainda mais depois que ele concedera uma liminar favorável ao filho do presidente. Exigia que o Palácio do Planalto unificasse o discurso a respeito do assunto.[51]

Ao saber da cobrança de Moro, Bolsonaro explodiu de irritação. Não se importava com o discurso do ex-juiz sobre a imagem internacional do Brasil diante dos órgãos de lavagem e muito menos com a segurança do país para atrair investimentos. Bolsonaro priorizava outra coisa, a lealdade absoluta a ele e à sua família. Com isso em mente, o presidente chamou o ministro Sergio Moro para uma conversa no Palácio da Alvorada, sua residência oficial, e lhe atirou impropérios e palavrões. Avisou a Moro que não queria que ele interferisse no assunto:

"Moro, eu nunca te pedi para fazer nada por meus filhos, e você também nunca se ofereceu, mas tudo bem. Só quero lhe pedir uma coisa: se não puder ajudar, não atrapalhe."[52]

Com o episódio, Moro, que já era visto como *outsider* pela maioria dos ministros, passou a ser alvo da artilharia dos aliados mais próximos do presidente. O ministro era considerado um "ingrato" por sua tentativa de reverter a decisão do Coaf.

A decisão tomada por Toffoli em 19 de julho deixou, durante vários meses, uma enorme quantidade de investigações completamente paralisadas. Por isso, houve uma grande pressão para que o assunto fosse pautado para julgamento pelo plenário do STF. Essa pressão veio até mesmo de dentro do próprio Supremo. O ministro Edson Fachin decidiu, em setembro, levar o tema para discussão da Segunda Turma do STF, porque o colegiado julgaria o recebimento de uma denúncia da Lava-Jato contra o deputado federal Aníbal Gomes (MDB) que tinha, dentre suas provas, relatórios do Coaf.[53] A defesa argumentava que essa ação também deveria ser derrubada como consequência da decisão de Toffoli. Com esse cenário, Toffoli acabou sendo forçado a levar o assunto para discussão do plenário e marcou o julgamento para novembro, quatro meses após ter proferido sua decisão liminar.

Depois que o Congresso retirou o Coaf das mãos de Moro e o devolveu ao Ministério da Economia, o problema caiu diretamente no colo de Paulo Guedes. Nos dias seguintes à votação do Congresso, o telefone do ministro da Economia não parava de tocar. Parlamentares, integrantes do Supremo Tribunal Federal e do Tribunal de Contas da União faziam, em uníssono, reclamações sobre o funcionamento do órgão e exigiam que Guedes realizasse uma auditoria para tentar resolver o assunto. Também havia pedidos para demitir Roberto Leonel e toda a equipe indicada por Moro, enquanto o ministro da Justiça apelava a Guedes para que mantivesse todos eles.[54] Diante da pressão vinda de todos os lados, o ministro da Economia sabia que precisava encontrar rapidamente uma solução para o Coaf. Ficou dois dias sem dormir até ter alguma ideia que pudesse resolver o problema.[55] Após conversas com pessoas próximas e uma análise de todos os fatores, Guedes chegou a uma conclusão: iria colocar o Coaf no Banco Central, que era um órgão blindado de interferências políticas e que em breve teria sua independência aprovada no Congresso Nacional.

O raciocínio de Guedes foi o seguinte: o Ministério da Economia já tinha sob seu guarda-chuva a Receita Federal, que tem acesso a todas as declarações de imposto de renda e informações financeiras dos contribuintes. Deixar o Coaf com o mesmo órgão geraria uma concentração de poder absurda nas mãos de um único ministro, o que poderia ser usado de maneira indevida. Ao mesmo tempo, o Banco Central já era responsável por monitorar transações financeiras e detectar ilicitudes, por isso Guedes considerou natural que o Coaf ficasse no BC. Uma das primeiras pessoas para quem ele contou seu plano foi Sergio Moro, em um telefonema.

"Sergio, eu vou botar isso no Banco Central. Por uma razão muito simples: tecnicamente, é o órgão mais distante de influência política."

Derrotado no Congresso, o ministro da Justiça então concordou com a alteração, mas insistia que sua equipe fosse mantida. Logo depois que Guedes chegou a essa ideia, um novo fato acabou desgastando ainda mais a permanência de Roberto Leonel. Em 31 de julho de 2019, o jornal *O Estado de S. Paulo* publicou uma entrevista com o presidente do Coaf na qual ele criticava a decisão de Toffoli paralisando as investigações e também a saída do órgão da estrutura do Ministério da Justiça.[56] Aquilo deixou o presidente Jair Bolsonaro e o próprio Guedes furiosos com Leonel.[57] O ministro da Economia, então, chamou o chefe do Coaf e a diretoria do órgão para uma reunião em seu gabinete para comunicar que o órgão seria remanejado para o Banco Central. O encontro ficou registrado na agenda oficial: 7 de agosto de 2019.[58] O tom de Guedes não escondia a irritação com a entrevista dada por Leonel. Ao ser informado sobre a mudança, o presidente do Coaf demonstrou resistência. Guedes partiu para o confronto.[59]

"Você não está satisfeito com a solução, não?", perguntou Guedes.

"Estava até pensando em pedir aposentadoria", retrucou Leonel.

"Acho que pode ser uma boa solução", disse o ministro.

Os participantes da reunião ficaram atônitos. A percepção geral era que Leonel estava tentando negociar uma alternativa para o funcionamento do órgão, mas eles não esperavam que Guedes concordasse com sua saída. Os diretores passaram a defender a permanência de Leonel, mas Guedes foi taxativo.

"Vou te explicar por que pode ser uma boa solução. Desde que o Coaf veio pra cá, minha vida tem sido um inferno, todo mundo de Brasília me ligando para reclamar. Eu não me importo com isso não, mas eu não gostei do jeito que você se referiu ao Ministério. Sabe como eu me senti? Eu tô na sala de casa, passou uma cegonha, deixou você no quintal, eu abri a porta para te receber e você fala: 'Eu não queria ficar aqui não, isso aqui é um horror'. Então eu vou satisfazer sua vontade, você não vai ficar aqui não, não quero trabalhar com ninguém que não esteja com vontade de trabalhar", concluiu Guedes.

A reunião terminou sob esse clima tenso.[60]

Resolvido o assunto, o presidente Jair Bolsonaro editou uma nova medida provisória sobre o Coaf, ainda no mês de agosto de 2019. Essa MP oficializava a transferência do órgão para o Banco Central, além de ter seu nome rebatizado para Unidade de Inteligência Financeira (UIF).[61] Em uma entrevista, Bolsonaro disse que o objetivo era tirar o Coaf do "jogo político" e priorizar o trabalho técnico. O presidente deixava implícito que a possibilidade de o órgão ficar subordinado a Moro provocava resistência na classe política. Dessa forma, ele decidia recuar no acerto feito naquela primeira conversa com Sergio Moro, em sua residência no Rio de Janeiro.

"Exatamente, já está sabendo, [a ideia] é vincular ao Banco Central. Tudo onde tem política, mesmo sendo bem-intencionado, sempre sofre pressões de um lado ou de outro. A gente quer evitar isso daí. Isso não é desgaste para mim nem para o Moro. O Coaf lá, porventura, caso vá para o Banco Central, vai fazer o seu trabalho sem qualquer suspeição de favorecimento político", afirmou.[62]

Coube ao presidente do BC, Roberto Campos Neto, assumir a espinhosa missão de cuidar da recém-criada Unidade de Inteligência Financeira. Logo de início, ele fez uma visita à sede do órgão em Brasília para entender seu funcionamento e passou a conversar com o Congresso Nacional a respeito da mudança. Afinal, o governo não queria sofrer uma nova derrota no remanejamento do Coaf, por isso era necessário convencer os parlamentares de que o órgão estaria melhor abrigado dentro da estrutura do Banco Central. No dia 20 de agosto, o presidente da Câmara, Rodrigo Maia, recebeu Roberto

Campos Neto para um café da manhã na sua residência oficial, localizada no Lago Sul, área nobre de Brasília.[63] Nessa conversa, o presidente do BC defendeu que a UIF permanecesse sob sua responsabilidade e fez um relato a Rodrigo Maia a respeito de sua visita ao órgão. Campos Neto pintou um cenário de terror e citou haver um fluxo muito grande de informações entre os órgãos de investigação. Ele tinha uma boa relação com Sergio Moro, mas proferiu uma frase que lançava suspeitas graves sobre as transformações que o ministro tinha implantado no órgão. Seu relato logo se espalhou no meio político em Brasília como uma demonstração do risco que seria deixar o Coaf com Moro, apesar de Campos Neto não ter apresentado nenhuma prova de irregularidades sobre o funcionamento do órgão.

"O Coaf estava funcionando de uma maneira não republicana", afirmou Campos Neto a Rodrigo Maia, com um tom de mistério."[64]

Impressionado com o relato, que serviu para aumentar a indisposição que já tinha com Sergio Moro, Maia assumiu o compromisso de apoiar a alteração. Após aquela conversa, fez um pronunciamento público à imprensa externando sua posição.

"É muito importante essa medida provisória porque, de fato, estabelece a independência necessária da política do Coaf. Os ruídos das últimas semanas em relação à ação de membros da Receita que estavam trabalhando no Coaf eram perigosos para o governo. Então, estancou o risco de uma crise maior, onde o Coaf de alguma forma poderia estar sendo usado de forma indevida."[65]

Com o apoio de Maia, a medida provisória que transferiu o Coaf para o BC foi aprovada com facilidade na Câmara, mas a mudança de nome para UIF foi rejeitada.[66]

Guedes logo relatou a Campos Neto a conversa que teve com Roberto Leonel e deu o sinal verde para que o presidente do Banco Central o demitisse.

"Roberto, ele falou que queria se aposentar. Já pode guilhotinar na chegada se você quiser, já resolve isso aí", disse Guedes ao presidente do BC.[67]

Então, logo que a medida provisória foi editada, Moro também amargou mais essa derrota: atendendo às pressões, o Banco Central oficializou a demissão do chefe do Coaf Roberto Leonel, aliado do ex-juiz da Lava-Jato. Para o posto, foi nomeado o economista e servidor aposentado do BC Ricardo Liáo.[68]

O processo de fritura de Roberto Leonel e sua posterior demissão o aborreceram profundamente. Respeitado dentro da Receita Federal, onde fez carreira como auditor, ele esperava que Sergio Moro tivesse força para mantê-lo no cargo. Como o ministro havia perdido a ingerência no Coaf, entretanto, não tinha mais nenhuma força política para impedir a demissão. A pressão era grande demais: não apenas Bolsonaro, mas ministros do Supremo Tribunal Federal e parlamentares da cúpula do Legislativo queriam a cabeça de Leonel.[69] Havia uma desconfiança geral sobre a atuação do Coaf no período em que esteve sob o guarda-chuva do Moro. A permanência de Leonel significaria manter a influência do ex-juiz no órgão, o que não era aceitável para a cúpula do poder em Brasília.

Pouco depois de sua demissão, Roberto Leonel participou de um evento sobre lavagem de dinheiro na sede da Procuradoria-Geral da Fazenda Nacional (PGFN), órgão do governo responsável por cobrar judicialmente os grandes devedores. Leonel já estava finalizando sua mudança de volta para Curitiba. No evento, em Brasília, ele encontrou um amigo de longa data e demonstrou frustração com o governo de Jair Bolsonaro após o episódio que o envolveu. Assim como diversos outros auditores da Receita Federal, Leonel foi um entusiasta da candidatura de Jair Bolsonaro mesmo antes de saber que Sergio Moro seria ministro. Ao ser convidado para o Coaf, nutriu a expectativa de que poderia desenvolver um forte trabalho de combate à lavagem de dinheiro, mas acabou se deparando com obstáculos políticos criados pela cúpula do governo e pelo próprio presidente. Leonel ficou ressentido e se sentiu abandonado: achava que Moro faria uma enfática defesa pública de seu nome e tentaria de tudo para evitar sua demissão. Isso não aconteceu. A conversa que Leonel teve com seu amigo naquele dia foi em clima de despedida.

"Olha, eu sou um corno eleitoral. Nunca me enganei tanto. Eu achava que esse governo era sério", desabafou Leonel com o amigo.[70]

5.

Pacote Anticrime

Sergio Moro estampava um largo sorriso no rosto quando entrou no gabinete do prefeito de Cariacica, cidade de 380 mil habitantes na região metropolitana de Vitória–ES.[1] Esbanjava bom humor e em nada lembrava o sisudo juiz federal que conduzia tensos interrogatórios e dava duras sentenças na Lava-Jato. Naquele momento, Moro tinha uma das suas primeiras experiências de vestir a pele de político e participar de um corpo a corpo com o eleitorado.

"Cadê a dona Dagmar? Não é a senhora que está fazendo aniversário hoje?", perguntou ao entrar na sala.[2]

Minutos antes, o prefeito Geraldo Luzia de Oliveira Júnior, conhecido como Juninho, havia lhe avisado que aquela terça-feira, 29 de outubro de 2019, era especial não apenas pela visita do ministro ao município, mas também porque era o aniversário de sua mãe, que aguardava ansiosamente no gabinete para uma foto com ele. Logo que entrou, Moro abraçou dona Dagmar e posou para as lentes. Sentia-se como uma celebridade.

O motivo da visita era um dos principais projetos lançados em sua gestão no Ministério da Justiça na área da segurança pública. Cariacica foi um dos cinco municípios do país a receber o programa Em Frente, Brasil, que buscava implantar ações ostensivas de policiamento contra a criminalidade organizada e, posteriormente, integrá-las a outras políticas públicas do governo federal, como ações urbanísticas e sociais.[3] Moro foi de perto acompanhar o andamento do projeto na cidade capixaba.

Moro chegou ao Espírito Santo pela manhã e participou de um evento no Palácio Anchieta, sede do governo estadual. Estava com uma grande comitiva, que incluía assessores e parlamentares do estado do Espírito Santo. No momento da saída, um susto: acompanhado de membros da sua comitiva, do governador Renato Casagrande e do senador capixaba Marcos do Val, sentiu o elevador balançar. As portas não abriram e ficaram todos presos por quase trinta minutos. A tensão, entretanto, logo deu lugar a brincadeiras.

"Já querem matar o Moro aqui no Espírito Santo!", disparou um dos presentes no elevador e arrancou risos de todos.[4]

Resolvido o problema, foi no início da tarde que o ministro atravessou os seis quilômetros que separam a sede do governo do prédio da prefeitura de Cariacica, próxima da capital, Vitória. Uma multidão o esperava do lado de fora para vê-lo e ter chances de fotografar o famoso ministro. Com o objetivo de evitar tumultos, Juninho alertou até mesmo os funcionários da prefeitura para não se aglomerarem nos corredores para ver o ministro. Pediu que ficassem dentro de suas salas. Ao ciceronear Moro pelo prédio, o próprio Juninho abria as portas das salas da prefeitura e chamava os funcionários para conhecê-lo.

Após cumprir a missão de conseguir uma foto da mãe com Moro, o prefeito buscou logo desfazer um mal-entendido. Algumas semanas antes, o presidente Jair Bolsonaro fez críticas a ele em uma transmissão ao vivo pela internet e ameaçou cortar a cidade da lista de contempladas pelo programa do governo federal. Chamou o prefeito de "comunista", termo que se tornou um palavrão na militância bolsonarista. Tudo isso por causa de uma notícia falsa que circulava nas redes sociais.[5] Em uma transmissão ao vivo feita no dia 3 de outubro de 2019 em seu canal no Facebook, Bolsonaro fez o seguinte discurso:

> *Hoje completou trinta dias daquele programa do ministro Moro, de Justiça e Segurança Pública, Em Frente, Brasil, em que ele escolheu cinco municípios, um de cada região, e implantou medidas lá. De concreto, nesses últimos trinta dias, diminuiu em 53% o número de homicídios. Diminuiu à metade. Pelo que tudo indica, o programa*

está obtendo sucesso. No município de Cariacica, o prefeito lá que é o Juninho, do PPS, resolveu criar um disque-denúncia para que a população denuncie abuso de autoridade por parte da Força Nacional de Segurança. Bem, se é o que tô pensando, se é o que eu tô pensando, vou falar com o Moro, mas se começar a denunciar policiais, a gente troca de município. Deixa Cariacica lá sem esse programa, que não é apenas a Força Nacional de Segurança, são outras medidas também, do Estado, da União, e vamos pra outros municípios. Se a questão da segurança está muito bem no município de Cariacica, né... segundo parece que é o entendimento do prefeito Juninho, do PPS... PPS que é o antigo PCB, Partido Comunista Brasileiro, que depois o pessoal mudou de nome, agora é PPS... então, nada contra o povo de Cariacica, mas eu, como chefe supremo das Forças Armadas, sou aí o responsável em grande parte pela indicação de Sergio Moro. Ele quer o melhor, está fazendo um brilhante trabalho, excepcional, fenomenal, mas não podemos expor os nossos agentes de segurança a serem submetidos ao disque--denúncia. Na maioria das vezes, é mentira o disque-denúncia. São os bons policiais que são denunciados por exatamente essa parte do crime organizado agir dessa maneira pra atrapalhar quem está fazendo o bem para aquela região. Então, pessoal de Cariacica, queremos o bem de vocês, pretendemos continuar o plano, mas, se tiver uma avalanche de denúncias, em grande parte falsas, contra os homens da Força Nacional, vou sugerir ao Sergio Moro, a gente vai chegar em comum acordo, para sair de Cariacica. Eu acho que, dos quase 6 mil municípios, mais de 5 mil querem isso lá. Tenho certeza disso aí. Tá ok?[6]

    Logo depois, a prefeitura de Cariacica soltou nota para explicar o assunto e negou a criação de um disque-denúncia contra os policiais da Força Nacional. Mas, apesar de superada a celeuma, Juninho fez questão de explicar pessoalmente a Moro a confusão. Relatou ao ministro que se tratava do canal de ouvidoria do município, no mesmo modelo que existe em centenas de cidades pelo Brasil, pelo número telefônico 162. E que colocou a ouvidoria à disposição do programa caso fosse necessário. Juninho levou Moro a uma sala com dois grandes monitores, que exibiam em tempo real as denúncias recebidas.

O sistema interessou o ministro, que elogiou a iniciativa e transmitiu ordens à sua equipe para estudar uma solução semelhante para o governo federal.[7]

Durante a visita, as pequenas salas da prefeitura de Cariacica viraram verdadeiras aglomerações a cada vez que a comitiva de Moro chegava, ainda mais depois que a equipe ganhou a companhia de assessores e funcionários do município.

Pouco tempo depois, Sergio Moro deixou apressado o prédio da prefeitura para entrar no veículo oficial e partir para um evento em uma escola. Mas, ainda no pátio externo da sede do governo municipal, surpreendeu-se com a multidão que seguia aguardando e gritando seu nome. As pessoas estavam separadas por uma grade, que foi instalada no estacionamento por questões de segurança.

"Todo mundo estava lá do lado de fora gritando o nome dele, então falei no seu ouvido: Moro, o pessoal tá te saudando, vai lá saudar o pessoal. Ele não pensou duas vezes, partiu pra grade pra posar pra fotos", lembra Juninho.[8]

Após o momento de celebridade, a comitiva seguiu para uma escola em um bairro pobre de Cariacica, onde Moro também foi recebido por fãs e apoiadores. A ida à escola tinha o objetivo de simbolizar que a segurança pública não se trata apenas de policiamento, mas também de educação e cidadania. Moro expôs suas ideias sobre o tema, mas a população queria mesmo era tirar fotos com ele.

"É um *popstar* chegando em Cariacica. A receptividade foi fantástica. Como em todo bairro carente, tem muita gente que fica em cima de lajes, nas janelas. Estávamos na escola na frente do evento. Eu cheguei uma hora e falei assim: ministro, tem um pessoal ali à esquerda que tá doido para tirar foto do senhor. Quando eu terminei de falar, passaram uns dois, três minutos, e ele olhou pro lado esquerdo e acenou para todo mundo", descreveu o prefeito Juninho.

O assédio dos fãs continuou durante o voo de volta para Brasília. Moro retornou em um jatinho da Força Aérea Brasileira, acompanhado de assessores e do senador capixaba Marcos do Val, um dos parlamentares declaradamente fãs do ex-juiz. O pequeno avião era composto de fileiras de apenas uma cadeira em cada lado. Com um clima descontraído após a visita, o senador vinha sentado no assento oposto ao do ministro e fez uma brincadeira:

"Ministro, talvez você não saiba, mas eu me divorciei por sua causa!"[9] Todos caíram na gargalhada.

"Que história é essa, será que o senador é apaixonado pelo ministro?", comentou um assessor que estava sentado logo atrás.

O voo virou uma algazarra. O senador contou que sua ex-mulher era militante da esquerda, mas suas divergências políticas afloraram durante as eleições de 2018. Marcos do Val havia acabado de ser eleito para o primeiro mandato de senador graças à pauta da segurança pública. Ele era consultor e instrutor nessa área. Tornou-se conhecido após participar de diversos programas de televisão nos quais opinava sobre ações policiais. Durante a campanha eleitoral, não declarou apoio a Jair Bolsonaro, mas sua candidatura ao Senado surfou na onda do futuro presidente.

"Aí, minha ex-mulher foi participar de passeatas do movimento Lula Livre. O pessoal começou a me mandar foto dela e reclamar: 'Olha aí, ninguém sabia que você era de esquerda'.", contou o senador em tom bem-humorado. "Quando eu soube que Moro ia entrar para a equipe de Bolsonaro, aí eu tive uma conversa com ela: 'Olha, agora eu vou apoiar esse governo'. Ela falou: 'Então não temos mais condições de ficar casados'. Foram oito anos de casamento. Aí em janeiro, nós oficializamos o divórcio."

"Não acredito que você terminou um casamento por causa disso!", comentou Moro.

Marcos do Val aproveitou para fazer uma provocação.

"Pois é, você não saia do governo, hein. Se sair, não vai ter valido a pena o meu divórcio!"[10]

A versão de si próprio que Sergio Moro apresentou durante sua visita a Cariacica era muito diferente da versão como ministro no início da gestão. Ele estava muito mais à vontade no papel de político, o que não ocorreu durante os primeiros meses do governo. Moro precisou aprender a se relacionar com a classe política, que no seu trabalho da Lava-Jato era o principal alvo das investigações, e aderir às negociações no Congresso Nacional. Recluso na sua vida pessoal, o ministro passou a residir em um apartamento na Asa Sul, onde passava a maior parte do tempo sozinho. Chegava cedo ao Ministério da Justiça, por volta das oito da manhã, e saía do trabalho direto para casa. Costumava almoçar no próprio gabinete, com refeições que pedia por delivery, ou no refeitório do Ministério, um bandeijão de comida a quilo. Sempre que descia ao local, era visto como uma celebridade e parava para tirar fotos com funcionários.[11]

Eventualmente, o ministro também comparecia a churrascos organizados na casa de sua chefe de gabinete, Flávia Bianco, com quem trabalhava desde a época da 13ª Vara. Apenas nesses eventos, com a presença da República de Curitiba montada no Ministério da Justiça, Moro se sentia à vontade para beber cerveja até "embolar a língua", nas palavras de um frequentador dos eventos.[12] Era como se estivesse em casa com amigos de longa data.

A vida espartana do ministro não combinava com a rotina de Brasília. Políticos gostam de jogar conversa fora, tomar vinhos em restaurantes requintados, receber pessoas em seus apartamentos para jantar e coisas do tipo. Dentro da Esplanada dos Ministérios, Moro tinha apenas um amigo mais próximo com quem costumava sair para jantar: o ministro da Economia Paulo Guedes. Ambos *outsiders* da política tradicional, enxergavam-se como os quadros técnicos do governo, fato que ajudou na aproximação deles. Frequentavam uma pizzaria no Lago Sul, onde gostavam de tomar vinho e chopes.[13]

Guedes, aliás, costumava se gabar aos seus interlocutores sobre o seu mérito de ter conseguido trazer Moro para o governo. Nos primeiros meses de gestão, ele compareceu a uma reunião no Supremo Tribunal Federal com o ministro Gilmar Mendes para discutir temas da pauta econômica que precisariam do veredito da Corte. Falante como de costume, contou detalhes sobre a montagem da equipe do governo Bolsonaro e passou a relatar como surgiu a ideia de convidar Moro para o governo. Contou que convenceu o presidente eleito que ele precisava de um nome forte para implantar um sistema de "lei e ordem" no governo e que Moro seria o nome perfeito para essa missão.[14] A reação de Gilmar ao relato surpreendeu a todos que estavam na sala.

"Ministro, pare aí."

Os presentes se entreolharam, atônitos. Não é comum um ministro de Estado ser interrompido dessa forma em sua fala. Gilmar, então, tomou a palavra e prosseguiu.

"Ministro Paulo Guedes, coloque isso no seu currículo. Isso talvez seja um dos grandes legados que o senhor deixa no Ministério e no governo dos senhores. Tem muita gente, amigos meus do Congresso, que vaticinam que talvez o governo dos senhores não termine. Não sei, faço votos que termine. Mas coloque isso no seu currículo, é uma grande contribuição que o senhor deu ao Brasil. O senhor conseguiu tirar o Moro de Curitiba!"[15]

Todos sorriram envergonhados. A comemoração feita por Gilmar não era por Moro ter se tornado ministro da Justiça, mas sim pelo fato de o convite ter resultado na saída dele do cargo de juiz. Só então Guedes se tocou de que Gilmar, um forte crítico da Lava-Jato, não era um interlocutor que se fascinaria por histórias envolvendo Sergio Moro. Mudaram de assunto.

Mesmo já afastado do cargo de juiz, Moro ainda se sentia ligado ao trabalho na 13ª Vara Federal de Curitiba, principalmente no que dizia respeito ao ex-presidente Lula. Ele deixou de manter contato com os funcionários da Vara, mas, no dia 6 de fevereiro de 2019, resolveu dar um telefonema. A juíza substituta Gabriela Hardt estava cuidando temporariamente de todos os processos da operação até que o novo juiz Luiz Antônio Bonat assumisse, no mês seguinte, o posto deixado por Moro. Naquele dia, Gabriela havia finalizado nova sentença contra Lula, condenando-o a doze anos e onze meses de prisão por crimes de corrupção passiva e lavagem de dinheiro envolvendo o sítio de Atibaia. Em uma longa decisão de 327 páginas, ela apontou que ficou comprovado que o ex-presidente utilizava o sítio e se beneficiou diretamente de reformas pagas no imóvel pelas empreiteiras OAS e Odebrecht.[16] A condução daquele processo havia sido iniciada por Moro, mas, com sua saída para assumir o cargo de ministro, coube à juíza substituta finalizar os interrogatórios e proferir a sentença. Moro, então, telefonou para Gabriela para parabenizá-la pelo trabalho e quis até mesmo lhe dar um conselho.

"Gabriela, que bom que você conseguiu sentenciar. Agora vai ficar mais tranquilo pro próximo juiz."[17]

Ainda havia uma terceira ação penal em tramitação na 13ª Vara Federal de Curitiba contra Lula, sobre uma suposta propina paga pela Odebrecht por meio da compra de um terreno em São Paulo para o Instituto Lula e de um apartamento em São Bernardo do Campo.[18] Moro, então, abordou esse assunto:

"Se eu puder dar só uma dica, eu diria pra você não sentenciar o processo do instituto."[19]

Moro achava que seria mais prudente deixar a próxima ação para Bonat concluir, para que não houvesse uma pressão tão grande apenas sobre Gabriela. Mas a juíza se adiantou e disse que não pretendia proferir a sentença no processo do Instituto Lula porque achava que não havia tempo suficiente para concluir a instrução. Esse caso, portanto, ficaria para o sucessor de Moro. Mas, diante de recursos apresentados pela defesa do petista e de decisões do Supremo Tribunal Federal, a ação envolvendo o instituto acabou suspensa e não teve sentença proferida pela 13ª Vara Federal de Curitiba.

De volta ao seu trabalho como ministro, Moro enfrentava dificuldades para estreitar relações com a classe política. Por meses a fio, foi aconselhado por seus assessores mais escolados em Brasília a circular. Insistiam que, para aprovar as matérias que defendia no Congresso Nacional, tinha que comparecer a jantares e receber políticos em seu gabinete. Depois de um tempo, venceu a resistência, embora não tenha conseguido estabelecer relações estreitas com nenhum parlamentar. Uma das poucas exceções era a deputada federal Joice Hasselmann, que o conhecia desde a época em que ela trabalhava como jornalista em Curitiba. Nas vezes em que Rosangela estava em Brasília, ela e Moro frequentavam o apartamento da deputada para jantar um espaguete à carbonara preparado por Joice, receita tradicional italiana à base de ovos. O casal ia de Uber e entrava direto pela garagem do prédio da parlamentar para evitar ser visto.[20]

Quando saía para jantar, Moro geralmente estava acompanhado de Rosangela. Os restaurantes italianos eram os favoritos do casal. Em uma dessas ocasiões, no início do governo, Rosangela, que é usuária frequente de redes sociais, publicou uma foto do local onde jantava com o marido em Brasília. No dia seguinte, Moro foi advertido por uma de suas assessoras, que pediu que a esposa mantivesse maior discrição nas redes sociais.

"Ministro, todo mundo conhece os restaurantes em Brasília. Aqui é igual a Curitiba. Agora todos sabem que você vai nesse lugar. Na próxima vez, vai estar cheio de jornalista na porta te esperando."[21]

Foi só durante a tramitação do seu principal projeto dentro do Ministério da Justiça que Sergio Moro se dedicou de fato a fazer política.

Logo que foi convidado para assumir a pasta, o ministro escolheu o combate ao crime organizado como a principal bandeira de sua gestão. Para isso, buscaria integrar as inteligências policiais nos níveis federal e estadual e também implantar alterações legislativas que endurecessem as punições aos criminosos. Moro começou, mesmo antes de tomar posse, a trabalhar na minuta de um projeto de lei que seria enviado ao Congresso Nacional já no início do governo. Com a ajuda de um assessor de confiança, formatou um documento de 35 páginas que foi batizado de Projeto de Lei Anticrime e apresentado no dia 4 de fevereiro de 2019, pouco mais de um mês após sua chegada a Brasília.[22,23] Aquele seria seu primeiro grande teste na carreira política: teria que convencer o Congresso Nacional, onde tinha pouca receptividade, da importância de aprovar um plano para endurecer as punições previstas em lei, o que inclusive poderia servir de instrumento de ataque contra a própria classe política.

O ministro entregou o documento nas mãos do presidente da Câmara dos Deputados, Rodrigo Maia, em um café da manhã na residência oficial da Presidência da Câmara. O primeiro encontro foi cordial, mas sem gestos de aproximação. Moro foi vestido com terno escuro e gravata. Maia também usava terno, mas adotou um estilo menos formal, sem gravata.[24] Era a primeira conversa entre eles desde o início da gestão de Jair Bolsonaro. Desde o início, não simpatizavam um com o outro e tinham uma desconfiança mútua, que resultaria em muitas divergências entre eles ao longo da gestão. Naquele dia, Rodrigo Maia logo deixou claro que trabalharia contra o primeiro item do pacote: a execução da pena de prisão após condenação em segunda instância. O presidente da Câmara afirmou que, no seu entendimento, não era possível criar essa alteração legislativa por meio de um projeto de lei.[25] Seria necessário aprovar uma Proposta de Emenda à Constituição (PEC), já que era a própria Constituição que estabelecia a necessidade de não caber mais recursos em uma ação para que a pena começasse a ser executada, o chamado "trânsito em julgado". A diferença é que um projeto de lei é mais fácil de ser aprovado: precisa apenas de maioria simples dentro do quórum mínimo de deputados presentes no plenário, que é de 257. Uma PEC, por sua vez, é submetida a dois turnos de votação e só é aprovada com os votos de três quintos do total de 513 deputados federais, o que corresponde a 308 votos.[26] Foi nesse momento que os conflitos entre Rodrigo Maia e Sergio Moro começaram a ganhar corpo.

Além do item que tratava da prisão em segunda instância, outro ponto do projeto autorizava a imediata expedição de mandado de prisão para um réu condenado pelo Tribunal do Júri, que, na legislação brasileira, julga crimes de homicídio. Apenas esse segundo item foi aprovado pelo Congresso Nacional, o que garantiu que réus de crimes violentos fossem imediatamente recolhidos à prisão após terem proferida a sua primeira condenação. Já o primeiro item, que levaria à prisão dos acusados de crimes do colarinho branco, ficou de fora da versão final aprovada.[27] Ou seja: o trecho que poderia atingir os políticos acabou derrubado na votação conduzida por eles próprios. Mas o trecho sobre homicídios acabou barrado pelo Judiciário — magistrados passaram a levantar dúvidas sobre a possibilidade de execução antecipada de penas do Tribunal do Júri e essa alteração foi suspensa.[28]

O pacote também trouxe um novo conjunto de regras para o chamado "excludente de ilicitude", que é uma disposição já existente no Código Penal desde 1984 que livra de punição agentes que cometam crimes mediante determinadas circunstâncias, como já explicado. O texto do código estabelece que não pode ser caracterizado crime quando um agente pratica um fato sob três circunstâncias: em estado de necessidade, em legítima defesa ou em estrito cumprimento de dever legal ou no exercício regular de direito.[29] Ou seja: trata-se de uma brecha para absolvição de policiais ou agentes de segurança por crimes cometidos no exercício profissional, como matar suspeitos em uma troca de tiros. Mas as alterações sugeridas por Moro ampliavam essas circunstâncias e foram criticadas pelos partidos de esquerda como uma espécie de "licença para matar". O Pacote Anticrime acrescentava ao trecho já existente na lei que o agente poderia ser absolvido caso seus crimes decorressem de três situações: escusável medo, surpresa ou violenta emoção. Essa proposta foi derrubada pela Câmara.[30]

Outro item polêmico e que atingia em cheio a classe política é o que endurecia o regime de cumprimento da pena no caso de condenações por corrupção ou peculato (desvio de recursos públicos). O projeto propunha que condenados por esses crimes começariam a cumprir pena em regime fechado.[31] Era uma mudança significativa, já que condenados por corrupção no Brasil só começavam a cumprir pena em regime fechado se a punição fosse superior a oito anos, o que dificilmente ocorria. Então, geralmente esses condenados já começavam no regime semiaberto, que dá o direito de sair durante o dia para trabalhar e retornar à cadeia para passar a noite. Também havia uma proposta para criar o crime de caixa dois, com pena de reclusão de dois a cinco anos. Esse delito era enquadrado no crime de falsidade ideológica eleitoral, que prevê pena de reclusão de até cinco anos (o crime não tem uma pena mínima estipulada em lei, o que na prática resulta em punições brandas). Esses itens do Pacote Anticrime foram descartados pela classe política.[32]

O pacote incluía ainda uma série de mudanças para aprimorar a recuperação de valores desviados por meio de crimes e permitir o uso de bens apreendidos por órgãos de segurança pública; alterações jurídicas para dificultar a prescrição de processos; a criação de um banco nacional de perfis genéticos de criminosos para facilitar a investigação criminal e a regulamentação de um novo tipo de acordo para encerrar com mais rapidez a tramitação de processos, desde que o acusado confessasse o crime e pagasse uma multa aos cofres públicos.[33]

O projeto, entretanto, ainda seria submetido a uma longa discussão e teria que tramitar no Congresso. Em 18 de março de 2019, o presidente da Câmara Rodrigo Maia criou uma comissão especial para debater o Pacote Anticrime. Maia decidiu juntar a proposta de Moro com um projeto redigido no ano anterior pelo ministro do Supremo Tribunal Federal Alexandre de Moraes, que também endurecia as punições à criminalidade organizada. A ação diluía a força do projeto de Moro e também conferia prestígio ao ministro do STF. O próprio Maia convidou para presidir a comissão a deputada Margarete Coelho (PP-PI), aliada do senador Ciro Nogueira (PP-PI), alvo de diversas investigações da Lava-Jato. Ao fazer o convite, pediu à deputada:

"Eu quero um trabalho bom, um trabalho garantista, e quero que você coordene. Vamos compatibilizar ao máximo as duas propostas."[34]

Moro chegou a se queixar com o colega de Esplanada, Paulo Guedes, sobre a postura de Maia em um dos jantares da dupla na noite da quarta-feira, 25 de julho de 2019.

"Se ele [Maia] pegar o seu projeto e aprovar dizendo que é o do Alexandre de Moraes, ó", Guedes fez um sinal de positivo com os polegares. O ministro disse ainda que Rodrigo Maia "assumiu" a reforma da Previdência como se fosse dele, mas que o importante foi aprová-la.[35]

A relatoria, ou seja, a redação da versão final da proposta, ficou a cargo do deputado Capitão Augusto, da Bancada da Bala e aliado de Bolsonaro. O grupo de trabalho sobre "legislação penal e processual penal" não tinha uma quantidade fixa de membros e foi formado por deputados que solicitavam a Rodrigo Maia sua inclusão. Logo no começo, dois parlamentares de esquerda, membros da oposição ao governo Bolsonaro, foram indicados para fazer parte da comissão: Marcelo Freixo e Paulo Teixeira. Ambos tinham ideologia completamente oposta à de Moro e de sua proposta, porque defendiam um viés mais garantista na legislação penal (favorável aos direitos e garantias dos réus, em oposição ao viés mais punitivista).[36] Freixo e Teixeira logo se articularam com outros integrantes da comissão, como a própria presidente Margarete Coelho e os deputados Fábio Trad, Paulo Abi-Ackel e Lafayette de Andrada.[37] Juntos, formaram um bloco que fazia duros questionamentos às propostas do ex-juiz e foi responsável por impor derrotas a ele na tramitação do projeto.

Como se tratava de um grupo de trabalho, não existia uma regra predefinida para o preenchimento das vagas. Normalmente, as comissões da Câmara são compostas de forma proporcional pelos partidos: cada legenda tem um número de cadeiras correspondente ao seu número total de parlamentares na casa.[38] No caso do grupo do Pacote Anticrime, esse critério de proporcionalidade não era obrigatório. Isso gerou um dos principais embates que envolveram o pacote: os defensores de Moro acusavam Maia de fazer manobras para indicar uma maioria contrária à sua pessoa e às suas ideias na comissão.[39]

O grupo de trabalho foi formado por quinze parlamentares.[40] Da tropa de choque bolsonarista, além do relator Capitão Augusto, a mais alinhada era a deputada Carla Zambelli, fã declarada de Sergio Moro. Outros deputados deram votos favoráveis aos pontos defendidos pelo ex-juiz, como Adriana Ventura, o coronel Chrisóstomo, João Campos e o subtenente Gonzaga. Mas a ala majoritária, formada por parlamentares de esquerda e também do bloco chamado de Centrão, foi a que melhor se articulou, com a participação da presidente Margarete Coelho. Realizavam semanalmente reuniões noturnas para decidir os rumos do projeto — quais trechos seriam derrubados e quais alterações seriam feitas.

Inexperiente em Brasília, o ministro tinha a ilusão de que seu projeto não sofreria modificações e seria rapidamente votado no Congresso Nacional, o que era completamente improvável. Moro ficou irritado com a articulação feita por Maia. Com o grupo de trabalho, o presidente da Câmara impunha seu próprio ritmo à proposta e assumia as rédeas da discussão. Moro estava nos Estados Unidos quando ficou sabendo disso. Contrariado, mandou uma mensagem de WhatsApp para Rodrigo Maia na noite do dia 19 de março.

"Presidente, isso não foi o que o senhor combinou comigo", escreveu Moro.

Maia se enfureceu e respondeu em tom ríspido.

"Ministro, eu sou o presidente da Câmara. Quem decide sou eu."[41]

No dia seguinte, o atrito veio a público. Já de volta ao Brasil, Moro participou de um evento na Câmara dos Deputados e afirmou que o seu Pacote Anticrime poderia tramitar no mesmo ritmo da Reforma da Previdência, que era o tema prioritário da pauta econômica do governo. Moro defendia que o pacote fosse enviado às comissões temáticas da Câmara em vez de debatido em um grupo de trabalho, como Maia havia decidido.[42] O ministro declarou:

"Nós estamos conversando muito respeitosamente com o presidente deputado Rodrigo Maia, expondo as nossas razões. E, na minha avaliação, isso pode tramitar em conjunto [com a Reforma da Previdência]. Não haveria maiores problemas, mas nós vamos conversar. Estamos abertos ao diálogo, evidentemente, e as decisões relativas ao Congresso pertencem ao Congresso."[43]

Maia também rebateu publicamente, chamando Moro de "funcionário" de Bolsonaro e deixando claro que não iria aceitar cobranças do ministro. Ele entendia que, na condição de presidente da Câmara, tinha uma posição na República hierarquicamente equivalente à do presidente Jair Bolsonaro, por isso não considerava cabível que um ministro do governo lhe fizesse cobranças.

"O funcionário do presidente Bolsonaro conversa com o presidente Bolsonaro. Se o presidente Bolsonaro quiser, conversa comigo. Eu fiz aquilo que eu acho correto. O projeto é importante. Aliás, ele tá copiando o projeto do ministro Alexandre de Moraes, copia e cola. Não tem nenhuma novidade, poucas novidades no projeto dele."[44]

Após a declaração, as redes sociais de Maia foram tomadas por uma enxurrada de críticas, ofensas e ameaças. O então presidente da Câmara chegou a desabafar com um aliado sobre o fato. Disse que só depois do embate público com Moro que ele soube o que realmente era ser alvo de ataques. Afirmou também ainda que a mobilização do ministro na internet superava muito a dos momentos em que entrou em confronto com Bolsonaro.[45]

Em meio a esse clima beligerante, a deputada federal Joice Hasselmann entrou em campo para tentar distensionar a relação entre os dois. À época na função de líder do governo Bolsonaro no Congresso Nacional, Joice tinha contato com Moro desde a época em que viveu em Curitiba e trabalhou na capital paranaense como jornalista. Eleita para o primeiro mandato na onda do bolsonarismo, descrevia-se como uma "Bolsonaro de saias"[46] e ficou responsável pela articulação política no Legislativo durante o primeiro ano do governo. Justamente para tentar destravar as pautas do ministro Sergio Moro, Joice avaliava que era preciso recompor sua relação com Rodrigo Maia e marcou um café da manhã entre os dois. Além dela, o ministro da Economia, Paulo Guedes, e seu braço direito na pasta, a assessora especial Daniella Marques Consentino, também entraram em campo para destravar o encontro.

Quando Joice chegou à residência oficial da Presidência da Câmara, Moro e Maia já tinham acertado os ponteiros, inclusive ensaiado para foto.[47] A própria Joice publicou imagens nas redes sociais nas quais ela, Moro e Maia aparecem sorrindo em uma mesa de madeira com diversos pratos postos para o café da manhã.[48] Ela relatou que, no encontro, houve um compromisso de Rodrigo Maia para dar celeridade à votação do projeto, mas isso nunca foi concretizado.[49] Mais tarde naquele dia, Moro fez declarações públicas minimizando a crise.

"Tenho uma relação bastante cordial com o presidente da Câmara, que é uma pessoa muito sensata."[50]

Moro também tentou articular uma aliança com o ministro Paulo Guedes para que o Pacote Anticrime fosse enviado ao Congresso antes da Reforma da Previdência com o objetivo de que tivesse aprovação mais rápida. Era uma diferença de apenas uma semana, mas o ministro da Justiça acreditava que aquilo permitiria uma tramitação mais célere. Guedes respondeu que não havia problema, mas surpreendeu-se com a ingenuidade política do seu colega de Esplanada. Ele tinha consciência de que a Reforma da Previdência demoraria para ser aprovada e seria alvo de duros embates no Congresso, mas, além disso, sabia que o Pacote Anticrime de Moro teria dificuldades ainda maiores. Por isso, Guedes não viu nenhuma diferença em permitir que Moro mandasse seu projeto uma semana antes. Depois, eles resolveram fazer uma aliança para que os projetos tramitassem de forma simultânea, apoiando-se mutuamente. Foi nesse contexto que Guedes e Moro capitanearam um jantar com celebridades em São Paulo para impulsionar os dois projetos.[51]

A equipe de Guedes, aliás, tinha uma preocupação de que a proximidade do ministro da Economia com Moro não interferisse na tramitação das reformas econômicas. Uma assessora da equipe de Guedes traçou o seguinte cenário para ele sobre a configuração de Brasília: os políticos achavam que Moro, Bolsonaro e Guedes formavam um grupo homogêneo, mas não era verdade. Na avaliação da assessora, havia três grupos distintos em Brasília. Um deles era Moro e seus "Cavaleiros do Zodíaco", considerados uma espécie de grupo de justiceiros com o objetivo de endurecer as punições à classe política. Em outra esfera, estava Bolsonaro e seus seguidores ideológicos de orientação conservadora, os chamados "bolsominions", como o ministro Abraham Weintraub (Educação) e blogueiros bolsonaristas que formavam uma milícia digital. Por último, havia ainda o establishment: os personagens da velha guarda da política de Brasília, que precisavam ser convencidos das propostas do governo para darem seu apoio. Diante dessa configuração, a conclusão da equipe de Guedes era que ele deveria dialogar com todos os grupos e não se aproximar excessivamente de nenhum.[52]

"Nós temos que passar no meio dessa barulheira toda e fazer as nossas reformas. Temos que ficar quietinhos e tocar a pauta econômica", definiu um membro da equipe de Guedes.[53]

Mas a disputa pelo Pacote Anticrime envolvia diretamente o interesse da classe política, por isso não era possível aprová-lo com facilidade. Com a formação do grupo de trabalho para discussão do pacote, a deputada Margarete Coelho definiu um cronograma com dez audiências públicas para discutir o assunto com representantes da sociedade civil. No dia 3 de abril, os integrantes da comissão foram ao gabinete de Moro no Ministério da Justiça apresentar o plano de trabalho. O ministro, que desejava uma aprovação rápida da sua proposta, demonstrou contrariedade com a grande quantidade de audiências públicas e a extensão do cronograma, mas nada podia fazer para alterar aquilo.[54] Uma semana depois, o próprio Moro foi à Câmara ter sua primeira conversa com os integrantes do grupo e explicar as suas propostas de alterações na legislação penal. Nesse momento, já estava mais flexível e adotou o discurso de que caberia ao Congresso Nacional dar a palavra final sobre a formatação do projeto.[55] O ministro havia sido convencido de que não adiantaria comprar uma briga pública com os parlamentares. Pelo contrário: isso só daria prejuízos ao andamento do seu projeto. Acostumado, no papel de juiz, a ser o dono das próprias decisões, agora Moro precisava atuar na base do diálogo e do convencimento.

O andamento da comissão, entretanto, trouxe ainda mais problemas para as pretensões do ministro. Ao longo das discussões, algumas das principais propostas do pacote foram descartadas. O governo do presidente Jair Bolsonaro, que apostava todas as fichas na Reforma da Previdência, não mobilizou sua articulação política em prol do Pacote Anticrime.

A lentidão de qualquer decisão envolvendo o projeto chamava a atenção dos auxiliares de Moro. O ministro decidiu que era importante fazer uma campanha publicitária para angariar apoio da opinião pública ao pacote. Como o Ministério da Justiça não tem verba para publicidade, precisou recorrer à Secretaria de Comunicação da Presidência (Secom) para conseguir recursos. Por mais de um mês, assessores de Moro tentaram, sem sucesso, aprovar o uso de recursos da Secom. Diante das dificuldades, informaram o ministro sobre o entrave. Moro, então, conversou com integrantes da Secom e do Palácio do Planalto e conseguiu liberar a verba.[56] Integrantes do Ministério da Justiça viram o processo como muito mais lento do que de costume, contudo, o governo desembolsou R$ 10 milhões e a campanha publicitária saiu.[57]

A alegria do ministro durou pouco. Cinco dias depois de ganhar as ruas,[58] a propaganda foi suspensa pelo Tribunal de Contas da União (TCU). A Corte atendeu ao pedido do Ministério Público de Contas, que argumentou que a campanha poderia ampliar a sensação de insegurança na população.[59]

Nem mesmo dentro da comissão que analisava o projeto na Câmara havia uma presença forte de parlamentares aliados ao governo. Nesse cenário, coube à equipe do Ministério da Justiça e ao próprio ministro entrar em campo pessoalmente para tentar angariar apoio à proposta. O relator, o deputado Capitão Augusto, mantinha contato diariamente com Sergio Moro pelo WhatsApp para tratar dos temas relacionados ao pacote. No início dos trabalhos, quando percebeu que estava em desvantagem, Capitão Augusto antecipou a Moro que haveria dificuldades para que seu projeto avançasse. O deputado lhe enviou uma mensagem: "Ministro, a minha meta é aprovar 60% desse pacote, mas vai ser muito difícil com aquele grupo que está formado".[60] O próprio parlamentar se sentiu "abandonado" devido à ausência de deputados da base do governo no grupo de trabalho.

"Deixei bem claro isso, é público, a minha indignação pela ausência de membros, de líderes do governo no grupo de trabalho. Até os indicados não compareciam. Então, digamos que eu fiquei quase que abandonado, sozinho no meio do pessoal que era totalmente contrário [ao projeto]", afirmou o Capitão Augusto.[61]

Em uma das reuniões para a discussão do relatório do Capitão Augusto, no dia 3 de setembro, Carla Zambelli pediu a palavra para criticar o viés contrário ao Pacote Anticrime que a comissão havia adotado. O clima se acirrou no grupo de trabalho.

"Vimos que, nas audiências públicas, os convidados de Vossa Excelência, todas as pessoas que vieram convidadas pelas pessoas da comissão, eram contra o Pacote Anticrime. Então Vossa Excelência conseguiu uma maioria aqui para poder desprestigiar o deputado Capitão Augusto, e isso está sendo dito de uma forma subliminar", disse Zambelli, disparando acusações contra Margarete Coelho.[62]

A presidente da comissão tentou se defender.

"A formação do grupo foi sendo feita por aderência. Este grupo inicialmente tinha sete membros. Depois, as pessoas foram pedindo para entrar, e o presidente da Casa foi concedendo. Eu não indiquei um único membro. Então, quero deixar bem claro que a ordem de entrada, a forma como as pessoas chegaram ao grupo, foi por iniciativa pessoal de cada um. Até onde eu sei, os indicados pelos partidos foram os sete primeiros. Os demais pediram, e o presidente aquiesceu. Então, o grupo realmente não tem a proporcionalidade das bancadas, não tem. Mas também não tem indicação de quem quer que seja", respondeu Margarete.[63]

Na reta final das discussões, até mesmo a deputada Carla Zambelli decidiu deixar o grupo de trabalho. Moro ficou sozinho na defesa do seu projeto.[64] Mas o pior golpe que o ministro viria a sofrer, responsável por provocar seu desgaste perante a opinião pública e ampliar sua indisposição no Congresso Nacional, não veio de nenhuma articulação de parlamentares. Começou quando um estelionatário fez uma estranha ligação para seu celular que mudaria a história da Operação Lava-Jato.

6.

"Hacker aqui"

Às 17h40 do dia 4 de junho de 2019, Sergio Moro foi surpreendido por uma mensagem de texto recebida em seu celular. Era um código de confirmação para acessar sua conta do aplicativo Telegram, uma espécie de WhatsApp usado com frequência pelos investigadores da Lava-Jato. Moro achou aquilo muito estranho, porque já não usava aquele aplicativo havia anos. Esse código costuma ser enviado para verificar a autenticidade no caso de o usuário instalar o aplicativo em um novo celular. A mensagem, em inglês, apresentava seis números que o usuário precisa digitar para acessar o aplicativo registrado em seu nome: "*Your Telegram code*: 183666".[1] Cinco minutos depois, o telefone do ministro começou a tocar. Quando Moro olhou para o visor do celular, percebeu que o número que estava lhe telefonando era o dele próprio. Não atendeu, mas o celular ainda tocou outras três vezes.[2] Moro imediatamente percebeu: foi vítima de uma tentativa de golpe cibernético. O ministro acionou a Polícia Federal para investigar o caso e convocou uma reunião emergencial com a cúpula do Ministério.[3] Dentro de um período de apenas uma hora, a PF deu início à investigação do caso,[4] que logo constatou que o ataque hacker contra Sergio Moro surtiu pouco efeito. Ele não usava o aplicativo Telegram havia mais de dois anos e, por isso, não havia lá nenhum conteúdo de suas conversas para ser copiado.

Logo no início da apuração, os investigadores perceberam que não se tratava de um caso isolado. Diversos relatos semelhantes haviam chegado à PF nas últimas semanas com outras tentativas de invasão de celulares de autoridades públicas, principalmente procuradores do Ministério Público Federal, juízes, policiais federais e até ministros do Supremo Tribunal Federal. Os hackers haviam tentado, nas semanas anteriores, usar essa mesma estratégia criminosa para atacar mais de mil alvos.[5] Os principais deles tinham uma característica em comum: todos haviam atuado, direta ou indiretamente, em casos da Operação Lava-Jato.

A Polícia Federal de Curitiba também já estava de olho no assunto. No final de abril, o coordenador da força-tarefa da Lava-Jato no Ministério Público Federal, Deltan Dallagnol, reportou à PF ter sido alvo de estranhas movimentações no seu celular, no mesmo *modus operandi* que seria aplicado em Moro. Também a juíza substituta da 13ª Vara Federal de Curitiba, Gabriela Hardt, avisou à mesma instituição ter sido alvo de uma tentativa de invasão. Devido à gravidade do assunto, investigadores da Superintendência da PF em Curitiba convocaram uma reunião às pressas para ouvir os relatos. Gabriela transmitiu tranquilidade, disse que não tinha nada importante guardado em seu Telegram. Não havia risco, portanto, de violação à sua privacidade.

Já Deltan demonstrou extremo nervosismo com o ataque hacker.

"Comigo é o contrário. Tudo estava no Telegram. Todas as discussões da Lava-Jato eram no aplicativo."[6]

O procurador havia sido um dos alvos prioritários dos hackers. Seu telefone recebeu 37 ligações do seu próprio número, em insistentes tentativas para obter o código de acesso ao seu Telegram e ter o caminho aberto ao seu acervo de conversas. Neste caso, o hacker foi bem-sucedido: todo o conteúdo dos diálogos foi copiado, o que incluía um acervo de anos de trocas de mensagens com o então juiz Sergio Moro, longos debates entre os integrantes da força-tarefa sobre as estratégias da Lava-Jato, com arquivos sigilosos de delações premiadas e documentos das investigações, e diversos chats de grupos de procuradores do Ministério Público Federal.[7]

À medida que tentativas de invasão ocorriam, os casos eram reportados à PF e à imprensa. Alastrou-se um clima de pânico entre as autoridades públicas em Brasília sobre quem poderia ser o próximo alvo. Os relatos eram que o hacker, ao invadir o Telegram de alguém, não se limitava a tentar copiar conteúdo, mas também passava a conversar com o dono do aparelho violado e seus contatos. Na noite do dia 11 de junho, um integrante do Conselho Nacional do Ministério Público (CNMP), Marcelo Weitzel, começou a enviar mensagens estranhas para um grupo do conselho no Telegram nas quais relatava supostas irregularidades na atuação da força-tarefa de Curitiba. Um dos colegas, desconfiado, perguntou:

"Marcelo, essas mensagens são suas? Não está parecendo seu estilo. Checa teu celular aí."

A resposta causou alvoroço entre os membros do grupo: o hacker se identificava como autor das mensagens, relatava ter invadido o Telegram do conselheiro e dizia que podia acessar "quem eu quiser, quando eu quiser".

O invasor ainda escreveu: "Hacker aqui. Adiantando alguns assuntos que vocês terão de lidar na semana, nada contra vocês que estão aqui, mas ninguém melhor do que eu para ter acesso a tudo, né?".[8]

Até o dia 9 de junho, ninguém tinha conhecimento de qual era o objetivo daquelas dezenas de tentativas de invasão a celulares de investigadores. O resultado dos ataques veio a público exatamente às 17h57 daquele dia, um domingo. Sergio Moro estava incomunicável, em um voo de Curitiba para Brasília, quando o site *The Intercept Brasil* publicou o primeiro pacote de uma série de reportagens baseadas nos diálogos extraídos do celular de Deltan Dallagnol. Eram, principalmente, conversas entre o procurador e o juiz Sergio Moro, além de chats entre os integrantes da força-tarefa. As revelações mostravam Moro orientando o trabalho dos procuradores da Lava-Jato e, pela primeira vez, colocavam a investigação sob sérias suspeitas.[9] Aquela publicação deixou o ex-juiz extremamente abalado. Moro conhecia a importância do apoio da opinião pública, por isso sempre buscou ter boa relação com a imprensa, tanto no anterior posto de juiz como no atual, de ministro do Estado. Era, portanto, a primeira vez que se via como alvo de um ataque fulminante, que repercutiria em todos os veículos de comunicação.

Ainda na noite daquele domingo, após pousar em Brasília e conversar com seus assessores de imprensa, Moro decidiu redigir pessoalmente uma nota de resposta ao site, o que não era seu padrão de comportamento. No texto, procurou minimizar o teor dos diálogos e, do mesmo modo como procedeu a força-tarefa, não reconheceu sua autenticidade. O flanco de desgaste para o ministro mais popular do governo de Jair Bolsonaro estava aberto.

Os primeiros diálogos revelados pelo *Intercept* mostravam que Sergio Moro tinha uma participação muito mais ativa no trabalho de investigação e acusação do que o recomendado para um juiz que se declara imparcial. Nas conversas, Moro sugeria a Deltan medidas a serem tomadas pela força-tarefa dentro das investigações, cobrava denúncias e acertava estratégias de comunicação com o procurador. A força-tarefa, por sua vez, antecipava ao juiz o teor das manifestações que iria protocolar, recebendo inclusive orientações sobre como se posicionar nas próprias peças. Os diálogos passavam a impressão que o juiz e a força-tarefa eram uma coisa só; acusador e julgador já estariam com o jogo previamente combinado.[10] O alvo principal da operação, na interpretação feita pelas reportagens, era o ex-presidente Luiz Inácio Lula da Silva. As revelações reforçavam a tese já apresentada pela defesa do petista de que Moro havia atuado parcialmente ao conduzir as investigações e condenar Lula no caso do tríplex do Guarujá. O advogado do ex-presidente, Cristiano Zanin, havia levado ao Supremo Tribunal Federal um *habeas corpus* em dezembro de 2018, logo após as eleições, apontando a suspeição de Sergio Moro. O argumento principal foi o fato de que ele se tornou ministro do governo de Jair Bolsonaro, adversário de Lula nas eleições de 2018, mas os diálogos elevavam aquela acusação para outro patamar.

Até então, a Lava-Jato havia sido alvo de muitas contestações apresentadas por advogados aos tribunais superiores, começando no Tribunal Regional Federal da 4ª Região até parar no STF. Eram alegações de nulidades e tentativas de derrubar as investigações. Nenhuma havia prosperado. A Lava-Jato sofria derrotas pontuais, com a soltura de réus presos ou a retirada de algumas investigações da competência da 13ª Vara Federal de Curitiba, mas, até então, nenhum recurso tinha conseguido abalar a credibilidade do trabalho. Com o caso batizado de Vaza-Jato, o resultado foi diferente: a repercussão afetou até mesmo a percepção que os ministros do STF tinham sobre o trabalho de Curitiba, o que poderia modificar seus posicionamentos nos julgamentos das próximas ações.

Um dos trechos mais graves revelados naquele primeiro pacote foi um diálogo entre Moro e Deltan no dia 7 de dezembro de 2015. Nele, o juiz indicava ao procurador uma testemunha que poderia trazer novas acusações contra o ex-presidente Lula.

> Moro — 17:42:56 — *Então. Seguinte. Fonte me informou que a pessoa do contato estaria incomodada por ter sido a ela solicitada a lavratura de minutas de escrituras para transferências de propriedade de um dos filhos do ex-presidente. Aparentemente a pessoa estaria disposta a prestar a informação. Estou então repassando. A fonte é séria.*
> Deltan — 17:44:00 — *Obrigado!! Faremos contato.*
> Moro — 17:45:00 — *E seriam dezenas de imóveis.*
> Deltan — 18:08:08 — *Liguei e ele arriou. Disse que não tem nada a falar etc... quando dei uma pressionada, desligou na minha cara... Estou pensando em fazer uma intimação oficial até, com base em notícia apócrifa.*
> Moro — 18:09:38 — *Estranho, pois ele é quem teria alertado as pessoas que me comunicaram. Melhor formalizar então.*[11]

Outros diálogos, que vieram a público depois, demonstravam a articulação entre juiz e acusadores sobre as investigações contra o ex-presidente Lula. Em uma conversa entre Moro e Deltan em 23 de fevereiro de 2016, o magistrado aborda a confecção da primeira denúncia da Lava-Jato contra o petista e quer saber se os procuradores já possuem provas robustas para acusar o ex-presidente —acusação que ele próprio seria o responsável por julgar.

> Moro — 13:47:20 — *Vcs entendem que já tem uma denúncia sólida o suficiente?*[12]

A essa pergunta, Deltan respondeu positivamente e detalhou a estratégia da força-tarefa para o caso. Em outro diálogo, em 26 de fevereiro de 2016, Moro admite a Deltan estar incomodado com notas divulgadas pelo PT por ocasião do aniversário de 36 anos do partido, nas quais a legenda sai em defesa do ex-presidente Lula e retrata o trabalho da Lava-Jato como um ataque à democracia.[13] O juiz consulta o procurador sobre a conveniência de rebaterem publicamente essas notas, demonstrando uma atuação em conjunto.

> *Moro — 11:21:24 — O que acha dessas notas malucas do diretório nacional do* PT? *Deveríamos rebater oficialmente? Ou pela Ajufe*[14]?
> *Deltan — 12:30:44 — Na minha opinião e de nossa assessoria de comunicação, não, porque não tem repercutido e daremos mais visibilidade ao que não tem credibilidade.*
> *Deltan — 12:31:16 — Contudo, vale contestar* IMPLICITAMENTE *e sem referência direta em manifestações públicas (e em seu caso, decisões).*[15]

Em outra conversa, de 11 de maio de 2017, Deltan explica a Moro sobre as estratégias de comunicação a serem adotadas pela força-tarefa, enquanto o juiz antecipa para o procurador qual seria o teor de uma decisão judicial sua.

> *Deltan — 22:14:23 — Caro, foram pedidas oitivas na fase do 402, mas fique à vontade, desnecessário dizer, para indeferir. De nossa parte, foi um pedido mais por estratégia. Não são imprescindíveis.*
> *Deltan — 22:16:26 — Informo ainda que avaliamos desde ontem, ao longo de todo o dia, e entendemos, de modo unânime e com a Ascom,*[16] *que a imprensa estava cobrindo bem contradições e que nos manifestarmos sobre elas poderia ser pior. Passamos algumas relevantes para jornalistas. Decidimos fazer nota só sobre informação falsa, informando que nos manifestaremos sobre outras contradições nas alegações finais.*
> *Moro — 23:07:15 — Blz, tranquilo, ainda estou preparando a decisão, mas a tendência é indeferir mesmo.*[17]

O volume de material era tão grande que gerou mais de trinta reportagens publicadas pelo *Intercept* durante pelo menos dois anos. O site usou uma estratégia adotada pela Lava-Jato: publicar o material a conta-gotas, de forma a manter os acusados sempre nas cordas — quando se defendiam de um ataque, outro viria em seguida. Isso era semelhante à enxurrada de informações geradas pelas investigações da Lava-Jato, que eram tornadas públicas e divulgadas pela imprensa diariamente. Outros veículos de comunicação também foram convidados para analisar o material da Vaza-Jato e publicar matérias com base nele, o que ajudou o assunto a ganhar repercussão nos veículos mais tradicionais, como no jornal *Folha de S.Paulo* e na revista *Veja*.

Após a Polícia Federal ter sido acionada para buscar os responsáveis pelo ataque hacker, uma célere investigação rastreou os telefonemas e tentativas de invasão de celulares de autoridades e rapidamente chegou ao principal suspeito: Walter Delgatti Neto. Walter tinha trinta anos, morava em Araraquara, no interior de São Paulo, e já havia respondido a processos por estelionato, furto, apropriação indébita e tráfico de drogas.[18] Era um clássico estelionatário na avaliação dos investigadores do caso. Apesar de existirem teorias de que deveria haver algum grande empresário ou político por trás do ataque hacker à Lava-Jato, todas as provas da investigação indicavam o contrário: tratava-se simplesmente de um grupo que aplicava golpes bancários e, ao descobrir uma forma simples de invadir o Telegram das autoridades, tentou dar o golpe com o objetivo de ganhar mais dinheiro.[19] O grupo, entretanto, acabou entregando o material ao jornalista Glenn Greenwald, do site *The Intercept*, sem receber pagamento por isso.

A investigação chegou a outros personagens envolvidos nos ataques e no vazamento das conversas, mas Delgatti se tornou o porta-voz do grupo. Preso no dia 24 de julho de 2019 na Operação Spoofing, ele foi levado para o Complexo Penitenciário da Papuda, no Distrito Federal. Somente em 29 de setembro do ano seguinte, a 10ª Vara da Justiça Federal do DF autorizou a soltura do hacker, com o uso de tornozeleira eletrônica e a proibição de acessar a internet.[20] Ironicamente, a prisão de Delgatti e da quadrilha, realizada dentro de uma investigação da Polícia Federal aberta a pedido do ministro da Justiça Sergio Moro, acabou resultando na apreensão dos diálogos roubados e gerou uma prova que seria posteriormente usada para questionar a imparcialidade de Moro como juiz nos processos da Lava-Jato. A PF apreendeu, com os hackers, todo o material extraído do celular do procurador Deltan Dallagnol. Embora fosse uma prova obtida a partir de um crime, o que impedia que fosse usada como elemento de acusação, a legislação possibilita que esse tipo de material seja utilizado para comprovar a inocência de um acusado. Isso permitiu uma reviravolta nos processos do ex-presidente Lula, que era um dos principais temas dos diálogos entre os procuradores.

Em janeiro de 2021, o ministro Ricardo Lewandowski, do Supremo Tribunal Federal, autorizou a defesa do ex-presidente a ter acesso à íntegra do material. Naquele momento, foi inaugurada uma espécie de segunda fase da Vaza-Jato: peritos contratados pela defesa analisavam os diálogos e, semanalmente, enviavam um resumo do que encontraram ao STF. O objetivo era reforçar a tese sobre a atuação parcial de Moro e da força-tarefa nas investigações contra o petista.

Uma dessas conversas, por exemplo, simbolizava bem a tese da defesa, como também buscava mostrar a relação de ódio que membros da operação tinham em relação a Lula. Em uma mensagem enviada a Deltan em 5 de março de 2016, um dia após a condução coercitiva deflagrada contra Lula, a procuradora Anna Carolina Resende, integrante da equipe de Rodrigo Janot na Procuradoria-Geral da República, relata ao coordenador da força-tarefa de Curitiba os pontos que os investigadores da PGR consideram prioritários para o avanço da Lava-Jato em direção à classe política e diz: "Precisamos atingir Lula na cabeça".

> *Carol PGR — 08:46:36 — Pessoal, fiquei pensando que precisamos definir melhor o escopo pra nós dos acordos que estão em negociação. Depois de ontem, precisamos atingir Lula na cabeça (prioridade número 1), pra nós da PGR, acho q o segundo alvo mais relevante seria Renan. Sei que vcs pediram a ODE [Odebrecht] que o primeiro anexo fosse sobre embaraço das investigações. Achei excelente a ideia, mas agora tenho minhas dúvidas se o tema é prioritário e se é oportuno nesse momento. Não temos como brigar com todos ao mesmo tempo. Se tentarmos atingir ministros do STF, por exemplo, eles se juntarão contra a LJ,[21] não tenho dúvidas. Tá de bom tamanho, na minha visão, atingirmos nesse momento o min. mais novo do STJ. Acho que abrirmos mais uma frente contra o Judiciário pode ser over. Por outro lado, aqueles outros (Lula e Renan) temas pra nós hj são essenciais pra vencermos as batalhas já abertas.[22]*

A conversa mostrava que o senador Renan Calheiros (MDB-AL), à época presidente do Senado, também aparece como alvo prioritário da PGR. Naquela época, ele chegou a ser objeto de pelo menos nove inquéritos abertos no Supremo[23] a pedido da equipe de Janot, mas as apurações não conseguiam achar provas concretas contra o emedebista. Ao fim, acabaram sendo arquivadas.

Para a defesa do ex-presidente, as mensagens mostravam que a Lava-Jato havia criado um "plano Lula", como os próprios procuradores citam, que consistia em desgastar sua imagem e impedir sua candidatura presidencial em 2018. Escreveu o advogado Cristiano Zanin ao STF após analisar os diálogos:

> *O objetivo, admitido expressamente nas mensagens, era o de desgastar a imagem do Reclamante [Lula] para que ele fosse levado à prisão sem qualquer prova de culpa e ignorando as provas de sua inocência, e ainda para retirá-lo das eleições presidenciais de 2018 — como efetivamente veio a ocorrer.*[24]

Em outra conversa entre membros da força-tarefa, a procuradora Laura Tessler sugere a apresentação de uma terceira denúncia com base na delação do ex-ministro Antonio Palocci. A investigadora afirma que não vê provas que sustentem as acusações feitas pelo ex-ministro, mas diz que "vai ser divertido detonar" a imagem de Lula:

> *Laura Tessler — 21:22:08 — Sim... não tem corroboração nenhuma. Mas vai ser divertido detonar um pouquinho mais a imagem do 9.*

Nove, ou *Nine*, era um apelido pejorativo usado pelos investigadores de Curitiba para se referir ao ex-presidente nas conversas via chat, em uma referência ao fato de ele ter apenas nove dedos, já que ele perdeu o dedo mindinho da mão esquerda em um acidente de trabalho quando era metalúrgico.[25]

Antonio Carlos Welter, outro procurador que integrou a força-tarefa paranaense, afirmou no chat com os colegas, em abril de 2017, que, antes de Lula ser preso, o petista precisava "ser desmascarado".

Welter — 20:41:12 — Ele [Lula] tem que deixar de ser a esperança de alguns.
Welter — 20:41:41 — Vai ter que ter a moral consumida aos poucos.
Welter — 20:42:32 — Vai ter que sair a ação do sítio e depois da conta do amigo.[26]

Logo que a Vaza-Jato veio a público, a estratégia de defesa adotada por Moro e pelos procuradores da força-tarefa foi colocar em dúvida a autenticidade daqueles diálogos. Diziam que não era possível ter certeza se os hackers haviam ou não editado o material, tampouco era fácil lembrar de conversas mantidas havia mais de três anos. Ao longo da publicação de todas as reportagens, eles buscaram rebater as críticas e ressaltar que não havia nada de ilegal no trabalho da operação. Mas, a pessoas próximas, tanto os procuradores como Moro admitiam que o teor dos diálogos era verdadeiro, apesar de não terem a lembrança dos detalhes específicos.[27] Em uma espécie de desabafo, Orlando Martello, um dos mais antigos integrantes da força-tarefa, chegou a escrever uma mensagem para a rede interna de procuradores do Ministério Público Federal dizendo que as conversas eram informais, semelhantes a um "ambiente de botequim", e que todas as decisões da Lava-Jato foram tomadas de forma racional, sem nenhum motivo ideológico ou passional. Segundo ele, as decisões importantes da força-tarefa eram feitas em reuniões presenciais com todos em pé, para funcionarem de forma objetiva, enquanto o grupo no Telegram funcionava como um ambiente de descontração. Sem entrar no mérito se as conversas eram autênticas ou não, Orlando escreveu:

> *Para que fossem produtivas e objetivas, adotamos o método de fazê-las em pé, ao redor da mesa de reuniões, sempre no início da tarde, antes das audiências. Aqui estava a institucionalidade das reflexões e decisões. Quanto ao grupo de Telegram, creio que todos têm noção do que ocorre. Era uma área livre, uma área de descarrego, em que expressávamos emoção, indignação, protesto, brincadeiras..., muitas infantis, sim. Sem dúvida, podemos ter extrapolado muitas vezes. Eram (ou são) os nossos nudes, uma área em que os pensamentos são*

> *externados livremente e sem censura entre amigos, alguns de mais de décadas. Expostos a terceiros, causa vergonha!*[28]

Fato é que, para além do impacto à imagem da Lava-Jato, as revelações mudaram o clima político para Sergio Moro em Brasília. Aquele que havia começado o governo Bolsonaro como um superministro, que usava a maré favorável da opinião pública para defender suas posições e emparedar a classe política, agora estava na berlinda. O ministro ficou extremamente abalado com o assunto.[29] Nos dias seguintes à divulgação da primeira reportagem, Moro mostrava um semblante muito abatido, com olhar distante e dificuldade de prestar atenção em qualquer tema. Assessores próximos ficaram preocupados com seu estado de exaustão. Sua chefe de gabinete, Flávia Bianco, queixou-se da ausência da esposa de Moro em Brasília naquele momento de crise.

"Como é que a Rosangela não tá aqui pra acompanhar ele nessa situação? Ela tinha que largar tudo e vir pra cá. Ele está arrasado", disse Flávia a pessoas próximas.[30]

A oposição ao governo no Congresso logo começou a articular uma convocação para que o ministro apresentasse explicações sobre as mensagens. Era uma ação com o objetivo de ampliar o desgaste político do ministro, mas o próprio Moro se adiantou e enviou um ofício ao Senado se colocando à disposição para participar de uma audiência a respeito do assunto.[31] Diante da pressão, o Palácio do Planalto e Jair Bolsonaro se mobilizaram em defesa do ministro. Naquela semana, o presidente telefonou para o deputado federal e pastor evangélico Marco Feliciano, com quem tem relação próxima, e pediu que o parlamentar fizesse algum gesto em defesa de Moro. Feliciano solicitou ao Ministério da Justiça uma reunião e, na quarta-feira, dia 12 de junho, levou cerca de trinta deputados da Frente Parlamentar Evangélica para se reunirem com o ministro e manifestar apoio a ele. Posaram para fotos, que foram divulgadas pelas redes sociais, e ainda reservaram um tempo no final da agenda para uma oração. Depois do evento, Feliciano deu declarações à imprensa, nas quais afirmou:

"Moro disse que está tranquilo, que quem não deve não teme e que não houve conluio algum."[32]

No mesmo dia, o próprio Bolsonaro convidou Moro para participar ao seu lado de um evento público: um jogo de futebol no Estádio Mané Garrincha, em Brasília, que ocorreria naquela noite. O ministro ficou surpreso com as demonstrações de apoio e a tentativa de aproximação do Palácio do Planalto. Perguntou aos assessores próximos o que achavam do convite e se deveria comparecer. Recebeu, entretanto, uma resposta realista de um assessor com mais experiência no funcionamento da política em Brasília:

"Ministro, ele está demonstrando apoio ao senhor, isso é importante. Mas, por trás disso, a gente sabe que o Bolsonaro ficou muito feliz porque o senhor entrou na berlinda e vai querer se aproveitar disso."[33]

Ciente da estratégia do presidente, Moro resolveu comparecer com seu chefe ao jogo entre o Flamengo e o CSA, válido pelo Campeonato Brasileiro. O ministro não escondia seu desconforto. Enquanto Bolsonaro usava uma camisa de gola polo e cor vinho, Moro estava de terno e gravata. Em meio ao clima de euforia comum a um estádio de futebol, um torcedor arremessou uma camiseta do Flamengo para o presidente, que a vestiu por cima da que usava. Moro sorriu sem graça e aplaudiu. Empolgado, Bolsonaro pediu aos torcedores uma outra camisa, dessa vez para Moro. Um deles retirou a própria vestimenta e a arremessou. Com um sorriso constrangido, Moro tirou o terno com a ajuda de um assessor e vestiu a camisa do Flamengo por cima da camisa social com gravata. Terminou ovacionado pelos torcedores.[34]

Essa cena se tornou simbólica para Bolsonaro. Quando começou a ter desentendimentos com Moro nos meses seguintes e se queixar que o ministro não se engajava na defesa do governo, Bolsonaro costumava lembrar que, no momento mais difícil para o ministro, deu demonstrações públicas de apoio e o levou para assistir a um jogo do Flamengo. Para Bolsonaro, aquele gesto nunca foi retribuído. Por isso, posteriormente, ele começou a chamar Moro de "traidor".[35] Ao amigo e ex-deputado Alberto Fraga, Bolsonaro costumava citar o episódio nos seguintes termos:

"Quando ele tava na merda, fodido, eu fui lá e o levei no jogo do Flamengo. Depois ele não mostrou nenhum tipo de gratidão."[36]

Mas, até aquele momento, a relação entre os dois ainda era respeitosa e não haviam se iniciado os atritos que resultaram no rompimento total um ano depois. Muito reservado e de poucos amigos, Moro nunca chegou a desenvolver uma aproximação pessoal com Bolsonaro. Tratava-o com as deferências do cargo, mas sem espaço para amizade. Assessores que já participaram de reuniões no Planalto entre Moro e Bolsonaro contam que o ministro sempre se sentia desconfortável nos encontros. O roteiro era sempre o mesmo: ia direto ao tema da reunião, apresentava informações de maneira objetiva e encerrava sua fala. Depois, Bolsonaro fazia piadas e destilava suas teorias de conspiração. Na sala, Moro permanecia com um olhar distante, como se não estivesse ouvindo nada. Assessores brincavam que ele entrava no "modo avião", como um celular inativo, completamente fora do ar.[37]

Em uma ocasião, após cerca de seis meses do início de sua gestão, um funcionário comissionado do Ministério da Justiça pediu uma reunião com o ministro e avisou que desejava pedir demissão. Não apresentou o motivo, apenas disse que gostaria de sair e pediu para o ministro encaminhar seu pedido de exoneração. Moro, sem entender se algum problema havia ocorrido, chamou sua chefe de gabinete. Na conversa, ele mesmo admitiu seu desconforto em trabalhar na gestão de Bolsonaro.

"Por que esse pedido de demissão, Flávia? Não entendi...", comentou. Após refletir mais um pouco, o ministro concluiu seu raciocínio: "Na verdade, eu entendo sim. Esse governo é muito difícil de trabalhar mesmo", disse Moro a Flávia Bianco, que dividia a mesma opinião com o chefe.[38]

Durante o desgaste da Vaza-Jato, o secretário de Comunicação Fábio Wajngarten chegou a indicar ao ministro a contratação de um "gestor de crise", profissional de comunicação para auxiliar especificamente nas estratégias relacionadas ao caso. Moro até se reuniu com o consultor indicado, mas as tratativas não foram adiante. A equipe do Ministério da Justiça não considerou confiável repassar a responsabilidade da comunicação de um caso tão sensível para alguém alinhado ao Palácio do Planalto, que tinha interesse em desgastar o ministro.[39]

No dia 19 de junho, Moro chegou cedo à Comissão de Constituição e Justiça (CCJ) do Senado para apresentar suas explicações. Foi sabatinado por mais de oito horas por quarenta parlamentares — doze fizeram críticas contundentes enquanto vinte e oito manifestaram apoio.[40] O ministro colocou em dúvida a autenticidade das mensagens, mas enfatizou que, ainda que fossem verdadeiras, não considerava ter havido nenhuma irregularidade nos seus diálogos com os procuradores da Lava-Jato:

"Eu não tenho nenhum apego pelo cargo em si. Apresente tudo. Vamos submeter isso, então, ao escrutínio público. E, se houver ali irregularidade da minha parte, eu saio, mas não houve. Por quê? Porque eu sempre agi com base na lei e de maneira imparcial. Eu falei isso publicamente: pode divulgar tudo. Se for divulgar tudo sem adulteração, sem sensacionalismo."[41]

Um dos mais duros inquisidores foi o senador Fabiano Contarato (Rede-ES). Delegado aposentado da Polícia Civil, Contarato perguntou a Moro se "os fins justificam os meios" na sua atuação na Lava-Jato.

"Se eu, como delegado, fizesse contato com as partes de um inquérito, e isso chegasse ao Ministério Público, ou ao Judiciário, acho que sairia preso da delegacia. Não podemos rasgar princípios que fortalecem a democracia", disse o senador.[42]

Moro, ainda assim, minimizou a situação.

"O senhor, que é da prática jurídica, que já atuou nessa área, sabe que são normais conversas entre juízes, normais conversas entre procuradores, normais conversas entre policiais e entre advogados. A questão do aplicativo, foi apenas ali uma troca de mensagens mais rápidas, se é que essas mensagens são de todo autênticas."[43]

Após o embate com Moro, os ataques homofóbicos ao senador, que é assumidamente homossexual, aumentaram. Contarato também recebeu áudios por WhatsApp com ameaças de morte.

"Em 27 anos como delegado de polícia, nunca fui ameaçado de morte e isso aconteceu naquela ocasião. Foi aterrorizante. Fiquei muito assustado", disse Contarato em entrevista aos autores.

Posteriormente, o parlamentar soube que o autor das ameaças era um auditor de tributos municipais da cidade de Serra, no Espírito Santo, que nunca teve qualquer ligação com o ex-juiz da Lava-Jato.

O desgaste público que a revelação das mensagens causou a Moro deu fôlego para que o grupo de trabalho do Pacote Anticrime lhe impusesse sucessivas derrotas. Ele não era mais o todo-poderoso ministro da Justiça. Agora, na ótica dos parlamentares, Moro era um ministro acuado, que atuava na defensiva para rebater as acusações que vinham a público semanalmente com base nas mensagens obtidas pelo ataque hacker. Após as dez audiências públicas que debateram os temas tratados no pacote, o deputado Capitão Augusto apresentou seu relatório no dia 3 de julho, mesclando as propostas de Sergio Moro e de Alexandre de Moraes, com poucas alterações. A partir daí, o grupo de trabalho iria começar a debater os pontos do seu relatório para decidir qual seria o texto final a ser encaminhado para votação no plenário da Câmara dos Deputados. Nesse momento foi que começaram a ser articuladas as derrotas ao ministro da Justiça.

Já na semana seguinte, no dia 9 de julho, o grupo debateu a execução da pena de prisão após condenação em segunda instância. Por sete votos a seis, decidiram retirar esse ponto do Pacote Anticrime.[44] O entendimento da maioria seguia o posicionamento já externado antes por Rodrigo Maia: o assunto só poderia ser tratado via Proposta de Emenda à Constituição (PEC), cuja tramitação é mais demorada e a exigência de votos para a aprovação é muito maior. Ficaria, então, para ser discutido em um outro momento. Até então, o entendimento mais recente do Supremo Tribunal Federal era favorável à execução da pena após prisão em segunda instância. Os ministros, entretanto, chegaram a esse entendimento após realizarem uma interpretação da Constituição, mas o texto constitucional não deixava clara essa possibilidade — tanto que, em novembro de 2019, o STF voltou atrás e decidiu contra a prisão após condenação em segunda instância.[45] Justamente por essa insegurança jurídica, Moro queria implantar uma alteração legislativa que assegurasse esse entendimento, mas foi derrotado.

Outros pontos defendidos pelo ministro foram sendo derrubados um a um. No dia 6 de agosto, foi retirada a proposta do *plea bargain*,[46] uma espécie de acordo em que o acusado confessa o crime e obtém redução de pena, nos moldes do que era aplicado nos Estados Unidos. Mas a comissão aprovou em seguida a regulamentação do "acordo de não persecução penal", que funcionava de maneira semelhante, mas poderia ser aplicado apenas para crimes com pena mínima inferior a quatro anos. Em 25 de setembro, o grupo rejeitou a ampliação do conceito de "excludente de ilicitude".[47] Em 1º de outubro, foi retirado do pacote o cumprimento inicial de pena em regime fechado para condenados por corrupção.[48] À medida que essas derrotas iam ocorrendo, o relator Capitão Augusto buscava consolar o ministro e lhe explicava que os pontos retirados do projeto poderiam ser depois reapresentados.

"Cada derrota é uma decepção, mas eu explicava a ele: 'Ministro, política é um jogo de xadrez, você avança casas. Nós estamos avançando muitas casas aqui. Perdemos isso, mas aprovamos isso, isso e isso'."[49]

Mas a principal derrota para o ministro não foi a retirada de pontos que ele defendia. Ocorreu, na verdade, por meio da criação da figura do "juiz das garantias", que era uma consequência direta da revelação das mensagens entre Moro e Deltan. Os parlamentares do grupo de trabalho articularam uma inovação na legislação penal com o objetivo de impedir que magistrados pudessem atuar como Moro na Lava-Jato: acompanhar de perto a investigação, autorizar as medidas cautelares para aprofundar o inquérito, ter uma relação próxima com os responsáveis pela acusação e, posteriormente, ser o mesmo juiz que julga e condena os alvos das investigações. O juiz das garantias criava uma separação entre o magistrado que acompanha a fase de investigação e, posteriormente, o juiz que julga as ações penais. Era uma mudança radical em defesa dos direitos e garantias individuais dos réus.

O assunto entrou na pauta do grupo no dia 19 de setembro. Como foi autora da proposta, a deputada Margarete Coelho não quis interferir no procedimento e deixou que a sessão fosse conduzida pelo vice-presidente, o deputado Lafayette de Andrada. Inicialmente, o objetivo da sessão era debater um ponto da proposta de Moro sobre a autorização para interceptação de conversas via aplicativos como WhatsApp. Entretanto, o deputado Marcelo Freixo insistiu para que o juiz das garantias fosse debatido. Vestido com um terno azul-claro e mostrando claramente em seu semblante o incômodo de estar naquela posição de defender isoladamente o ministro Sergio Moro, o deputado Capitão Augusto tentou impedir e disse que só havia recebido a proposta naquele dia, sem tempo para analisá-la. O deputado Orlando Silva rebateu e disse que o texto do juiz das garantias tinha sido mandado ao grupo de WhatsApp da comissão no dia 11 de setembro às 11h47. "Dia fatídico", complementou ele, fazendo referência à coincidência com a data do ataque terrorista ao World Trade Center, nos Estados Unidos.[50]

"Encaminharam, mas só o documento. Deveriam ter encaminhado para a assessoria também. Apesar de que eu sou contrário à inclusão. Isso aqui para mim é jabuti,[51] não tem nada a ver com o pacote. Até não me atenho muito a isso, porque eu sou radicalmente contrário ao juiz das garantias estar incluso aqui", afirmou Capitão Augusto.[52]

O deputado Paulo Teixeira reforçou o coro para votar o assunto. "Deputado Lafayette, juiz das garantias tem pertinência com o tema. Chamar esse debate de jabuti é não querer enfrentá-lo como ele precisa ser enfrentado. Nesta semana, o jornal *Folha de S.Paulo* mostrou que os juízes que se envolvem com a investigação perdem normalmente a imparcialidade. Portanto, nós estamos aqui buscando dotar a Justiça brasileira de instrumentos processuais de grande eficácia para julgar corretamente os crimes que são cometidos no Brasil. Aqui, introduzimos matérias que não estavam inicialmente no escopo daquele projeto.[53]

Primeiro, os parlamentares votaram se o tema do juiz das garantias seria discutido, o que foi aprovado com facilidade. Em seguida, tiveram início os discursos favoráveis à aprovação da proposta e elogios à articulação feita pela deputada Margarete Coelho para levar adiante o tema. Deputados da base aliada bolsonarista verbalizaram discordância, mas acabaram deixando a sessão antes da votação ser realizada, por saberem que estavam em minoria.

Coube ao deputado Fábio Trad expressar o sentimento dos parlamentares ao confrontar as posições do ministro Sergio Moro, que tinha força perante a opinião pública.

"Os colegas aqui também compartilham comigo de um sentimento, às vezes, eu não diria de constrangimento, mas de desconforto quando nós discordamos de algumas opiniões do ministro Moro. Não é fácil discordar do ministro Moro. Isso é para poucos, porque o ministro Moro é uma usina de emoções, é uma usina emocional. Ele encarna hoje valores que também nós queremos consolidar e fortalecer, mas existem situações em que, permito-me dizer, o ministro Moro tecnicamente não está com a melhor razão jurídica. Então, nós ficamos no seguinte dilema: temos a liberdade de discordar dele? Podemos fazê-lo? Caso contrário, nós vamos aqui, enquanto Parlamento, ficar sempre com aquele tição, quer dizer, com aquela ameaça: 'Faça como o ministro Moro, porque, do contrário, a opinião pública vai açoitá-lo', e a independência do Parlamento fica comprometida. Nós estamos aqui trabalhando tecnicamente, comprometidos com a melhor ciência do direito penal, do direito processual penal e de execução penal. Há momentos aqui em que vejo colegas deputados discordando do ministro Moro e quase que pedindo desculpas. Eu fico imaginando: onde está a nossa independência? Nós temos que ter essa liberdade, caso contrário não há mais Parlamento, não há mais Legislativo, não há mais espaço para legislar. E digo: o projeto do ministro Moro está sendo melhorado, está sendo aperfeiçoado, está sendo constitucionalizado. Ele é o primeiro que deveria se orgulhar do nosso trabalho. Caso nós não fizéssemos a cirurgia jurídica agora, o Supremo o faria. O Supremo o faria. O Supremo jugularia todas as exorbitâncias, todas as excrescências que estavam no projeto original. E nós estamos tendo a coragem de fazê-lo. Então, ao promover esse desagravo, eu destaco o seu espírito público, senhora presidente, Vossa Excelência nos orgulha ao presidir este grupo de trabalho", discursou.[54]

A ata da sessão registrou da seguinte forma o resultado final, com os votos favoráveis e a ausência da base bolsonarista:

> APROVADOS, *com voto contrário do Relator, Deputado Capitão Augusto, os dispositivos anunciados, relativos ao tema Juiz das Garantias. Registrados os votos a favor dos Deputados Orlando Silva, Marcelo Freixo, Gilberto Abramo, Fábio Trad, Paulo Teixeira, Paulo Abi-Ackel, Margarete Coelho, Subtenente Gonzaga e Lafayette de Andrada. Estiveram ausentes na votação os(as) deputados(as) Adriana Ventura, Carla Zambelli, Coronel Chrisóstomo, João Campos e Hildo Rocha.*[55]

Sergio Moro compareceu à Câmara dois meses depois para discutir com o grupo as mudanças aprovadas no texto final do Pacote Anticrime. O presidente Rodrigo Maia convidou o ministro para conhecer o texto final e conversar a respeito das alterações. A reunião ocorreu a portas fechadas, em uma sala da Presidência da Câmara, e sob clima tenso, já que Moro não estava nada contente com as mudanças. Em um dos momentos mais acirrados, Moro criticou um trecho da proposta que havia aumentado a pena de crimes contra a honra praticados por meio da internet. Rodrigo Maia interviu imediatamente.

"Isso é porque o senhor não está sentindo na pele o que a gente sente. Os ataques com robôs, as *fake news*."[56]

A principal reclamação de Moro foi o "juiz das garantias". O ministro argumentou que a Justiça não tinha estrutura para implementar a proposta, que exigiria dobrar o efetivo de magistrados. Os parlamentares, entretanto, defendiam que poderiam ser adotadas alternativas e redirecionar o quadro já existente.

"Esse também foi um momento muito tenso, porque o ministro reclamou de alguns pontos. O juiz das garantias era o principal foco dele, que até hoje eu realmente não consigo entender por quê", afirmou a deputada Margarete Coelho.[57]

Após a reunião, Moro concedeu uma entrevista à imprensa no Salão Verde da Câmara e afirmou ter defendido reinserir alguns pontos do seu projeto original, como impedir a progressão de regime a pessoas vinculadas a facções criminosas ou manter a figura do agente infiltrado, ambas retiradas do texto final.

"Vim aqui à Câmara dos Deputados a convite do deputado, presidente Rodrigo Maia, pra falar sobre o projeto anticrime. Bem, como todos sabem, o projeto anticrime foi tratado no âmbito de um comitê. Foi feita uma fusão dele com um projeto anteriormente realizado por uma comissão de juristas presidida pelo ministro Alexandre de Moraes. Cabe aqui elogiar o trabalho feito pelo comitê, o esforço para compatibilizar os dois projetos. Nós discutimos sobre o projeto e existem alguns pontos que eu defendo a possibilidade de serem reinseridos, são pontos importantes dentro do projeto anticrime, então nós vamos continuar essas conversações nos próximos dias pra ver se conseguimos reinserir alguns pontos que eu reputo extremamente relevantes. Isso, no entanto, não retira o mérito dos trabalhos que foram feitos pelo comitê e nós vamos tentar avançar aí nesses debates e na aprovação do projeto anticrime e desse projeto também do ministro Alexandre de Moraes."[58]

Diante da retirada de itens que considerava importantes, Moro mobilizou toda sua equipe para trabalhar na articulação política e tentar ainda obter algumas vitórias na votação que ocorreria no plenário. O próprio ministro foi a campo pessoalmente e fez sucessivas reuniões com parlamentares nos dias seguintes para tentar angariar apoio.[59] Seu trabalho foi feito de forma totalmente isolada, sem a participação do Palácio do Planalto.

Maia marcou a votação no plenário para o dia 4 de dezembro. O deputado Capitão Augusto foi o nome escalado pelo ministro para defender o projeto até o fim naquela votação. Moro manteve contato telefônico com o deputado durante todo aquele dia.[60] Ao fim, o ministro teve que ceder e concordou com o texto levado para votação, mas estava irredutível sobre apenas um ponto: queria derrubar o juiz das garantias de qualquer jeito. Sobre este tema, foi feita uma votação em separado, o que é chamado, dentro do vocabulário da Câmara, "destaque". Por 256 votos a 147, a Câmara decidiu manter o juiz das garantias no projeto, marcando a mais simbólica derrota política de Sergio Moro em sua recém-iniciada carreira longe da toga.[61]

"O único ponto que nós não concordamos em hipótese alguma era o juiz das garantias. Eles aceitaram colocar isso aí numa votação destacada. Nós votamos o pacote na íntegra, de comum acordo, e destacamos o juiz das garantias, que eu achei que fôssemos ganhar e acabamos perdendo", relata o deputado Capitão Augusto.[62]

Poucos dias após a votação do Pacote Anticrime na Câmara, Sergio Moro, que havia passado o final de semana com a família em Curitiba, embarcava numa noite de domingo no Aeroporto Internacional Afonso Pena, em um voo comercial, para retornar a Brasília. Encontrou no avião um velho conhecido, o senador Álvaro Dias, que também costumava viajar aos domingos para passar sua semana de trabalho na capital federal. O Pacote Anticrime teria que ser votado em breve no plenário do Senado, para só então ser transformado em lei. O assunto preocupava senadores mais alinhados ao combate à corrupção. Álvaro Dias, então, abordou Moro no aeroporto e lhe explicou que, caso o Senado realizasse alterações no projeto aprovado na Câmara dos Deputados, então seria necessário submetê-lo a uma nova votação na Câmara. Caso isso ocorresse, dificilmente o pacote se tornaria uma lei antes do final do ano, como desejava a equipe de Moro, para ter um resultado concreto a ser apresentado à sociedade ao final do primeiro ano do governo. A única possibilidade de isso acontecer era se o Senado aprovasse o mesmo texto que veio da Câmara, que incluía a figura do juiz das garantias.

"Ministro, você acha que podemos aprovar o projeto do jeito que veio? Se não, vai ter que voltar para a Câmara e a gente não sabe quando vai ser aprovado lá de novo", perguntou Álvaro Dias.[63]

Moro avisou ao senador que contava com uma carta na manga: esperava que o presidente Jair Bolsonaro vetasse o trecho da lei sobre o juiz das garantias, o que derrubaria a alteração feita na Câmara. Com isso, não haveria problemas caso o Senado aprovasse o projeto sem alterações. O veto presidencial resolveria a questão.

"Podem aprovar. Eu vou apresentar ao presidente uma série de vetos, o principal é o juiz das garantias", respondeu Moro, confiante no compromisso do seu chefe com o endurecimento da legislação penal.[64]

Álvaro Dias transmitiu a informação aos seus aliados no Senado, que concordaram em dar o aval ao projeto. No dia 11 de dezembro, o Senado aprovou o texto que chegou da Câmara dos Deputados.[65] O Ministério da Justiça, então, enviou um ofício à Presidência da República recomendando vetos de diversos trechos do projeto, dentre eles a criação do juiz das garantias. Mas nada transcorreu como Moro esperava. No dia 24 de dezembro, véspera do Natal, o presidente sancionou o projeto e manteve a figura do juiz das garantias, pegando de surpresa tanto os parlamentares da comissão como o próprio Sergio Moro.[66] Diante daquele golpe desferido pelo seu próprio chefe, o ministro pensou seriamente em pedir demissão, o que confidenciou a pessoas próximas, demonstrando cansaço e abatimento após quase um ano no cargo. Voltou atrás, entretanto, por considerar que ainda tinha mais trabalho a fazer à frente da pasta.[67] No dia seguinte, o Ministério da Justiça partiu para o embate público e divulgou uma nota afirmando ter sido contra esse ponto do projeto. O próprio Ministério tornava pública a divergência entre Moro e Bolsonaro, cuja relação se deteriorava cada vez mais. A nota dizia:

> *O Presidente da República acolheu vários vetos sugeridos pelo Ministério da Justiça e Segurança Pública. O* MJSP *[Ministério da Justiça e Segurança Pública] se posicionou pelo veto ao juiz de garantias, principalmente, porque não foi esclarecido como o instituto vai funcionar nas comarcas com apenas um juiz (40 por cento do total); e também se valeria para processos pendentes e para os tribunais superiores, além de outros problemas (...) De todo modo, o texto final sancionado pelo presidente contém avanços para a legislação anticrime no país.*[68]

Nem os parlamentares oposicionistas imaginavam que Bolsonaro sancionaria o juiz das garantias. Por isso, eles comemoraram o gesto do presidente, mas o interpretaram como uma tentativa deliberada de desgastar Sergio Moro.[69]

Aquela decisão, porém, também tinha uma digital diretamente do Supremo Tribunal Federal: o presidente Dias Toffoli aproveitou sua boa relação com Bolsonaro e o convenceu sobre a importância do instrumento, garantindo que o Judiciário teria condições de implantá-lo.[70]

A bancada de Sergio Moro também se movimentou. O senador Álvaro Dias logo telefonou para o ministro e o consultou sobre a possibilidade de entrar na Justiça para tentar barrar o juiz das garantias:

"Ministro, caberia o partido ingressar no Supremo com uma ação direta de inconstitucionalidade?"[71]

Moro respondeu positivamente, mas manteve a discrição sobre o assunto. Bolsonaro nunca soube de sua participação naquela ação. Mas, naquele momento, o ministro autorizava um parlamentar a tomar uma medida concreta contra uma ação do seu chefe, o presidente da República. O Podemos ingressou com a ação no STF, assim como outros partidos e associações de magistrados também o fizeram. Era período de recesso e o plantonista, o presidente Dias Toffoli, proferiu uma decisão liminar, em janeiro, dando um prazo de 180 dias para que a administração do Poder Judiciário de todo o país implantasse o juiz das garantias.[72] Uma semana depois, o vice-presidente Luiz Fux assumiu o plantão e tomou uma rara atitude dentro do STF: revogou a liminar do seu colega Toffoli.[73] Com isso, Fux suspendeu a eficácia do juiz das garantias por prazo indefinido e deixou o processo guardado em seu gabinete, sem previsão de levar o assunto para discussão do Supremo. Em uma canetada durante o recesso, Fux inviabilizou o novo instrumento legal aprovado pelo Congresso Nacional e deu a Moro ao menos uma vitória temporária.

A decisão liminar provocou irritação nos demais ministros do STF e fez os opositores de Moro se lembrarem de um diálogo revelado na Vaza-Jato em junho do ano anterior. Nele, o procurador Deltan Dallagnol relatava ter conversado com Fux e dizia ter recebido do ministro uma sinalização de apoio à Lava-Jato. Moro respondeu: "Excelente. *In Fux we trust*" [Em Fux nós confiamos].[74]

7.

Coveiro da Lava-Jato

O procurador Deltan Dallagnol, coordenador da força-tarefa da Lava-Jato de Curitiba, desembarcou de um voo rumo a Brasília na manhã do dia 3 de dezembro de 2019. Em um prenúncio da tempestade que atingiria a operação, ele foi recebido na capital do país com fortes chuvas, nuvens pesadas e ventos que chegaram a até sessenta quilômetros por hora naquele dia.[1] Deltan viajou acompanhado de dois dos mais experientes integrantes do grupo, os procuradores regionais Antônio Carlos Welter e Orlando Martello, para uma das suas missões mais difíceis ao longo dos cinco anos de investigação. Dessa vez, não envolvia a análise de uma infinidade de provas nem a busca de transações financeiras em paraísos fiscais. O principal problema para a operação, naquele momento, vinha da cúpula do Ministério Público Federal. Deltan tinha uma reunião marcada com o recém-empossado procurador-geral da República, Augusto Aras, para tentar convencê-lo da importância do trabalho feito pela força-tarefa e da necessidade de continuar recebendo apoio da Procuradoria-Geral da República. Esse apoio se traduzia, basicamente, em recursos financeiros para manter a equipe de Curitiba dedicada à Lava-Jato, a maior já montada dentro do Ministério Público Federal e prorrogada cinco vezes pelos antecessores de Aras. Ao todo, entre procuradores, servidores, contratados e estagiários, eram 69 pessoas, que custavam aos cofres da instituição um valor mensal de R$ 112,2 mil, ou R$ 1,4 milhão por ano.[2]

O trunfo que levavam para justificar o gasto com a estrutura da força-tarefa era uma infinidade de gráficos e planilhas que mostravam os resultados da operação e os valores recuperados aos cofres públicos, bem superiores ao custo do trabalho. Todos eles, entretanto, estavam apreensivos com os sinais emitidos até então pelo novo procurador-geral. Ao ser sabatinado na Comissão de Constituição e Justiça (CCJ) do Senado no dia 25 de setembro, Aras fez diversas críticas à operação. Citou a existência de "excessos", expressou o desejo de realizar "correções" e ressaltou que o trabalho deveria ser pautado pela "impessoalidade". Ele chegou a ser questionado especificamente sobre Deltan e afirmou que o procurador deveria ter atuado "com menos holofote".

"Eu gostaria de dizer que, em relação ao colega Deltan, não há de se desconhecer o grande trabalho que ele fez em busca dos resultados que foram apresentados. Mas, talvez, se houvesse lá alguma cabeça branca que dissesse para ele e para os colegas jovens como ele que nós poderíamos ter feito tudo como ele fez, mas com menos holofote, com menos ribalta, posto de outra forma, nós poderíamos ter feito tudo do mesmo jeito."[3,4]

Naquele mesmo dia, o plenário do Senado aprovou sua indicação por 68 votos favoráveis e dez contrários, com apoio de parlamentares das principais legendas atingidas pela Lava-Jato, como PT, PP e MDB.[5] Nas semanas anteriores, Aras realizara um longo périplo aos gabinetes dos 81 senadores para se apresentar e convencê-los da sua nomeação. Com um discurso de que o Ministério Público Federal não deveria criminalizar a política nem se meter nas atribuições dos demais Poderes, conquistou o apoio de quase a totalidade da Casa Legislativa. Aras dizia que o MPF deveria auxiliar o governo federal e suas políticas públicas, sem criar problemas. Pregava o oposto da atuação da PGR nos anos anteriores, que, com a Lava-Jato, cresceu em importância e implantou medidas de combate à corrupção vistas no Executivo e no Legislativo como interferência na independência dos Poderes. Na sua atuação, a PGR chegou até mesmo a realizar a prisão de um senador em pleno exercício do seu mandato, o então líder do governo petista Delcídio do Amaral,[6] além de pedir o afastamento de parlamentares também em exercício de seus cargos[7] e tentar suspender ações do governo federal.[8] Aras prometia o contrário: um MPF pacífico, com "respeito à independência" entre os Três Poderes da República.

Foi com esse mesmo argumento que, nos meses anteriores, ele conquistou o presidente Jair Bolsonaro e se tornou o favorito na corrida ao cargo de procurador-geral da República. Ele, porém, não concorreu à eleição interna feita por outros procuradores para eleger uma lista de três nomes mais votados que são sugeridos ao presidente, a chamada "lista tríplice". Bolsonaro já tinha dado sinais, durante a campanha eleitoral de 2018, que não respeitaria essa lista. Por isso, Aras começou a se movimentar para se aproximar e angariar apoio para sua indicação. Ele não tinha respaldo dentro da instituição, mas, habilidoso politicamente, foi alçado ao cargo após conquistar apoio no governo federal e no Congresso Nacional.

Todos esses fatores justificavam a apreensão dos procuradores de Curitiba para a reunião. Até mesmo marcar a agenda havia sido difícil. Pouco após a posse de Aras, realizada no dia 26 de setembro, Deltan telefonou para o subprocurador-geral da República José Adônis Callou de Araújo Sá, escolhido para ser o coordenador das investigações da Lava-Jato dentro da PGR, e lhe pediu ajuda para conseguir uma reunião com Aras. Apenas depois de muita insistência, mais de dois meses após a posse, foi que Adônis conseguiu convencer Aras a receber os representantes da força-tarefa.[9]

Quando Deltan, Welter e Martello chegaram à cobertura do conjunto de prédios espelhados que abriga a PGR, em Brasília, entraram na antessala de acesso ao gabinete do procurador-geral e logo foram avisados de que não seriam recebidos na sala principal. A reunião ocorreria na sala contígua, que pertencia ao chefe de gabinete, o procurador regional Alexandre Espinosa.[10] Com uma mesa de reuniões no centro, o local tem uma porta com acesso direto ao gabinete do procurador-geral, mas costumava ser usado para reuniões que não exigiam a presença direta de Aras. Por ter assumido o cargo havia pouco tempo, Aras ainda tinha uma agenda intensa de compromissos com advogados, políticos e outros convidados de fora do MPF. Estes eram recebidos com pompa em seu próprio gabinete, uma ampla sala com sofás de couro, uma mesa de reuniões, sua mesa de trabalho e uma vista privilegiada para o lago Paranoá, cartão-postal de Brasília. O local do encontro mostrou que a conversa com os investigadores da Lava-Jato seria rápida e não exigia o prestígio que Aras oferecia a convidados do meio político.

Os procuradores estavam acompanhados por Adônis e se acomodaram na sala de Espinosa. Começaram o papo com amenidades. Após um tempo, Aras chegou à sala apressado e se sentou em uma das cadeiras da mesa de reuniões. A impressão de todos os presentes foi a mesma: que ele chegou ao encontro já com o desejo de sair. De antemão, avisou que teria pouco tempo.[11] Ali, os procuradores entenderam o recado: o assunto não era prioridade na sua gestão. Ele pediu a palavra e deixou claro que queria mais falar do que ouvir. Adotou um discurso semelhante àquele da sabatina e voltou a exigir maior "impessoalidade" da Lava-Jato.

"O trabalho da força-tarefa é muito importante e conta com o nosso apoio para continuar. Mas nós precisamos mudar algumas coisas, garantir a impessoalidade das investigações. A Lava-Jato não pode funcionar como um Ministério Público paralelo."[12]

O tom incomodou os procuradores, que pediram a palavra. Deltan queria exibir os documentos que trouxe para mostrar os resultados da investigação.

"Não precisa não, pode mostrar para eles", disse Aras, tentando encaminhar a conversa para Adônis e Espinosa.[13]

Deltan conseguiu um pouco da atenção de Aras e começou a exibir a papelada com os valores recuperados aos cofres públicos. Os números de fato chamavam a atenção. Havia gráficos acompanhados de cifras bilionárias. Até dezembro de 2019, o total de valores previstos para serem devolvidos aos cofres públicos em acordos de leniência, delações premiadas, termos de ajustamento de conduta e renúncias voluntárias era de R$ 14,3 bilhões. Os procuradores contabilizavam R$ 4 bilhões já restituídos aos cofres públicos, provenientes de valores desviados por crimes de corrupção e lavagem de dinheiro.[14] Essas cifras eram equivalentes ao orçamento previsto para todo o MPF naquele ano, de R$ 4 bilhões.[15] Os procuradores queriam mostrar uma conta simples: a força-tarefa custava, sim, R$ 1 milhão por ano, mas o resultado do seu trabalho era muito superior àquilo, portanto, na conta deles, o custo se justificava. Para surpresa dos procuradores, os dados captaram a atenção do procurador-geral da República.

"Isso aí é o que já entrou mesmo nos cofres?", perguntou Aras.

"É o que entrou, sim, doutor Aras. Se a sua dificuldade é financeira, você pode mostrar: olha, isso aqui é o que efetivamente está sendo recuperado pela atuação deles. O que é gasto com a força-tarefa é um vigésimo do que é recuperado", respondeu o procurador Orlando Martello.[16]

Após a pergunta sobre as cifras, Aras não prestou mais atenção na conversa. Minutos depois, levantou-se e avisou que precisava sair para uma outra reunião. Não acenou com nenhuma promessa concreta de apoio financeiro. Adônis, que marcou a reunião, não conseguia esconder o constrangimento pela postura apressada do procurador-geral da República.[17] Ao fim da conversa, os procuradores da força-tarefa acharam que conseguiram apresentar os números satisfatoriamente, mas não nutriam esperanças de um forte apoio dessa nova gestão da PGR.

"Não precisa nos ajudar. Se não atrapalharem, já está tudo bem", comentou um dos investigadores após a reunião.[18]

O desfecho daquela conversa não foi dos melhores, mas estava longe de sinalizar que o plano de Aras era acabar com a Lava-Jato. Isso só foi revelado tempos depois.

O procurador Deltan Martinazzo Dallagnol representava o segundo rosto mais famoso da operação, atrás apenas do juiz Sergio Moro. Nascido em 15 de janeiro de 1980, formou-se em direito pela Universidade Federal do Paraná em 2002 e ingressou na carreira de procurador no ano seguinte.[19] Ainda jovem, participou da investigação do escândalo do Banestado, esquema de lavagem de dinheiro envolvendo doleiros que tramitou com Moro e é considerado um embrião da Lava-Jato. Por isso, quando aquela nova investigação sobre lavagem de dinheiro chegou ao doleiro Alberto Youssef, ele já conhecia bem aquele personagem. Deltan era o procurador titular do 15º Ofício do Ministério Público Federal no Paraná, para o qual havia sido distribuída a investigação batizada de Lava-Jato e, por isso, se tornou o responsável por ela. Mas, logo no início, viu que precisaria de reforço. Metódico e workaholic, Deltan conseguiu viabilizar na PGR, em abril de 2014, a criação de uma força-tarefa com diversos procuradores experientes para participarem, em conjunto, daquela nova investigação.[20] Ele passou a ser o coordenador da força-tarefa e o rosto público do grupo, mas todas as decisões mais importantes eram tomadas apenas com o consenso de todos. A atuação de Deltan, entretanto, acabou indo além do campo jurídico. Idealista e com um discurso quase messiânico, ele queria aproveitar o trabalho da Lava-Jato para implantar mudanças na sociedade brasileira e aprimorar as instituições. Uma das ideias foi sugerir um projeto para alterar a legislação criminal, batizado como Dez Medidas Contra a Corrupção, que enfrentou muita resistência no Congresso Nacional. Com o projeto em mãos, passou a dar palestras a respeito do tema e se tornou voz ativa nas redes sociais com frequentes críticas a políticos investigados pela Lava-Jato.

Ao longo daqueles cinco anos da operação, o ativismo de Deltan passou a desagradar cada vez mais a classe política, despertar críticas do Supremo Tribunal Federal e gerar descontentamento até mesmo entre seus pares do Ministério Público Federal. De fato, não era recomendável que o procurador responsável por uma investigação fizesse comentários políticos em redes sociais, que atingiam até mesmo os alvos dessa investigação. Em 2019, por exemplo, o procurador se manifestou contra a candidatura do senador Renan Calheiros à Presidência da Casa, o que foi visto pelo Conselho Nacional do Ministério Público (CNMP) como uma tentativa de interferir na eleição do Legislativo.[21] Um dos membros da instituição que se tornou extremamente crítico a Deltan Dallagnol se chamava justamente Augusto Aras, o recém-nomeado procurador-geral da República. Ao buscar apoio de parlamentares, em especial do bloco conhecido como Centrão (formado por partidos que orbitam o poder em troca da obtenção de cargos públicos e verbas), para chegar ao comando da PGR, Aras deixava claro que discordava da atuação da Lava-Jato e criticava o "personalismo" dos seus integrantes. Seu discurso soava como música para os ouvidos dos interlocutores: boa parte desses senadores eram de partidos como PP, PT e PMDB, atingidos frontalmente pela operação. A indicação do nome de Augusto Aras, feita pelo presidente Jair Bolsonaro no dia 5 de setembro de 2019,[22] provocara uma fagulha de revolta dentro da instituição. Era a primeira vez desde 2003 que o presidente da República ignorava os nomes escolhidos pela própria categoria, em uma votação interna, para compor uma lista tríplice de candidatos ao comando da PGR.[23] O tema era intensamente debatido na rede de e-mails dos procuradores da República. Um grupo defendia adotar uma oposição total ao novo PGR, criando problemas diários à sua atuação. Outra ala avaliava que a indicação de Aras respeitava as exigências da Constituição, que não prevê a lista do MPF, e que, em prol da unidade da instituição, seria mais importante fazer acenos pela união e evitar o confronto.[24]

Deltan decidiu ser pragmático naquele processo. Ele e os integrantes da força-tarefa conversaram longamente a respeito do assunto. Durante a escolha do procurador-geral da República, todas as forças-tarefas da Lava-Jato divulgaram notas públicas defendendo o respeito à lista tríplice, mas o instrumento seguiu ignorado pelo presidente Jair Bolsonaro. Àquela altura, eles chegaram à conclusão de que a nomeação de Aras estava consumada e que a força-tarefa necessitava do apoio da PGR para a continuidade das investigações. Por isso, decidiram que o caminho que restava era dar um "voto de confiança" ao novo procurador-geral e tentar conquistar o seu apoio. Após esse debate interno, Deltan Dallagnol telefonou para Aras. Parabenizou-o pela nomeação ao cargo e falou sobre a importância de realizarem um trabalho conjunto entre a PGR, em Brasília, e a força-tarefa de Curitiba.[25] Contente por receber um respaldo importante dentro da instituição, Aras pediu a Deltan que fizesse uma manifestação na rede interna de e-mails do MPF, à qual todos os procuradores têm acesso, sobre a sua nomeação ao cargo de procurador-geral da República.[26] Aquilo não estava nos planos da força-tarefa e provocou constrangimento. Os procuradores tinham receio de passar uma mensagem equivocada de que haviam apoiado a candidatura dele, o que não era verdade. Ao mesmo tempo, negar aquele pedido já dinamitaria as pontes com a nova gestão. Encurralado, Deltan pensou em uma solução possível. Não faria uma mensagem institucional da força-tarefa, mas sim um e-mail em tom pessoal, dizendo que Aras estava dando sinais de apoio às investigações. Um desses sinais foi o fato de que o novo procurador-geral da República desejava manter dentro da PGR a equipe que cuidava da Lava-Jato, composta dos procuradores Alessandro Oliveira, Hebert Reis Mesquita, Luana Vargas Macedo, Maria Clara Barros Noleto e Victor Riccely. Essa equipe teve uma grave discordância com a antecessora de Aras, a procuradora-geral da República Raquel Dodge e, por isso, houve um pedido de demissão coletiva, no início de setembro de 2019.[27] Em seguida, foram convocados por Aras para retornarem ao trabalho na PGR. Todos os cinco eram respeitados internamente e tinham ótima relação com as forças-tarefas da Lava-Jato, por isso, a permanência deles passava um recado positivo sobre as investigações. Aras também sondou a procuradora Thaméa Danelon para comandar as investigações do caso na PGR.[28] Amiga de Deltan, ela já havia chefiado a Lava-Jato de São Paulo.

Deltan enviou o e-mail aos colegas no dia 13 de setembro.

> Prezados e prezadas colegas,
> Manifestei-me diversas vezes em apoio à lista tríplice, uma ideia/prática que merece ser fortalecida e institucionalizada. Contudo, a indicação foi feita e tudo aponta que se consolidará. Neste momento, e escrevo em nome próprio, concordo com José Alfredo e Vladimir: é hora de trabalhar pelo MPF. A atuação da Lava-Jato, especialmente, depende de permanente coordenação entre instâncias, inclusive entre primeira e PGR. É importante o trabalho conjunto para continuar expandindo as investigações para responsabilizar criminosos e recuperar recursos, dentro da nossa atribuição. Com esse propósito, tive um contato inicial com o dr. Aras, ontem, que expressou seu compromisso de manter e até fortalecer o trabalho das forças-tarefas, sua abertura ao diálogo e sua disposição para uma atuação coordenada. Nesse contexto, como disse ao dr. Aras no contato, entendo que foi importante sua iniciativa de convidar para continuarem na Lava-Jato os colegas Hebert, Victor, Clara, Alessandro e Luana, assim como o convite para que Thamea a integre. São excelentes profissionais e ficarei contente se integrarem a equipe na PGR. Os desafios do MPF e do combate à corrupção são imensos. Que possamos construir o futuro mediante o diálogo e a cooperação.
>
> Abraços,
> Deltan[29]

O procurador-geral da República ocupa o posto máximo dentro do Ministério Público Federal e, por isso, tem atribuições administrativas e judiciais. No primeiro caso, é ele o responsável pela gestão do órgão, pela organização interna, pela distribuição de recursos, e também decide sobre a criação, manutenção e dissolução de um instrumento que se tornara essencial para enfrentar os grandes casos de corrupção: as forças-tarefas. Elas consistiam em grupos de procuradores dedicados a casos de maior complexidade. Além disso, a Constituição confere ao procurador-geral da República a competência de conduzir investigações contra políticos e autoridades com foro privilegiado perante o Supremo Tribunal Federal (deputados, senadores e até presidente da República, por exemplo) e o Superior Tribunal de Justiça (governadores e desembargadores, dentre outras autoridades). A Lava-Jato precisava ter o apoio do chefe da PGR nos dois campos. No administrativo, para obter a continuidade das forças-tarefas e a alocação de recursos. No jurídico, porque eventualmente as investigações em primeira instância chegavam a indícios de crimes envolvendo autoridades com foro privilegiado e as apurações tinham que ser enviadas ao procurador-geral, a quem caberia dar continuidade a elas. Também o procurador-geral atua nos *habeas corpus* e outros recursos que chegam ao STF para tentar contestar as investigações na primeira instância. Resumindo: sem o apoio do comando da instituição, é impossível que as grandes investigações deslanchem.

De acordo com a Constituição, o cargo de procurador-geral da República é de livre escolha do presidente, com base em alguns critérios como a obrigação de ser um membro do MPF e ter idade acima dos 35 anos. Desde 2001, a Associação Nacional dos Procuradores da República (ANPR) passou a realizar uma votação interna, mediante consulta a toda a categoria, para formar uma lista de três nomes mais votados.[30] Essa lista tríplice é encaminhada ao presidente da República para embasar a escolha do procurador-geral. Naquele primeiro ano, o então presidente Fernando Henrique Cardoso não quis respeitar a lista e reconduziu Geraldo Brindeiro para seu quarto mandato no comando da Procuradoria-Geral da República.[31] FHC não queria abrir mão da prerrogativa por um motivo óbvio: o procurador-geral da República é responsável por investigar o presidente e seus ministros, por isso era necessário ter ali alguém de confiança que não fosse lhe causar problemas. Brindeiro ficou conhecido durante sua gestão pela alcunha de "engavetador-geral da República" por não dar prosseguimento a pedidos de investigação de integrantes do governo federal que chegavam à sua mesa. Naquela época, a PGR não criava problemas para a classe política.

O primeiro a respeitar a lista tríplice foi o então presidente Luiz Inácio Lula da Silva em 2003, no seu primeiro ano de mandato. Lula queria imprimir um viés democrático à escolha do procurador-geral, após os oito anos de FHC sob a gestão de Brindeiro, por isso nomeou o primeiro colocado na votação, Cláudio Fonteles. Em 2005, Lula também nomeou mais uma vez o primeiro colocado, Antônio Fernando de Souza — foi ele que apresentou ao Supremo Tribunal Federal a denúncia contra quarenta pessoas no caso do mensalão,[32] o que gerou a primeira condenação relevante contra políticos da cúpula petista. Na avaliação de integrantes da instituição, aquela investigação só foi possível porque a lista tríplice conferiu independência ao trabalho de Antônio Fernando.[33] Desde então, a lista passou a ser seguida por todos os presidentes.

A tradição iniciada por Lula e mantida durante os anos do PT à frente do governo federal criou as condições para que a Operação Lava-Jato ocorresse. Em agosto de 2013, a presidente Dilma Rousseff escolheu mais uma vez o mais votado da lista tríplice, Rodrigo Janot Monteiro de Barros, para seu primeiro mandato como procurador-geral.[34] Foi Janot quem criou as forças-tarefas da Lava-Jato em Curitiba, Rio de Janeiro e São Paulo, assinou os primeiros acordos de delação premiada e deu o impulso necessário às investigações. Apesar de ter dedicado sua trajetória de procurador a áreas como meio ambiente e direito do consumidor, sem muita proximidade com a área criminal, Janot mergulhou de cabeça na Lava-Jato e dedicou toda sua gestão a dar prosseguimento ao caso. Dois anos depois, Janot foi novamente o mais votado da lista tríplice, mas caberia à presidente Dilma Rousseff decidir se o escolhia para um novo mandato. Mesmo sob pressão da classe política por causa da Lava-Jato, Dilma avaliou que o respeito à independência do Ministério Público deveria estar acima dos interesses políticos de interferir nas investigações. Por isso, indicou Janot para um novo biênio.[35] Coube ao ministro da Justiça, José Eduardo Cardozo, explicar a escolha na ocasião.

"O governo pensa que o Ministério Público deve atuar com autonomia. Pensa que a Constituição Federal garantiu a liberdade investigatória àqueles que devem atuar nesta área. É evidente que não podemos jamais condenar pessoas sem que seja assegurado o direito ao contraditório e à ampla defesa, também estabelecidos na Constituição. Mas as instituições do Brasil, na medida em que a Constituição estabelece essas prerrogativas, devem funcionar e funcionar com eficiência e autonomia, é o que está assegurado na Constituição Federal", afirmou em entrevista.[36]

Com a abertura do processo de impeachment de Dilma Rousseff pelo Congresso Nacional, seu vice-presidente Michel Temer, do MDB, assumiu o comando do governo federal em maio de 2016.[37] Pouco tempo depois, ele mesmo entraria na mira da Lava-Jato ao ser citado nas delações premiadas dos executivos da Odebrecht, homologadas em janeiro de 2017.[38] Com a delação do empresário Joesley Batista, Janot aprofundou as investigações contra o presidente e apresentou duas denúncias contra ele, que foram barradas pelo Congresso Nacional.[39] Ao fim do mandato de Janot, coube a Temer escolher o novo procurador-geral da República, que seria diretamente responsável por investigá-lo na Lava-Jato. A lista tríplice daquele ano teve como mais votado Nicolao Dino (621 votos), aliado de Janot que prometia dar continuidade à sua gestão. O segundo nome foi Raquel Dodge, com 587 votos, que fazia oposição a Janot, mas tinha experiência criminal e fama de ser linha-dura — ela já havia sido responsável pela prisão de um governador em pleno exercício do cargo, José Roberto Arruda, do Distrito Federal, em 2010.[40] Se quisesse, Michel Temer poderia ignorar a lista e escolher um nome completamente subserviente aos seus interesses, que não tivesse nenhum apoio interno e estivesse disposto a blindar a presidência a qualquer custo. O emedebista, que tinha longa trajetória política e se orgulhava da tradição democrática, também considerou importante respeitar a lista tríplice e escolher um nome que preservasse a independência do Ministério Público. Não indicou o mais votado, mas escolheu para comandar a PGR o segundo nome da lista, Raquel Dodge, que foi a primeira mulher a ocupar esse cargo.

A ironia de toda essa história começa nas eleições de 2018. O grande defensor da bandeira da Lava-Jato durante a campanha, Jair Messias Bolsonaro, foi quem patrocinou um desmonte do Ministério Público sem precedentes desde a Constituição de 1988. No pensamento de Bolsonaro, a PGR estava infestada de "esquerdistas" e escolher qualquer nome da lista significaria deixar que eles se mantivessem no comando da instituição. O presidente queria um *outsider*, assim como ele foi.[41] Bolsonaro, então, decidiu fazer um ataque direto à instituição e romper com a tradição que permitiu o avanço do combate à corrupção no Brasil. Ainda na campanha eleitoral, deixou claro que não tinha intenção de respeitar a lista tríplice. Em uma entrevista dada durante o segundo turno, ele foi questionado se indicaria um dos nomes da lista para o comando da PGR e saiu pela tangente.

"O critério é a isenção. É alguém que esteja livre do viés ideológico de esquerda, que não tenha feito carreira em cima disso. Que não tenha sido um ativista no passado com certas questões nacionais."[42]

Bolsonaro disse ainda que queria escolher um PGR "que tenha realmente uma visão macro, que respeite também a Constituição e os parlamentares, que têm imunidade por suas palavras, opiniões e votos".[43] Essa frase revelava uma mágoa com a atuação da procuradora-geral Raquel Dodge. Em abril, ela apresentou uma denúncia ao STF contra o então deputado federal Jair Bolsonaro sob acusação do crime de racismo,[44] por causa de frases preconceituosas contra mulheres, quilombolas, gays. Dizia Dodge em um dos trechos da denúncia:

> Jair Bolsonaro tratou com total menoscabo os integrantes de comunidades quilombolas. Referiu-se a eles como se fossem animais, ao utilizar a palavra "arroba". Esta manifestação, inaceitável, alinha-se ao regime da escravidão, em que negros eram tratados como mera mercadoria, e à ideia de desigualdade entre seres humanos, o que é absolutamente refutado pela Constituição brasileira e por todos os tratados e convenções internacionais de que o Brasil é signatário, que afirmam a igualdade entre seres humanos como direito humano universal e protegido. Não satisfeito, o acusado afirmou que os quilombolas não fazem nada e não servem nem para procriar, depreciando-os de modo enfático e absoluto, apenas por sua condição pessoal.[45]

A denúncia preocupou Bolsonaro, porque uma condenação o tornaria ficha-suja e o impediria de concorrer à Presidência da República. A acusação foi rejeitada pelo Supremo em setembro,[46] mas Bolsonaro jamais perdoou Dodge pela sua atuação — que, nesse caso, foi independente e na defesa da sociedade. Por todos esses fatores, o presidente Jair Bolsonaro decidiu rasgar a lista tríplice. Aliados de Bolsonaro apontaram também que o fato de ser mulher prejudicou Dodge. O presidente sempre deixou claro em conversas que prefere homens em postos estratégicos, por considerar as mulheres "pouco confiáveis", nas palavras dos auxiliares de Bolsonaro.[47]

Dentro do governo, o ministro da Justiça Sergio Moro tentou defender a lista tríplice e convencer Bolsonaro da importância dela, mas sem sucesso.

Moro foi completamente excluído do processo, ao contrário dos ministros da Justiça dos governos anteriores, que sempre tiveram participação ativa no assunto. O ministro da Secretaria-Geral da Presidência, Jorge Oliveira, que era assessor de Bolsonaro desde que ele era deputado federal, foi um dos principais articuladores sobre o assunto e convocava possíveis candidatos ao cargo de procurador-geral para reuniões com o presidente, para que Bolsonaro pudesse conhecê-los. Até mesmo o então advogado-geral da União André Mendonça, que não era íntimo de Bolsonaro, tinha mais voz do que Moro nesse tema e chegou a telefonar para marcar encontros de candidatos com Jair Bolsonaro no Palácio do Planalto.[48] Bolsonaro entendia que aquele posto era importante e necessário para garantir a blindagem de seu governo, aliados e filhos contra investigações incômodas, por isso teve dezenas de conversas e encontros com possíveis candidatos ao posto. Mas um deles, em especial, cativou sua atenção e desde cedo se tornou o favorito para a vaga.

O subprocurador-geral da República Antônio Augusto Brandão de Aras estava almoçando em um restaurante especializado em carnes nobres em Brasília, no final do primeiro semestre do ano de 2019, quando encontrou um velho conhecido. Ex-deputado federal e coronel aposentado da Polícia Militar do Distrito Federal, Alberto Fraga já estava em uma mesa no local. Conheciam-se havia mais de dez anos, por meio de eventos sociais da capital federal, e mantinham uma boa relação, mas sem intimidade. Embora Fraga não estivesse ocupando cargo público, por ter perdido a eleição ao governo do DF no ano anterior, seu prestígio político estava em alta por outro motivo: era amigo do presidente Jair Bolsonaro, de quem havia sido colega na Escola de Educação Física do Exército, no Rio de Janeiro, nos anos 1980. Aras sabia disso e, quando se aproximou para cumprimentá-lo, pediu sua ajuda para se aproximar do presidente. Após conversar rapidamente sobre amenidades, afirmou:

"Fraga, eu quero ser candidato a procurador-geral da República."[49]

O fato de Bolsonaro já ter sinalizado seu desprezo à lista tríplice havia deixado o caminho aberto para que candidatos sem respaldo interno buscassem o posto por fora da votação da categoria. Bastava agradar o presidente da República, responsável pela indicação, e angariar votos da maioria do Senado, que precisa aprovar o nome escolhido. Aras queria que o ex-deputado levasse sua candidatura a Bolsonaro.

"Você tá participando da lista?", perguntou Fraga.

"Não, essa lista é coisa de sindicalista. O presidente não tem obrigação de seguir isso", respondeu Aras.[50]

Surpreso com o plano anunciado pelo amigo, Fraga prometeu interceder junto ao presidente. Dias depois, abordou o assunto em uma conversa com Bolsonaro:

"Você já tem um candidato para a Procuradoria-Geral da República? Tenho uma pessoa que quero lhe apresentar."[51]

Bolsonaro respondeu que o assunto ainda estava indefinido e pediu a Fraga que levasse o candidato para uma conversa com ele no Palácio da Alvorada — de preferência, entrando discretamente, sem chamar atenção dos jornalistas que diariamente ficavam de plantão no local. Em um final de semana de maio,[52] Fraga foi ao Alvorada dirigindo seu próprio carro e levou Aras no banco do carona para conhecer o presidente. Na conversa, Aras disse tudo que Bolsonaro queria ouvir. Apresentou sua visão do Ministério Público: a instituição deveria ajudar a impulsionar o desenvolvimento econômico e a destravar problemas jurídicos do governo federal. Aras defendeu enfaticamente a separação entre os Poderes e criticou a atuação de seus antecessores por, na visão dele, terem criminalizado a política e atrapalhado a gestão do governo federal.[53] O discurso cativou Bolsonaro, porque era justamente o que ele buscava. Ele não queria um procurador-geral da República que lhe criasse problemas e esperava lealdade absoluta. Logo depois, Aras marcou uma conversa com os filhos do presidente, o deputado federal Eduardo e o senador Flávio. O procurador sabia que a opinião deles, em especial do último, alvo da investigação das rachadinhas, seria decisiva.[54] Após o primeiro contato, Bolsonaro passou a chamar Aras diversas outras vezes para conversar no Alvorada, aonde sempre era levado por Fraga. Nas contas do ex-deputado, foram pelo menos oito encontros entre o candidato a procurador-geral da República e o presidente, nos quais conversavam sobre o cenário político e jurídico do país.[55]

Internamente, Aras nunca havia despontado como uma importante liderança do Ministério Público Federal e nunca havia sido cotado para comandar a instituição. Aras havia ingressado na carreira em 1987 e, devido ao seu tempo de casa, já estava no cargo de subprocurador-geral da República, último estágio. Tampouco tinha histórico de atuação no combate à corrupção, mas nos dois anos anteriores ocupou uma função que o ajudou a se cacifar junto ao governo. Como coordenador da 3ª Câmara de Coordenação e Revisão (relativo a direito do consumidor e da ordem econômica) da PGR, órgão cuja função é organizar a atuação de todo o MPF nessa área, Aras firmou um protocolo de entendimento com o Ministério da Infraestrutura para sugerir ajustes e liberar uma licitação de trecho da Ferrovia Norte-Sul, obra importante para o governo federal.[56] Com isso, Aras passou a encampar esse discurso de que o MPF não deveria atuar para apontar problemas em obras públicas já em andamento nem para impedi-las, mas sim de forma preventiva para auxiliar a gestão.

Por ter entrado na carreira antes da Constituição de 1988, tinha permissão legal para conciliar a função com a atividade de advogado. Vindo de uma família com tradição jurídica, mantinha um bem-sucedido escritório sediado em Salvador e, por isso, era mais conhecido por sua atuação na advocacia do que como procurador da República.

Um dos principais ministros do governo, entretanto, torcia o nariz para o candidato. Sergio Moro não escondia seu incômodo com a possibilidade de Aras ser indicado ao cargo e, nas conversas que teve com Bolsonaro, defendeu a escolha de um nome da lista tríplice. O ministro era amigo de um primo de Augusto Aras, o procurador regional da República Vladimir Aras, treze anos mais novo que o primo. Conheceram-se quando Vladimir trabalhou no escândalo do Banestado, que tinha Moro como juiz, e passaram a manter uma boa relação desde então. Com um longo currículo no direito penal, Vladimir atuou na gestão do procurador-geral da República Rodrigo Janot na função de Secretário de Cooperação Internacional, auxiliando a Lava-Jato na recuperação de valores desviados para contas em paraísos fiscais no exterior. Vladimir concorreu à lista tríplice e era o nome favorito de Moro para o cargo, mas acabou não alcançando votos suficientes para estar entre os três primeiros. Os mais votados foram o subprocurador-geral da República Mário Bonsaglia, com 478 votos, a subprocuradora-geral da República Luiza Frischeisen, com 423, e o procurador regional Blal Dalloul, com 422.[57] Moro chegou a se reunir com integrantes da lista e da Associação Nacional dos Procuradores da República (ANPR), que o procuraram em busca de apoio político para que Bolsonaro acolhesse o instrumento, mas de nada adiantou. O presidente já estava com a decisão tomada e não cogitou, em nenhum momento, levar em conta a opinião de Sergio Moro nesse processo. Bolsonaro via no discurso de Aras uma voz conservadora capaz de dar uma guinada na instituição, reproduzindo-a à semelhança do governo bolsonarista.

Aras, entretanto, também despertava desconfiança na militância bolsonarista por causa de seu passado. Nascido em 4 de dezembro de 1958 em Salvador, mantinha boa relação com o grupo político do petista Jaques Wagner, que governou a Bahia entre 2007 e 2014, e orbitava entre os caciques do PT na esperança de obter apoio para seu maior sonho de vida: tornar-se ministro do Supremo Tribunal Federal. Primeiro, tentou uma vaga no Superior Tribunal de Justiça. Em 2013, após a aposentadoria do ministro do STJ Cesar Asfor Rocha, Aras se candidatou para sua vaga,[58] que seria destinada a um membro do Ministério Público por meio de uma votação interna, mas nem mesmo obteve votos suficientes para integrar a lista tríplice que definiria o novo ministro. A vaga ficou com Rogério Schietti, à época procurador do Ministério Público do Distrito Federal e Territórios (MPDFT).

Dois anos depois, com a aposentadoria do ministro do STF Joaquim Barbosa, Aras se movimentou para ser indicado à sua vaga. Pediu ajuda aos caciques do PT e ao então procurador-geral da República Rodrigo Janot, com quem romperia relação tempos depois justamente por achar que Janot não se empenhou em sua candidatura ao Supremo. Esperançoso devido à relação com líderes petistas, Aras costuma lembrar do episódio dizendo a interlocutores que aquela vaga do STF estava mais do que garantida para ele.[59] Preterido, passou a alimentar um verdadeiro ódio pelo nome escolhido por Dilma naquela ocasião: o advogado e jurista Luiz Edson Fachin, que tinha proximidade com movimentos sociais e havia declarado apoio público à candidatura presidencial da petista.[60] Com a mágoa nunca superada proveniente desse episódio, em conversas privadas com auxiliares, Aras com frequência se referia a Fachin com adjetivos de baixo calão ou críticas muito ácidas.[61] E, por achar que uma cadeira do Supremo estava destinada a ele, continuou a perseguir com ainda mais afinco esse objetivo.

Mas a proximidade com petistas no passado quase impediu sua nomeação ao cargo de procurador-geral da República. Durante a campanha, uma reportagem expôs que Aras fez uma festa em sua casa, no ano de 2013, com a presença dos principais líderes do PT, como o ex-ministro José Dirceu, condenado no Mensalão e na Lava-Jato, e o ex-presidente da sigla Rui Falcão.[62] Naquele momento, auxiliares de Aras acreditaram que a indicação ao cargo estava perdida. A militância bolsonarista passou a criticar o candidato nas redes sociais, e o presidente começou a entrevistar outros possíveis nomes para a vaga. Um apoio de peso foi fundamental nessa reta final para desfazer as desconfianças de Bolsonaro sobre seu nome: o empresário Meyer Nigri, dono da construtora Tecnisa e que aproximou o presidente da comunidade judaica em São Paulo, tornou-se uma espécie de fiador da candidatura de Aras a procurador-geral da República.[63] Ao final, no dia 5 de setembro, Bolsonaro oficializou a indicação de Augusto Aras para o comando da PGR,[64] rompendo com a lista tríplice e deflagrando um estado de revolta permanente dentro do Ministério Público Federal.

O primeiro grande teste de Aras no cargo ocorreria dois meses após sua nomeação. O plenário do STF finalmente iria julgar, em 20 de novembro, a decisão liminar do presidente Dias Toffoli que havia paralisado todas as investigações baseadas em relatórios do Coaf e beneficiado diretamente o filho do presidente, Flávio Bolsonaro. Esse era o mesmo caso que abalou a relação entre Moro e o presidente Jair Bolsonaro. Aras teria que opinar se o posicionamento de Toffoli deveria ser mantido, o que agradaria a família Bolsonaro, ou se o compartilhamento de informações pelo Coaf havia sido feito dentro dos limites legais. O procurador-geral da República passou a receber muita pressão interna para defender o trabalho do Ministério Público Federal: 935 investigações estavam paralisadas desde que Toffoli proferiu sua liminar.[65] No início da sua gestão, Aras usava um grupo de WhatsApp para discutir com integrantes da sua equipe os assuntos de trabalho e dava sinais de que concordava com o posicionamento de Toffoli.

Esses sinais provocaram preocupação em um dos membros da sua equipe. Por seu longo currículo na área de investigações criminais e pelo reconhecimento que tinha dentro da instituição, o subprocurador-geral da República José Adônis Callou de Araújo Sá havia sido convidado por Aras para coordenar as investigações da Lava-Jato dentro da PGR. Não tinha relação de amizade com ele, mas foi convencido por amigos em comum a aceitar a missão e contribuir com a instituição. Preocupado com o posicionamento de Aras sobre o Coaf,

Adônis tentou convencê-lo de que a liminar dada por Toffoli estava equivocada e que não havia nenhuma irregularidade no compartilhamento de dados feito pelo órgão. O procurador-geral convocou uma reunião emergencial na PGR durante um final de semana para debater o assunto com seus auxiliares. Na conversa, Aras demonstrou entender pouco sobre o Coaf e foi convencido a se reunir com técnicos do órgão, que lhe explicariam os procedimentos.[66]

A decisão de Toffoli baseava-se numa premissa equivocada: o presidente do STF dizia que o Coaf só poderia compartilhar dados de movimentações financeiras atípicas com órgãos de investigação caso tivesse autorização judicial, porque seriam equivalentes a uma quebra de sigilo bancário. Mas não eram: os relatórios do Coaf apresentam apenas informações genéricas e resumidas, sem detalhes das transações financeiras. É por isso que, caso um relatório do órgão sirva para dar início a uma investigação, ainda é necessário solicitar a quebra do sigilo bancário dos alvos para verificar os detalhes daquelas transações. A defesa de Flávio Bolsonaro havia argumentado que a investigação contra o filho do presidente não poderia ter se iniciado com base naquele relatório do Coaf, porque tratava-se de uma verdadeira devassa financeira sem autorização legal. Toffoli embarcou na tese, mas encontrava pouco apoio entre seus colegas da Corte. Por isso, sob pressão, acabou sendo obrigado a colocar rapidamente o assunto para julgamento.

Aras foi convencido da importância de defender o funcionamento do Coaf naquele julgamento. Mas estava preocupado com outro ponto: não queria comprar briga com Flávio Bolsonaro. Depois de entender melhor a celeuma, deu carta branca para que seus assessores produzissem uma manifestação técnica defendendo o compartilhamento de dados pelo Coaf. Ele chamou ao seu gabinete os dois procuradores responsáveis por produzir a minuta do posicionamento da PGR sobre o assunto. O procurador-geral da República fez uma pergunta que deixou a ambos desconcertados:

"É possível tomarmos um posicionamento que concorde com a tese da defesa de Flávio?"[67]

Um dos assessores rebateu de pronto que isso era "impossível", porque a tese da defesa não tinha nenhum respaldo jurídico. Preocupado em não passar a impressão de que queria blindar o filho do presidente, Aras disse que estava traçando a estratégia para o julgamento. Argumentou que, caso a discussão estivesse focada no caso específico de Flávio Bolsonaro, a força política do presidente poderia impor uma derrota à PGR, por isso ele buscava uma forma de não o confrontar. Na conversa, um dos auxiliares lhe perguntou se era possível, na minuta do documento que seria redigido em nome da PGR, abordar o caso concreto de Flávio Bolsonaro para deixar claro que a atuação do Coaf nessa investigação havia sido perfeitamente dentro da legalidade, sem necessidade de suspensão do caso. Aras rejeitou a proposta: queria apenas um posicionamento genérico sobre a sistemática do compartilhamento de dados pelo Coaf.

"Vamos fazer o seguinte: nós produzimos uma manifestação genérica, que a PGR poderá tornar pública, e uma manifestação específica sobre as investigações de Flávio, que pode ser protocolada de forma sigilosa no processo. Assim ninguém ficaria sabendo", argumentou um dos procuradores que participavam da reunião.[68]

Aras não concordou nem discordou. Apenas deu a reunião por encerrada. Os assessores produziram os dois documentos. O primeiro pedia a derrubada da decisão liminar de Toffoli e descrevia que o Coaf tinha acesso apenas a informações genéricas de movimentações financeiras atípicas. O documento assinado por Aras, que foi enviado ao STF na semana do julgamento, continha o seguinte trecho:

> *Tais órgãos de persecução penal não têm acesso à integralidade dos dados fiscais e bancários dos contribuintes, mas, apenas, àqueles dados específicos cujo repasse se faça necessário a atingir os fins legais, no caso, a possibilitar que o Estado atue na prevenção e repressão de ilícitos penais.*[69]

O outro documento, produzido por seus assessores, defendia que o relatório enviado pelo Coaf ao Ministério Público do Rio, que deu início à investigação contra o filho do presidente, havia sido produzido perfeitamente dentro das premissas legais. Guardado em um dos escaninhos do gabinete de Aras, a peça nunca foi enviada ao STF.[70] Sem esse posicionamento claro da PGR a respeito do caso específico, a defesa de Flávio Bolsonaro continuou apresentando recursos em diversas outras instâncias da Justiça sustentando a ilegalidade do relatório do Coaf e tentando anular as investigações — algo que finalmente, um ano e meio depois, conseguiu fazer, graças a vitórias obtidas no Superior Tribunal de Justiça e no Supremo Tribunal Federal.

O telefone celular de José Adônis não parava de tocar na manhã do dia 5 de dezembro. Nos poucos meses da gestão do procurador-geral Augusto Aras, era a primeira crise interna que acabava de ser deflagrada. Uma portaria publicada sem alarde no Diário Oficial daquele dia cortava aproximadamente cinquenta assessores de áreas estratégicas da PGR responsáveis por investigações contra políticos.[71] Eram servidores com nível superior completo que tinham a função de auxiliar os procuradores na preparação de minutas e em tarefas burocráticas, como o cadastro de processos no sistema eletrônico e coisas do tipo. O corte, decidido sem consulta prévia aos responsáveis por essas áreas, praticamente inviabilizava o trabalho e poderia, de forma prematura, enterrar a Lava-Jato. Com isso, os procuradores que atuavam na PGR telefonavam desde cedo para Adônis em busca de uma solução para o imbróglio.[72] Três setores foram os mais afetados: o grupo de trabalho da Lava-Jato — responsável por todos os inquéritos da operação que tramitavam perante o STF —, a Secretaria de Perícia, Pesquisa e Análise (SPPEA) — órgão que produzia relatórios técnicos para embasar investigações de todo o Ministério Público Federal — e a Secretaria de Cooperação Internacional (SCI), que cuidava da recuperação de recursos desviados mantidos em contas no exterior.[73]

Adônis comandava justamente o grupo de trabalho da Lava-Jato, que seria duramente afetado pelos cortes. Tratava-se de uma das funções mais importantes: era o núcleo da PGR que realizava investigações, redigia denúncias e apresentava pedidos de prisão ou buscas e apreensões contra políticos com foro privilegiado no Supremo Tribunal Federal. Deputados federais, senadores e ministros de Estado estavam entre os alvos dos inquéritos. Antes de aceitar o convite, o procurador exigiu autonomia para protocolar suas peças jurídicas diretamente no STF, sem precisar do aval de Aras para produzir o seu trabalho, o que foi aceito. Mas o procurador-geral não demonstrava entusiasmo nem apoio a essas investigações. O grupo de trabalho, nessa ocasião, era composto de cinco procuradores dedicados exclusivamente aos casos da Lava-Jato que tramitavam no Supremo. Eram eles: Alessandro Fernandes, Hebert Reis Mesquita, Maria Clara Barros Noleto, Luana Vargas Macedo e Victor Riccely. A equipe também era responsável pelo diálogo com as forças-tarefas da Lava-Jato em Curitiba, Rio de Janeiro e São Paulo, já que muitos casos iniciados na primeira instância acabavam na PGR, seja porque políticos com foro privilegiado apareciam nas investigações, ou por *habeas corpus* que chegavam para julgamento na última instância do Judiciário brasileiro.

No auge da operação, durante a gestão do procurador-geral da República Rodrigo Janot, a PGR dedicava atenção total ao assunto. Dez procuradores integravam esse grupo de trabalho,[74] que se reportava diretamente a Janot e ao seu chefe de gabinete, o procurador regional Eduardo Pelella. O grupo ocupava uma ampla sala contígua ao gabinete do procurador-geral da República, que foi batizada com o nome do ministro do STF Teori Zavascki após o trágico acidente aéreo que o matou, em 2017. Durante a gestão da sucessora de Janot, Raquel Dodge, a Sala Teori Zavascki virou um espaço de cerimônias, para receber políticos e autoridades públicas. O grupo de investigadores foi transferido para um espaço bem menor, uma pequena sala também localizada na cobertura da PGR, e a equipe foi paulatinamente sendo reduzida.

O corte dos assessores, portanto, significava um forte golpe em uma equipe que já era pequena. A ideia havia sido concebida por um controverso aliado de Aras, o subprocurador-geral da República Eitel Santiago Pereira, que havia se aposentado em outubro de 2017.[75] No ano seguinte, Eitel se candidatou a deputado federal e apoiou Jair Bolsonaro para a Presidência, chegando a usar a foto de Bolsonaro em sua campanha eleitoral.[76] Não foi eleito. Mas, quando Aras chegou à PGR, chamou Eitel de volta para um cargo que poderia ser ocupado por pessoas de fora do Ministério Público, o de secretário-geral, responsável pela gestão administrativa e orçamentária de todo o Ministério Público Federal. O corte nas áreas de investigação havia sido feito por causa de uma promessa de aumentar o número de assessores dos gabinetes dos 74 subprocuradores-gerais da República. Trata-se do último estágio da carreira do MPF: o subprocurador-geral é responsável pela atuação em recursos junto ao Superior Tribunal de Justiça e ao Supremo Tribunal Federal. Era a elite, com direito a carro oficial à disposição e amplas salas dentro da PGR com diversos assessores. Esses subprocuradores não faziam investigações, mas tinham uma grande quantidade de processos que chegava diariamente a seus gabinetes, compostos de recursos ao STJ e ao STF. Aras prometera ajudá-los a diminuir a carga de trabalho. Mas ninguém sabia que isso seria feito sacrificando a Lava-Jato.

Logo que os cortes vieram a público, o grupo de WhatsApp da equipe de Aras entrou em polvorosa. O primeiro a questionar o procurador-geral a respeito daquela medida foi Adônis, que demonstrava sua irritação no tom das mensagens. Como resposta, Aras minimizou o impacto daqueles cortes, disse que não estava sabendo da medida e atribuiu a portaria a Eitel. Ele recomendou que Adônis e os demais procurassem o secretário-geral para conversar e acertar os ponteiros. Adônis respondeu que não tinha nada para conversar com Eitel e disse que iria explicar aos 74 subprocuradores-gerais da República qual era o impacto da benesse concedida por Aras. A tensão só aumentava.[77]

"Vocês estão sinalizando um claro projeto de destruir a Lava-Jato. Olha, eu não vou ser coveiro da Lava-Jato, não. Não contem comigo para isso", escreveu Adônis aos colegas.[78]

Diante da reclamação generalizada, Aras suspendeu os cortes e determinou que Eitel fizesse estudos mais detalhados para verificar os impactos. Após diversos meses com adiamentos e novas análises, a equipe que auxiliava as investigações acabou sendo preservada.

Apesar de Aras já começar a enfrentar descontentamentos dentro do Ministério Público Federal, ele passou a ganhar prestígio dentro do STF, principalmente por adotar um discurso crítico à Lava-Jato. Isso lhe garantiu uma aproximação com o ministro Gilmar Mendes, um dos principais opositores da operação, e com o presidente Dias Toffoli, que também fazia coro a essas críticas.

Indicado em 2002 ao cargo de ministro do Supremo pelo então presidente Fernando Henrique Cardoso (PSDB), Gilmar havia passado por diversos cargos jurídicos no Poder Executivo e no Legislativo. Com sua experiência política, acabou se tornando não apenas um ministro da Suprema Corte, mas um dos mais importantes articuladores de Brasília. Considerado pelo PT como adversário, Gilmar chegou a ser um entusiasta da Operação Lava-Jato nas fases iniciais da investigação, quando a cúpula do partido foi atingida. Apesar de seu perfil jurídico ser tradicionalmente garantista, com posições favoráveis à liberdade dos réus, Gilmar participou de um julgamento histórico do STF em 2016 sobre a possibilidade de execução da pena de prisão após a condenação em segunda instância e votou favoravelmente a essa tese.[79] A prisão em segunda instância era defendida pelo então juiz Sergio Moro e pela força-tarefa da Lava-Jato, e o resultado desse julgamento foi decisivo para que o ex-presidente Lula fosse preso após condenação pelo Tribunal Regional Federal da 4ª Região no caso do tríplex do Guarujá.

Quando Aras chegou ao cargo de procurador-geral da República, entretanto, o pensamento de Gilmar Mendes sobre o assunto era outro. O ministro já criticava publicamente os excessos da operação e era o articulador, nos bastidores do STF, das principais derrotas impostas à Lava-Jato. Aras, então, encontrou no ministro um aliado para a pauta de desmonte da Lava-Jato. Ele havia conhecido Gilmar anos antes, mas os dois não tinham relação de proximidade. Após assumir o comando da PGR, entretanto, Aras passou a ter no ministro do Supremo um de seus conselheiros mais importantes. Conversavam com frequência, e Aras mantinha Gilmar informado sobre suas ações, principalmente as relacionadas ao desmonte da Lava-Jato.[80] O procurador-geral também se aproximou de Toffoli, com quem articulou diversas iniciativas que tomaria contra as investigações — e que tiveram o rápido aval do presidente do STF.

Mas a relação dos investigadores da Lava-Jato com Gilmar Mendes era inversa. Por causa de suas decisões determinando a soltura de alvos investigados ou retirando investigações da competência dos juízes da Lava-Jato de Curitiba, Rio e São Paulo, os embates eram frequentes. Em um dos primeiros casos de confronto direto, Aras resolveu ficar ao lado de Gilmar em vez de defender a própria equipe. Em janeiro de 2020, Adônis enviou um pedido ao STF para que a Corte retirasse a competência de Gilmar Mendes para atuar em uma investigação sobre o ex-governador do Paraná Beto Richa (PSDB). Adônis argumentava que Mendes adotou uma manobra jurídica para conceder a soltura de Beto Richa em um processo sobre outro assunto e isso não permitia que o ministro se tornasse relator dos demais pedidos de soltura, que deveriam ficar com o ministro Luís Roberto Barroso. Os termos da manifestação da PGR eram duros: Adônis apontava que os alvos da investigação tentaram "burlar" a distribuição de processos e pediram de maneira "indevida" que seus *habeas corpus* fossem analisados por Gilmar.[81] Era uma manobra jurídica comum: como conheciam o perfil das decisões do ministro, os advogados frequentemente tentavam dar um jeito para que os pedidos de liberdade de seus clientes caíssem no gabinete de Gilmar. A PGR tentava barrar esse drible no caso do ex-governador tucano.

Aras tomou conhecimento da manifestação da PGR pela imprensa e ficou irritado. Como Adônis tinha total autonomia na sua função, produziu a petição e a protocolou diretamente no STF, sem precisar do aval do procurador-geral. Incomodado com a repercussão desse caso, Aras conversou com a subprocuradora-geral da República Lindôra Araújo a respeito do assunto.[82] Bolsonarista, ela também tinha uma função importante na gestão de Aras: era responsável pelas investigações que tramitavam perante o Superior Tribunal de Justiça contra governadores, desembargadores e outras autoridades com foro privilegiado. Por seu posicionamento ideológico conservador e por sua boa relação com o senador Flávio Bolsonaro, filho do presidente, Lindôra acabou se tornando uma das principais conselheiras de Aras e uma das poucas pessoas em quem ele confiava plenamente.

A petição de Adônis foi enviada ao Supremo no dia 21 de janeiro e ganhou repercussão na imprensa no dia seguinte. Como Lindôra também tinha bom diálogo com o colega, foi pessoalmente até o gabinete de Adônis para conversar com ele sobre esse assunto. Sentou-se no sofá bege da sala do colega e, conhecida por seu temperamento forte, foi direto ao assunto.

"Olha, Adônis, o Aras não gostou daquela manifestação sobre o Gilmar, não."[83]

Adônis ficou irritado com a abordagem. Com pouco tempo da gestão Aras, ele já havia percebido a indisposição com a Lava-Jato e, por isso, chegou a pedir duas vezes para ser dispensado da função de coordenador das investigações, mas Aras o convenceu a ficar. Dessa vez, entretanto, disse que não aceitaria aquele tipo de interferência.

"Ah, ele não gostou? Então tá ótimo. Eu já tô aqui com meu ofício de demissão pronto. Acabou agora a minha participação", respondeu ele.[84]

Aras estava em uma viagem à Bahia no dia 23 de janeiro quando Adônis lhe enviou o ofício de demissão.[85] Pego de surpresa, tentou articular uma resposta rápida para minimizar a repercussão negativa daquela baixa na equipe.

Anunciaria reforços para a Lava-Jato, mas nem teve tempo de consultar os novos nomes. Em uma nota divulgada à imprensa, Aras nomeou a própria Lindôra para ocupar o posto de Adônis na coordenação da Lava-Jato na PGR, sem ter tempo de lhe perguntar se aceitava a missão. Também anunciou mais dois nomes de peso para a equipe: a procuradora regional Raquel Branquinho e o procurador regional Vladimir Aras. Nenhum dos dois, entretanto, havia concordado com aquela nomeação e, por isso, nunca chegaram a entrar para a equipe.[86]

Embora parecesse apenas um rearranjo interno, aquela mudança se mostraria profundamente significativa. A chegada de Lindôra ao comando da Lava-Jato deu o rumo que a gestão Aras queria: implodir a operação e usar a estrutura da PGR para atacar inimigos políticos do governo Bolsonaro.

8.

A CRISE DA PF

POUCO ANTES DAS SEIS DA manhã do dia 27 de junho de 2019, Sergio Moro recebeu um telefonema de um integrante da cúpula da Polícia Federal.[1] Era necessário informar o ministro da Justiça, superior hierárquico da PF, sobre a primeira ação sensível a ser deflagrada pela corporação durante a gestão do presidente Jair Bolsonaro: nas próximas horas, seriam presos um assessor direto do ministro do Turismo Marcelo Álvaro Antônio e dois ex-assessores seus, por suspeita de um esquema de desvio de recursos do fundo partidário do PSL de Minas Gerais, partido do presidente da República. Essa deferência era uma praxe no cargo: a PF costuma avisar o ministro da Justiça quando há alvos politicamente sensíveis na mira, e o ministro, por sua vez, informa ao presidente da República sobre a operação. Moro procedeu da mesma forma. De Brasília, onde estava, mandou uma mensagem de WhatsApp a Bolsonaro ainda pela manhã para avisar sobre a operação policial.[2] O presidente estava com um fuso horário de doze horas adiante: havia passado o dia anterior em uma longa viagem ao Japão, onde participaria de uma reunião do G20, grupo formado pelos países com as maiores economias do mundo. No dia 27, com agenda livre, Bolsonaro passeou pela cidade de Osaka e jantou em uma churrascaria brasileira.[3] Com a diferença de fuso horário, já começava a anoitecer no Japão quando foi informado da ação da PF. A partir dali, sua refeição ficou indigesta.

Quando os relógios marcaram pontualmente seis horas da manhã, agentes e delegados da Polícia Federal bateram na porta de três residências em diferentes cidades: uma delas, em Brasília, e duas outras no interior de Minas Gerais, em Governador Valadares e Ipatinga. Munidos de mandados de busca e apreensão e de prisão temporária expedidos pela 26ª Zona Eleitoral de Minas Gerais, os policiais federais se apresentaram e tomaram o cuidado de pedir para que os alvos da ação assinassem os mandados com uma simples frase, "Ciente", e a data e horário da ação, para evitar qualquer acusação de abuso ou ilegalidade.[4] Toda cautela naquela operação era pouca, já que era a primeira ação da PF que atingia diretamente o primeiro escalão do próprio governo do presidente Jair Bolsonaro. Um dos presos, Mateus Von Rondon, era assessor especial do Ministério do Turismo, enquanto os outros dois alvos trabalharam nas campanhas do PSL de Minas Gerais em 2018, diretório presidido por Marcelo Álvaro Antônio. A suspeita era que o PSL de Minas Gerais havia inscrito "candidatas-laranja" naquele ano que nunca verdadeiramente concorreram à eleição, mas foram lançadas apenas para receber recursos do fundo partidário destinados às mulheres, com o objetivo de desvios para os bolsos dos dirigentes.[5]

A ação era delicada não apenas porque atingia um ministro do governo, mas também porque se tratava de uma suspeita de irregularidade no partido ao qual o presidente da República era filiado. A investigação havia sido aberta pela Polícia Federal em março de 2019 após uma série de reportagens do jornal *Folha de S.Paulo* ter revelado o esquema. O PSL de Minas Gerais transferiu R$ 279 mil provenientes do fundo partidário (dinheiro público destinado ao financiamento das eleições) para campanhas de quatro candidatas que tiveram desempenho insignificante nas eleições de 2018, configurando forte indício de que eram "laranjas" para desvio dos recursos. Parte desse dinheiro foi posteriormente repassado a empresas pertencentes a parentes, assessores ou pessoas ligadas a Marcelo Álvaro Antônio, descreviam as reportagens.[6] O assunto virou uma fonte de constantes desgastes para o presidente Jair Bolsonaro.

Sergio Moro sabia que aquela investigação poderia trazer problemas para o governo. Por isso, alguns meses antes, em abril, quando viajou a Belo Horizonte para participar de eventos com o governador de Minas Gerais

Romeu Zema, aproveitou para marcar uma reunião com integrantes da cúpula da Superintendência da PF em Minas Gerais. Na conversa, o ministro foi direto ao ponto: disse aos delegados que queria entender melhor o teor do inquérito sobre os laranjas do PSL. A justificativa do ministro era que o presidente Jair Bolsonaro precisava estar bem-informado caso houvesse provas contundentes contra o ministro do Turismo, até para decidir com antecedência sobre uma eventual demissão. Mas a abordagem de Moro foi mal-recebida pelos investigadores. Fosse em outros tempos, quando a Lava-Jato começava a atingir os grandes nomes do PT, qualquer movimentação do então ministro da Justiça José Eduardo Cardozo em busca de detalhes sobre as investigações geraria um escândalo imediato, de proporções imprevisíveis. Os delegados não tiveram nenhuma reação brusca contra a investida de Moro, mas delicadamente se recusaram a dar informações sobre o inquérito sigiloso em andamento. Argumentaram que antecipar detalhes do caso geraria uma exposição indevida até mesmo para o ministro, que poderia se tornar alvo de pressões do Palácio do Planalto sobre o assunto. Seria melhor que ninguém soubesse de nada, afirmaram. Firmaram apenas um compromisso: no dia em que a operação fosse deflagrada, avisariam Moro, como é a praxe nesses casos. Sob um clima de constrangimento, o ministro concordou e deu o assunto por encerrado.[7]

Aquele inquérito era tratado com o máximo de cuidado e discrição dentro da PF de Minas Gerais. Os delegados envolvidos sabiam que qualquer deslize ou vazamento serviria de combustível para ataques do Palácio do Planalto. Por isso, apenas um grupo restrito dentro da superintendência tinha conhecimento do caso. A primeira fase da operação, batizada de Sufrágio Ostentação, foi deflagrada em 29 de abril, com buscas e apreensões na sede do PSL de Minas.[8] Mas foi a segunda fase, colocada nas ruas no dia 27 de junho, que resultou em prisões e colocou a PF pela primeira vez em rota de colisão com o presidente Jair Bolsonaro. Em entrevista coletiva na noite daquele dia, em um dos intervalos de seus compromissos no Japão, Bolsonaro deu declarações a respeito do assunto que foram vistas com preocupação dentro da PF. Disse que Moro lhe entregou uma "cópia" da investigação, que tramitava sob sigilo — isso poderia caracterizar crimes como violação de sigilo funcional e divulgação de segredo.

"Ele [Moro] mandou a cópia do que foi investigado pela Polícia Federal pra mim. Mandei um assessor meu ler porque eu não tive tempo de ler", afirmou.[9]

Diante do desconforto que a declaração causou, o Ministério da Justiça posteriormente divulgou uma nota tentando esclarecer, mas sem explicar muito bem o assunto. Afirmou apenas que o ministro enviou para Bolsonaro informações já "amplamente disponíveis à imprensa" — não é possível saber o que significa essa frase, porque não havia nenhuma informação "amplamente disponível" na ocasião. "Nenhuma peça ou informação processual que pudesse comprometer o sigilo das investigações ou que já não estivesse amplamente disponível à imprensa foi repassada", dizia o ministério.[10] Em um depoimento que prestou à Polícia Federal após sua demissão, Sergio Moro disse que informava ao presidente ações realizadas pela PF, mas que não repassava dados sigilosos dos inquéritos.[11] Fato é que a investigação continuou tramitando normalmente, sem nenhuma interferência indevida no trabalho dos investigadores.[12] Em 4 de outubro de 2019, a Polícia Federal finalizou o inquérito e indiciou o ministro do Turismo pelos crimes de omissão na prestação de contas de campanha e associação criminosa.[13]

Quando Sergio Moro percebeu que as provas contra o ministro eram robustas, passou a adotar uma postura que chamou a atenção dos seus colegas da Esplanada. Nas reuniões ministeriais com a presença do primeiro escalão do governo, parou de estender a mão para cumprimentar Marcelo Álvaro Antônio.[14] Moro praticamente ignorava o ministro do Turismo e evitava rodinhas de conversa em que ele estava presente, provocando desconforto nos colegas do governo. Era sua maneira silenciosa de expressar a insatisfação pela permanência dele no primeiro escalão, mesmo diante de tantas acusações graves. Bolsonaro resistiu à pressão e apenas em dezembro de 2020 tirou Marcelo Álvaro Antônio do comando da pasta, mas não por causa das acusações de desvios de recursos, e sim por estar insatisfeito com uma briga pública que ele teve com o general Luiz Eduardo Ramos, à época ministro da Secretaria de Governo e pessoa de estrita confiança de Bolsonaro.[15]

Ser o chefe hierárquico da Polícia Federal é uma tarefa inglória para todo ministro da Justiça. Invariavelmente, ele sempre será cobrado pela classe política para conter o trabalho da corporação, o que poderia caracterizar até a prática de crimes como obstrução de Justiça. Mas, além das pressões externas que começava a receber, Moro também teve que enfrentar duras cobranças internas da corporação. Associações de classe da PF queriam que o ministro defendesse no Palácio do Planalto as principais demandas da corporação, mas ele evitava se engajar nos pedidos e delegava as conversas aos seus subordinados. No início de sua gestão, no dia 22 de março, Moro abriu uma exceção e recebeu em seu gabinete um dos principais representantes da corporação, o presidente da Associação dos Delegados da Polícia Federal (ADPF) Edvandir Paiva. A entidade, com mais de quarenta anos de existência, é a principal porta-voz das demandas dos delegados. Foi a primeira e única reunião de Moro com a ADFP durante sua gestão como ministro.[16] No fim do ano anterior, quando ficaram sabendo que o ex-juiz da Lava-Jato assumiria o comando do ministério, os delegados alimentaram uma expectativa altamente positiva da futura gestão. A relação que Moro mantinha com a Superintendência da PF em Curitiba era a melhor possível. Além de ser rápido nos despachos em seus processos, o que agradava os investigadores, mantinha bom diálogo e chegou a se mobilizar para ajudar a Superintendência a aumentar sua equipe de policiais. Em 2016, Moro autorizou o repasse de valores arrecadados com as condenações da Lava-Jato para pagar contas de luz do prédio da PF em Curitiba, que estavam atrasadas em meio a dificuldades orçamentárias.[17] A lua de mel entre Moro e a instituição, que perdurou durante o período das investigações da Lava-Jato, incluiu um convite ao juiz para participar, em agosto de 2018, do terceiro Simpósio Nacional de Combate à Corrupção, realizado pela ADPF na cidade de Salvador. No evento, foi agraciado com uma homenagem, a medalha Tiradentes, considerada a mais alta condecoração concedida pela associação.[18] Por todo esse histórico de relacionamento com o juiz, a ADPF divulgou uma nota pública no dia 1º de novembro de 2018 comemorando o anúncio de Sergio Moro como futuro ministro da Justiça do governo que estava sendo montado. Assinada pelo presidente da entidade, Edvandir Paiva, a nota dizia:

> *Ao aceitar o desafio de chefiar um reformulado Ministério da Justiça, Moro terá a oportunidade de fazer no âmbito do Poder Executivo aquilo que mais demonstrou ao longo de sua atuação no Poder Judiciário: combater, de forma efetiva, o crime organizado e a corrupção*

endêmica no Brasil. Será a oportunidade de, do alto do prestígio e da admiração que seu trabalho amealhou, liderar a preparação do país para a prevenção e repressão de crimes, de forma sustentável, por muitas gerações. Isso só será possível por meio de políticas públicas eficazes, com a adoção de medidas que fortaleçam as instituições de Estado. Esperamos que o novo Ministro da Justiça apoie medidas legislativas de fortalecimento e proteção da Polícia Federal contra influências do poder político e econômico e que sua gestão deixe como legado uma estrutura normativa e executiva pronta para que as instituições funcionem independentemente de quem estiver no comando da ocasião.[19]

Nenhuma dessas expectativas se concretizou quando Paiva entrou no amplo gabinete localizado no quarto andar do Palácio da Justiça, construção projetada pelo arquiteto Oscar Niemeyer com plantas e espelho d'água na fachada frontal. Moro recebeu o delegado, que estava acompanhado de outros dois diretores da associação, com semblante sério e trato formal. Como era de costume do ex-juiz, tinha mais intenção de ouvir do que falar. A corporação criara a expectativa de, naquela conversa, abrir um permanente canal de diálogo com o ministro, mas se frustrou com sua postura fechada. Os diretores listaram a Moro diversas demandas da Polícia Federal,[20] dentre elas um pleito antigo considerado extremamente importante para a categoria: o estabelecimento de um mandato fixo para o cargo de diretor-geral para blindar o órgão de interferências e pressões políticas. O mandato era defendido por policiais federais desde os anos 2000, mas nunca saiu do papel. Uma proposta sobre o assunto, criando um mandato de três anos, já tramitava no Senado desde 2015, mas a classe política nunca permitiu que fosse adiante. Não tinham interesse em dar independência e autonomia a uma corporação que poderia investigá-los por corrupção e outros crimes. A esperança dos delegados era que, naquele momento, com um presidente eleito com um discurso de combate à corrupção e tendo Sergio Moro como ministro da Justiça, haveria um clima político favorável para levar o assunto adiante.

A resposta recebida, entretanto, frustrou os delegados. Moro afirmou que, pessoalmente, era favorável ao mandato para diretor-geral, mas ponderou que aquele momento não era adequado para tentarem aprovar essa proposta.[21] Isso porque a Câmara dos Deputados iniciava as discussões sobre o Pacote Anticrime, principal proposta de sua gestão. O ex-juiz apostava todas suas fichas nesse assunto. Não queria perder o foco nem dividir a atenção com outro tema espinhoso no Congresso. A PF também tinha mais uma demanda no mesmo sentido: ganhar autonomia financeira, ficando responsável pela definição do próprio orçamento, sem passar pelo Ministério da Justiça e sem entrar em barganhas políticas com o governo federal e o Congresso Nacional. Entretanto, os diretores da associação consideraram que aquele assunto não era tão urgente como a criação do mandato para o diretor-geral e preferiram nem abordá-lo com Moro naquela primeira reunião, já que havia expectativa de um permanente diálogo com o ministro. Por isso, receberam outro recado decepcionante durante o encontro: Sergio Moro deixou claro aos diretores da ADPF que não estabeleceria um canal direto de conversa com eles. Orientou os delegados a discutirem suas demandas com o diretor-geral da Polícia Federal, Maurício Valeixo, nome de sua confiança.[22] Além de reafirmar a hierarquia da PF, Moro não queria se engajar diretamente nas pautas de um dos muitos órgãos subordinados ao Ministério da Justiça, que era composto de instituições como Polícia Rodoviária Federal, Funai, Secretaria Nacional de Segurança Pública, Departamento Penitenciário Nacional, Secretaria Nacional de Políticas sobre Drogas e outros, todos com demandas próprias e reclamações para levar ao ministro.

Os delegados também expressaram muita preocupação com a proposta que havia acabado de ser apresentada pelo ministro Paulo Guedes para a reforma da previdência e pediram ajuda a Moro para melhorar as condições de aposentadoria dos policiais federais. Queriam que o ministro os defendesse no Palácio do Planalto, mas não conseguiram arrancar nenhuma garantia de que isso seria feito. A ADPF reclamava de algumas alterações no regime de aposentadoria dos policiais, como nos casos de invalidez decorrente de doença grave. A proposta do governo dava a esses segurados um salário de 60% das contribuições feitas, mas os delegados pleiteavam aposentadoria integral. A entidade também se queixava dos valores pagos a título de pensão aos familiares no caso de morte do policial federal. Diante da imobilidade de Moro sobre o assunto, a ADPF chegou a ingressar com uma ação no Supremo Tribunal Federal para rever esses pontos da reforma, mas não obteve sucesso.[23]

Os delegados deixaram aquela reunião com um sentimento de decepção que perdurou por toda permanência de Moro no governo. Compreenderam claramente que a expectativa de serem defendidos pelo ex-juiz não se concretizaria. A partir dali, o relacionamento das entidades de classe da PF com o ministro tornou-se conturbado. Em outubro de 2019, Sergio Moro assinou uma portaria que ampliava as atribuições da Polícia Rodoviária Federal e autorizava o órgão a realizar "investigação de infrações penais",[24] gerando imediatamente uma guerra com a PF, que enxergava a medida como uma usurpação de suas competências. A associação chegou a protocolar uma ação no Supremo para tentar derrubar a portaria baixada por Moro. O então presidente do STF, Dias Toffoli, proferiu uma decisão liminar suspendendo a portaria, mas pouco tempo depois voltou atrás em sua decisão.[25] Apenas em janeiro de 2021 é que o sucessor de Moro, André Mendonça, revogou definitivamente aquela portaria e acalmou os ânimos da PF.[26] A relação de associações de classe da Polícia Federal com Mendonça no comando do Ministério da Justiça, aliás, foi mais profícua do que a de seu antecessor.

A antiga equipe do ministro admite que seu engajamento nas demandas da PF foi pequeno. Afirmam, em sua defesa, que uma das suas principais realizações em benefício da Polícia Federal foi a apresentação de uma medida provisória, no início de 2020, que criou 860 novas funções de confiança dentro da estrutura da instituição, proporcionando remunerações melhores para seus ocupantes devido às gratificações dos cargos comissionados. A MP foi aprovada no Senado cinco meses depois.[27] Mas Moro não quis comprar nenhuma das grandes brigas para garantir a independência da Polícia Federal e sua blindagem contra as pressões da classe política.

"Moro não queria encampar demandas corporativas. Não queria ser visto como defensor de uma ou outra corporação. Ele se preocupava mais com os assuntos institucionais", afirmou, em entrevista ao livro, um ex-auxiliar do ministro.[28]

Recém-eleito presidente da República, Jair Bolsonaro passou a maior parte do mês de novembro de 2018 no Rio de Janeiro, acompanhado por uma forte escolta policial. Não era para menos: durante a campanha eleitoral, Bolsonaro havia sido alvo de um atentado e atacado com uma facada em um ato em Juiz de Fora – MG.[29] Cada vez que saía de sua residência, localizada em um condomínio na Barra da Tijuca, zona oeste da capital fluminense, mesmo que fosse apenas para ir a um caixa eletrônico, uma comitiva de policiais federais tinha a missão de acompanhá-lo, conduzindo o presidente eleito em uma viatura descaracterizada.[30] Durante um desses deslocamentos, Bolsonaro seguia viagem no banco de trás do veículo acompanhado do general reformado do Exército Augusto Heleno, seu futuro ministro do Gabinete de Segurança Institucional, e comemorava a escolha de militares das Forças Armadas para compor sua equipe de governo. Um dos ministérios ainda indefinidos era o do Meio Ambiente. No meio do bate-papo, Bolsonaro se dirigiu a um agente da Polícia Federal responsável por sua escolta, que estava sentado à frente, no banco do carona, e perguntou:

"Só está faltando agora um policial federal entrar pro governo. Ei, você conhece algum policial que entenda de meio ambiente?"[31]

O agente da PF Bruno Malvaccini não esperava receber um questionamento como aquele. Não tinha proximidade com o presidente eleito e, por isso, pareceu-lhe inusitado que o futuro chefe do Poder Executivo lhe pedisse uma indicação para compor sua equipe de ministros. Mas, para a surpresa de todos, Malvaccini respondeu com firmeza. Ele tinha um nome muito adequado para aquela missão.

"Presidente, conheço sim."[32]

Ainda dentro do carro, Malvaccini telefonou para um antigo conhecido, um delegado que estava havia quase dez anos combatendo delitos ambientais na região da Amazônia. Havia passado por Roraima, Maranhão e, naquele momento, era o superintendente da PF no Amazonas. Seu nome era Alexandre Saraiva.

"Ô Saraiva, tudo bem? Olha, estou aqui com o presidente Bolsonaro e ele quer falar contigo."[33]

Espirituoso, Saraiva não acreditou no colega. Apesar de ouvir ao fundo uma voz parecida com a do presidente eleito, pensou se tratar de uma grande armação. Em tom jocoso, desconfiou:

"Isso é trote né? Tenho certeza."[34]

Para provar que falava a verdade, Malvaccini passou o telefone para Bolsonaro conversar diretamente com Saraiva. Aquela voz, que havia ficado muito conhecida durante a campanha eleitoral, era inconfundível. Bolsonaro foi direto ao ponto e disse que buscava um nome para o Ministério do Meio Ambiente. O futuro presidente, entretanto, logo deixou claro seu receio sobre o futuro chefe da pasta.

"Você tem alguma coisa contra agricultor?", perguntou Bolsonaro.

"Não, presidente, contra agricultor, não. Eu só tenho mesmo é contra criminoso", respondeu Saraiva, à altura da provocação.

"Escuta, você tem como vir na minha casa conversar comigo amanhã?", convidou o presidente.[35]

Saraiva topou na hora. Por sorte, o delegado, que é natural do Rio de Janeiro, estava passando férias na cidade. Diante do desafio que teria pela frente, decidiu passar a noite dedicado a estudar temas de políticas ambientais para chegar afiado na conversa. Na época, o delegado fazia doutorado em ciências ambientais e desenvolvia uma tese a respeito do impacto da exploração ilegal de madeira sobre os índices de desmatamento na Amazônia. Telefonou, então, para seu orientador, o pesquisador Niro Higuchi, e pediu dicas sobre o assunto. Ele sabia, por exemplo, que o futuro presidente era um crítico dos acordos internacionais sobre o clima, e perguntou sobre os pontos negativos do Acordo de Paris. Na conversa, chegaram a uma resposta: a meta para o Brasil reflorestar 12 milhões de hectares de florestas até 2030 com árvores nativas era completamente inviável. Esse seria um dos pontos que Saraiva apresentaria ao presidente.

No dia seguinte, o delegado se dirigiu ao condomínio de Bolsonaro na Barra da Tijuca, que já funcionava como um QG informal do seu futuro governo. Encontrou lá um outro amigo antigo da PF: o delegado Alexandre Ramagem, que havia sido seu subordinado na Superintendência de Roraima. Após o atentado sofrido por Bolsonaro durante a campanha eleitoral, Ramagem assumiu a chefia da equipe de segurança do futuro presidente. Em pouco tempo, tornou-se o principal nome de confiança de Jair Bolsonaro e seus filhos dentro da Polícia Federal.[36]

A conversa com Saraiva durou mais de duas horas. O jeito debochado e informal de Bolsonaro chamou a atenção do delegado, que não o conhecia pessoalmente. Ao falarem sobre meio ambiente, discordaram de praticamente tudo. Saraiva discorreu sobre a dinâmica do desmatamento na Amazônia: afirmou que os principais responsáveis pelo crime ambiental na região atualmente são os madeireiros ilegais, e não o agronegócio.[37] Esse era o foco de sua tese de doutorado, que estava em fase final naquela ocasião.

"Presidente, eu não sei por que o senhor faz tanta questão de ficar mal com o meio ambiente quando o senhor pode ficar bem na fita. Hoje, a dinâmica da destruição da Amazônia mudou. Não é mais o agronegócio a ponta de lança", afirmou Saraiva.[38]

O delegado explicou a Bolsonaro que o mercado internacional de madeira sempre foi dominado pelo sul da Ásia, mas a produção daquela região estava declinando, o que aumentava a pressão sobre a extração de madeira da Amazônia. Por isso, a indústria madeireira acabava atuando de forma ilegal e garantia altas margens de lucro. Saraiva apresentou ao presidente uma solução simples para o problema: focar no combate à madeira ilegal e às organizações criminosas da região. Bolsonaro ouviu com atenção e ficou pensativo, mas não se convenceu. Logo em seguida, disparou uma pergunta que mostrava seu desprezo às questões ambientais:[39]

"O que você acha de sair do Acordo de Paris?"

"Acho péssimo. É ruim pra imagem do país, vai ter muitas consequências."

"Pô, mas não dá pra criticar nada do acordo?"

"Claro que sim. Tem uma cláusula absurda, para reflorestar 12 milhões de hectares de floresta nativa até 2030. Todo mundo da área ambiental sabe que não dá pra fazer. Em sete anos, a gente conseguiu reflorestar 7 milhões, mas em eucalipto. A floresta amazônica é muito mais complexa. Nesse ponto você pode falar isso, com propriedade."[40]

Apesar de discordâncias de ambos os lados, a conversa fluiu bem. O futuro presidente gostou daquele delegado que não tinha receio de lhe desagradar e dizia de forma direta o que pensava. Porém, ao expor seu ponto de vista contrário, Bolsonaro deixava claro que considerava os ambientalistas inimigos do agronegócio. Para ele, os agricultores queriam produzir, mas os ambientalistas não deixavam que isso acontecesse.

"Presidente, não é isso o que acontece. Quem está destruindo tudo é uma organização criminosa que rouba patrimônio público. Não é pra plantar, não são os agricultores", afirmou Saraiva.[41]

Para corroborar suas declarações, o delegado levou documentos de investigações sobre crimes ambientais e os mostrou a Bolsonaro. Ao final da conversa, o presidente eleito deu a entender ao delegado que ele tinha chances de ser o escolhido para o cargo de ministro do Meio Ambiente. Tanto que até lhe fez um alerta sobre a montagem da futura equipe.

"Você escolhe sua equipe, eu não vou me meter. A não ser que tenha algum inimigo meu, aí não dá..."[42]

Saraiva saiu de lá acreditando que era apenas uma questão de tempo para se tornar ministro do Meio Ambiente. Entretanto, não foi o que aconteceu. Bolsonaro acabou sendo convencido a escolher uma pessoa mais alinhada com seus pensamentos e com mais afinidade com o agronegócio. No início de dezembro, anunciou o nome de Ricardo Salles, ex-secretário do Meio Ambiente do governo de São Paulo, para o cargo. Muito mais conectado às bandeiras da direita, Salles chegou a fazer uma peça publicitária em sua campanha para deputado federal em 2018 com munições de fuzil ao centro da imagem e apologia a ataques violentos ao Movimento dos Trabalhadores Rurais Sem-Terra e outros movimentos no campo. "Contra a praga do javali; contra a esquerda e o MST; contra o roubo de trator, gado e insumos; e contra a bandidagem no campo", dizia a campanha.[43]

Mas, mesmo não escolhendo Saraiva para o cargo, Bolsonaro manteve o delegado dentro de seus planos e ainda queria alçá-lo a algum posto dentro de seu governo. Depois de alguns meses, o presidente lançaria Saraiva no centro de uma das maiores crises da história da Polícia Federal — gerando o primeiro grande atrito entre a corporação e o presidente da República.

Eram 8h15 da manhã quando o delegado Carlos Henrique Oliveira de Sousa acabava de dobrar à direita na avenida Cais do Apolo, nº 321, para entrar no estacionamento da Superintendência da Polícia Federal de Pernambuco, prédio de fachada azul com um brasão da corporação no topo. O dia era 15 de agosto de 2019. Carlos Henrique, que era o superintendente do estado desde o início do ano, surpreendeu-se quando seu telefone celular tocou e o nome no visor mostrava que o autor da ligação era seu chefe: Maurício Valeixo, diretor-geral da PF. Mais surpreendente ainda era o recado que recebeu:

"Carlos, vamos ter que adiantar os planos. Você vai para o Rio logo."[44]

Aquela informação deixou o delegado atônito. Na corporação desde 1999, Carlos Henrique construiu sua trajetória dentro da Superintendência da PF do Rio de Janeiro. Lá, ocupou cargos como chefe do setor de inteligência, corregedor regional, representante regional da Interpol e delegado regional executivo. Para ser superintendente de um Estado tão importante, porém, a tradição dentro da Polícia Federal exigia que o candidato tivesse experiência no comando de uma Superintendência menor. Por isso, no início do ano, quando Valeixo assumiu o comando da PF, fez um acordo com Carlos Henrique, com quem mantinha boa relação. Enviaria o delegado para a missão de ser superintendente de Pernambuco e, no final do ano, ele poderia retornar ao Rio no posto de chefe do órgão no estado. Até lá, Valeixo só precisava arrumar uma nova missão para o delegado Ricardo Saadi, então superintendente do Rio. Saadi já tinha dito que desejava ir para Brasília ou São Paulo, por isso sua saída do Rio era só uma questão de tempo e organização interna. Àquela altura, Moro estava mergulhado até a cabeça nos trâmites sobre a troca, e se reuniu com Saadi para debater seu futuro. Combinaram que ele ocuparia um posto como adido na Europol, a polícia europeia que funciona de maneira similar à Interpol.[45]

Ao atender o telefonema, Carlos Henrique não entendeu o motivo de terem antecipado os planos, nem tampouco quando ocorreria a mudança.

"Chefe, mas quando é esse 'logo'? Daqui a um mês, dois meses? Preciso saber para me planejar."[46]

"O logo? Ah… Acho que daqui a um mês, mais ou menos", disse Valeixo, que não sabia a data, mas fez uma estimativa para permitir ao subordinado começar a organizar sua mudança.[47]

Carlos Henrique não foi informado sobre mais nenhum detalhe daquela repentina alteração nos planos da Polícia Federal. Valeixo, que sempre teve a discrição como marca de sua atuação profissional, nada explicou. Mas o fato é que, fazia algumas semanas, ele havia recebido um pedido para mudar o comando do Rio. O recado chegou até ele por meio do ministro Sergio Moro. No início de agosto de 2019, Bolsonaro chamou o então ministro da Justiça para uma conversa no Palácio do Planalto e solicitou a troca no comando da PF do Rio. Logo depois, também em uma reunião em privado, Moro relatou a Valeixo aquele pedido.[48] Bolsonaro até mesmo apresentou um nome ao ministro da Justiça: Alexandre Saraiva, o superintendente da PF no Amazonas, que o presidente havia cogitado convidar para ser ministro do Meio Ambiente, em dezembro. Saraiva e Bolsonaro não mantiveram mais contato após aquela reunião em sua residência na Barra da Tijuca, mas o presidente ainda queria dar uma missão àquele delegado.

Nesse primeiro momento, Moro não rechaçou o pedido feito por Bolsonaro. Ele próprio tinha uma boa impressão de Saraiva. No dia 10 de junho, o ministro viajou a Manaus em meio a uma crise no sistema penitenciário do estado do Amazonas, que resultou na morte de mais de cinquenta detentos graças a uma disputa entre facções criminosas.[49] Naquele dia, Saraiva fez o papel de anfitrião e cicerone do ministro. Acompanhou-o em visita ao Complexo Penitenciário Anísio Jobim e discutiu com Moro as possíveis saídas para aquela crise na segurança pública e as falhas que provocaram a situação. Já no final da viagem, Moro fez uma visita à Superintendência da PF e ficou mais à vontade para conversar com Saraiva. Naquele momento, pediu para falar com ele em particular e foram para uma sala isolada.

"Saraiva, o pessoal do ministério me falou muito bem de você. Você aceitaria ser presidente da Funai?", perguntou o ministro.[50]

A Funai (Fundação Nacional do Índio) era um dos setores mais problemáticos para Moro e o governo Bolsonaro. No início da gestão, a reorganização administrativa feita pelo Palácio do Planalto havia retirado o órgão da estrutura do Ministério da Justiça, mas o Congresso Nacional colocou a Funai de volta sob a responsabilidade de Sergio Moro. Assim como enxergava nos ambientalistas um entrave para o desenvolvimento econômico, Bolsonaro queria permitir atividades econômicas, como a mineração, dentro dos territórios indígenas, o que provocava revolta nos especialistas da área. Era, portanto, uma missão espinhosa para Saraiva. Ele não demonstrou empolgação na resposta, mas sinalizou que aceitaria o desafio. Fez, porém, diversas ressalvas:

"Ministro, não é o cargo dos meus sonhos. Em primeiro lugar, porque eu gosto do que eu tô fazendo aqui. Em segundo lugar, porque aquilo é complicado demais. Eu nunca trabalhei com questões indígenas, apesar de lidar com esse assunto aqui no Amazonas. E duvido que a bancada ruralista vá aprovar o meu nome. Mas eu aceitaria, sim."[51]

Moro voltou para Brasília com a promessa de fazer um novo contato caso houvesse alguma evolução no assunto da Funai. Saraiva não recebeu nenhuma resposta sobre aquele convite, mas pouco tempo depois passou a ser cotado para outra missão. Alguns dias após a visita de Sergio Moro, o delegado atendeu um telefonema de um amigo antigo da PF que havia se tornado muito próximo do presidente da República: o delegado Alexandre Ramagem. Ramagem, que comandou a segurança de Bolsonaro na campanha eleitoral após a facada, passou a trabalhar como assessor especial no Palácio do Planalto e, no mês de junho, foi indicado para o comando da Agência Brasileira de Inteligência, a Abin. Ramagem não tinha nenhuma função de comando na Polícia Federal, mas havia recebido a missão de Bolsonaro para sondar Saraiva para um cargo dentro da corporação. Ao mesmo tempo em que o presidente havia solicitado a Moro aquela substituição, escalou Ramagem para preparar o espírito do futuro superintendente.

"Saraiva, acho que vão te convidar para ser superintendente no Rio. Você aceitaria?", perguntou Ramagem.[52]

A conversa teve um tom informal de velhos amigos batendo papo. Saraiva não entendeu de onde vinha a sondagem e nem quis saber. Para ele, que desde 2011 acumulava a experiência de comandar superintendências na região da Amazônia, era mais do que natural retornar ao Rio naquele posto.

"Mas é claro, Ramagem. Se eu aceitei ir do Rio pra Roraima, por que eu não aceitaria voltar?"

Quando essa articulação foi levada a Valeixo, entretanto, o diretor-geral da PF deixou claro a Moro que não aceitaria aquela indicação. Delegado com vasta experiência, acostumado a pressões dos mais diversos tipos, Valeixo tem uma característica marcante: não costuma elevar o tom de voz e é capaz de dizer até mesmo as coisas mais graves de uma forma serena. Quando Moro o chamou para comandar a PF durante sua gestão como ministro, ele havia estipulado uma exigência: as escolhas dos cargos da Polícia Federal deveriam ser decididas dentro da própria instituição. Valeixo estava buscando uma solução para Saadi sair do Rio e poder nomear Carlos Henrique como superintendente quando aquele pedido atropelou seus planos. Foi com sua habitual calma que ele respondeu a Moro que a troca da PF do Rio já estava acertada para o final do ano e que o nome não era o de Saraiva. Valeixo, em seguida, explicou ao ministro o que significava aquele pedido:

"Existe uma lógica dentro da corporação na indicação dos superintendentes, com critérios como experiência e antiguidade. Os nomes não são escolhidos só por mim. Não dá pra um superintendente ser indicado pelo presidente ou pelo ministro.[53]

Moro compreendeu o recado. A partir daquele momento, o ministro trabalharia para que a Polícia Federal fosse blindada e não tivesse a interferência externa do presidente. Aquela articulação, porém, acabou extrapolando os bastidores. Insatisfeito com a resistência, Bolsonaro decidiu jogar no ventilador e tornar pública sua briga com a PF. Carlos Henrique e Saraiva, que não sabiam de nada daquilo, só compreenderam a dimensão do problema no dia 15 de agosto de 2019, quando os jornais estampavam as declarações do presidente. "Bolsonaro atropela Polícia Federal e anuncia troca de superintendente no Rio", dizia uma das manchetes, da *Folha de S.Paulo*.

"Todos os ministérios são passíveis de mudança. Vou mudar, por exemplo, o superintendente da Polícia Federal no Rio de Janeiro. Motivos? Gestão e produtividade", afirmou o presidente.[54]

Além de sinalizarem uma interferência, as declarações desmoralizavam um delegado respeitado dentro da PF. Por isso, no mesmo dia, provocaram reação da PF e instalaram uma crise na diretoria do órgão. Valeixo submeteu a Moro, e obteve seu aval para publicar uma nota que rebatia diretamente o presidente da República, defendia a produtividade da gestão de Saadi e dizia que a troca no Rio já estava decidida com o nome de Carlos Henrique. Simbolicamente, a PF traçava um risco no chão e dizia ao presidente que daquela linha ele não poderia passar.

A nota publicada pela Polícia Federal às 16h48 daquele dia informava:

> *A Polícia Federal informa, em relação à substituição do Superintendente Regional no Estado do Rio de Janeiro, que a troca da autoridade máxima do órgão no estado já estava sendo planejada há alguns meses e o motivo da providência é o desejo manifestado, pelo próprio policial, de vir trabalhar em Brasília, não guardando qualquer relação com o desempenho do atual ocupante do cargo. A substituição de superintendentes regionais é normal em um cenário de novo governo. De janeiro para cá, a PF já promoveu a troca de onze superintendentes. O*

nome do substituto, escolhido pela Direção Geral da Polícia Federal, é o do delegado de polícia federal Carlos Henrique Oliveira Sousa, atual Superintendente Regional em Pernambuco.[55]

No dia seguinte, Bolsonaro voltou a acirrar os ânimos com a PF e deixou claro que queria outro nome para a Superintendência do Rio, o do delegado Alexandre Saraiva. O presidente digeriu mal a nota e viu a mensagem como uma afronta à sua autoridade. Já a cúpula da instituição entrou em clima de total insatisfação com as tentativas de interferência e passou a cogitar até mesmo um pedido de demissão coletiva. Moro apaziguou os ânimos na corporação e tinha outra percepção. Acreditava que o texto blindava Bolsonaro de acusações de interferir politicamente na PF. A opinião do ex-juiz sobre o chefe era que aquela atitude mostrava que o presidente não tinha qualquer respeito às pessoas e instituições.[56]

"O que eu fiquei sabendo, se ele resolveu mudar, vai ter que falar comigo. Quem manda sou eu, [para] deixar bem claro. Eu dou liberdade para os ministros todos, mas quem manda sou eu. Pelo que está pré-acertado, seria o lá de Manaus", afirmou Bolsonaro em uma nova e desastrosa declaração pública.[57]

A disputa sob os holofotes arrefeceu, mas na verdade nenhum dos dois lados cedeu. Moro escalou ministros da ala militar para tentar diminuir a tensão. O chefe do Gabinete de Segurança Institucional, general Augusto Heleno, intercedeu a favor do ministro da Justiça, com quem tinha ótima relação. Bolsonaro se convenceu a diminuir o tom, mas a trégua não durou muito tempo.[58]

A PF manteve a indicação de Carlos Henrique para a Superintendência do Rio, enquanto Bolsonaro resistia a autorizar que sua nomeação fosse oficializada. O delegado ficou num limbo, sendo anunciado para um cargo que estava impossibilitado de assumir. Nesse período de impasse, novamente entrou em cena o principal interlocutor da PF junto a Bolsonaro. Ramagem, que antes havia sondado Saraiva para o posto, agora telefonou para Carlos Henrique e se ofereceu para destravar sua nomeação. O delegado, que nessa época já havia assumido a direção da Abin, queria levar Carlos Henrique para um encontro pessoal com o presidente da República com o objetivo de contribuir para que aquela resistência diminuísse.

"Carlos, acho que é importante o presidente te conhecer, olhar no olho", justificou Ramagem.[59]

Aquele convite causou estranheza. Desconcertado, Carlos Henrique respondeu que consultaria seu superior hierárquico, o diretor-geral Maurício Valeixo. Assim que encerraram o telefonema, Carlos Henrique imediatamente buscou em seu celular o contato de Valeixo e ligou para relatar o ocorrido.

"Chefe, o Ramagem me ligou querendo que eu vá ao encontro do presidente."

"Tudo bem, já estou sabendo. Não tem problema nenhum, pode ir lá", respondeu o diretor-geral da PF.[60]

Carlos Henrique combinou com Ramagem que, na sua próxima viagem a Brasília, marcariam o encontro com Jair Bolsonaro, ainda sem data definida. No mesmo sentido, o próprio ministro Sergio Moro tomou a iniciativa de tentar apaziguar os ânimos. Passou a levar Valeixo com frequência nos despachos com Bolsonaro no Palácio do Planalto para tentar promover uma aproximação entre os dois. O desgaste daquele conflito havia sido muito grande e começou a gerar rumores da saída de Valeixo do cargo, situação que Moro queria evitar com a tentativa de articulação política. Contudo, seu próprio estilo de ex-juiz na pele de político dificultava esse movimento. Nessas reuniões, Bolsonaro com frequência fazia piadas e brincadeiras em seu jeito desbocado. Constrangido, Valeixo até tentava esboçar sorrisos como reação às piadas, mas o semblante sempre sério do ministro Sergio Moro acabava travando o diretor da PF.[61]

No início de novembro, quando a Polícia Federal em Brasília estava finalizando o curso de formação de novos delegados, Carlos Henrique foi chamado pela direção para conversar com os policiais recém-formados que seriam enviados para trabalhar em Pernambuco. Aproveitou a oportunidade e avisou a Ramagem que estaria na capital. O diretor da Abin se comprometeu a promover o encontro entre Carlos Henrique e Bolsonaro em um dia no qual surgisse uma brecha na agenda.[62] Como o gabinete de Ramagem ficava no Palácio do Planalto, ele pessoalmente verificaria um horário em que Bolsonaro estivesse disponível para chamar seu colega delegado ao Planalto. Carlos Henrique logo avisou a Valeixo e queria que ele também o acompanhasse no encontro com o presidente. Mas não teve sorte: o diretor-geral da PF iria viajar naquela semana para Foz do Iguaçu – PR, acompanhando Sergio Moro em agendas de trabalho, como uma reunião com chefes das polícias e ministros da Justiça dos países do Mercosul. Só estariam de volta a Brasília na sexta-feira, para participar da cerimônia de encerramento do curso de policiais federais. Em um dos dias em que Valeixo e Moro estavam fora, Ramagem telefonou para Carlos Henrique e o chamou ao Palácio do Planalto. Olhando de fora, o panorama era bizarro: um delegado que não compunha o primeiro escalão da Polícia Federal teria que se reunir com o presidente da República sem a presença de seus superiores hierárquicos, com a intermediação de um diretor de outro órgão.

O próprio Ramagem recebeu Carlos Henrique no Palácio do Planalto e o levou até o gabinete presidencial, no quarto andar. Apesar do tom de irritação usado pelo presidente nos episódios de briga com a PF sobre o comando do Rio de Janeiro, Carlos Henrique encontrou um Bolsonaro descontraído. O presidente relatou ao delegado sua trajetória política e se definiu como um vitorioso por ter chegado ao comando do país "contra tudo e contra todos", como ele mesmo se definiu.[63] Carlos Henrique discorreu um pouco sobre sua carreira dentro da PF, porém participou da conversa mais como ouvinte do que palestrante. Bolsonaro não fez nenhum pedido a respeito da Polícia Federal do Rio, mas deu um recado que deixou clara a sua preocupação: não queria que investigadores mirassem sua família. Ele abordou o assunto quando citou a investigação do Ministério Público do Rio sobre o esquema de desvios no gabinete de Flávio Bolsonaro na Alerj, o escândalo das rachadinhas. Afirmou ao futuro superintendente da PF que aquilo se tratava de uma perseguição à sua família, sem justificativas para o prosseguimento da investigação.

"O Ministério Público abriu essa investigação só porque é o meu filho, pô!", disse.[64]

Não era preciso dizer aquilo mais diretamente. O presidente havia deixado claro seu interesse na PF do Rio: não queria que o superintendente lhe causasse problemas e estava preocupado com a blindagem de sua família. A conversa durou pouco menos de meia hora e surtiu efeito. Duas semanas depois, com o aval do presidente, o Ministério da Justiça publicou no Diário

Oficial a nomeação de Carlos Henrique para o posto de superintendente da Polícia Federal do Rio de Janeiro. Naquela mesma semana da reunião no Palácio do Planalto, Bolsonaro fez questão de participar, na sexta-feira, da cerimônia de formação dos novos policiais federais. Sentou ao centro da fileira de autoridades no palco do evento, entre Sergio Moro e Maurício Valeixo. Cumprimentou-os efusivamente na entrada do evento, com sorrisos e poses para os fotógrafos presidenciais.[65] Quem visse apenas aquela imagem isolada pensaria que a paz estava selada e os ânimos haviam se acalmado. Mas era somente um jogo de cena: Bolsonaro não havia desistido de exercer o controle da Polícia Federal e fritar Sergio Moro até forçar sua saída do governo.

9.

O ESTREMECIMENTO

SERGIO MORO ENTROU NO AMBIENTE sofisticado do restaurante Tejo, um dos mais famosos de gastronomia portuguesa em Brasília, à procura de uma discreta mesa no fundo. Lá, um amigo já o esperava para jantar. Era um conselheiro valioso por sua vasta experiência política na capital e, além disso, por ter exercido função semelhante à de Moro no governo anterior: Raul Jungmann, ex-ministro da Segurança Pública de Michel Temer. A pasta foi extinta e absorvida pelo Ministério da Justiça na gestão de Jair Bolsonaro. Ambos mantinham uma relação desde a época em que Moro era juiz da Lava-Jato. Quando foi ministro da Segurança Pública, Jungmann tinha sob sua responsabilidade a Polícia Federal e, por isso, recebeu um telefonema de Moro no fatídico dia 8 de julho de 2018.[1] Durante um plantão do Tribunal Regional Federal da 4ª Região, que é o tribunal de segunda instância ao qual a Justiça Federal do Paraná está subordinada, o desembargador Rogério Favreto proferiu uma polêmica decisão liminar, ou seja, provisória, na qual determinou soltar o ex-presidente Lula. Jungmann recebeu pressão de todos os lados para não permitir que a PF a cumprisse. Naquele dia, Sergio Moro, que estava de férias, telefonou-lhe e avisou que iria proferir, mesmo assim, um novo despacho para manter Lula preso. Jungmann avisou que não poderia interferir na PF nem determinar o descumprimento de uma ordem judicial.[2] No fim das contas, não houve tempo hábil para a soltura e o petista seguiu preso porque o presidente do TRF4, desembargador Thompson Flores, deu uma nova decisão mantendo a prisão.

Ao assumir o cargo de ministro da Justiça, Moro teve uma postura respeitosa com Jungmann. Elogiou seu legado na área da segurança pública, com redução dos números da criminalidade, e fez questão de colocar o retrato dele na ala de ex-ministros, embora o antecessor não tenha ocupado a pasta da Justiça. Durante a transição entre os governos de Temer e Bolsonaro, Moro chegou a dizer esperar que Jungmann se tornasse seu "conselheiro informal".

"Gostaria de contar com o ministro Jungmann como um conselheiro informal, com toda sua experiência na área da gestão pública e na área da segurança."[3]

Eles, então, passaram a manter conversas frequentes, não apenas sobre a gestão da segurança pública, mas também sobre o cenário político. Naquele mês de junho de 2019, combinaram de jantar.[4] O Tejo era um dos restaurantes favoritos de Moro em Brasília, mas também era frequentado por toda a classe política. Os principais caciques do MDB durante o governo de Michel Temer estavam lá toda semana, tinham mesas cativas e eram tratados com pompa pelo dono do estabelecimento, Manuel Pires, o Manuelzinho.[5] Apesar de seu trabalho como juiz da Lava-Jato ter sido essencial para alvejar muitos caciques emedebistas na operação, Moro passou a frequentar o restaurante deles ao entrar para o mundo político de Brasília. Outro cliente cativo do estabelecimento era o ex-presidente da Câmara dos Deputados Eduardo Cunha,[6] que acabou na prisão pela caneta de Moro, em 2016.

Naquele jantar regado a vinho e com bacalhau à mesa, Jungmann fez um alerta a Moro com base em informações que recebeu de pessoas próximas. Escolado na política, o ex-ministro tinha uma visão mais apurada de Brasília que o sucessor:

"Olha, o presidente te vê como um adversário, então você tem que tomar todas as cautelas."[7]

O ex-ministro também disse a Moro que ele receberia pressões constantes do Palácio do Planalto para influenciar a Polícia Federal em investigações sensíveis para o governo, mas que deveria se blindar para que não houvesse risco de qualquer interferência. Lembrou da sua experiência pessoal e relatou:

"Todo ministro da Justiça é acusado de não controlar a PF, e não controla. Ninguém controla, não há como fazer", afirmou.[8]

Moro deu pouca importância àqueles conselhos e reafirmou sua lealdade a Bolsonaro. Não queria, nem mesmo nas conversas mais reservadas, passar um sinal de que pudesse ser um traidor.

"Mas eu nunca vou ser candidato contra o presidente, eu não faria isso", respondeu o ministro.[9]

Jungmann, então, contou-lhe um relato que recebeu de uma fonte próxima a um dos filhos do presidente, o senador Flávio Bolsonaro, conhecido como Zero-Um por ser o mais velho.

"Olha, o Zero-Um diz que o presidente da República cometeu dois grandes erros: o Mourão e o Morinho", contou Jungmann, deixando claro para Moro que a família Bolsonaro, além de não confiar no vice-presidente Hamilton Mourão, também não confiava nele.[10]

Moro deu de ombros para os conselhos. Os dois mudaram de assunto e passaram a falar de amenidades, mas a informação dada por Jungmann era real. Ao ser eleito, Bolsonaro costumava dizer ser contra a reeleição e sinalizava não ter vontade de disputar novamente o cargo.[11] Pouco tempo após ter começado o governo, entretanto, essa passou a ser sua prioridade. Então ministro da Secretaria-Geral da Presidência, Gustavo Bebianno relatou um sentimento de decepção a pessoas próximas. Para ele, o presidente havia se transformado em uma pessoa completamente diferente depois de ter chegado ao posto máximo do Poder Executivo, como narrou a um amigo:

"Ele tá louco com essa coisa de reeleição, só pensa em se manter no governo. Estamos há um mês e meio no Planalto, e ele só pensa nisso já."[12]

Bebianno não durou no cargo: foi demitido em menos de dois meses, no dia 18 de fevereiro, após desentendimentos com um dos filhos do presidente, o vereador Carlos Bolsonaro. Em março de 2020, ele sofreu um infarto e morreu aos 56 anos.[13]

O desejo de se reeleger pesava para que a exposição pública positiva de Moro incomodasse profundamente Bolsonaro. A boa relação que o ministro tinha com veículos de imprensa também desagradava o presidente, que havia apontado a TV Globo e os grandes jornais como inimigos. Nas conversas com membros mais próximos de sua equipe, Bolsonaro acusava Moro de vazar informações do governo a sites e blogs, sem ter provas disso. Adepto de teorias da conspiração, o presidente acreditava que o ministro da Justiça trabalhava contra seu governo com o objetivo de se cacifar para as eleições de 2022.[14]

Moro repetia para todos os interlocutores de Bolsonaro o que falava publicamente. Dizia que não seria candidato à Presidência e que não concorreria contra o presidente. Em um jantar com o ministro Paulo Guedes, em 2019, chegou a dizer que escreveria a negativa na própria testa.[15]

"As pessoas querem saber o que vai ser em 2022. O candidato a 2022 vai ser o presidente [Bolsonaro]. Você pode ficar quatro anos no Ministério e vai depois para a iniciativa privada", disse Moro ao colega.[16]

Dentro do Ministério da Justiça, a equipe costumava dizer que Bolsonaro tinha "ciúme" de Sergio Moro.[17] As pesquisas de opinião sempre mostravam que o ministro tinha uma popularidade superior à do presidente, o que era exposto em reportagens publicadas na imprensa. Em dezembro de 2019, uma pesquisa do instituto Datafolha contabilizou que Moro foi avaliado como ótimo ou bom por 53% dos entrevistados, como regular por 23%, e como ruim ou péssimo por 21%; 3% não responderam. A diferença era grande em relação aos índices do presidente Bolsonaro: 30% consideravam o governo do presidente ótimo ou bom; 32%, regular; e 36%, ruim ou péssimo; 1% não respondeu.[18] Sempre que uma pesquisa desse tipo era publicada, a equipe de comunicação do Ministério da Justiça adotava uma postura discreta para não acirrar o clima no Palácio do Planalto. O próprio Moro minimizava esses dados e dizia aos assessores não se importar com aquilo.[19] Mas esse "ciúme" chegou a se manifestar de forma explícita ao menos uma vez. O Palácio do Planalto tentou impedir o ministro de participar do programa de entrevistas *Roda viva*, em janeiro de 2020, que começaria a ser comandado pela jornalista Vera Magalhães. Moro era o convidado para o programa de estreia da nova apresentadora, que era odiada por bolsonaristas por sua atuação crítica ao presidente e aos seus aliados. Auxiliares de Bolsonaro enviaram recados a Moro de que a jornalista era considerada como uma adversária do governo e que sua participação como entrevistado poderia provocar desgastes em sua relação com o presidente — que àquela altura já estava bastante combalida.

Os recados partiram de nomes como o ministro Augusto Heleno, que mantinha um bom convívio com o ministro da Justiça, e de outros auxiliares do Palácio do Planalto.[20] Moro ignorou os apelos e participou da entrevista, realizada no dia 20 de janeiro, mas se manteve dentro do script e defendeu o governo de seu chefe. Negou a existência de interferências indevidas, embora estivesse sendo fortemente pressionado nos bastidores para realizar as mudanças solicitadas por Bolsonaro na PF. Àquela altura, Moro acumulava uma série de críticas ao presidente e ao governo, mas avaliava que aquele não era o momento nem o local para expor isso.[21]

A retaliação do presidente veio dois dias depois da entrevista. Bolsonaro recebeu no Palácio do Planalto um grupo de secretários estaduais de Segurança Pública[22] sem a presença do ministro responsável pela área. Além de desmoralizar Sergio Moro por conduzir uma reunião sobre um assunto diretamente de sua alçada sem convidá-lo, Bolsonaro foi além: no encontro, afirmou aos secretários que o governo estudaria a recriação do Ministério da Segurança Pública, o que esvaziaria os poderes de Moro e tiraria a Polícia Federal do organograma do Ministério da Justiça.

"Uma proposta também que trouxeram aqui que seria a possibilidade da recriação do Ministério da Segurança. Talvez, pelo anseio popular de ter dificuldade nessa área, [e de a segurança] ser talvez o ponto mais sensível em cada estado, essa possível recriação poderia melhor gerir a questão da segurança", disse o presidente.[23]

Essa articulação deixou Moro furioso. Além de ter comentado com pessoas próximas que a atitude do presidente havia sido "desleal", avisou a ministros do Palácio do Planalto que deixaria o governo caso Bolsonaro seguisse em frente com aquele plano. Era a segunda vez que ele considerava seriamente abandonar o barco.

"Olha, por mim tá tranquilo. Se ele dividir o ministério, eu saio. Se não dividir, eu fico", afirmou, na ocasião, a um assessor.[24]

Com receio de que a saída do ministro mais popular e símbolo de combate à corrupção afundasse a imagem do governo, integrantes da ala militar conseguiram convencer Bolsonaro a deixar na gaveta o plano de recriar o Ministério da Segurança Pública. Mas o presidente seguia lentamente fritando Moro e preparando o terreno para a sua saída.

***

No início de 2020, Sergio Moro já acumulava uma longa lista de frustrações na sua curta carreira política. Após ter se tornado símbolo de combate à corrupção na Operação Lava-Jato, passou a integrar a equipe do presidente que patrocinava o desmonte de todas as instituições de combate à corrupção e sabotava as pautas defendidas por seu ministro da Justiça. Naquela época, Moro passou a comentar com amigos mais próximos qual considerava ser a prioridade do governo: acima de tudo, proteger os filhos do presidente, alvos de investigações em diversas esferas.[25] Nos bastidores, Bolsonaro cobrava que Moro se engajasse pessoalmente em sua defesa, mas o ministro evitava dar posicionamentos ou tomar ações nesse sentido. Costumava dizer que a função do ministro da Justiça não deveria ser confundida com a de advogado do presidente da República.[26] Pelo contrário: Moro buscou agir para evitar o desmonte do aparato de combate à corrupção, como no julgamento sobre compartilhamento de dados do Coaf, o que foi encarado por Bolsonaro como uma traição.

Mesmo com o desconforto, após a aprovação do Pacote Anticrime, Moro se preparava para trabalhar por novas mudanças legislativas, dentre elas a Proposta de Emenda à Constituição pela prisão em segunda instância, uma das suas principais bandeiras. Naquele momento, ainda acreditava que deveria permanecer no governo para tentar implementar essas mudanças, apesar de seu distanciamento de Bolsonaro ter se tornado explícito. Também ainda enxergava a vaga de ministro do Supremo Tribunal Federal como um possível prêmio de consolação a ser dado por Bolsonaro caso desejasse tirar ele do governo.[27] O ministro, no entanto, evitava falar explicitamente sobre esse tema. Moro sempre negou que tivesse pedido a Bolsonaro uma indicação à cadeira de ministro do STF, mas o presidente dizia o contrário. Em depoimento à Polícia Federal prestado em novembro de 2021 no inquérito sobre interferências indevidas, Bolsonaro disse que Moro até concordou com a mudança no comando da Polícia Federal, desde que isso ocorresse após sua indicação para uma vaga na Corte Suprema.[28]

A base aliada de parlamentares bolsonaristas, entretanto, já via o ministro com desconfiança.[29] Apesar de ser um símbolo para a credibilidade do governo na área de combate à corrupção, era considerado pouco conservador — ou até mesmo "progressista" e de "esquerda" — em temas caros ao bolsonarismo, como o armamento da população e o aborto. Em sua tese de doutorado na Universidade Federal do Paraná, defendida em 2002 sob o título *Jurisdição Constitucional como Democracia*, Sergio Moro defendeu um julgamento da Suprema Corte dos Estados Unidos que estabeleceu uma solução intermediária para a questão do aborto, reconhecendo o direito da mulher de realizar o ato de acordo com determinadas circunstâncias. Essas posições políticas colocavam Moro na mira dos bolsonaristas, embora eles não o criticassem abertamente por seu simbolismo e prestígio ainda remanescente da Lava-Jato.

Semanas antes de deixar o governo, o ministro foi convidado para um jantar com parlamentares que faziam parte dessa base ideológica do presidente. Após ter se habituado um pouco mais ao funcionamento da política em Brasília, Moro passou a participar eventualmente de encontros do tipo para estreitar relações com os deputados e defender suas pautas. Esse jantar aconteceu no apartamento do deputado Paulo Eduardo Martins em Brasília, com a presença da deputada Bia Kicis e do deputado Marcel van Hattem.[30] Tomaram vinho e conversaram sobre diversos assuntos palpitantes de Brasília. Com seu estilo descontraído, Bia Kicis brincou:

"Ministro, tô achando que o senhor tá mais confortável na política. No início, o senhor era todo durão. Agora tá aqui até jantando com a gente."[31]

A declaração provocou risos à mesa. Apesar do tom de brincadeira, a transformação era significativa. Moro ampliou seu leque de relações e até comparecia a eventos como aquele, mas não criou intimidade com ninguém desse novo círculo. Poucas pessoas eram chamadas para frequentar sua casa, por exemplo, ambiente restrito aos amigos de longa data — basicamente, os velhos conhecidos dos tempos de Curitiba. Depois da brincadeira, a mesma deputada perguntou a Moro se ele tinha planos de se candidatar a presidente.

"Não, eu não levo jeito pra isso não", Moro desconversou.

"Quem sabe não vem aí oito anos de Bolsonaro e oito anos de Moro? Pra gente consertar esse país", rebateu Bia Kicis, gerando algazarra no jantar.[32]

A conversa perdeu o rumo quando os convidados entraram em um assunto divergente. O governo, capitaneado pelo ministro Paulo Guedes, discutia uma proposta de reforma administrativa com mudanças profundas no funcionalismo público, dentre elas a possibilidade de contratação sem garantia de estabilidade, principal atrativo do setor, que seria mandada ainda naquele ano para análise do Congresso Nacional.[33] Adeptos da agenda liberal, os parlamentares defenderam com ênfase esse ponto, mas Moro demonstrou discordância. Ex-juiz federal, ele defendia as vantagens do funcionalismo público e era contrário àquelas mudanças. Tentou desconversar e mudar de assunto. Com um clima pesado instalado após a discordância, Moro pouco depois se levantou para ir embora. A situação provocou um climão.[34]

"Será que ele se estressou e foi embora só por causa disso?", comentou um parlamentar após a saída do ministro.[35]

As divergências entre Sergio Moro e Jair Bolsonaro se tornaram insanáveis a partir da chegada no Brasil de um vírus ainda pouco conhecido que começava a assustar o mundo. Detectado pela primeira vez em dezembro de 2019 na cidade de Wuhan, na China, um novo tipo de coronavírus cuja capacidade de transmissão era altíssima foi detectado no Brasil três meses depois, no final de fevereiro. Logo após o carnaval, no dia 26 de fevereiro, o Ministério da Saúde anunciou ter diagnosticado o primeiro infectado em território nacional, um homem de 61 anos que morava em São Paulo e havia estado na Itália nas semanas anteriores.[36,37] O vírus Sars-Cov-2, que causa a doença batizada como covid-19, começava a crescer de forma desenfreada e a provocar mortes no país europeu, que acabou servindo de exemplo para que o Brasil tomasse as primeiras medidas de combate ao vírus. Em 11 de março, a Organização Mundial da Saúde (OMS) declarou que se tratava de uma pandemia, ou seja, uma doença com transmissão sustentada em diversos continentes e que necessitaria de medidas globais para sua contenção.[38] No mesmo dia, uma quarta-feira, governadores de diversos estados do Brasil começaram a anunciar medidas restritivas para conter a circulação de pessoas. Um dos primeiros foi o governador do Distrito Federal Ibaneis Rocha (MDB), que suspendeu aulas e eventos públicos. Uma semana depois, ele também determinou o fechamento dos bares, restaurantes e do comércio no Distrito Federal, numa espécie de *lockdown*.[39] Sob a coordenação do ministro da Saúde

Luiz Henrique Mandetta, o Brasil começava a se preparar para um verdadeiro esforço de guerra no combate à doença.

Por conta da pandemia, Sergio Moro se aproximou de Mandetta no intuito de estudar medidas conjuntas para reduzir a disseminação do vírus em solo brasileiro. O ministro da Justiça começou a cogitar a possibilidade do fechamento da fronteira brasileira com os países vizinhos para impedir a entrada de pessoas contaminadas. Já no dia 17 de março, Moro e Mandetta editaram uma portaria conjunta que autorizava o uso da polícia contra quem se recusasse a cumprir as medidas necessárias no combate ao vírus, como a realização de quarentena caso tivesse contato com casos suspeitos da doença.[40]

Todas essas medidas, que iam de acordo com as recomendações da oms e seguiam o exemplo dos demais países que tentavam controlar o vírus, encontraram uma forte voz contrária dentro do próprio governo. Desde o início da pandemia, o presidente Jair Bolsonaro fez duras críticas às medidas de fechamento das atividades econômicas adotadas pelos governadores e até mesmo ao uso da polícia para forçar o cumprimento das regras de combate ao vírus. Bolsonaro trabalhou de todas as formas para que o Brasil mantivesse uma aparência de vida normal, embora a covid-19 se alastrasse cada vez mais, com números alarmantes de casos e mortes. No dia 24 de março, o presidente convocou um pronunciamento em cadeia nacional de rádio e televisão no qual anunciou qual seria sua tônica para enfrentar a pandemia: negacionismo e curandeirismo. Culpou os meios de comunicação por espalhar "pavor" sobre a doença, criticou os governadores por implantar uma política de "terra arrasada" com o fechamento do comércio, fez propaganda de um medicamento sem eficácia comprovada e comparou a covid-19 a uma "gripezinha", declaração que, mais tarde, ele negaria.[41] Contudo, em seu pronunciamento, ele foi categórico:

"No meu caso particular, pelo meu histórico de atleta, caso fosse contaminado com o vírus, não precisaria me preocupar. Nada sentiria ou seria, quando muito, acometido de uma gripezinha ou resfriadinho."[42]

A postura de Bolsonaro acentuou seu afastamento de Moro ao mesmo tempo em que crescia sua vontade de demitir Mandetta. Embora o ministro da Justiça não verbalizasse publicamente essas divergências, ele era a favor das medidas de isolamento social e de políticas públicas implementadas pelo então ministro da Saúde para conter a pandemia no Brasil. Coube à sua esposa tornar esse fato público. Na noite do dia 2 de abril, após Bolsonaro ter feito críticas a Mandetta, Rosangela Moro fez uma publicação em uma rede social saindo em defesa do então ministro da Saúde. A foto do próprio Mandetta ilustrava a postagem:

> *Entre ciência e achismos, eu fico com a ciência. Se você chega doente em um médico, se tem uma doença rara, você não quer ouvir um técnico? @henriquemandetta tem sido o médico de todos nós e minhas saudações são para ele.* In Mandetta I trust.[43]

A última frase da postagem da advogada fazia referência à sentença "*In Moro I trust*" ("Em Moro eu acredito"), uma alusão à mensagem "*In God we trust*" ("Em Deus acreditamos") presente nas notas de dólar e que ficou famosa na Lava-Jato entre os investigadores.[44]

Rosangela, entretanto, apagou a postagem quarenta minutos depois a pedido do marido. O casal brigou, já que a advogada entendia que não era integrante do governo e tinha liberdade para expressar sua opinião. Ela acabou acatando a solicitação do marido, que antevia mais uma crise com o chefe.[45] No dia seguinte, Bolsonaro enviou a publicação impressa ao ministro da Justiça cobrando explicações. Moro disse que a esposa estava assustada com a covid-19 e que a postagem já havia sido deletada.[46]

As explicações não foram suficientes. O fato acentuou ainda mais a irritação de Bolsonaro com seu ministro da Justiça. Àquela altura, o presidente já estava decidido a trabalhar pela saída de Moro do seu governo. Tinha receio, porém, que a demissão de seu ministro mais popular abalasse excessivamente a imagem do governo e abrisse uma brecha para um eventual impeachment seu no Congresso Nacional. Os ministros militares de seu círculo mais próximo o aconselhavam a manter Moro no governo, mas Bolsonaro considerava que a saída do ex-juiz da Lava-Jato era apenas uma questão de tempo. Queria encontrar o momento ideal para chutar o ministro.[47] Em uma conversa com Moro pelo aplicativo WhatsApp no dia 12 de abril, Bolsonaro deixou claro que desejava que o ministro pedisse demissão. Às 15h33, o presidente encaminhou para Moro um trecho de uma reportagem do jornal *Valor Econômico* sobre o posicionamento do ministro da Justiça a respeito do uso da polícia para obrigar o cumprimento de medidas contra a covid-19. "Ao contrário da Advocacia Geral da União, Moro diz que polícia pode prender quem descumprir o isolamento", dizia a reportagem.[48] Logo em seguida, Bolsonaro afirmou por mensagem: "Se esta matéria for verdadeira: Todos os ministros [sic], caso queira contrariar o PR [presidente], pode fazê-lo, mas tenha dignidade para se demitir".

Moro minimizou o assunto na resposta, embora a reportagem refletisse fielmente o seu pensamento: "O que existe é o art. 268 do CP. Não falei com imprensa".

O artigo do Código Penal citado por Moro descreve o crime de infração de medida sanitária preventiva: "infringir determinação do poder público destinada a impedir introdução ou propagação de doença contagiosa". A pena prevista é de detenção de um mês a um ano. Era com base nesse artigo que Moro avaliava ser possível a ação das polícias para auxiliar o combate ao vírus. Cobrado sobre o assunto com uma sugestão para que se demitisse, Moro evitou o confronto e minimizou a situação. Mas, pouco tempo depois, seria empurrado para o limite, em uma situação que o obrigaria a deixar de vez o governo de Jair Bolsonaro.

10.

A DEMISSÃO

A PRESSÃO DE JAIR BOLSONARO por interferências na Polícia Federal voltou com força no início do ano de 2020. A relação entre o presidente e o ministro da Justiça se deteriorava a passos largos, com o acúmulo de desentendimentos envolvendo diversos assuntos do governo federal. Por isso, Bolsonaro decidiu atropelar mais uma vez seu ministro. Em janeiro, em uma reunião no Palácio do Planalto, o presidente disse a Moro que queria nomear para o comando da Polícia Federal o delegado Alexandre Ramagem, que dirigia a Agência Brasileira de Inteligência (Abin) e era um nome de sua total confiança.[1]

Bolsonaro nunca havia digerido a reação do atual diretor-geral Maurício Valeixo, em agosto do ano anterior, contra a nomeação de um nome escolhido por ele para a superintendência do Rio de Janeiro. Aquela sucessão de embates também deixou Valeixo desanimado para permanecer à frente da corporação. No fim do ano, ele passou a considerar que sua gestão no comando da PF era uma missão cumprida e deveria ser encerrada. Em 13 de dezembro, Valeixo viajou a Recife para participar da cerimônia de posse da nova superintendente estadual da instituição, Carla Patrícia Cintra, que assumiu o posto depois que o delegado Carlos Henrique Oliveira de Sousa foi finalmente nomeado para o comando da corporação no Rio de Janeiro. Valeixo carregava uma expressão de alívio no rosto. Em um raro desabafo durante o almoço daquele dia, entre uma taça e outra de espumante, o diretor comentou com Carlos Henrique:

"Carlos, coloquei você no Rio e agora a Carla aqui em Pernambuco. Já posso ir pra casa", disse, em tom de brincadeira, mas deixando evidente seu cansaço no cargo.[2]

Também nessa mesma época, Valeixo disse a Moro que tinha o desejo de sair da direção-geral da PF. Ponderou que estava sendo alvo de constantes desgastes no cargo e que sua permanência acabaria por trazer mais problemas para a relação entre o ministro da Justiça e o presidente.[3] O próprio Bolsonaro ligou diretamente para o diretor-geral e lhe disse que queria substituí-lo. Na conversa, ofereceu um posto de adido no exterior.[4] O cargo costuma ser uma espécie de prêmio de consolação a policiais federais por seus serviços prestados antes de passar o bastão a algum outro delegado.

Moro, ao menos naquele momento, demoveu Valeixo da ideia de pedir demissão imediatamente e avisou que prepararia o terreno para emplacar um sucessor no comando da PF.

Quando Bolsonaro apresentou, em janeiro, o nome de Ramagem, Moro aceitou e pediu um tempo para preparar a corporação para a mudança. Pouco depois, repensou sua posição e chegou à conclusão que concordar com Bolsonaro seria um erro. Naquele momento, o ex-juiz estava convicto que o presidente queria trocar o chefe da Polícia Federal para interferir no órgão. Com o argumento de que a escolha de Ramagem poderia trazer problemas ao próprio Bolsonaro, o ministro pediu para apresentar outros nomes.[5] Moro não tinha nada pessoal contra o candidato do presidente e o considerava um delegado hábil, embora fosse de uma geração mais jovem dentro da PF — ele havia ingressado na corporação em 2005,[6] enquanto Valeixo começou na PF em 1996.[7] Mas a proximidade do diretor da Abin com o presidente da República e, principalmente, com seus filhos, provocou em Moro um receio de que a nomeação de Ramagem parecesse uma espécie de intervenção de Bolsonaro na Polícia Federal, o que não aceitaria.[8] Por isso, o ministro sinalizou ao presidente que concordaria com a troca do comando da instituição desde que pudesse definir o nome do sucessor. Sugeriu dois delegados: Fabiano Bordignon, que dirigia o Departamento Penitenciário Nacional (Depen), órgão vinculado ao Ministério da Justiça, ou Disney Rosseti, número dois da gestão de Valeixo. Nenhum dos nomes agradava Bolsonaro, que queria ter uma pessoa de confiança com quem pudesse estabelecer uma relação direta.

Em um depoimento que prestou posteriormente à Polícia Federal sobre a interferência de Bolsonaro na PF, Moro admitiu que pensou em concordar com a nomeação de Ramagem "para evitar um conflito desnecessário". Mas desistiu da ideia por entender que não havia justificativa técnica para trocar o diretor-geral da PF e que "como Ramagem tinha ligações próximas com a família do presidente, isso afetaria a credibilidade da Polícia Federal e do próprio governo".[9]

O assunto ficou em banho-maria durante mais algum tempo. Em março, quando Moro estava em viagem oficial aos Estados Unidos na companhia de Valeixo, recebeu uma mensagem inusitada do presidente por WhatsApp: "Moro, você tem 27 superintendências. Eu quero apenas uma, a do Rio de Janeiro".[10]

Aquele recado deixou Moro irritado. Carlos Henrique havia assumido fazia apenas três meses a PF do Rio, e novamente retornava a pressão para a troca da Superintendência. Como estava com Valeixo na viagem, transmitiu o recado de Bolsonaro ao diretor-geral. Em um primeiro momento, cogitaram atender ao pedido para evitar uma nova crise. Mas Valeixo avisou a Moro que não permaneceria no cargo caso houvesse aquela interferência na Superintendência fluminense e voltou a dizer que estava cansado das pressões do Palácio do Planalto. Moro, entretanto, pediu-lhe mais tempo para definir a transição para um substituto escolhido de forma técnica.[11]

Passado um mês desse episódio, Jair Bolsonaro perdeu de vez a paciência. O dia 22 de abril de 2020 foi o mais longo e desgastante para Sergio Moro durante todo período em que ficou no posto de ministro. O presidente, que tem o costume de acordar cedo e começar a despachar com sua equipe, estava no auge da irritação com Moro e pressionado por uma crise econômica que se acentuava por causa do início da pandemia da covid-19. Governadores e prefeitos ordenavam o fechamento dos comércios e outras atividades, enquanto Bolsonaro comprava briga publicamente para que as pessoas continuassem nas ruas, a despeito da crescente mortalidade do vírus. Ao mesmo tempo, a Polícia Federal avançava contra aliados seus no inquérito das *fake news*, conduzido pelo ministro do Supremo Tribunal Federal Alexandre de Moraes para apurar ataques aos ministros da Corte. Foi nesse contexto que às 6h26

Bolsonaro enviou uma mensagem de WhatsApp a Sergio Moro. O recado era claro: Maurício Valeixo seria demitido e ponto.

"Moro, o Valeixo sai nessa semana. Isto está decidido. Você pode dizer apenas a forma. A pedido ou *ex officio*", escreveu Bolsonaro.[12]

Bolsonaro apresentou duas alternativas para a demissão: a exoneração poderia ser publicada no Diário Oficial como se fosse um pedido do próprio diretor-geral, ou *"ex officio"*, ou seja, sem maiores explicações, como uma espécie de punição por mau desempenho ou algo do tipo.

"Presidente, sobre esse assunto precisamos conversar pessoalmente, estou à disposição para tanto", respondeu Moro, às 6h37.[13]

O ministro sugeriu a Bolsonaro que discutissem o tema em uma reunião privada agendada entre eles para o dia seguinte, às nove da manhã, no Palácio do Planalto. Mas, ainda naquele dia, Moro participaria de uma reunião ministerial às dez horas, convocada pelo então ministro da Casa Civil, o general Braga Netto, para o anúncio de um plano de retomada econômica em meio à pressão da pandemia. Ele não imaginava que seria alvo de críticas e pressões públicas diretas por parte de Bolsonaro, verbalizadas diante dos demais integrantes do primeiro escalão do governo. O objetivo era empurrá-lo para um pedido de demissão. A equipe ministerial estava sentada em uma longa mesa disposta em formato quadrado, com um espaço livre no meio onde estava instalado um monitor. Na parte central da mesa, com a bandeira do Brasil atrás, Bolsonaro estava sentado com Braga Netto na cadeira à sua esquerda e o vice-presidente Hamilton Mourão do lado direito. À direita de Mourão estava Sergio Moro. Enquanto o ministro da Casa Civil anunciava o programa, Moro olhava fixamente para frente e bebia goles de água. Outro monitor ficava no canto superior direito da sala, atrás da ponta da mesa onde estavam Moro e Bolsonaro, onde eram expostas imagens para explicar o programa.[14]

Passados 26 minutos da reunião, era a vez de Bolsonaro falar. O mau humor do presidente era latente e ele expôs seu incômodo com as medidas restritivas decretadas pelos governadores para conter a covid-19. Alfinetou o Supremo Tribunal Federal e justificou sua participação recente em um ato realizado à frente do quartel-general do Exército em Brasília, onde manifestantes pediam intervenção militar no Legislativo e no Judiciário — ou seja, um golpe militar nos moldes de 1964, ação incompatível com a Constituição de 1988. O presidente mostrava irritação com sua situação política e cobrava engajamento dos ministros em seu governo, o que foi visto como um recado claro a Sergio Moro. Nesse momento, cobrou diretamente do Ministério da Justiça um posicionamento contrário às medidas de restrição à circulação de pessoas, tomadas pelos gestores estaduais e municipais diante da omissão do governo federal na pandemia:

"E vou continuar indo em qualquer lugar do Brasil e ponto final, é problema meu. Tá certo? Se eu não tiver esse direito de ir e vir... Prefeitinho lá do fim do mundo, um jaguapoca dum prefeito manda prender. Tem que a Justiça se posicionar, se posicionar sobre isso, porra! Tem que se posicionar sobre isso, abertamente! Não admitimos prisão por parte de prefeitos[...]! Tem que falar, não é ficar quieto. [...]. E todos os ministros têm que falar isso aí, não é só a Justiça. Todos têm que falar."[15]

Pouco depois, Bolsonaro passou a fazer críticas diretas à Polícia Federal, com reclamações de que a corporação não o municiava com informações, sem especificar que tipo de dado queria receber. No raciocínio do presidente, a PF deveria funcionar como uma central particular de inteligência para blindar sua família e informá-lo sobre tudo do seu entorno pessoal, como reportagens jornalísticas em processo de apuração e investigações contra seus aliados.

"Eu não vou esperar o barco começar a afundar pra tirar água. Estou tirando água, e vou continuar tirando água de todos os ministérios no tocante a isso. A pessoa tem que entender. Se não quer entender, paciência, pô! E eu tenho o poder e vou interferir em todos os ministérios, sem exceção. Nos bancos eu falo com o Paulo Guedes se tiver que interferir. Nunca tive problema com ele, zero problema com Paulo Guedes. Agora os demais, vou! Eu não posso ser surpreendido com notícias. Eu tenho a PF que não me dá informações. E me desculpe, o nosso serviço de informações, todos são uma vergonha, uma vergonha! Eu não sou informado! E não dá pra trabalhar assim. Fica difícil. Por isso, vou interferir!", o presidente olhou para a direção de Sergio Moro no momento em que proferiu a última frase.[16]

Já na reta final da reunião, após uma hora e meia de falas dos ministros presentes, Bolsonaro voltou a abordar o tema e verbalizou claramente sua insatisfação por não conseguir trocar o superintendente da Polícia Federal no Rio. O presidente se referiu ao cargo como "segurança nossa no Rio de

Janeiro" e admitiu seguir com a expectativa de que a Polícia Federal atuasse na proteção de seus familiares e amigos. Em vez de realizar as investigações que lhe eram cabíveis, a PF seria usada em sua própria defesa, em uma total inversão da função da corporação. Naquele momento, o presidente repetiu o recado que enviou pela manhã por mensagem: demitiria Valeixo ou até mesmo Moro para fazer cumprir seus desígnios.

"Sistemas de informações: o meu funciona. O meu particular funciona. Os ofi... que tem oficialmente, desinforma. E voltando ao tema: prefiro não ter informação do que ser desinformado pelo sistema de informações que eu tenho. Então, pessoal, muitos vão poder sair do Brasil, mas não quero sair e ver a minha a irmã de Eldorado, outra de Cajati, o coitado do meu irmão capitão do Exército de... de lá de Miracatu se foder, porra! Que é perseguido o tempo todo. Aí a bosta da *Folha de S.Paulo* diz que meu irmão foi expulso dum açougue em Registro, que tava comprando carne sem máscara. Comprovou no papel, tava em São Paulo esse dia. O dono do restaurante, do açougue, falou que ele não tava lá. E fica por isso mesmo. Eu sei que é problema dele, né? Mas é a putaria o tempo todo pra me atingir, mexendo com a minha família. Já tentei trocar gente da segurança nossa no Rio de Janeiro, oficialmente, e não consegui! E isso acabou. Eu não vou esperar foder [sic] a minha família toda, de sacanagem, ou amigos meus, porque eu não posso trocar alguém da segurança na ponta da linha que pertence à estrutura nossa. Vai trocar! Se não puder trocar, troca o chefe dele! Não pode trocar o chefe dele? Troca o ministro! E ponto final! Não estamos aqui pra brincadeira."[17]

Desta vez, não só Moro ouviu a ameaça, mas também outros vinte integrantes da cúpula do governo. Alguns minutos depois, o ministro se levantou e foi até Bolsonaro. Disse que precisaria deixar a reunião devido a um outro compromisso já agendado, uma videoconferência com ministros da Justiça de outros países, que teria início ao meio-dia.[18] Enquanto Paulo Guedes discursou, Moro atravessou o salão para voltar ao seu gabinete no Palácio da Justiça. A dureza das falas de Bolsonaro dirigidas ao ex-juiz da Lava-Jato surpreendeu os demais ministros. Os desentendimentos do presidente com Moro já haviam se tornado públicos, mas os integrantes do primeiro escalão não sabiam que a relação estava tão conturbada como Bolsonaro demonstrou.[19] Ali, ficou claro para boa parte da equipe que a permanência de Moro não teria vida longa.

No início da videoconferência internacional, o celular de Moro acusou o recebimento de mais uma mensagem do presidente da República. Sem fazer comentários, Bolsonaro encaminhou às 12h11[20] ao ministro da Justiça o link de uma notícia publicada pelo site *O Antagonista*, com base em um texto do colunista Merval Pereira, do jornal *O Globo*. O título era explícito: "PF na cola de dez a doze deputados bolsonaristas". O texto revelava que o inquérito das *fake news* começou a descobrir pistas da participação de bolsonaristas na disseminação de notícias falsas e ataques aos ministros do Supremo Tribunal Federal.

Esse inquérito, porém, tinha um modo de funcionamento diferente: quem definia diligências e conduzia a investigação era o próprio ministro Alexandre de Moraes, enquanto à PF cabia apenas cumprir suas ordens. Moro demorou para responder porque estava ocupado no compromisso, mas sua cabeça já estava distante. Não conseguia se concentrar na reunião com os ministros da Justiça. Ainda no meio da videoconferência, olhou o celular e respondeu ao presidente às 13h06, dizendo que a Polícia Federal apenas atuava cumprindo as ordens de Alexandre de Moraes: "Isso é fofoca. Tem um DPF (delegado da Polícia Federal) atuando por requisição no inquérito das *fake news* e que foi requisitado pelo ministro Alexandre. Não tem como negar o atendimento à requisição do STF."[21]

Bolsonaro não falou mais nada sobre o assunto naquele dia. Moro, entretanto, estava profundamente abalado. Não comentou nada com seus assessores, mas todos perceberam que algo estava errado. Quando chegou apressado do Palácio do Planalto para a videoconferência, seu semblante já estava abatido. Uma assessora que o viu entrando comentou com colegas:

"Nossa, viram como ele chegou estranho? Tá com a cara transtornada."[22]

Discreto e fechado, Moro sempre esboçava poucas reações para os assessores, mas, naquele dia, não conseguia disfarçar seu incômodo.[23] A agenda de trabalho, entretanto, estava intensa. Logo após a videoconferência com ministros da Justiça, às três da tarde Moro participaria de uma reunião on-line com secretários de Segurança Pública. Às quatro e meia, tinha despachos internos com sua equipe. Foi só no início da noite que conseguiu tempo para desabafar. Convocou os funcionários mais próximos e de confiança para uma conversa a portas fechadas em seu gabinete. Foi direto ao ponto: narrou que, na reunião ministerial realizada naquela manhã, o presidente Jair Bolsonaro deixou claro que demitiria o diretor-geral da Polícia Federal Maurício Valeixo.

"Se isso for acontecer mesmo, eu saio também. Amanhã cedo vou lá conversar com ele", adiantou Moro.[24]

Na manhã seguinte, o celular de Sergio Moro já havia recebido uma mensagem do presidente. Mesmo com uma reunião marcada para dali a pouco, ele enviou uma mensagem de WhatsApp às sete e meia para Moro. Deixou registrada ali a principal razão para sua vontade de interferir na Polícia Federal. Encaminhou ao ministro o link daquela mesma notícia publicada no site *O Antagonista*. Ao contrário do dia anterior, quando não fez nenhum comentário adicional, agora o presidente da República foi claríssimo em sua exposição: "Mais um motivo para a troca".[25]

Ou seja: a existência de uma investigação que poderia atingir seus aliados era vista pelo presidente da República como um motivo claro para colocar no comando da Polícia Federal uma pessoa de sua confiança, que pudesse interferir naquela investigação e informá-lo sobre cada etapa do processo. Bolsonaro dava uma clara demonstração de que queria usar as instituições do Estado Democrático de Direito para seus interesses pessoais. Moro adotou resposta semelhante à do dia anterior.

"Esse inquérito é conduzido pelo ministro Alexandre no STF, diligências por ele determinadas, quebras por ele determinadas, buscas por ele determinadas. Conversamos em seguida, às nove horas".[26]

Sergio Moro chegou pontualmente ao Palácio do Planalto para aquela que seria sua última reunião com o presidente. O assunto já era sabido: mudanças na Polícia Federal. Bolsonaro foi direto ao ponto e não deu abertura para que Moro tentasse mudar sua decisão de demitir Valeixo.

"Moro, vou exonerar o Valeixo e vou nomear o Ramagem."[27]

Sob um clima de tensão, Sergio Moro insistiu em demovê-lo da ideia.

"Presidente, isso seria uma interferência política na PF. Não seria bom pra instituição nem pro governo."[28]

"É uma interferência mesmo", atestou Bolsonaro, em tom ríspido.[29]

Sergio Moro tentou contornar a situação. Expôs mais uma vez seus argumentos de que a demissão de Valeixo só seria justificável se houvesse alguma falha grave por parte dele, o que não havia ocorrido. Além disso, frisou que uma mudança no comando da PF deveria priorizar nomes com perfil técnico, sem ligações políticas. Assim, Moro insistiu novamente nos nomes de Fabiano Bordignon e Disney Rosseti como possíveis sucessores.

"Presidente, eu queria que o senhor pensasse em reconsiderar isso. Se o Valeixo for demitido, eu também fico obrigado a pedir demissão", avisou o ministro.[30]

"Sinto muito, mas tudo bem. Eu vou trocar mesmo o Valeixo, a decisão está tomada", declarou Bolsonaro.[31]

Moro saiu da reunião no gabinete do presidente e foi direto para o quarto andar do Palácio do Planalto, onde funciona a Casa Civil. Naquele momento, os ministros-generais participavam de uma reunião sobre a covid-19. Moro entrou na sala, sentou-se e ficou em silêncio até que o debate sobre a pandemia terminasse.[32] Ao fim da reunião, Moro pediu que os ministros da Casa Civil, general Braga Netto, da Secretaria-Geral da Presidência, general Luiz Eduardo Ramos, e do Gabinete de Segurança Institucional, general Augusto Heleno, permanecessem na sala. Apesar de seus desentendimentos frequentes com Bolsonaro, Moro mantinha uma boa relação com a ala militar do Palácio do Planalto. Os generais eram fiadores da sua permanência no governo e acreditavam que o ministro da Justiça passava uma imagem de credibilidade para a gestão de Jair Bolsonaro por simbolizar o combate à corrupção. Nos episódios anteriores em que o presidente manifestou insatisfação com Moro, os ministros militares apaziguaram os ânimos e convenceram Bolsonaro de que a saída do ex-juiz da Lava-Jato poderia resultar em insatisfação popular e servir até mesmo de combustível para um processo de impeachment, o que assustava o presidente.[33] Foi por isso que, logo após a reunião, o ex-juiz buscou o trio de generais do Palácio do Planalto. Relatou a eles a conversa que havia tido com Jair Bolsonaro e pediu que intercedessem para evitar a demissão de Valeixo.

"Se isso acontecer mesmo, não tenho outra opção. Vou ter que deixar o governo", adiantou o ministro.[34]

Moro ressaltou ainda que, caso tivesse que pedir demissão, teria que tornar público o motivo da sua saída do cargo no intuito de defender sua própria biografia.[35] Isso deixou os generais assustados. Após ouvirem o relato, tentaram demover Moro da ideia de pedir demissão e, de forma genérica, prometeram tentar conversar com Jair Bolsonaro a respeito do assunto. Ao retornar ao Palácio da Justiça, Moro tinha um semblante diferente do dia anterior, quando aparentava tensão e nervosismo. Chegou mostrando tranquilidade e seguiu com sua agenda de trabalho daquele dia. Antes, conversou rapidamente com os assessores mais próximos e avisou sobre a iminente possibilidade de demissão caso o presidente tirasse Valeixo do comando da Polícia Federal. Àquela altura, a imprensa já noticiava que a demissão do ex-juiz estava próxima de acontecer se a saída de Valeixo da direção da PF se consumasse.[36] Diante dos rumores, jornalistas corriam para a área externa do Ministério à espera de alguma aparição do chefe da pasta, mas Moro permaneceu em seu gabinete e emendou um compromisso no outro: uma videoconferência com representantes do mercado financeiro e uma reunião com o ministro da Controladoria-Geral da União Wagner Rosário, que terminou por volta das três e meia.[37]

No final daquela tarde, o ministro Ramos telefonou para Moro e retomou o assunto. Perguntou se ele aceitaria uma solução intermediária, com a saída de Valeixo e a indicação de uma lista de nomes a serem apresentados ao presidente para substituí-lo no comando da Polícia Federal. Moro pediu um tempo para responder, telefonou para Valeixo e retornou a Ramos em seguida. Disse que tinha apenas um nome a indicar, o do delegado Disney Rosseti, e que não aceitaria mais pressões para trocar o superintendente da PF do Rio. Ramos desligou o telefone e avaliou que, pela resposta dada pelo ministro da Justiça, seria impossível chegar a um entendimento com o presidente. Por isso, desistiu de levar o assunto a Bolsonaro.[38] A deputada federal Carla Zambelli, de quem Moro havia sido padrinho de casamento meses antes, também tentou interceder e enviou mensagens ao ministro para tentar convencê-lo a não deixar o governo. Autodeclarada fã do trabalho do ex-juiz, Zambelli temia que a saída do ministro da Justiça dragasse o governo. Por isso, atuou para convencer Moro a aceitar a demissão de Valeixo e, em troca, sinalizou que pediria a Bolsonaro que o ex-juiz da Lava-Jato fosse indicado à cadeira de ministro do Supremo Tribunal Federal que seria aberta com a aposentadoria de Celso de Mello, em setembro de 2020. Moro, porém, não deu brecha para a conversa. Apesar de, no passado, ter almejado esse posto, sua paciência com Bolsonaro já havia chegado ao limite e ele não tinha mais interesse em tratar desse assunto. Às 18h46, ela escreveu ao ministro: "Vamos amanhã marcar 7h com o PR [presidente], lá no Alvorada. A gente conversa e ele lhe garante a vaga no STF este ano".[39]

"Já falei com ele hoje", foi a resposta de Moro.[40]

Zambelli, porém, insistiu: "Por favor, ministro, aceite o Ramagem e vá em setembro para o STF. Eu me comprometo a ajudar, a fazer JB [Jair Bolsonaro] prometer".[41]

"Prezada, não estou à venda", rebateu o ministro, às 18h49.[42]

Após mais algumas mensagens, a deputada diz a Moro que Bolsonaro estava "irredutível" em sua ideia de demitir Valeixo e se oferece para tentar contornar a crise: "Quem você quer? O delegado do Depen? O PR também está irredutível... ele acha que, constitucionalmente, ele pode indicar [o diretor-geral da PF]. Fabiano Bordignon? Esta é sua escolha? Me diz se é e vou tentar convencer o PR".[43]

"Prezada, pode conversar com ele, sem problemas", respondeu Moro.[44]

Às 19h05, Zambelli volta a fazer contato: "Falei. O PR não quer que você saia".[45]

Ao que Moro declarou: "Nem eu quero sair. Mas preciso de condições de trabalho".[46]

A deputada relatou que Bolsonaro sugeriu deixar a direção da PF vaga por alguns dias até que ele e Moro conversassem para chegar à definição de um nome. O ministro não concordou com a proposta e disse que o assunto "estava sendo conversado" no Palácio do Planalto. Ele tinha expectativa que a ala militar conseguisse reverter a demissão, mas Ramos não fez nenhum outro contato.

Às 20h54, Zambelli lançou uma última proposta: "Ministro, falei com o Planalto. Tire esta sexta e vá para casa. Domingo, o PR e Michelle convidaram você, Rosangela, eu e Aginaldo [marido de Carla Zambelli] para um almoço. Vamos resolver isso de forma a ajudar o Brasil. O senhor é um pilar de sustentação deste governo".[47]

Moro deixou o Ministério da Justiça com a sensação que havia chances de que o quadro fosse revertido mais uma vez pelos militares. Assessores do ex-juiz tranquilizavam parlamentares sobre a possibilidade de saída de Moro e diziam que a questão estava contornada.[48]

No fim da noite, porém, rumores chegaram ao ministro de que o decreto de exoneração de Valeixo estava pronto para ser publicado no Diário Oficial no dia seguinte. Uma assessora lhe perguntou sobre o assunto e ele disse que não sabia de nada. Também estranhou que o documento não tivesse sido submetido ao Ministério, já que a Polícia Federal é subordinada à pasta e o ministro da Justiça precisaria assinar a portaria de exoneração. Depois dessa informação, Moro telefonou para alguns contatos no Palácio do Planalto perguntando se era verdade que a exoneração já estava pronta. Todos desconversaram.

A noite de 23 de abril foi solitária no apartamento do ministro, localizado na Superquadra 207 Sul, na capital federal. Sua esposa, Rosangela, estava em Curitiba com os dois filhos do casal, que nunca chegaram a se mudar para Brasília. Desde o ano anterior, a advogada acompanhava de longe a "fritura" do marido por Bolsonaro — termo usado na política para definir um processo de desgaste proposital contra algum integrante do governo. Após ter visto a demissão de auxiliares próximos, como do ex-ministro da Secretaria-Geral da Presidência, Gustavo Bebianno, e do ex-ministro da Secretaria de Governo, o general Carlos Alberto dos Santos Cruz, ela passou a considerar que a saída de Moro do governo era apenas "questão de tempo".[49] Aquele tempo preconizado por Rosangela, portanto, havia chegado.

Por volta das quatro da madrugada do dia seguinte, 24 de abril, a versão eletrônica do Diário Oficial já estava no ar e trazia a demissão de Maurício Valeixo[50] — e, com ela, o recado de Bolsonaro de que já não queria Sergio Moro em seu governo. Moro foi acordado com telefonemas de jornalistas após a publicação do Diário Oficial durante a madrugada e só ficou sabendo naquele momento que o presidente havia passado por cima da condição que ele havia apresentado para permanecer no governo. Por isso, resolveu cumprir o que havia dito a Bolsonaro no dia anterior. Sairia do governo — e sairia atirando.

O pequeno auditório próximo ao saguão de entrada do Palácio da Justiça estava repleto de jornalistas na manhã do dia 24 de abril de 2020. Com o avanço da pandemia de covid-19, todos tinham que usar máscaras para estar no local e era necessário deixar cadeiras desocupadas para evitar que as pessoas se sentassem próximas. A tensão que pairava no ambiente, entretanto, não era resultado da pandemia, que já contabilizava cerca de 3.500 mortes e assustava os brasileiros. A assessoria de imprensa do Ministério da Justiça havia convocado a imprensa para um pronunciamento do ministro, e todas as fontes próximas a Sergio Moro confirmavam que ele anunciaria sua demissão do governo. O que ninguém esperava era que esse anúncio viesse acompanhado de uma pesada artilharia que traria problemas a Bolsonaro durante muito tempo.

Às 8h50 da manhã, na companhia de assessores mais próximos e de Maurício Valeixo, Moro repassava seu discurso. Disse que falaria sobre a Lava-Jato, as tentativas de trocas do comando da PF e relembraria a carta branca assegurada pelo presidente quando foi convidado para ingressar no governo. Também discutiram se Moro deveria citar nominalmente os delegados que Bolsonaro avaliava nomear no lugar de Valeixo. Além de Ramagem, especulava-se que havia chance de Bolsonaro nomear para o posto Anderson Torres, que, na época, era o Secretário de Segurança Pública do Distrito Federal. Moro tinha ressalvas a Torres por ele ter passado a maior parte da carreira fora da corporação, cedido para cargos políticos, principalmente como assessor na Câmara dos Deputados. Além disso, o próprio ministro havia relatado a eles que Bolsonaro tinha muito receio que investigações da Polícia Federal atingissem seus aliados e sua própria família. Na conversa preparatória, um assessor perguntou ao ministro:

"O senhor vai citar o inquérito do Carlos Bolsonaro?"[51]

Moro sabia que uma das investigações nas mãos da Polícia Federal, o inquérito das *fake news*, descobriu indícios de que pessoas próximas ao vereador tinham envolvimento com disseminação de notícias falsas e ataques aos ministros do STF. O avanço das investigações contra o filho era um dos motivos pelos quais Jair Bolsonaro queria controlar a PF. O ministro, entretanto, disse que falaria genericamente sobre aquilo, sem citar nominalmente os filhos do presidente.

Às 11h06, Moro entrou no auditório por uma porta lateral que dá acesso direto à mesa das autoridades. Acompanhado de integrantes de sua equipe, sentou-se na cadeira central da mesa. Trazia um envelope transparente com folhas de papel que continham informações usadas em seu pronunciamento. Começou se desculpando por provocar uma aglomeração em meio à pandemia, que havia provocado 407 óbitos no dia anterior. Mas considerou "inevitável" aquele evento diante das circunstâncias.[52] Durante 37 minutos, no qual falou sem interrupções, Sergio Moro lembrou seu período como juiz da Lava-Jato, falou sobre sua atuação como ministro da Justiça e relatou o motivo do pedido de demissão: Bolsonaro havia manifestado explicitamente desejo de interferir na Polícia Federal com o objetivo de frear investigações que atingissem seus aliados. Ao citar o trabalho feito durante a Lava-Jato, o ministro demissionário ressaltou que uma das razões fundamentais para o avanço da operação foi a autonomia que o governo da presidente petista Dilma Rousseff deu à Polícia Federal — e deixou claro que a postura de Bolsonaro, presidente eleito com pauta de combate à corrupção, rompeu com todos esses princípios que foram essenciais para o sucesso da operação. Moro mantinha o cenho franzido enquanto discursava e fez questão de lembrar a promessa de "carta branca" que recebeu do presidente eleito em uma conversa que teve com Bolsonaro em 1º de novembro de 2018 no Rio de Janeiro.

"No final de 2018, essa é uma história um pouco repetida, eu recebi o convite do então eleito presidente da República Jair Bolsonaro, isso eu já falei publicamente diversas vezes, é fácil de repetir essa história, porque é verdadeira. E fui convidado a ser ministro da Justiça e da Segurança Pública. O que foi conversado com o presidente, foi 1º de novembro, foi que nós teríamos o compromisso com o combate à corrupção, ao crime organizado e à criminalidade violenta. Inclusive, me foi prometido na ocasião carta branca pra nomear todos os assessores, inclusive desses órgãos policiais, como a Polícia Rodoviária Federal e a própria Polícia Federal.[53]

Moro disse que nunca estabeleceu como condição para aceitar o convite a de ser indicado posteriormente ao cargo de ministro do Supremo Tribunal Federal. Traçou um balanço do seu trabalho como ministro, citou a redução da criminalidade no período e, finalmente, entrou no assunto que o levava a pedir demissão:

"Bem, em todo esse período tive apoio do presidente Jair Bolsonaro em vários desses projetos, em outros nem tanto, mas a partir do segundo semestre do ano passado passou a haver uma insistência do presidente na troca do comando da Polícia Federal. Isso inclusive foi declarado publicamente pelo próprio presidente. Houve primeiro um desejo de trocar um superintendente da Polícia Federal do Rio de Janeiro. Sinceramente, não havia nenhum motivo pra essa substituição, mas, conversando com o superintendente em questão, ele queria sair do cargo por questões exclusivamente pessoais. Então, nesse cenário, acabamos concordando, eu e o diretor-geral, em promover essa troca com uma substituição técnica, com uma substituição de um indicado pela polícia. Agora, tenho que fazer uma referência bastante rápida. Eu não indico o superintendente da Polícia Federal. A única pessoa que indiquei na Polícia Federal foi o diretor, o Maurício Valeixo."[54]

O ministro afirmou que indicações políticas para os cargos da Polícia Federal não eram aceitáveis. Era isso que estava em jogo. Bolsonaro queria nomear o delegado Alexandre Ramagem para o comando da corporação. Não por sua carreira dentro da PF, mas por ter se tornado amigo próximo da família do presidente. Ramagem assumiu a segurança de Bolsonaro após o atentado contra sua vida ocorrido durante a campanha eleitoral, no qual Adélio Bispo deu uma facada no então candidato. Ramagem logo se aproximou dos filhos do presidente e se tornou uma pessoa de confiança do seu círculo mais próximo. Até mesmo passou o Réveillon de 2018 na companhia de Carlos Bolsonaro.[55] A proximidade lhe rendeu uma indicação, em junho de 2019, para dirigir a Abin,[56] um dos órgãos mais estratégicos do núcleo de inteligência do governo federal. Moro tinha uma boa relação com Ramagem, mas avaliava que Bolsonaro não poderia escolher o comando da PF com base em sua afinidade pessoal. Essa escolha, no pensamento do ministro, deveria respeitar critérios de antiguidade dentro da corporação, já que Ramagem ainda era muito jovem.

"O presidente, no entanto, passou a insistir também na troca do diretor-geral. O que que eu sempre disse ao presidente? 'Presidente, eu não tenho nenhum problema em trocar o diretor-geral da Polícia Federal, mas eu preciso de uma causa. E uma causa normalmente relacionada a uma insuficiência de desempenho, um erro grave.' E, no entanto, o que eu vi durante todo esse período, até pelo histórico do próprio diretor-geral, é um trabalho bem-feito. [...] O grande problema de realizar essa troca era, primeiro: havia uma violação a uma promessa que me foi feita inicialmente, que eu teria carta branca. Em segundo lugar, não havia uma causa para essa substituição, e estaria claro que estaria ali havendo uma interferência política na Polícia Federal que gera um abalo na credibilidade, não minha, minha também, mas também do governo, desse compromisso maior que temos que ter com a lei", Moro prosseguiu.[57]

Neste ponto, ele fez uma comparação que causou profundo desgosto à militância bolsonarista. Afirmou que nem durante o governo petista, que era o principal alvo das investigações da Lava-Jato, houve tentativa da presidente de nomear um diretor-geral da PF que fosse seu aliado.

"Ontem, conversei com o presidente, houve essa insistência do presidente. Falei que seria uma intervenção política, e ele disse que seria mesmo. Falei que isso teria um impacto para todos, que seria negativo, mas para evitar uma crise durante uma pandemia, não tenho vocação para carbonário, muito pelo contrário, acho que o momento não é apropriado pra isso, eu sinalizei: vamos substituir o Valeixo por alguém que daria continuidade, alguém com perfil absolutamente técnico e que fosse uma sugestão minha também. Na verdade nem minha, uma sugestão da própria Polícia Federal. Eu sinalizei com o nome do atual diretor-executivo da Polícia Federal, Disney Rosseti. Eu nem tenho uma grande familiaridade com Rosseti, mas ele é uma pessoa de carreira, de confiança e, como eu disse, essas questões não são pessoais, não são preferências pessoais. São questões que têm que ser decididas tecnicamente. Fiz essa sinalização, mas não obtive resposta", revelou o ministro sobre a conversa com Bolsonaro.[58]

Até que Sergio Moro chegou ao momento mais sensível do seu discurso de despedida: Bolsonaro queria ter informações privilegiadas — e sigilosas — de dentro da PF, por isso queria indicar um diretor de sua confiança:

"O presidente me disse mais de uma vez que queria ter uma pessoa da confiança pessoal dele, para quem ele pudesse ligar, de quem ele pudesse colher informações, relatórios de inteligência. Seja diretor, seja superintendente. E não é o papel da Polícia Federal prestar esse tipo de informação. As investigações têm que ser preservadas. Imaginem se, durante a Lava-Jato, o ex-presidente Lula, a ex-presidente Dilma ficassem ligando para a Polícia Federal em Curitiba para colher informações. A autonomia da Polícia Federal, com respeito à autonomia da aplicação da lei, seja a quem for, é um valor fundamental que temos que preservar dentro de um Estado de Direito. O presidente me disse isso expressamente, e eu entendi que não era apropriado. Então, o problema não é quem entra, mas por que alguém entra? E se esse alguém, sendo da corporação, aceitando a substituição do atual diretor-geral, que impacto que isso vai ter na corporação, a uma proposta dessa espécie? Eu fico na dúvida se vai conseguir dizer não a outros temas."[59]

Moro revelou que Bolsonaro afirmou estar preocupado com inquéritos em andamento no Supremo Tribunal Federal que poderiam atingir seus aliados, a exemplo do inquérito das *fake news*, que mirava bolsonaristas. Isso seria, nas palavras do presidente, "mais um motivo para a troca" de Valeixo. O ministro considerou inaceitável a justificativa.

"O presidente também me informou que tinha preocupação com inquéritos em curso no Supremo Tribunal Federal, em que a troca também seria oportuna, da Polícia Federal, por esse motivo. Também não é uma razão que justifique a substituição, até algo que gera uma grande preocupação."[60]

Ao final do seu longo discurso de despedida, Moro afirmou que precisava preservar a sua biografia e, por isso, decidiu deixar o governo. Enfim, agora o ministro tornava oficial o rompimento com o presidente Jair Bolsonaro.

"De todo modo, o meu entendimento foi que eu não tinha como aceitar essa substituição. Há uma questão envolvida também da minha biografia como juiz, a lei, o Estado de Direto, a impessoalidade no trato das coisas com o governo. E eu vivenciei isso na Lava-Jato. Seria um tiro na Lava-Jato se houvesse substituição de delegado, de superintendente naquela ocasião, então eu não me senti confortável, tenho que preservar a minha biografia, mas, acima de tudo, tenho que preservar o compromisso, que foi o compromisso que eu assumi inicialmente com o próprio presidente, que nós seríamos firmes no combate à corrupção, ao crime organizado e à criminalidade violenta. E um pressuposto necessário para isso é que nós temos que garantir a lei, o respeito à lei e a própria autonomia da Polícia Federal contra interferências políticas."[61]

Carla Zambelli havia chegado cedo ao Palácio da Justiça para uma última tentativa de falar com Sergio Moro. Ela pretendia implorar mais uma vez para que ele não saísse do governo. Tinha lágrimas nos olhos. Após se identificar, o cerimonial do Ministério a levou para uma sala destinada a reuniões com parlamentares. Um funcionário do Ministério da Justiça responsável por manter o relacionamento institucional com deputados e senadores foi destacado para fazer companhia a ela, que aguardava por uma brecha para conversar com Moro. Mandou mensagens para o celular do ministro, sem sucesso. Ele já havia avisado à equipe que não teria tempo para receber a deputada.[62]

Às 8h40, ela mandou uma mensagem para pedir a Moro que aceitasse Ramagem na direção da PF. Aguardou na sala, sem resposta. Às 10h34, retomou a conversa e disse que o Planalto pediu a ela que tentasse demovê-lo da demissão: "Tudo o que os criminosos querem é a sua saída. Não dê esse gosto a eles, por favor. O Brasil precisa de você".[63]

Moro respondeu às 10h46 qual seria a única condição de continuar no governo: "Se o presidente anular o decreto de exoneração, ok".[64]

Moro sabia que aquilo era impossível. A resposta foi dada quinze minutos antes do início do seu pronunciamento de demissão. Diante do quadro irreversível, Zambelli deixou a sede do Ministério da Justiça e foi ao Palácio do Planalto tentar falar com o presidente Bolsonaro. Não conseguiu. Já era perto do meio-dia quando a deputada deixou o local para voltar para casa, onde encontrou seu marido, Antônio Aginaldo de Oliveira, diretor da Força Nacional de Segurança. O convite para que Moro fosse padrinho do casamento deles havia partido de Aginaldo. Almoçaram juntos, em um clima de tristeza e abatimento. Desolada, a deputada comentou com o marido:

"E agora, como é que eu vou fazer? Tô parecendo um filho quando os pais acabaram de se divorciar."[65]

Naquele mesmo dia, Carla Zambelli optou por um lado. A equipe presidencial lhe avisou que Bolsonaro daria uma entrevista coletiva no final da tarde para rebater as acusações feitas por Moro e a convidou para acompanhar o pronunciamento. Todos os ministros foram convocados para marcar presença ao lado do presidente, o que demonstrava a gravidade da situação. Quando Zambelli chegou, perto das cinco da tarde, o deputado Eduardo Bolsonaro a puxou para perto, de forma a posicionar a parlamentar dentro do enquadramento das câmeras. O objetivo era mostrar que Zambelli, uma das mais entusiasmadas apoiadoras de Moro, posicionava-se naquele momento em defesa de Jair Bolsonaro.

O semblante do presidente era de transtorno, incredulidade. A demissão de Moro caíra como uma bomba. Símbolo da Lava-Jato, o ex-juiz, que inegavelmente teve um papel relevante em sua eleição, agora rompia com o governo e lançava graves acusações contra o presidente. O clima em Brasília era de terremoto político. Ainda não se falava em impeachment, mas esse era um tema que Bolsonaro buscava abafar e um dos motivos que o levou a fazer o pronunciamento. Em conversas privadas, o presidente já destilava críticas pesadas a Moro, mas essa seria a primeira vez que levaria a público as impressões que tinha sobre seu ministro da Justiça. Fez uma fala de 45 minutos, ainda mais longa do que o discurso de demissão de Sergio Moro. O presidente admitiu querer informações de inteligência da PF e reforçou sua insatisfação com investigações em andamento na corporação.

"Povo brasileiro que me assiste, eu sabia que não seria fácil. Uma coisa é você admirar uma pessoa. A outra, é conviver com ela, trabalhar com ela. Hoje pela manhã, por coincidência, tomando café com alguns parlamentares, eu lhes disse: 'Hoje vocês conhecerão aquela pessoa que tem um compromisso consigo próprio, com seu ego e não com o Brasil'."[66]

Havia muito tempo, aquela era a impressão que Bolsonaro tinha sobre Moro. Pensava que o ministro atuava por um projeto pessoal, sem comprometimento com o governo ou sem demonstrar engajamento ao bolsonarismo. O presidente lembrou que conheceu pessoalmente Moro em março de 2017, em um encontro casual no aeroporto de Brasília, no qual o então juiz da Lava-Jato foi cumprimentado por Bolsonaro e não o reconheceu. No discurso, o presidente admite que ficou "triste" com o episódio, diz que Moro não participou de sua campanha eleitoral e nem deu manifestações de apoio. Em seguida, reconstituiu a articulação para levá-lo ao governo, mas mudou a versão sobre a "carta branca" que havia dado para o ministro ser implacável no combate à corrupção.

"Após, então, a nossa vitória, a vitória da democracia, da liberdade, das eleições livres, eu recebi o senhor Sergio Moro na minha casa, na Barra da Tijuca. Presente ao meu lado estava o senhor Paulo Guedes, o homem que eu já havia escolhido para ser ministro da Economia. E, ali, traçamos alguma coisa de como ele seria tratado caso aceitasse o nosso convite para ser ministro da Justiça. Obviamente, repito, ele não participou da minha campanha. Acertamos como fizemos com todos os ministros: 'Vai ter autonomia no seu ministério'. Autonomia não é sinal de soberania. A todos os ministros, e a ele também, falei do meu poder de veto. Os cargos-chave teriam que passar pelas minhas mãos e eu daria o sinal verde ou não. Para todos os ministros, foi feito dessa maneira. Mais de 90% dos cargos que passaram pela minha mão eu dei sinal verde. Assim foi também com o senhor Valeixo, até ontem, diretor da nossa honrada e gloriosa Polícia Federal."[67]

O presidente, então, apresentou sua versão para os fatos: afirmou que a indicação do diretor-geral da Polícia Federal é de atribuição do presidente da República e que a troca do comando da PF não seria uma interferência. Reclamou que a investigação sobre o atentado cometido contra ele na campanha eleitoral de 2018 não conseguiu descobrir se alguém havia contratado Adélio Bispo, responsável pela facada durante evento em Juiz de Fora – MG. O presidente não se conformava que, em duas investigações, a Polícia Federal concluiu que Adélio agiu sozinho.[68] Bolsonaro, seus filhos e o advogado Frederick Wassef não desistiram do caso, que acabou reaberto por decisão do Tribunal Regional Federal da 1ª Região. A Corte, em um julgamento realizado em novembro de 2021, permitiu a quebra do sigilo dos dados do advogado Zanone Manuel de Oliveira Júnior, que atendeu Adélio, para saber se alguém pagou o criminalista para exercer a defesa do autor do atentado, o que poderia dar pistas sobre o mandante do crime.[69]

No pronunciamento, Bolsonaro afirmou que a PF tinha mais interesse em descobrir quem matou a vereadora do Rio de Janeiro Marielle Franco, do PSOL, do que em levar adiante a investigação do caso Adélio. Também se queixou de um depoimento do porteiro de seu condomínio na Barra da Tijuca prestado à Polícia Civil do Rio e que quase lançou Jair Bolsonaro na investigação do caso Marielle. Bolsonaro mora no mesmo condomínio que um dos responsáveis pelo crime, o miliciano Ronnie Lessa. No depoimento, o porteiro afirmou que um dos assassinos da vereadora, o ex-policial militar Élcio de Queiroz, esteve no condomínio no dia do crime e disse na portaria que iria à casa de Jair Bolsonaro — a informação posteriormente se mostrou falsa após a checagem dos registros de entrada da portaria.[70] Naquele dia, Bolsonaro estava na Câmara dos Deputados, em Brasília. Moro ordenou à Polícia Federal que tomasse depoimentos sobre o caso do porteiro e, após ser ouvido pela PF, admitiu que havia se equivocado.[71] No seu discurso, Bolsonaro reclamou da atuação da Polícia Federal no episódio e levantou suspeitas de que o porteiro poderia ter sido subornado para implicar seu nome na investigação, o que não foi comprovado.

Após citar esses exemplos de insatisfação com a PF, o presidente relatou os diálogos que teve com Moro a respeito da troca do comando da corporação. Repetiu a reclamação que havia feito na reunião ministerial de dois dias antes, sobre a falta de informações de inteligência fornecidas pela Polícia Federal. Não deixou claro, entretanto, que tipo de informação desejava obter.

"Sempre falei pra ele: 'Moro, não tenho informações da Polícia Federal. Eu tenho que todo dia ter um relatório do que aconteceu, em especial, nas últimas 24 horas, para poder bem decidir o futuro dessa nação'. Eu nunca pedi pra ele o andamento de qualquer processo. Até porque a inteligência, com ele, perdeu espaço na Justiça. Quase que implorava por informações e, assim, eu sempre cobrei informações dos demais órgãos de inteligência oficiais do governo, como a Abin, que tem à frente o delegado da Polícia Federal [Alexandre Ramagem], uma pessoa que eu conheci durante a minha campanha, tem um nome, e é respeitado pelos seus companheiros."

Bolsonaro relatou a conversa que teve com Moro no Palácio do Planalto no dia anterior, na qual avisou que demitiria Valeixo, e confirmou sua demanda junto à PF: queria ter no diretor-geral um canal direto de informações, o que Moro nunca havia permitido.

"Bem, ele relutou, o senhor Sergio Moro, e falou: 'Mas o nome tem que ser o meu'. Eu falei: 'Vamos conversar. Por que que tem que ser o seu e não o meu? Ou, então, vamos, já que não vai ter interferência política, técnica ou humana, pegar os que têm condições e fazer um sorteio'. Por que tem que ser o dele e não, possivelmente, o meu? Ou um [nome] de consenso entre nós dois? E eu lembrei da Lei de 2014, que a indicação é minha, é prerrogativa minha. E o dia que eu tiver que me submeter a qualquer um subordinado meu, eu deixo de ser presidente da República. Eu jamais pecarei por omissão. Falei para ele que é um delegado que pode não ser o seu, pode não ser o meu, mas que eu sinta, além da competência óbvia, se bem que essa é uma coisa comum entre os delegados da Polícia Federal, que eu possa interagir com ele, por que não?"[72]

O presidente também disse que Moro havia concordado com a substituição de Valeixo apenas depois que ele fosse indicado para a cadeira do STF, que seria aberta em novembro. Esse relato, entretanto, é negado por Moro e outras fontes entrevistadas durante a apuração deste livro. Ao longo do pronunciamento, Bolsonaro colocou Moro como seu adversário político ("não me quer na cadeira presidencial") e mostrou ressentimento com o pedido público de demissão feito por ele ("resolveu marcar uma coletiva e fez acusações infundadas"). Após falar por quarenta minutos, o presidente avisou que leria um texto preparado previamente por escrito, que sintetizava tudo que havia dito até aquele momento:

"Estou decepcionado e surpreso com o seu comportamento. Não se dignou a me procurar e preferiu uma coletiva de imprensa para comunicar sua decisão. Meu compromisso é com a verdade, sem distorções. Não são verdadeiras as insinuações de que eu desejaria saber sobre investigações em andamento. Nos quase dezesseis meses que esteve à frente do Ministério da Justiça, o senhor Sergio Moro sabe que jamais lhe procurei para interferir nas investigações que estavam sendo realizadas."[73]

Em seguida, Bolsonaro encerrou o discurso.

"O Brasil é maior do que qualquer um de nós. Esse é o nosso compromisso. Esse é o nosso dever, servir à pátria. A pátria vai ter, de cada um de nós, o seu empenho, o seu sacrifício e, se possível, se for necessário, o seu sangue para defender a democracia e a liberdade. O meu muito obrigado a todos os senhores."[74]

No seu tom de voz, Bolsonaro enfatizou a palavra "sangue" e deixou o púlpito sob os aplausos de seus ministros. Estava selado o rompimento do presidente com a Lava-Jato.

11.

A GUINADA NA PROCURADORIA-GERAL DA REPÚBLICA

AUGUSTO ARAS ESTAVA SOB PRESSÃO naquele 24 de abril de 2020. O procurador-geral da República estava dando pouca importância e não assistiu ao vivo ao pronunciamento de demissão do ministro da Justiça Sergio Moro. Naquele mesmo horário, recebeu na sede do órgão o ministro da Infraestrutura, Tarcísio de Freitas, para a assinatura de um acordo de cooperação entre os órgãos.[1] A cerimônia foi realizada na sala Teori Zavascki, que antes funcionava como quartel-general dos investigadores da Lava-Jato e foi transformada por sua antecessora, Raquel Dodge, em um espaço de eventos, conectado diretamente aos gabinetes do procurador-geral e do vice-procurador-geral.

Quando Aras deixou o evento, foi imediatamente avisado por sua equipe que o discurso de demissão de Moro era bombástico. Ao chegar na antessala de seu gabinete, o procurador-geral da República ouviu comentários de seus assessores a respeito do assunto. Todos enfatizavam a gravidade do caso, mas o procurador evitou esboçar qualquer reação. Entrou no gabinete e pediu à equipe que preparasse uma exibição da gravação do discurso de Moro para que pudesse assistir e formar sua opinião. Sua esposa, a subprocuradora-geral da República Maria das Mercês de Castro Gordilho Aras, apareceu no local pouco tempo depois para também assistir ao vídeo. Enquanto os dois viam o pronunciamento em um telão do gabinete, situado diante de um sofá de couro usado para receber convidados, diversos subprocuradores-gerais da República começaram a chegar de forma espontânea para falar sobre o assunto: Humberto Jacques de Medeiros, vice-procurador-geral, Hindemburgo Chateaubriand, secretário de cooperação internacional, e também a subprocuradora Célia Delgado, que não tinha um cargo na gestão, mas era próxima de Aras.[2] Procuradores de primeiro grau que compunham sua assessoria também apareceram no gabinete para tratar do tema. Sem nenhuma convocação prévia, uma reunião entre todos os presentes teve início para discutir o que fazer naquele momento.

Em meio ao vídeo e à pressão dos colegas, o procurador-geral entendeu que era preciso tomar alguma providência, mas tinha dúvidas sobre o que fazer. A primeira ideia defendida por Aras era abrir uma investigação preliminar, chamada de "notícia de fato", que serve apenas para fazer uma análise jurídica a respeito dos fatos e tem pouca efetividade em termos investigativos.[3] Seria a solução mais fácil: a notícia de fato não precisava ser submetida ao escrutínio do Supremo Tribunal Federal e poderia ser arquivada quando Aras quisesse. Era uma maneira de dar uma resposta sinalizando que uma investigação havia sido aberta, mas em seguida abafá-la sem trazer maiores problemas ao presidente. Indicado ao cargo havia poucos meses por Jair Bolsonaro, Augusto Aras se viu diante de um dilema. Não podia se omitir, mas tampouco queria investigar o presidente da República. Contudo, sua solução não foi considerada adequada por uma parte da equipe presente na reunião. Os subprocuradores Hindemburgo Chateaubriand e Célia Delgado defenderam com ênfase outro caminho: Aras deveria enviar um pedido de abertura de inquérito ao STF, desencadeando uma investigação contra Jair Bolsonaro, com a participação da Polícia Federal, tomadas de depoimentos, colheita de provas e tudo o mais. Eles argumentaram que a "notícia de fato" não seria adequada do ponto de vista técnico porque não seria possível aprofundar a investigação. Também afirmaram que o caso era muito grave para ficar apenas na tramitação interna da PGR. Era necessário dividir a responsabilidade com o Supremo. Durante a conversa, Célia Delgado foi incisiva sobre a necessidade de tomar essa providência.

"Esse é um fato que vai definir a sua biografia", afirmou Célia a Aras.[4]

Diante da pressão, o procurador-geral se convenceu e determinou à sua equipe a redação do pedido de abertura de inquérito. Aras tinha pressa: a ideia da PGR era enviar o documento ao STF ainda naquela sexta-feira antes que o setor de protocolos fechasse, às sete da noite. Depois que os subprocuradores já haviam deixado seu gabinete, porém, Aras fez uma determinação a respeito do documento. De maneira inusitada para casos do tipo, ordenou que o pedido de inquérito deixasse claro que o ex-ministro Sergio Moro também era um dos alvos da investigação e poderia ser punido caso suas acusações não fossem verdadeiras. Por isso, era necessário elencar crimes que poderiam ser enquadrados para Bolsonaro e também para Moro.[5] A versão final do documento tinha doze páginas que transcreviam o pronunciamento de demissão do ministro, descreviam os crimes que poderiam ter se caracterizado por parte de Bolsonaro (falsidade ideológica, coação no curso do processo, advocacia administrativa, prevaricação, obstrução de Justiça ou corrupção passiva privilegiada) e também por parte de Sergio Moro (denunciação caluniosa e crimes contra a honra). Nas palavras do procurador-geral:

> A dimensão dos episódios narrados, especialmente os trechos destacados, revela a declaração de Ministro de Estado de atos que revelariam a prática de ilícitos, imputando sua prática ao Presidente da República o que, de outra sorte, poderia caracterizar igualmente o crime de denunciação caluniosa.

A peça foi protocolada no STF às 18h11 daquela sexta-feira. Aras se convenceu da abertura de inquérito, mas atuaria para minimizar danos ao presidente dali em diante.

Para azar de Bolsonaro, entretanto, o sistema de sorteio do relator fez a distribuição do caso, às 20h34 daquele mesmo dia, ao ministro Celso de Mello, considerado um desafeto do presidente da República. Poucos dias depois, em 27 de abril, Celso de Mello autorizou a abertura da investigação e as primeiras diligências. A PF que Bolsonaro tanto queria manter sob seu controle agora seria responsável por investigar o próprio presidente da República.

Lindôra Araújo entrou apressada na pequena sala da Lava-Jato no prédio da Procuradoria-Geral da República, ambiente com amplas janelas com vista para a área verde do entorno do prédio. Mesas e gaveteiros de cor branca, cadeiras de escritório com rodinhas e carpete azul compunham aquele ambiente, seguindo o padrão das demais salas. Enquanto outros subprocuradores-gerais da República estavam reunidos no gabinete de Aras para discutir as providências a serem tomadas sobre o pedido de demissão de Moro, a preocupação dela era outra. Naquele mesmo dia, Lindôra começou a preparar um plano de contra-ataque.[6]

Ainda não havia clareza a respeito do impacto que o pronunciamento de demissão de Moro teria no governo de Bolsonaro, apesar das graves acusações. A preocupação de Lindôra não era jurídica. Considerada uma das principais vozes conservadoras dentro do Ministério Público Federal, a subprocuradora-geral da República era pessoa da mais estrita confiança do procurador-geral Augusto Aras e ocupava a função de coordenadora da Lava-Jato dentro da PGR após a saída de Adônis. Bolsonarista convicta e amiga do senador Flávio Bolsonaro, Lindôra temia que as acusações feitas por Moro engrossassem o caldo para um processo de impeachment contra o presidente da República.[7]

O responsável por decidir sobre a abertura desse tipo de processo contra Bolsonaro era um adversário político dele, o presidente da Câmara dos Deputados Rodrigo Maia. Maia era alvo de dois inquéritos da Lava-Jato que haviam sido concluídos pela Polícia Federal. Em ambos os casos, a PF o acusou dos crimes de corrupção passiva, mas os inquéritos estavam parados no gabinete do procurador-geral da República. Um deles, envolvendo pagamentos da empreiteira OAS a Maia em troca de favorecimentos no Congresso Nacional, foi arquivado pela antecessora de Aras, Raquel Dodge, enquanto outro, sobre repasses da Odebrecht, aguardava uma decisão do procurador-geral. A equipe da Lava-Jato já havia redigido minutas de denúncias para ambos os casos por considerar que havia provas suficientes contra o político, mas as acusações não foram adiante. Nem Dodge nem Aras queriam comprar uma briga dessas com Maia, que estava no auge de seu poder em Brasília. É por isso que o pedido feito por Lindôra naquele dia aos procuradores da Lava-Jato na PGR provocou surpresa.

"Como estão as investigações contra Rodrigo Maia? Queremos dar prosseguimento", afirmou Lindôra.[8]

Um dos auxiliares lhe explicou que para prosseguir com a investigação era necessário solicitar o "desarquivamento" do inquérito sobre pagamentos do ex-presidente da OAS Léo Pinheiro a Rodrigo Maia. Em sua delação premiada, Pinheiro disse que a empreiteira tinha uma antiga relação político-financeira com Maia: fazia pagamentos em troca da ajuda do deputado em matérias que tramitavam no Congresso Nacional. Em um depoimento sigiloso prestado à PF, Léo Pinheiro afirmou:

> Ao longo do tempo, foi construída entre a OAS e Rodrigo Maia uma parceria político-financeira, onde a construtora realizava pagamentos vultosos ao parlamentar, que, por sua vez, retribuía com a sua atuação em prol da construtora OAS, inclusive utilizando sua influência política junto a outros órgãos.[9]

O relato simbolizava um caso clássico de corrupção, mas Dodge havia arquivado o anexo da delação apontando que as provas eram insuficientes, porém motivada mais por sua relação política com Maia do que por fundamentos jurídicos. Agora, para ressuscitar a acusação, era necessário pedir ao ministro do STF Edson Fachin o desarquivamento. Só depois disso seria possível retomar a investigação e apresentar uma acusação contra Maia perante o Supremo. Lindôra, então, ordenou que os procuradores preparassem com urgência um pedido para dar andamento à investigação.[10]

O documento foi entregue na semana seguinte. Depois disso, Lindôra levou o assunto para discussão com o próprio Aras. Como era uma investigação contra o presidente da Câmara, o caso era da competência do plenário do STF e precisava também da assinatura do procurador-geral da República, por isso Lindôra não poderia dar prosseguimento sozinha. Após analisar o assunto, Aras concordou com a reabertura do caso. A estratégia era de intimidação: teriam Maia na mira e poderiam desferir um golpe contra ele no momento mais conveniente caso o presidente da Câmara criasse problemas para Bolsonaro. No dia 20 de maio, a PGR protocolou uma petição sigilosa destinada ao ministro Fachin pedindo o desarquivamento do trecho da delação de Léo Pinheiro contra Rodrigo Maia e a reabertura das investigações. Fachin autorizou as novas diligências.[11]

A lentidão das investigações contra Rodrigo Maia até aquele momento chamava atenção, já que a Polícia Federal havia concluído dois inquéritos contra ele fazia bastante tempo. O primeiro, finalizado em fevereiro de 2017, ainda sob a gestão do procurador-geral da República Rodrigo Janot, acusava o parlamentar de receber pagamentos da OAS em troca de realizar favores à empresa em sua atuação na Câmara. Um deles, por exemplo, foi uma emenda apresentada por Maia dentro de uma medida provisória que permitiria à empreiteira disputar a concessão de aeroportos pelo governo federal. Janot finalizou sua gestão sem apresentar essa denúncia. Antigos integrantes da sua equipe dizem que isso ocorreu porque houve um volumoso aumento de trabalho com as delações premiadas da Odebrecht e da JBS e que não houve tempo hábil para finalizar o caso de Rodrigo Maia.[12] Posteriormente, Raquel Dodge assinou um acordo de delação premiada com o ex-presidente da OAS Léo Pinheiro. Um dos principais alvos do acordo era justamente Maia, mas Dodge decidiu que aquelas acusações não serviam para investigar o parlamentar e arquivou o caso. O outro inquérito contra Maia foi finalizado em agosto de 2019 e apontava crimes de corrupção passiva, caixa dois e lavagem de dinheiro em pagamentos feitos pela Odebrecht. A investigação detectou registros de visitas de Rodrigo Maia à sede da empreiteira no Rio de Janeiro no mesmo dia em que o sistema interno de pagamento a políticos apontava um repasse a Maia.[13] Mesmo com esses indícios, a PGR resistia a apresentar uma denúncia ao STF contra o parlamentar, que foi eleito pela primeira vez presidente da Câmara dos Deputados em fevereiro de 2017 e ficou no cargo até fevereiro de 2021.

Aras deixou Maia pendurado com esse inquérito da Odebrecht até que sua gestão de presidente da Câmara terminasse. Em 1º de fevereiro de 2021, o deputado Arthur Lira foi eleito o novo presidente da Casa. Em 25 de fevereiro, Aras contrariou o relatório da Polícia Federal e pediu ao STF o arquivamento do inquérito da Odebrecht apontando que os indícios contra o político eram insuficientes para a apresentação de uma denúncia.[14] A outra investigação, da OAS, continuou em andamento depois que ele deixou a Presidência da Câmara, mas a passos lentos.

O papel de Lindôra dentro da gestão de Augusto Aras passou a ser fundamental naquele momento. Não apenas porque a subprocuradora acionou um plano de ataque contra Rodrigo Maia, personagem político que poderia causar sérios problemas ao presidente. A partir do momento em que Sergio Moro, um símbolo da Lava-Jato, tornou-se adversário do bolsonarismo, a PGR assumiu também a missão de implodir a operação e qualquer imagem ligada a ela no órgão. A ofensiva tinha Moro como alvo principal, mas também atingiria por tabela a força-tarefa da Lava-Jato de Curitiba e, por fim, resultaria no desmonte de toda a operação, incluindo os núcleos do Rio de Janeiro, São Paulo e Brasília (onde a operação se aglutinava dentro da força-tarefa Greenfield, com foco nos desvios dos fundos de pensão). Não era possível dissociar o trabalho do ex-juiz da 13ª Vara Federal das ações empreendidas pelos procuradores da força-tarefa. Por isso, Aras foi além. Sua gestão decidiu que era necessário acabar com qualquer vestígio da "marca" Lava-Jato. O discurso de Aras era de que a operação havia se tornado maior do que o próprio Ministério Público e agora precisava ser enquadrada dentro da instituição.[15]

Vasculhando assuntos antigos e já descartados, Lindôra encontrou nos escaninhos da PGR algo que considerou ser uma bomba capaz de colocar Moro e a força-tarefa na berlinda: uma proposta de acordo de colaboração premiada de um velho conhecido de Curitiba, o advogado Rodrigo Tacla Duran. O candidato a delator trazia acusações nunca comprovadas de cobranças de propina por parte dos integrantes da força-tarefa. Mais: o material citava o melhor amigo de Sergio Moro, o advogado Carlos Zucolotto, como um "vendedor de facilidades" perante a 13ª Vara Federal de Curitiba. O material carecia de provas: a gestão anterior, da procuradora-geral da República Raquel Dodge, havia analisado parte das acusações de Tacla Duran contra os procuradores de Curitiba e arquivado a investigação preliminar por entender que não havia nenhum indício capaz de comprovar que o advogado falava a verdade. Além disso, o histórico de Tacla Duran pesava contra ele. Desde que entrou na mira da Lava-Jato, o advogado estava foragido na Espanha, país onde tinha cidadania. As autoridades da Justiça brasileira não conseguiam nem localizá-lo para intimá-lo a se defender nos processos dos quais era alvo no Brasil.

Sem consultar os procuradores de Curitiba que atuaram no caso, Lindôra decidiu ressuscitar aquelas acusações para atingir Sergio Moro. A subprocuradora ficou empolgadíssima com o assunto e relatou o caso a Augusto Aras. Após contato com Tacla Duran, agendaram uma videoconferência com o advogado. Aras e Lindôra foram à sede da PGR em um final de semana, justamente para manter o assunto em total segredo, e conversaram com o advogado. Após a conversa, Aras e Lindôra decidiram que aquela delação deveria ser retomada.[16] Algumas semanas após ter pedido abertura de inquérito contra Bolsonaro com base nas acusações de Moro, Aras convocou dois procuradores de sua confiança para lhes apresentar uma nova missão: analisar os relatos de Tacla Duran e dar prosseguimento ao acordo de delação. Internamente, a ação foi vista como uma retaliação direta ao ex-ministro no momento em que ele rompia com o governo. Os procuradores chegaram ao gabinete de Aras sem entender do que se tratava a reunião.

"Soubemos de fatos muito graves envolvendo os procuradores da força-tarefa de Curitiba", narrou Aras antes de introduzir o assunto.[17]

Lindôra pediu aos procuradores "sigilo total" e deu carta branca para que convocassem investigadores de outras unidades do Ministério Público Federal para auxiliá-los na missão, em uma espécie de força-tarefa contra a força-tarefa da Lava-Jato. Aras, que havia se tornado muito próximo da ala do Supremo Tribunal Federal crítica à operação, até mesmo citou que ministros da corte tinham muito interesse nessa investigação.

"Conheço muitos ministros que adorariam autorizar uma busca e apreensão contra Curitiba."[18]

Os procuradores saíram daquela reunião completamente atônitos. Não viam provas suficientes para deflagrar uma investigação e começaram a perceber que a instituição estava sendo usada para finalidades muito diferentes do que aquelas preconizadas na Constituição: em vez de cuidar da defesa da sociedade e ser o fiscal da lei, a tônica agora era perseguir inimigos e blindar amigos.[19] Na mesma época, a equipe de Lindôra responsável pelos casos da Lava-Jato tinha uma viagem marcada para a sede da Procuradoria da República em São Paulo, onde colheriam um depoimento sigiloso do empresário Marcelo Odebrecht. Apesar de ser colaborador da Lava-Jato desde 2017, o empreiteiro estava vasculhando milhares de e-mails corporativos em busca de novas provas dos esquemas de corrupção nos quais a Odebrecht se envolveu na tentativa de diminuir seu tempo de pena. Esse arquivo gigantesco foi enviado pela 13ª Vara Federal de Curitiba à PGR em 2019 e ninguém sabia o que fazer com o assunto. Isso porque um dos e-mails trazia uma referência ao ministro do STF José Antonio Dias Toffoli, e todos os investigadores sabiam que iniciar uma investigação contra um ministro do Supremo não era tarefa fácil. Marcelo Odebrecht se referia a Toffoli como "o amigo do amigo de meu pai" (traduzindo: Toffoli era o amigo de Lula, que, por sua vez, era o amigo de Emílio Odebrecht) e dizia que a empreiteira buscou a ajuda dele, quando Toffoli era advogado-geral da União, para tratar de um leilão de hidrelétricas no rio Madeira, em Rondônia.[20] A abertura de uma investigação contra um ministro do STF era um tabu dentro da PGR, mas os procuradores expuseram a Lindôra outro motivo que também justificava ouvir novamente Marcelo Odebrecht: o empreiteiro poderia ter obtido provas novas contra Rodrigo Maia, que havia se tornado alvo prioritário de Aras. Surpreendentemente, Lindôra concordou com a diligência por ter interesse em novas provas contra Maia e destacou dois procuradores para cuidar do assunto. Antes da viagem, no início de maio, ela fez um pedido sem apresentar maiores explicações: quando eles estivessem tomando o depoimento de Marcelo Odebrecht, queria que lhe telefonassem porque ela também tinha algumas perguntas a fazer. Os procuradores acharam estranha aquela demanda, mas concordaram. Passaram dois dias em uma sala reservada na Procuradoria da República em São Paulo conversando com aquele que outrora era conhecido como o príncipe dos empreiteiros, que brigou ferozmente com a Lava-Jato, mas perdeu a batalha, ficou dois anos e meio preso e se tornou um colaborador da operação. O depoimento foi todo gravado em vídeo, para ser incluído como prova no procedimento que tramitava na PGR sobre os e-mails que citavam Toffoli. Sem interromper a gravação, um dos procuradores fez uma pausa em um determinado trecho do depoimento para telefonar a Lindôra.

"Senhor Marcelo, como vai? Eu não conheço muito o histórico da Lava-Jato porque estou começando a acompanhar agora. Mas queria lhe fazer algumas perguntas, tudo bem?"[21]

O empreiteiro concordou e passou a ser interrogado pela subprocuradora-geral da República. Provocando estranhamento em todos, Lindôra começou a fazer perguntas específicas sobre os fatos relatados pelo advogado Rodrigo Tacla Duran. Ninguém ali sabia que a delação dele havia sido ressuscitada. Ao final, ela foi mais explícita:

"Durante as suas conversas com a força-tarefa da Lava-Jato, o senhor notou algum procedimento estranho?"

"Estranho como? Não entendi."

"Algum procedimento impróprio…"

"Olha, se o que a senhora está me perguntando é se eles realizaram algum tipo de extorsão, pediram vantagens indevidas, a resposta é não. Estávamos sempre em lados opostos, mas eles foram sempre corretos no trato", respondeu Marcelo Odebrecht.[22]

Lindôra agradeceu e encerrou sua participação naquele depoimento, frustrada por não ter arrancado do empreiteiro alguma prova que pudesse usar contra a Lava-Jato. Contudo, deixou claro para todos que escutaram a conversa que o alvo prioritário da PGR naquele momento era a própria Lava-Jato.

"Ninguém trabalha aqui não? Esses andares estão todos vazios."

Lindôra chegou irritadíssima ao prédio da força-tarefa da Lava-Jato de Curitiba naquele dia 24 de junho de 2020. Primeiro, teve dificuldades para entrar no local porque os dois assessores que a acompanhavam não tiveram os nomes previamente informados na portaria. Mas o que a tirou do sério foi outra questão: os funcionários do local solicitaram à subprocuradora-geral da República que utilizasse máscara de proteção facial para entrar, em respeito à legislação estadual que buscava conter a disseminação da covid-19. O acessório não era benquisto por Lindôra, alinhada aos preceitos do presidente Jair Bolsonaro. Desde o início da pandemia, Bolsonaro ignorou todas as medidas de proteção, incentivou aglomerações e apostou em uma falsa "imunidade de rebanho" para que a população brasileira se contaminasse com o vírus e desenvolvesse anticorpos. Essa política pública macabra adotada pelo governo e seguida por seus correligionários resultou, posteriormente, em mais de 600 mil mortos.[23]

Por isso, quando foi recepcionada pela chefe da Procuradoria da República do Paraná, Paula Cristina Conti Thá, e pelo coordenador da força-tarefa da Lava-Jato de Curitiba, Deltan Dallagnol, por volta das duas da tarde daquele 24 de junho, Lindôra já transbordava irritação. Sua intenção era fazer uma espécie de inspeção-surpresa nos trabalhos da força-tarefa, ou seja, quase uma busca e apreensão informal. Aras havia ouvido falar sobre a existência de uma central clandestina de grampos no Ministério Público Federal do Paraná e, por isso, decidiu mandar Lindôra até lá com o objetivo de descobrir se a história era verdadeira. Além disso, queria conseguir uma cópia do acervo de provas da força-tarefa por suspeitar de que foram produzidas investigações de forma ilegal contra autoridades com foro privilegiado e também ministros do STF. De acordo com um auxiliar de Aras, ele e Lindôra nutriam verdadeira "antipatia" pela força-tarefa.[24]

Foi movida por indícios fantasiosos que Lindôra viajou de Brasília para Curitiba naquele dia. Apenas na véspera ela telefonou para Paula Thá e lhe avisou da viagem. Exigiu que a procuradora-chefe estivesse com Deltan na sede da Procuradoria no dia seguinte para recebê-la, sem explicar o motivo, e preferiu não fazer contato direto com o coordenador da força-tarefa. Informado sobre a visita, Deltan enviou mensagens para o celular de Lindôra, que não respondeu. Ao contrário do padrão para casos do tipo, ela não enviou nenhum ofício requisitando uma reunião ou explicando a finalidade da viagem[25] — preferiu esconder os detalhes de sua missão. Paula Thá e Deltan, assim como a maioria do Ministério Público Federal em todo o país, estavam trabalhando em regime de home office desde o final de março, quando a Procuradoria-Geral da República publicou uma portaria suspendendo o trabalho presencial devido ao aumento dos casos de covid-19. Por isso, a sede da Procuradoria da República do Paraná e o outro prédio, onde funcionava apenas a força-tarefa da Lava-Jato, também estavam vazios, mas Paula e Deltan se deslocaram até lá para receber a subprocuradora-geral. Quando Lindôra os encontrou, queixou-se da obrigação de usar máscara e reclamou das dificuldades na entrada na portaria. Ao andar pelo prédio, viu salas vazias e ameaçou enviar um relatório à Corregedoria do MPF dizendo que o local estava sem uso e acusando os funcionários de não trabalhar — ela ignorava que o teletrabalho havia sido determinado pela própria PGR em uma portaria do dia 19 de março.[26]

Paula Thá e Deltan levaram Lindôra e sua equipe para uma sala de reuniões ampla que era usada pela força-tarefa. Sentaram-se mantendo o distanciamento e abriram as janelas para permitir a circulação de ar. No início da conversa, Lindôra informou que estava em Curitiba para a realização de dois trabalhos. O primeiro deles era "examinar o acervo" dos processos da força-tarefa. Em uma conversa por telefone que tiveram um mês antes, Deltan havia dito a Lindôra que os procuradores estavam com sobrecarga de trabalho e por isso alguns processos estavam atrasados. Sob esse pretexto, Lindôra disse que desejava examinar esses processos. A subprocuradora também afirmou que o segundo trabalho seria realizado na área de "tecnologia da informação", por isso ela havia levado o secretário de Segurança Institucional da PGR Marcos Ferreira dos Santos, que também era delegado de Polícia Federal. Essa segunda missão, apesar de Lindôra não ter explicado, era buscar a existência de uma central clandestina de grampos.[27]

O diálogo iniciado pela subprocuradora logo se transformou em um interrogatório a Deltan. Em certo momento, citou que deveria ter sido acompanhada, naquela viagem, da corregedora-geral do MPF Elizeta de Paiva Ramos, mas que, por dificuldades de agenda, ela não conseguiu ir. Isso já mudava o caráter da conversa: Lindôra dava a entender que sua missão era fiscalizar os atos dos procuradores, uma espécie de sindicância informal. A corregedora, única autoridade que poderia fazer aquilo, não estava presente. Tudo soava muito inusitado.

"Eu quero todos os processos da Lava-Jato aqui na mesa", pediu Lindôra.[28]

Constrangida, Paula Thá precisou explicar à subprocuradora-geral que aquele pedido era incabível:

"Isso não é possível. Não temos processos físicos, é tudo eletrônico."[29]

A resposta deixou Lindôra desconcertada, mas logo em seguida ela passou a disparar diversas perguntas sobre as investigações e os bancos de dados.

"Como é que funciona a distribuição dos processos para a Lava-Jato de Curitiba? Por que tudo cai aqui com você, Deltan?"[30]

O coordenador da força-tarefa lhe explicou, com voz pausada, que o próprio STF havia estabelecido uma regra processual de que fatos ilícitos envolvendo a Petrobras tinham conexão com a Lava-Jato de Curitiba. Lindôra perguntou ainda sobre o pagamento de diárias de viagens para os procuradores que integravam a força-tarefa e, em seguida, abordou um assunto mais sensível: a delação premiada de Rodrigo Tacla Duran. Esse caso era um dos motivos da sua viagem, porque ela queria verificar informações nas bases de dados de Curitiba relacionadas a Tacla Duran. Quando a retomada da delação veio a público, no mês anterior, Deltan chegou a telefonar para Lindôra para perguntar sobre o assunto, mas ela desconversou.

"Por que vocês me ligaram pra perguntar sobre esse Tacla Duran? Vocês estão parecendo muito preocupados com isso...", disse, insinuando que a delação poderia realmente atingir os procuradores.[31]

Deltan, então, explicou todos os problemas enfrentados durante a negociação da delação premiada de Tacla Duran com a força-tarefa, disse que ele mentiu durante o processo e que, por essas questões, rejeitaram o acordo do advogado. Lindôra também quis saber sobre o ex-ministro Sergio Moro.

"Você acha que Moro está forte pra ser candidato em 2022?"[32]

"Doutora Lindôra, eu não tenho proximidade com o Moro", Deltan respondeu. "O que eu sei é pelo que sai na imprensa mesmo."

"Pois eu acho que ele tá acabado. Nas redes, só vejo as pessoas o detonando depois que saiu do governo", disse ela.[33]

Ao final da conversa, Lindôra perguntou por que a força-tarefa ainda não havia fornecido à PGR uma cópia integral da sua base de dados. No mês anterior, Augusto Aras disparou um ofício para as forças-tarefas da Lava-Jato de Curitiba, Rio e São Paulo que provocou estranhamento em todos os procuradores: queria ter acesso e obter cópia de todo acervo das investigações, incluindo a documentação sigilosa, sem apresentar uma justificativa específica para isso. Deltan estava em tratativas com a Secretaria de Perícia, Pesquisa e Análise (SPPEA) para resolverem como dar acesso aos dados, mas tinha ressalvas sobre a possibilidade de compartilhar documentos sigilosos sem autorização judicial. Ainda assim, como a base de dados era imensa, o processo nem havia começado. Deltan explicou a Lindôra que teve uma videoconferência dois dias antes para tratar do assunto com o chefe da SPPEA, o procurador Pablo Coutinho Barreto, e que ainda havia dúvidas sobre quais tipos de documentos poderiam compartilhar sem que isso violasse o sigilo dos arquivos. Lindôra defendeu que o material poderia ser usado internamente "para fins de inteligência". Ou seja: a PGR queria ter conhecimento de detalhes das investigações, sem a utilização em processos judiciais. Para usar o material, seria necessário solicitar oficialmente à Justiça o compartilhamento.[34]

Como a reunião já durava muito tempo, Lindôra solicitou que o trabalho de inspeção do acervo fosse iniciado no dia seguinte e fez uma requisição:

precisava que funcionários do setor de informática da Procuradoria estivessem presentes, porque o secretário de Segurança Institucional queria ter acesso aos bancos de dados.

"Estamos fazendo um inventário bem grande do Brasil inteiro", justificou Marcos Ferreira, para tentar desviar o foco do que buscava no material.[35]

"Vocês podem especificar quais bases de dados precisam acessar? Aí podemos chamar as pessoas certas, para não gerar aglomeração", perguntou Deltan.

"Não posso adiantar isso. Eu quero todos os servidores aqui para acessar todas as bases", rebateu Lindôra de forma ríspida.[36]

A reunião terminou em um clima de desconforto. Incomodado com a situação, Deltan convocou os demais integrantes da força-tarefa para uma videoconferência naquela noite. Relatou o ocorrido na reunião, que deixou a todos estupefatos. Os procuradores da força-tarefa, principalmente os mais antigos, tinham boa impressão de Lindôra. Linha-dura na atuação criminal, ela havia dado apoio, como subprocuradora-geral da República no Superior Tribunal de Justiça, às investigações do caso Banestado, espécie de embrião da Lava-Jato. Os mais veteranos, como Januário Paludo e Orlando Martello, conheciam Lindôra havia muito tempo e tinham realizado diversos trabalhos com ela. Costumavam até tomar café e almoçar com a subprocuradora quando se encontravam. Mas, naquele momento, Lindôra estava empenhada em buscar irregularidades na Lava-Jato para atingir por tabela o ex-ministro Sergio Moro e não hesitaria em atropelar os antigos colegas. Após um debate intenso, os procuradores tiveram a ideia de telefonar para a corregedora-geral, Elizeta de Paiva Ramos. Relataram o ocorrido a ela e ouviram uma resposta que tornou ainda mais inusitada a expedição de Lindôra a Curitiba. Elizeta disse que não existia nenhum procedimento na Corregedoria para inspecionar o acervo da força-tarefa de Curitiba ou obter acesso às bases de dados da investigação. Pelo contrário, a Corregedoria havia feito um trabalho recente de análise de todas as forças-tarefas e chegado à conclusão de que não existiam irregularidades nelas. Ou seja: Lindôra queria fazer uma inspeção clandestina, sem nenhum processo formal aberto.

"Ela realmente me chamou para acompanhá-la, mas eu nem sabia o que ela queria fazer em Curitiba", respondeu Elizeta aos procuradores.[37]

Aquela informação mudou a postura deles. Lindôra não tinha justificativa legal para sua ação. Assim como em todas as ações mais sensíveis da Lava-Jato, os membros da força-tarefa discutiram sobre o assunto e firmaram uma posição unânime: poderiam dar acesso às bases de dados sigilosas desde que fosse apresentada uma justificativa formal com uma fundamentação legal para aquele pedido. Também chegaram à conclusão de que todos os procuradores da força-tarefa presentes em Curitiba iriam se deslocar para a nova reunião marcada para as dez horas da manhã do dia seguinte com Lindôra.

No horário marcado, Deltan estava na sala de reuniões na presença de um servidor da área de informática e dos procuradores Júlio Noronha, Orlando Martello, Paulo Galvão, Laura Tessler, Antonio Diniz, Felipe Camargo, Alexandre Jabur e Joel Bogo, integrantes da força-tarefa. A presença de todos eles tirou Lindôra do sério. Ela disse que não era necessária uma reunião com tanta gente e que estava lá para acessar as bases de dados. O clima ficou tenso quando Orlando Martello, o veterano do grupo, que tinha uma boa relação com Lindôra, relatou o telefonema feito a Elizeta na noite anterior e disse que não havia autorização da Corregedoria para a realização daquela ação. Os procuradores também afirmaram que as bases de dados sigilosas só poderiam ser acessadas caso Lindôra apresentasse formalmente uma justificativa. Nesse momento, a conversa azedou de vez. A subprocuradora, então, reagiu. Classificou de "quebra de confiança" o telefonema para a corregedora e acusou os procuradores de obstruir o acesso aos dados.[38]

"Não temos mais condições de continuar. Eu quero que vocês emitam uma certidão dizendo que não permitiram meu acesso aos dados", afirmou Lindôra.[39]

Os procuradores até concordaram em emitir uma certidão, mas ressaltaram que primeiro Lindôra precisaria fazer um ofício formal solicitando acesso aos dados. Não teriam como fazer qualquer certidão se não sabiam exatamente o que estava sendo buscado. Lindôra deu por encerrada a conversa e deixou a sala. Depois disso, sua equipe recebeu orientações de como acessar as bases de dados e deu início a uma espécie de inspeção física nos equipamentos de informática da Lava-Jato sob o acompanhamento de funcionários da força-tarefa.

Ao fim dos trabalhos, Paula Thá marcou uma reunião com a equipe de Lindôra para formalizar uma ata dos fatos ocorridos e tentar diminuir o mal-estar. Encontraram-se por volta das duas da tarde. Naquele momento, revelou-se o real motivo da visita. Marcos Ferreira disse a Paula Thá que a força-tarefa havia comprado três equipamentos de gravação de voz e que os aparelhos não foram encontrados na inspeção. Seria essa a central clandestina de grampos que Lindôra buscava, mas a informação estava distorcida. No final de 2015, diante de ameaças à segurança dos investigadores da Lava-Jato, a força-tarefa solicitou à PGR autorização para a aquisição de um aparelho que poderia gravar as ligações telefônicas dos ramais da Procuradoria no Paraná. Após o aval da PGR, foi realizado um registro de preços para a compra de três equipamentos do tipo. Em fevereiro de 2016, a Procuradoria fez a aquisição do equipamento, mas de apenas um exemplar, informação que constava na nota fiscal da compra.[40] Ainda assim, Lindôra retornou a Brasília e disse a Aras que o sistema clandestino de grampos da Lava-Jato havia sumido.

Após aquela visita, os procuradores da força-tarefa não tinham mais dúvidas de que eram alvos da cúpula da PGR e resolveram contra-atacar. Decidiram que era preciso registrar formalmente todos aqueles fatos e informá-los à Corregedoria do órgão. Assim, redigiram um ofício de treze páginas no qual relataram minuciosamente todos os fatos ocorridos durante a visita de Lindôra a Curitiba e enviaram o documento à corregedora-geral do Ministério Público Federal, Elizeta de Paiva Ramos. Imediatamente, divulgaram o mesmo documento na rede interna de comunicação dos procuradores, pois consideraram importante informar aos demais colegas sobre aqueles graves fatos. O episódio caiu como uma bomba na gestão de Augusto Aras.

No ofício, a força-tarefa ressaltou que todo o acervo estava à disposição da Corregedoria sem nenhuma obstrução ao seu acesso, desde que respeitado o processo legal.

> *Por fim, reitera-se que todos os elementos de informação disponíveis nesta força-tarefa encontram-se à disposição de Vossa Excelência, ou de qualquer autoridade designada por Vossa Excelência, para o exercício da função correicional, não havendo nenhum óbice ao pleno acesso a qualquer dado considerado útil para as relevantes atribuições exercidas por essa Corregedoria.*[41]

Sobre o equipamento de gravação de ramais da Procuradoria, o ofício apresentou a seguinte explicação:

> *Importante ressaltar que, entre 2015 e 2016, a força-tarefa de procuradores recebeu diversas ameaças por telefone e correspondências, o que conduziu inclusive à instauração de inquérito policial. Além disso, poderia se revelar necessária ou conveniente, por questões de segurança jurídica ou moral, a gravação de certas ligações telefônicas feitas pelos próprios procuradores para tratar das investigações. Por tais razões, nos moldes expostos, por meio de procedimento licitatório, a Procuradoria da República no Paraná adquiriu equipamento para permitir que cada procurador ou servidor solicitasse a gravação de ligações telefônicas feitas ou recebidas em seu próprio terminal fixo de uso funcional. É importante frisar que o equipamento é limitado à gravação de ligações feitas por terminais da própria procuradoria e foi acionado por alguns dos integrantes da força-tarefa para gravar suas próprias ligações, jamais ligações de terceiros.*[42]

O caso adquiriu grande repercussão na imprensa e foi imediatamente visto como mais uma ofensiva de Aras contra a Lava-Jato. A Corregedoria abriu um procedimento para apurar os fatos. O episódio provocou revolta no grupo de quatro procuradores da Lava-Jato na PGR: Hebert Reis Mesquita, Luana Vargas Macedo, Maria Clara Barros Noleto e Victor Riccely. Imediatamente após tomarem conhecimento do caso, decidiram pedir demissão de suas funções porque discordaram totalmente da ação de Lindôra. A avaliação deles era que não havia nenhuma irregularidade na Lava-Jato de Curitiba. Experientes na área criminal e conhecedores do histórico da operação, eles haviam sido responsáveis por investigações importantes. Atuaram, por exemplo, no inquérito que apurava suspeitas de corrupção do então presidente Michel Temer (MDB) no setor portuário, na operação que prendeu o ex-ministro Geddel Vieira Lima e achou em um apartamento 51 milhões de reais em dinheiro vivo, além de diversos outros casos. Graças ao ocorrido, deixaram as investigações da Lava-Jato na PGR.[43] Com isso, Aras perdeu totalmente a interlocução com as forças-tarefas.

A visita de Lindôra a Curitiba também teve consequência imediata nos seus planos de ascensão dentro do Ministério Público Federal. O desgaste do episódio levou a subprocuradora a desistir de uma candidatura ao Conselho Superior do MPF, órgão responsável pelas definições da gestão administrativa da instituição e pela análise da conduta funcional dos procuradores, com eventuais punições. Após o caso, Lindôra submergiu.[44]

O recesso dos tribunais superiores do Poder Judiciário em Brasília sempre reserva surpresas. Se o ministro plantonista tiver um perfil mais garantista — favorável às liberdades individuais —, é mais do que certa a corrida de advogados criminalistas com pedidos de *habeas corpus* para soltar clientes presos. Estratégias e articulações de bastidores também são colocadas em prática nesse período, quando todas as decisões se concentram nas mãos de poucos ministros. Após a malsucedida incursão de Lindôra em Curitiba, Aras retirou dois assuntos sensíveis da responsabilidade dela: a delação de Tacla Duran e a obtenção dos bancos de dados da Operação Lava-Jato. Para cuidar desses dois temas, escalou outro aliado. Mais discreto, sem ser adepto da ideologia bolsonarista, Humberto Jacques de Medeiros foi alçado ao posto de vice-procurador-geral da República depois que Aras se desentendeu com o primeiro nome que havia escolhido para o cargo, o subprocurador-geral José Bonifácio Borges de Andrada, descendente direto de um antigo integrante da monarquia, José Bonifácio de Andrada e Silva, considerado o Patriarca da Independência do Brasil. Aras criou uma formatação na PGR na qual o vice-procurador-geral da República passou a ficar responsável pelas investigações criminais contra políticos com foro no STF. Entretanto, divergências surgiram com pouco tempo de gestão. Bonifácio arquivou pedidos de investigação que chegaram à PGR contra adversários do presidente Bolsonaro, o que desagradou Aras e gerou o rompimento entre eles.[45]

Humberto Jacques de Medeiros, que atuou na gestão de Raquel Dodge como vice-procurador-geral eleitoral, inicialmente foi mantido por Aras no mesmo cargo. Mas acabou sendo convidado a assumir a função de vice-procurador-geral da República com a saída de Bonifácio. Preparado tecnicamente e com extensa bagagem jurídica, Jacques assumiu uma missão que marcaria a gestão do seu chefe: era responsável por traçar uma reformulação interna para acabar com as forças-tarefas da Lava-Jato. Em um despacho de sua autoria, o vice-procurador-geral da República chegou a escrever que o modelo das forças-tarefas era "desagregador" e funcionava à margem da estrutura do Ministério Público Federal.[46] Com base nesses argumentos, no final do mês de junho, ele deu a primeira canetada sobre o assunto: retirou a exclusividade dos procuradores integrantes da força-tarefa Greenfield, uma gigantesca investigação sobre desvios e corrupção nos fundos de pensão de estatais que herdou parte do acervo da Lava-Jato enviado para a primeira instância do Ministério Público Federal em Brasília. No documento, Jaques resumia os argumentos que posteriormente também aplicaria em sua análise sobre as forças-tarefas da Lava-Jato de Curitiba, Rio de Janeiro e São Paulo.

> *Casos milionários, com réus notabilizados, ampla cobertura midiática e Procuradores oficiando sob concessão de beneplácito do Procurador-Geral da República são ontologicamente incompatíveis com o perfil constitucional do Ministério Público e institucionalmente desagregadores e disruptivos.*[47]

No mesmo período, Humberto Jacques começou a discutir com sua equipe a adoção de uma estratégia para ter acesso aos dados da Lava-Jato. Aras estava indignado com as respostas que havia recebido. As forças-tarefas de São Paulo e do Rio de Janeiro faziam ressalvas de que os dados cobertos por sigilo só poderiam ser compartilhados caso houvesse fundamentação específica e autorização da Justiça. Esse era de fato o padrão adotado, mas a equipe de Aras usava o argumento de que poderia haver intercâmbio interno de informações "de inteligência".

A tese que passou a ser ventilada pela PGR era que os procuradores investigaram ilegalmente autoridades com foro privilegiado e ministros do Supremo Tribunal Federal. Rumores desse tipo já haviam chegado a Augusto Aras e eram reforçados pelo ministro do STF Gilmar Mendes, um dos principais críticos da operação, mas sem evidências concretas. Quando Humberto teve acesso a uma ação penal que tramitava em Curitiba e tratava do crime de lavagem de dinheiro pelo Grupo Petrópolis, ficou de orelha em pé. A denúncia apresentada pela força-tarefa relatava que a cervejaria foi utilizada pela Odebrecht para camuflar doações a políticos. Não se tratava de "caixa dois", termo usado para pagamentos eleitorais feitos por fora da contabilidade oficial. O Grupo Petrópolis fez doações aos políticos, registradas oficialmente na Justiça Eleitoral, mas quem escolheu os nomes e os valores foi a Odebrecht, que pagaria à cervejaria. Por isso, o esquema foi batizado de "caixa três".

A denúncia fazia acusações apenas contra executivos da cervejaria, mas os procuradores anexaram no documento uma tabela com o nome de todos os políticos que receberam as doações. Os dados eram públicos e foram extraídos da página do Tribunal Superior Eleitoral para demonstrar o tamanho do montante movimentado pelo esquema, sem fazer nenhuma acusação aos políticos. Mas, para piorar a situação, os nomes dos presidentes da Câmara e do Senado, Rodrigo Maia e Davi Alcolumbre, apareciam na tabela como Rodrigo Felinto e David Samuel (seus primeiros nomes). A força-tarefa atribuiu aquela redação dos nomes a um funcionário que, ao copiar as tabelas, teria incluído apenas a parte inicial dos nomes. Quando o caso chegou ao conhecimento da equipe de Aras, entretanto, as teorias da conspiração pareciam comprovadas: uma denúncia apresentada em primeira instância trazia os nomes camuflados dos presidentes da Câmara e do Senado.[48] A ideia que começou a ser gestada na PGR era usar o caso como um argumento jurídico para a liberação do acesso às bases de dados da Lava-Jato. Só que havia um problema: o caso envolvia a Lava-Jato de Curitiba, que tem como relator no STF o ministro Edson Fachin. Aras sabia que Fachin jamais autorizaria aquele pedido.

A estratégia traçada, então, foi protocolar o pedido durante o recesso do Judiciário, que começaria no dia 2 de julho. O plantonista seria o presidente do STF, Dias Toffolli, que estava alinhado a Aras na guerra contra a Lava-Jato. No dia 6 de julho, às 14h53, a PGR apresentou oficialmente ao Supremo uma "reclamação". Trata-se de um tipo de processo usado para dizer ao STF que outra instância do Judiciário estaria "roubando" sua competência. No caso, a PGR afirmou que a força-tarefa de Curitiba, na primeira instância, poderia ter investigado ilegalmente parlamentares com foro privilegiado, já que seus nomes constavam na denúncia. Neste ponto, Humberto Jacques fez uma generalização considerada "estranha" por boa parte de seus colegas do Ministério Público. Tendo como argumento apenas a ação ajuizada por Curitiba, criou uma dedução sem base em indícios concretos: se a investigação de autoridades com foro pode ter ocorrido em Curitiba, seria necessário verificar também se aquilo ocorreu nas forças-tarefas do Rio de Janeiro e de São Paulo.[49] Juridicamente, aquele argumento não fazia nenhum sentido: não existia qualquer indício concreto nos processos das forças-tarefas fluminense e paulista para sustentar aquela tese, por isso era incabível fazer essa comparação para justificar o acesso aos dados desses dois grupos.

Como o protocolo funcionava em regime de plantão, o processo só foi cadastrado no sistema eletrônico do STF à uma da tarde do dia seguinte. Em 24 horas, Toffoli proferiu a decisão, com data de 8 de julho, e autorizou a Aras o acesso a todos os dados da Lava-Jato.[50] Estava deflagrada a guerra interna. A obtenção das informações ficou a cargo da SPPEA, que era um setor de perícia ligado ao gabinete do PGR, mas levaria tempo. Os técnicos começaram a fazer o planejamento do trabalho com base em uma estimativa de setenta terabytes de dados só em Curitiba. Ao chegar lá, constataram que a força-tarefa na cidade tinha um volume incrivelmente maior de dados: mil terabytes.[51] Uma equipe da PGR chegou a Curitiba em 21 de julho para iniciar os trabalhos, ainda sem estimativa para terminar. Só depois de realizado o serviço na capital paranaense que planejariam a obtenção dos bancos de dados do Rio e São Paulo.

O coordenador da força-tarefa da Lava-Jato do Rio, Eduardo El Hage, esteve na PGR nesse período para tratar de outro assunto, mas aproveitou para passar na sala de Humberto Jacques para um café. El Hage tinha uma relação cordial com Jacques, herança ainda dos tempos em que o vice-procurador--geral da República fazia parte da Associação Nacional dos Procuradores da República, entidade que defende as demandas da classe. Ao conversarem sobre o assunto, Jacques afirmou que a PGR tomou a iniciativa porque estava sob pressão do Congresso Nacional, que elaborava diretrizes para minar os poderes do Ministério Público. Era uma forma de mostrar que a instituição estava se autorregulando, argumentou. El Hage lamentou que o caso tenha sido levado para o STF sem que primeiro houvesse diálogo para encontrarem uma solução interna. E fez um desabafo.

"Humberto, só quem se beneficia dessa briga são nossos inimigos. Bangu deve estar em festa agora", disse o procurador, fazendo uma referência à unidade prisional do Rio de Janeiro onde estavam presos os principais alvos da Lava-Jato fluminense.[52]

12.

O Centrão no poder

Deputado federal em seu terceiro mandato e pastor evangélico, Marco Feliciano passou a desfrutar de trânsito livre no Palácio do Planalto depois que seu antigo colega de Parlamento, Jair Bolsonaro, se tornou presidente da República. Não precisava seguir os trâmites burocráticos necessários para marcar uma agenda com o chefe do Poder Executivo — bastava uma mensagem por WhatsApp, meio preferido de comunicação de Bolsonaro, para conseguir alguns minutos com o amigo no quarto andar do Palácio do Planalto, onde está localizado o gabinete presidencial. Representante de um importante segmento do eleitorado de Bolsonaro — o evangélico —, Feliciano se tornou vice-líder do governo na Câmara dos Deputados e também se firmou como conselheiro de Bolsonaro. Com isso, costumava informar o presidente sobre as movimentações políticas no Legislativo e analisar o cenário da base parlamentar de apoio ao governo.[1]

Logo no primeiro ano da gestão presidencial, o aliado se incomodou com o protagonismo que o vice-presidente, o general reformado do Exército Hamilton Mourão, estava adquirindo. A imprensa o retratava como um militar moderado, com opiniões mais equilibradas do que os arroubos retóricos do presidente da República. Diante disso, logo no mês de abril de 2019, Feliciano tomou uma iniciativa inusitada: apresentou um pedido de impeachment contra Mourão, acusando-o de deslealdade a Bolsonaro.[2] O presidente não foi consultado previamente sobre a iniciativa, mas tampouco censurou seu aliado. Feliciano enxergou aquilo como um aval à sua ação. Sua relação com Bolsonaro até se fortaleceu depois do episódio.[3] Pouco tempo depois, Feliciano esteve no Planalto para conversar com o presidente e puxou assunto sobre a articulação política. Lembrou a Bolsonaro que seu governo já acumulava diversas derrotas no Congresso Nacional, principalmente por causa da atuação do presidente da Câmara, Rodrigo Maia (DEM-RJ). Além de ter participado ativamente em votações que resultaram na retirada do Conselho de Controle de Atividades Financeiras (Coaf) do Ministério da Justiça e em alterações substanciais na Reforma da Previdência do ministro Paulo Guedes, Maia começou a defender uma proposta para a criação do chamado "orçamento impositivo", que diminuiria o poder decisório do governo sobre a alocação de suas despesas.[4] O cenário demonstrava claramente que a base aliada de Bolsonaro era frágil e não garantia votos suficientes para os projetos de seu interesse. Após traçar esse panorama, Marco Feliciano fez um alerta que não sairia mais da cabeça de Bolsonaro. Na opinião do deputado, Rodrigo Maia tinha interesse na cadeira de Presidente da República e poderia aproveitar a fragilidade política para derrubar Bolsonaro.[5]

"Presidente, eu tenho medo de um processo de impeachment. Nós não temos o número de deputados para ganhar. O seu próprio partido, o PSL, está dividido. O governo não tem uma coalizão, então, nós estamos desguarnecidos", disse Feliciano durante a reunião.[6]

Após Bolsonaro perguntar o que poderia ser feito, o deputado afirmou ao presidente que era necessário aderir ao método que todos faziam: dar cargos aos partidos políticos em troca do apoio. Mas isso era justamente o que Bolsonaro havia ferozmente criticado durante sua campanha eleitoral. Seu plano de governo apresentado ao Tribunal Superior Eleitoral em 2018 prometia que, caso se tornasse presidente, seu governo seria: "sem toma lá dá cá, sem acordos espúrios. Um governo formado por pessoas que tenham compromisso com o Brasil e com os brasileiros. Que atenda aos anseios dos cidadãos e trabalhe pelo que realmente faz a diferença na vida de todos".[7]

Bolsonaro não disse nem que sim nem que não naquele momento, mas passou a refletir sobre a estratégia. O assunto ficou em banho-maria enquanto o fantasma do impeachment passou a assombrar os pesadelos do presidente cada vez mais. Em novembro de 2019, seu isolamento se acentuou depois que saiu do partido pelo qual se elegeu, o PSL, em meio a brigas internas pelo controle da legenda e no esteio da crise das candidaturas-laranja.[8] Um presidente sem base aliada e sem partido era a receita pronta para a queda do cargo. Apenas a partir de março do ano seguinte, entretanto, com a chegada da pandemia, é que Bolsonaro passou a se movimentar por vislumbrar um risco crescente de impeachment. Uma doença imprevisível que traria mortes e um impacto gigantesco na economia poderia ferir seu governo fatalmente caso não se blindasse no Congresso. Em meio a esse cenário político, seus apoiadores passaram a concentrar seus ataques nas redes sociais e em manifestações de rua, em Rodrigo Maia e nos ministros do Supremo Tribunal Federal, criando uma narrativa fictícia de que eles estavam colocando obstáculos para o presidente governar.

A verdade é que Bolsonaro resistiu a tomar quaisquer medidas concretas de combate à pandemia, o que deixou um vácuo na gestão do assunto. Por isso, coube ao Legislativo, aos governadores e aos prefeitos assumir a dianteira desse processo, o que culminou no escanteamento do governo federal. No início de abril, a Câmara dos Deputados votou um pacote de ajuda financeira aos estados criado por conta da pandemia da covid-19 e impôs uma fragorosa derrota ao governo federal. O texto formatado pela Câmara, com custo de cerca de 80 bilhões de reais aos cofres públicos, obrigava a União a recompor perdas na arrecadação dos governos estaduais e municipais, de forma a permitir a implantação de medidas de combate à covid-19. A posição do governo era contrária ao texto apresentado pelo relator, deputado Pedro Paulo, mas a Câmara aprovou a proposta por 431 votos a 70 no dia 13 de abril.[9] Esse placar demonstrou a situação totalmente desfavorável de Bolsonaro no Legislativo.

Foi aí que Marco Feliciano novamente entrou em campo. Nessa época, um importante ator político da Câmara, expoente do bloco conhecido como Centrão, procurou Feliciano para conversar. Era o deputado federal Arthur Lira, líder do PP e que havia sido um dos alvos da Operação Lava-Jato. Filiado a um dos partidos mais implicados pelas acusações de desvios de recursos na Petrobras, Lira já havia se tornado réu por corrupção passiva no STF sob acusação de receber dinheiro desviado da Companhia Brasileira de Trens Urbanos (CBTU), uma estatal que ficou sob influência política do PP, e também era alvo de outras investigações em andamento.[10] Mesmo assim, seu poder dentro da Câmara era grande: apenas seu partido contava com quarenta deputados, o que significava uma quantidade de votos importante para matérias de interesse do governo. Outras legendas que integravam o Centrão, como PL, Republicanos, Solidariedade e PTB somavam mais outros noventa votos.[11] O poder do bloco, aliado a outras legendas que eram favoráveis a Bolsonaro, seria suficiente para barrar o temido processo de impeachment contra o presidente. Mas uma aliança exigiria o velho toma lá dá cá da política: cargos e verba de emendas parlamentares em troca do apoio nas votações, metodologia que gerou o escândalo do mensalão no início do governo do presidente Luiz Inácio Lula da Silva.

Insatisfeito porque a articulação política do governo não cumpria com as promessas, Lira abordou o assunto com Feliciano. Disse ao deputado evangélico que o ministro da Secretaria de Governo, o general reformado do Exército Luiz Eduardo Ramos, responsável pelas negociações com o Congresso, não atendia às demandas apresentadas pelos deputados e tinha dificuldade para dialogar com o Parlamento. Ex-comandante das tropas brasileiras no Haiti,[12] Ramos não tinha experiência com articulação política nem jogo de cintura para dialogar com os parlamentares. Lira ameaçou: dessa forma, o PP não votaria mais com o governo.[13] Apesar de não usar a palavra impeachment, o recado do deputado deixava claro que Bolsonaro ficaria na berlinda dentro da Casa. Feliciano imediatamente prometeu interceder.

"Vou te levar para falar com o presidente."[14]

Bolsonaro e Lira já haviam sido colegas de partido. Entretanto, em 2015, depois que a Operação Lava-Jato atingiu o PP, o futuro presidente da República, que ainda era um deputado caricato do baixo clero e sem relevância política, decidiu sair do partido movido por um discurso de moralidade na administração pública e em busca de uma legenda que permitisse a ele se candidatar à Presidência em 2018. Com sua saída, Bolsonaro se afastou dos antigos correligionários e passou a ser um crítico da obtenção de apoio partidário por meio da indicação de cargos públicos. Mas a urgência por governabilidade o fez mudar suas convicções com rapidez. Após o contato intermediado por Feliciano no dia 14 de abril de 2020, às 17h40, Arthur Lira chegou ao Palácio do Planalto para uma visita ao gabinete do presidente.[15] Conversaram por cerca de meia hora, relembraram os velhos tempos de colegas de Parlamento e começaram a acertar as condições do apoio do PP ao governo: o clássico loteamento de cargos do governo federal. Lira voltou ao Planalto uma semana depois, no dia 20 de abril, para uma reunião que também teve a presença do general Ramos, o responsável por autorizar as demandas dos parlamentares. Logo também foi selada a aproximação de Bolsonaro com o senador Ciro Nogueira, outra liderança do partido que havia muito tempo estava enrolada na Lava-Jato. A relação entre os dois estreitou-se tanto que Ciro passou a ser apelidado de Zero-Cinco[16] — ou seja: Ciro passou a ser considerado como o quinto filho do presidente.

Em pouco tempo, as nomeações de cargos públicos para o Centrão começaram a sair. O grupo indicou o diretor do Departamento Nacional de Obras Contra a Seca (Dnocs), órgão que costumava ser foco de desvios de recursos e corrupção.[17] O chefe de gabinete de Ciro Nogueira, Marcelo Lopes, foi nomeado para comandar o Fundo Nacional de Desenvolvimento da Educação (FNDE), órgão com orçamento na casa dos 55 bilhões de reais.[18] O ex-deputado Valdemar Costa Neto, do PL, que foi condenado no mensalão em 2012 e era alvo de investigações sobre desvios em obras federais, também emplacou nomes no governo durante esse processo de aliança. Seu partido fazia parte do Centrão e foi responsável por indicar, por exemplo, o presidente do Banco do Nordeste, um diretor do FNDE e também um diretor no Dnocs.[19,20] Essa reaproximação ocorreu no mesmo período em que Bolsonaro rompeu de vez com Sergio Moro, símbolo do combate à corrupção dentro de seu governo. Oito dias após o primeiro encontro oficial do presidente com Arthur Lira, Bolsonaro conduziu a reunião ministerial de 22 de abril na qual deixou clara sua intenção de demitir o diretor-geral da Polícia Federal. O controle da PF também agradava ao Centrão, já que seus líderes estavam na mira de diversas investigações. Logo depois daquela reunião, Bolsonaro demitiu Valeixo e provocou a saída de Moro do governo. Tratava-se de uma mudança de rumos da sua gestão, pois o discurso moralizante havia sido uma das principais bandeiras da sua campanha eleitoral. O presidente não apenas se afastava da Lava-Jato, mas, ato contínuo, abraçava os principais alvos da operação.

Com a demissão de Valeixo, Bolsonaro nomeou o delegado Alexandre Ramagem para o posto de diretor-geral da Polícia Federal. Ramagem era uma pessoa de confiança do presidente e dos seus filhos, justamente o perfil que Bolsonaro desejava para comandar a corporação. Mas a medida durou pouco. No dia 29 de abril de 2020, em uma ação impetrada no STF pelo PDT, o ministro Alexandre de Moraes suspendeu a nomeação por considerar a existência de risco de desvio de finalidade, já que o ex-ministro Sergio Moro havia lançado sérias suspeitas sobre a interferência do presidente na Polícia Federal. A decisão liminar foi proferida poucas horas antes da posse de Ramagem, marcada para as três da tarde daquele dia.[21] Com isso, Bolsonaro voltou atrás e, uma semana depois, indicou para a direção da PF um delegado amigo de Ramagem, Rolando Alexandre de Souza.[22] Não era um amigo direto da família do presidente, mas o cheiro de interferência indevida continuava no ar.

A aproximação de Bolsonaro com o Centrão deu a Sergio Moro uma certeza: a de que ele havia pedido demissão no momento certo. Mas, como deixara uma longa carreira de juiz federal para apostar na política, sua saída prematura do governo o colocou em uma situação inédita: ele não tinha um emprego nem um cargo público. O caminho que trilhou era semelhante ao de uma de suas inspirações, o ex-promotor italiano Antonio di Pietro, que conduziu a investigação da Operação Mãos Limpas, a Lava-Jato italiana, e deixou o posto para entrar para a política em 1996 como ministro das Obras Públicas na gestão do primeiro-ministro Romano Prodi. Di Pietro deixou o cargo após ter se tornado alvo de uma investigação por corrupção, da qual foi inocentado, e posteriormente se elegeu ao Parlamento.[23,24]

Antes de se mudar de volta para Curitiba, Moro precisava gastar alguns dias em Brasília para se desfazer do apartamento alugado na Asa Sul e de utensílios domésticos. Anunciou a venda de praticamente todos os itens em um grupo de WhatsApp de funcionários do Ministério da Justiça. Uma esteira que o ex-ministro usava para se exercitar[25] foi arrematada pelo delegado da PF Fabiano Bordignon, que dirigia o Departamento Nacional Penitenciário e era um dos nomes favoritos de Moro para suceder Valeixo no comando da Polícia Federal. Ele também passou a receber os amigos mais próximos em sua residência para raros momentos de desabafo. Em uma dessas conversas, o ex-juiz deixou claro que se sentia usado. Moro dizia que Jair Bolsonaro tinha a Lava-Jato como bandeira eleitoral, mas acabou impulsionando o desmonte das instituições de combate à corrupção.

"Se soubesse que ia ser assim, era melhor eu mesmo ter sido candidato a presidente", comentou em uma das conversas.[26]

Tratava-se mais de um arroubo retórico do que um plano concreto. Ele nunca cogitou seriamente ser candidato a presidente em 2018, já que o ex-presidente Lula havia sido preso justamente por causa de uma condenação imposta por sua caneta.[27] Seus planos dali em diante ainda eram incertos: cortejado por partidos políticos, Moro ainda não havia decidido se desejava ser candidato à presidência nas eleições de 2022. Queria se manter ativo no debate público, dando entrevistas e opiniões a respeito dos mais diversos temas, mas ainda sem se convencer sobre uma candidatura. O ex-ministro, porém, não esperava que seu discurso de demissão rapidamente gerasse a abertura de um inquérito contra o presidente da República.

Com o pedido feito por Aras para abertura da investigação, que colocava Moro no papel de acusador e também de investigado, o ex-ministro teria que prestar depoimento nos próximos dias aos delegados da Polícia Federal e membros da Procuradoria-Geral da República. O ministro Celso de Mello autorizou a abertura do inquérito na quinta-feira à noite, pouco menos de uma semana após o pedido de demissão. Com isso, a PGR e a PF tinham pressa para levar a investigação adiante. Já no dia seguinte, antes mesmo de receber do STF a documentação física do inquérito, a delegada Christiane Correa Machado, coordenadora do Serviço de Inquéritos da PF, setor responsável pelas investigações que atingiam políticos com foro privilegiado, proferiu o despacho inicial determinando que o depoimento de Moro fosse colhido "com a urgência que o caso requer".[28] Era uma sexta-feira. Os investigadores entraram em contato com Moro e já agendaram o depoimento para o dia seguinte, em pleno sábado. Uma aeronave da PF foi destacada para levar até Curitiba uma comitiva formada por Christiane e mais um delegado de sua equipe, além dos três procuradores da PGR que acompanhavam o caso.

O FIM DA LAVA-JATO 251

No início da tarde de sábado, Moro chegou de carro à Superintendência da Polícia Federal de Curitiba, local-símbolo da Lava-Jato. Foi na carceragem desse prédio que ficaram presos diversos alvos da operação, dentre eles o ex-presidente Luiz Inácio Lula da Silva. O local parecia um campo de guerra. Manifestantes favoráveis ao presidente Jair Bolsonaro se aglomeravam nos arredores do prédio desde cedo e, com a ajuda de um alto-falante, proferiam duros xingamentos contra o ex-ministro, como "Judas" e "rato".[29] Alguns poucos manifestantes estavam lá para defender Moro. A cena era um termômetro da mudança no clima político do país: a área externa da PF seis meses antes abrigara um acampamento de apoio ao ex-presidente Lula, no período em que ele ficou preso no local, e agora havia se transformado em ponto de apoio a Jair Bolsonaro. Era a primeira aparição pública de Moro desde que havia deixado o governo e o resultado o assustou. Ele, que imaginava que seria obrigado a sair do país caso o candidato petista Fernando Haddad fosse eleito presidente em 2018, acabou descobrindo da pior forma que tornar-se inimigo do bolsonarismo havia se provado uma purgação mais amarga do que sua antiga posição de algoz do PT.

Moro prestou um longo depoimento de mais de seis horas aos investigadores. Demonstrava desconforto por estar naquela posição de acusador do presidente, seu antigo aliado. De dentro da sala onde ele e seus interrogadores estavam, era possível ouvir os gritos dos manifestantes com xingamentos ao ex-ministro, o que tornava o clima ainda mais tenso. Moro parecia abalado psicologicamente[30] e os delegados tinham expectativas de que ele apresentasse provas contundentes contra Bolsonaro que demonstrassem ilegalidades em sua conduta e uma série de interferências indevidas na PF, incluindo gravações, mas se frustraram. O ex-ministro contou novos detalhes sobre o relato feito em seu pronunciamento de demissão, mas não apresentou nenhuma "bomba" contra o presidente da República. Mais: movido por um instinto de autopreservação, Moro sequer disse aos investigadores que a conduta de Bolsonaro configurava crime. Afirmou apenas que essa avaliação não caberia a ele, mas sim à Procuradoria-Geral da República, órgão responsável pela palavra final na investigação.[31] Até a defesa do ex-ministro ficou decepcionada com seu desempenho.[32]

As provas que Moro tinha para apresentar também foram consideradas frustrantes. Ele entregou aos peritos da Polícia Federal seu telefone celular para que pudessem ser extraídas suas conversas com Jair Bolsonaro. O aparelho teria potencial explosivo, não fosse por uma ressalva feita logo de início por Moro: após ter sido alvo do ataque hacker no ano anterior, ele passou a apagar com frequência os seus diálogos no WhatsApp. Por isso, conservava apenas conversas dos últimos quinze dias. O material comprovava as pressões do presidente, como a mensagem em que ele dizia que o inquérito contra bolsonaristas era "mais um motivo para a troca" do comando da PF, mas avançava pouco além do que já se sabia.[33] Moro não autorizou que os peritos extraíssem os diálogos mantidos com ministros do governo federal, permitindo apenas a extração da conversa com Bolsonaro e do diálogo com a deputada Carla Zambelli. Essa notícia trouxe alívio a vários integrantes do Palácio do Planalto, que, àquela altura, tinham como certo que Moro entregaria um arsenal de mensagens e gravações de Bolsonaro e seus auxiliares mais próximos, como ministros.[34]

Apesar disso, Moro apresentou aos investigadores caminhos para comprovar suas declarações. Uma das principais provas citadas foi a reunião ministerial realizada no dia 22 de abril e gravada em vídeo pelo próprio Palácio do Planalto. Nela, Bolsonaro manifestou expressamente seu desejo de interferir na PF. Obter cópia desse vídeo seria um dos próximos passos da investigação, o que não seria simples. As declarações do ex-ministro foram formalizadas em um termo de depoimento de dez páginas. Não houve gravação em vídeo, apenas a transcrição do depoimento por escrito. Moro foi acompanhado pelo advogado Rodrigo Sánchez Rios, criminalista de Curitiba e seu amigo de longa data.[35]

Em Brasília, a expectativa era grande. Enquanto Moro falava, os procuradores informavam o procurador-geral da República, Augusto Aras, em tempo real, sobre os principais pontos do depoimento. Já era noite quando o superintendente da PF de Curitiba, Maurício Moscardi Grillo, pediu dezesseis pizzas para alimentar os participantes da oitiva e os funcionários que davam plantão.[36] Jornalistas esperavam do lado de fora do prédio e até entrevistaram o entregador das pizzas, já que nenhuma informação vazava do depoimento em curso. Depois que o interrogatório foi finalizado, peritos da PF receberam o celular de Moro e passaram algumas horas realizando a cópia do material. Como o ex-ministro autorizou apenas acesso aos diálogos mantidos com Bolsonaro e Zambelli, eles precisaram copiar o conteúdo integral do celular e logo em seguida apagar quase tudo, guardando apenas as conversas de WhatsApp desses dois contatos.[37] Ainda na madrugada do sábado para o domingo, a íntegra do depoimento foi enviada para Aras e também para o gabinete do ministro do Supremo Celso de Mello. A cúpula da Procuradoria-Geral da República em Brasília só foi dormir após as duas horas da manhã, em alvoroço com o material. Moro também só deixou o prédio da PF de madrugada, depois que a perícia terminou seu trabalho. A equipe de policiais federais e procuradores pernoitou em Curitiba para pegar o avião da corporação no fim da manhã de domingo de volta para Brasília.

Após analisar o conteúdo do depoimento e conversar com seus auxiliares mais próximos, Aras convocou uma reunião já na manhã de segunda-feira. Queria passar suas impressões aos três procuradores que havia escalado para tocar a investigação: João Paulo Lordelo, Hebert Reis Mesquita e Antônio Morimoto Junior. Lordelo, baiano como Aras, era um auxiliar de extrema confiança do procurador-geral, lotado em seu gabinete e responsável por tocar os casos mais sensíveis da área criminal da PGR. Mesquita fazia parte do grupo de trabalho da Lava-Jato e tinha experiência em investigações de grandes esquemas de corrupção e lavagem de dinheiro — havia conduzido a apuração sobre lavagem de dinheiro do ex-ministro Geddel Vieira Lima, por exemplo. Morimoto trabalhou com investigações criminais contra governadores em tramitação no Superior Tribunal de Justiça e também tinha uma relação de confiança com o procurador-geral por outro motivo: Aras empregava como assessora na Terceira Câmara do Ministério Público Federal, órgão que coordenou, a esposa de Morimoto, que era advogada de formação, mas atuava como funcionária externa do órgão.[38] Na reunião, Aras não deixou dúvidas sobre sua opinião: via poucas chances de que o inquérito comprovasse crimes cometidos pelo presidente Jair Bolsonaro. Para o procurador-geral da República, o discurso de demissão era um ato político de Sergio Moro, preparatório para a campanha de 2022. Aras fez sua avaliação sobre o depoimento, gastou tempo com uma longa exposição sobre a separação de Poderes em regimes democráticos e os riscos de interferências indevidas do Judiciário e depois alertou os procuradores que não queria que a investigação fosse usada para fins políticos. Mesmo com o inquérito recém-iniciado, concluiu seu discurso com a afirmação de que o destino mais provável seria o arquivamento.[39]

As declarações de Aras não provocaram discordância entre os procuradores. Eles também achavam que Moro não entregou o que havia prometido e duvidavam da evolução das investigações. Mas avaliavam que havia indícios de crimes por parte do presidente e que era preciso ainda aprofundar a investigação. Os procuradores começaram a redigir um documento solicitando diligências para obter todas as provas indicadas pelo ex-ministro da Justiça em seu depoimento. A mais polêmica era a solicitação, ao Palácio do Planalto, da cópia do vídeo da reunião ministerial citada por Moro. Também constavam na lista os pedidos de depoimentos de diversos delegados da PF que acompanharam as pressões do presidente e de três ministros do núcleo militar do governo, citados por Moro como testemunhas diretas das tentativas de Bolsonaro interferir na Polícia Federal. Só por obrigar os militares mais próximos do presidente a prestar depoimentos, a investigação já era um estorvo para o Planalto.[40] Na condição de testemunhas, eles não poderiam mentir porque isso seria passível de caracterizar crime de falso testemunho.

O ministro Celso de Mello logo autorizou todos os pedidos e determinou que o Palácio do Planalto entregasse uma cópia integral do vídeo da reunião ministerial. Aquela ordem provocou preocupação nos auxiliares do presidente, que cogitaram descumprir a determinação judicial fornecendo apenas trechos do vídeo. Em uma entrevista a jornalistas, o ministro Braga Netto levantou a hipótese de que o vídeo completo poderia não existir — o que era uma mentira.

"A reunião não necessariamente é filmada, como uma reunião na Câmara dos Deputados que, por lei, deve ser filmada e etc. Às vezes, você tem a câmera lá e ela filma trechos, ela filma partes da coisa e, às vezes, não filma, o presidente fala: 'Ó, não quero que filme, tá certo?'. Eu não vou entrar no assunto da filmagem porque isso hoje é assunto de um inquérito."[41]

A Advocacia-Geral da União apresentou um recurso pedindo que Celso de Mello reconsiderasse a decisão. A proposta era entregar apenas alguns trechos do vídeo, que a própria Presidência escolheria, mas o ministro não aceitou.[42] A contragosto, o advogado-geral da União José Levi compareceu pessoalmente à Secretaria Judiciária do STF e, às 17h09 do dia 8 de maio, entregou um disco rígido com o vídeo completo da reunião ministerial. Também presente, a chefe do Serviço de Inquéritos Especiais lacrou o material para que ninguém assistisse ao vídeo antes que o ministro decidisse o que fazer.

Antes de entregar o vídeo ao STF, no entanto, o material passou pelo escrutínio não só de Bolsonaro, que assistiu com atenção à gravação, como também de diferentes figuras de seu governo, como membros da Advocacia-Geral da União e ministros do Palácio do Planalto. Foi só depois de uma análise minuciosa do material, durante três dias, e da convicção de que Bolsonaro não seria incriminado por suas falas, que o vídeo foi cedido. Mesmo com a crença de que a gravação não incriminaria Bolsonaro, era consenso entre membros do governo que o material trazia momentos de constrangimento e seria prejudicial para a imagem do governo.[43]

Celso de Mello colocou a mídia sob sigilo temporário e determinou que fosse feita uma sessão única de exibição para representantes da PF, da PGR, de seu gabinete e também para os advogados de Bolsonaro e de Moro, para que todos tomassem conhecimento do conteúdo. A exibição ficou marcada para as oito horas da manhã do dia 12 de maio, no Instituto Nacional de Criminalística, sede da perícia da Polícia Federal em Brasília. Sergio Moro também fez questão de comparecer pessoalmente, acompanhado de seus advogados, para assistir ao vídeo. Seria seu primeiro retorno a Brasília após o pedido de demissão.[44]

Um forte esquema de segurança foi montado para evitar qualquer tipo de vazamento. O disco rígido, que ainda estava lacrado, só foi aberto naquele momento. Todos que compareceram ao ato tiveram que deixar seus celulares do lado de fora da sala e assinaram um termo se comprometendo com o sigilo do conteúdo.[45] O documento assinado pelos dezoito participantes do ato dizia o seguinte:

> *Os presentes ficam comprometidos a não revelar de qualquer forma e a qualquer pessoa o teor do vídeo a ser apresentado, enquanto vigente o sigilo judicial decretado pelo ministro relator Celso de Mello, sob pena das implicações legais. Ficam todos cientes da proibição da realização de qualquer tipo de gravação do conteúdo a ser exibido, seja de vídeo ou áudio, bem como da impossibilidade de ingresso na sala de apresentação do vídeo portando qualquer tipo de eletrônico, motivo pelo qual concordam em deixar os seus pertences dessa espécie fora da sala de exibição.*

De uma só vez, os presentes assistiram a quase duas horas de uma reunião ministerial marcada por bizarrices. Até aquele momento, apesar de declarações públicas desastradas causarem frequentes desgastes ao governo, era a primeira vez que discursos de integrantes do primeiro escalão eram revelados sem nenhum filtro. Como todos estavam à vontade para falar o que queriam, o encontro foi marcado por discursos negacionistas sobre a pandemia, ofensas aos ministros do STF e sugestões para afrouxar as regras ambientais, dentre várias outras declarações polêmicas.[46] No ponto que interessava ao inquérito, os investigadores ouviram atentamente as reclamações de Jair Bolsonaro sobre a Polícia Federal e a declaração de que desejava trocar o comando da corporação no Rio de Janeiro para proteger seus amigos e familiares. Aquilo mudou a perspectiva do inquérito. Céticos até aquele momento com as provas obtidas, os investigadores se convenceram: havia uma manifestação expressa do presidente da República que demonstrava o desejo de interferir na Polícia Federal com o objetivo de satisfazer interesses pessoais. Apesar de Bolsonaro ter usado a expressão "segurança nossa do Rio", nenhum dos investigadores teve dúvida de que a declaração se referia ao superintendente da PF carioca, cargo que sofria intensas pressões do Planalto desde a metade do ano anterior.[47]

Com tantos participantes na reunião, e após o grande impacto causado pela revelação, em pouco tempo a informação chegaria à imprensa. A exibição terminou pouco depois das duas da tarde. Às 15h26, o site do jornal *O Globo* estampava a manchete: "Bolsonaro defendeu em reunião troca na PF para evitar que familiares e aliados fossem prejudicados".[48] Logo, o assunto estava em todos os sites de notícias e aumentava a pressão sobre Jair Bolsonaro naquele momento.

Na verdade, o que mais preocupava o governo sobre aquela reunião eram as declarações desastrosas de ministros sobre outros assuntos, que poderiam abalar as relações com o Supremo Tribunal Federal ou mesmo com nações estrangeiras. O ministro da Educação Abraham Weintraub, por exemplo, chamou os ministros do STF de "vagabundos" e vociferou em favor de botá-los "na cadeia", sem nenhuma justificativa. O ministro do Meio Ambiente Ricardo Salles fez declarações que marcaram sua gestão à frente da pasta: defendeu que o governo aproveitasse a atenção da imprensa à pandemia da covid-19 para "ir passando a boiada e mudando todo o regramento e simplificando normas".[49] Ou seja: afrouxar as regras ambientais enquanto ninguém estava vendo, tanto por meio de propostas no Congresso Nacional como por procedimentos administrativos dentro do próprio ministério.

"Tem um monte de coisa que é só parecer, caneta, parecer, caneta. Sem parecer também não tem caneta, porque dar uma canetada sem parecer é cana", disse Salles.[50]

A área econômica também não passou ilesa. O ministro Paulo Guedes disse na reunião que na Caixa Econômica Federal e no BNDES, o governo "faz o que quer", mas o mesmo não acontece no Banco do Brasil. Por isso, argumentou: "Tem que vender essa porra logo".[51]

Celso de Mello ainda iria decidir se tirava o sigilo de todo o vídeo ou apenas de alguns trechos. Por causa da pandemia, o ministro estava trabalhando de sua residência no interior de São Paulo e ainda não havia assistido ao material porque o disco rígido estava fisicamente em Brasília. Para que tomasse conhecimento do conteúdo e pudesse decidir sobre a divulgação, o ministro determinou aos peritos da Polícia Federal a transcrição de toda a reunião. Só no dia 18 de maio foi que, por meio de uma transmissão feita a partir de seu gabinete no STF, o ministro conseguiu assistir à gravação mesmo estando em São Paulo. Com isso, uma discussão jurídica começou a ser travada. A Advocacia-Geral da União exerceu seu papel de defender os interesses do presidente e pediu autorização ao ministro Celso de Mello para que o próprio Palácio do Planalto divulgasse uma versão editada do vídeo com a retirada "da breve referência a eventuais supostos comportamentos de nações amigas" (uma referência a críticas feitas à China) e a divulgação apenas das declarações do presidente Jair Bolsonaro, poupando os ministros de uma exposição indevida por suas declarações desastrosas.[52]

Foi o posicionamento de Aras, entretanto, que surpreendeu o ministro Celso de Mello. Na administração pública, cabe aos servidores responsáveis pelos documentos realizarem a classificação caso haja necessidade de sigilo. O vídeo da reunião não havia sido carimbado como sigiloso pelo Planalto. Por isso, auxiliares de Aras defenderam que a PGR opinasse em favor da total divulgação do seu conteúdo. Se o próprio governo não havia tornado o documento sigiloso, não caberia à procuradoria fazê-lo. Mas Aras ordenou a redação de uma manifestação completamente diferente. No documento enviado ao Supremo, o procurador-geral se posicionou de forma semelhante aos interesses de Bolsonaro: pediu que apenas as declarações envolvendo a Polícia Federal fossem tornadas públicas, mantendo o sigilo no restante do material.[53]

Celso de Mello estava no Supremo Tribunal Federal desde o dia 17 de agosto de 1989. Indicado pelo então presidente José Sarney após ter sido assessor jurídico da Presidência da República, era o ministro mais antigo em exercício no tribunal — o decano, como se diz no jargão jurídico.[54] Respeitadíssimo em seu meio, chama atenção de seus interlocutores pela erudição. Pontua qualquer conversa com referências jurídicas e históricas que reconstituem o direito desde o Império Romano até autores mais recentes. Da mesma forma, redige suas decisões com uma marca pessoal inconfundível: trechos em itálico, sublinhados e em negrito, às vezes de forma simultânea, são usados para dar ênfase a determinadas frases mais relevantes. Notívago, costumava começar a trabalhar no final da tarde e proferia suas decisões mais importantes à noite ou, não raro, de madrugada.

Em um longo despacho de 55 páginas, Celso de Mello apresentou as razões pelas quais decidiu tirar o sigilo de praticamente a totalidade do vídeo, preservando apenas as menções a nações estrangeiras. Ironicamente, uma estratégia adotada por Aras no início do inquérito acabou pesando em favor da divulgação do vídeo. O decano argumentou que Sergio Moro também era investigado e que seus advogados consideravam essencial a revelação da íntegra do vídeo para exercer o direito à ampla defesa. O ministro também ressaltou que os cidadãos da República têm direito a tomar conhecimento do conteúdo da reunião ministerial, que não continha nenhum assunto sigiloso. Foi dessa forma que ele resumiu um dos seus argumentos, com seus grifos característicos:

> **Respeito ao direito dos cidadãos que,** *fundado no princípio da transparência*, **traduz consequência natural** do dogma constitucional da publicidade, **que confere,** *em regra*, **a qualquer pessoa** *a prerrogativa de conhecimento e de acesso às informações, aos atos e aos procedimentos que envolvam matéria* **de interesse público**.[55]

Era uma sexta-feira, 22 de maio. Seu gabinete e a equipe de comunicação do STF já estavam desde cedo preparados para a hipótese de divulgar todo o material ainda naquele dia. Celso de Mello proferiu a decisão por volta das

17h. O STF já havia disponibilizado um arquivo virtual para que a imprensa acessasse os vídeos. Em pouco tempo, as principais emissoras de TV começaram a exibir as primeiras imagens da reunião. A quantidade de acessos era tão grande que o link disponibilizado pelo STF caiu diversas vezes. O assunto inundou todo o noticiário nacional.[56]

Os investigadores do caso não tinham mais finais de semana tranquilos. Todos tinham pressa para finalizar aquela investigação, esgotando o máximo de diligências possíveis. A avaliação dos procuradores da PGR destacados para o caso, formada após as últimas provas obtidas, era de que havia pelo menos um interesse objetivo do presidente na Superintendência da PF do Rio de Janeiro para justificar uma interferência: um inquérito eleitoral em curso contra Flávio Bolsonaro, sob acusação de falsidade ideológica eleitoral e lavagem de dinheiro. Após a exibição do vídeo, os procuradores passaram a estudar a jurisprudência dos tribunais superiores sobre possíveis crimes envolvendo a conduta de Bolsonaro e chegaram à conclusão de que já havia pelo menos um crime configurado: advocacia administrativa — ou seja, agir na administração pública em defesa de interesses privados. A pena prevista em lei é baixa, de três meses a um ano de detenção no caso de ser um interesse "ilegítimo", mas um crime de um presidente da República poderia resultar até mesmo em seu afastamento do cargo. Os investigadores chegaram à conclusão de que aquele conjunto de indícios apontava efetivamente para o cometimento deste delito. Ao demitir o diretor-geral Maurício Valeixo e forçar a troca da Superintendência da PF carioca, Bolsonaro patrocinava interesses privados dentro da administração pública: a proteção de familiares e amigos, concretizada por meio de um ato do governo, e que ele próprio havia verbalizado no vídeo.[57]

Uma entrevista com um ex-aliado do clã Bolsonaro, o empresário Paulo Marinho, publicada no dia 17 de maio pelo jornal *Folha de S.Paulo*, também animou os investigadores. Em suas declarações, Marinho afirmou que o senador Flávio Bolsonaro recebeu uma dica de um delegado da Polícia Federal no final do ano eleitoral de 2018: a corporação estava no encalço de seu assessor Fabrício Queiroz, cuja movimentação financeira era milionária e incompatível com seus rendimentos, e uma operação que poderia atingi-lo estouraria em breve.[58] Era a operação batizada como Furna da Onça, que implicava a Assembleia Legislativa do Rio de Janeiro. Flávio não era alvo direto da operação, mas a investigação trouxe a público o relatório de inteligência financeira do Coaf que atingiu Queiroz. Uma investigação contra o senador corria em outro foro, o Ministério Público do Estado do Rio de Janeiro, que apurava suspeita de rachadinhas — apelido dado para a prática de embolsar parte dos salários dos assessores — em diversos gabinetes da Alerj. Tudo aquilo indicava o interesse de ter o controle da corporação.

Augusto Aras, entretanto, encarou a entrevista com cautela. Para evitar melindrar o presidente da República, divulgou uma nota afirmando que faria uma reunião no dia seguinte, uma segunda-feira, para avaliar se incluiria aqueles fatos na investigação. Mas os procuradores que atuavam no caso anteciparam-se ao procurador-geral da República. Passaram o domingo analisando o tema e discutindo ações possíveis até que decidiram expedir um ofício para a Polícia Federal, ainda naquele domingo, solicitando a tomada de depoimento do empresário e a cópia de um inquérito feito pela PF para apurar o vazamento da Furna da Onça. O documento foi expedido ainda na noite do domingo, assinado pelo procurador João Paulo Lordelo.[59] O clima era de entusiasmo com a evolução do caso, mas Aras ficou furioso com a ação. Ao se reunir com a equipe na segunda-feira, deixou clara sua insatisfação com o ofício expedido tão rapidamente, sem o seu aval prévio. Citou aos investigadores fragilidades jurídicas do caso e deixou claro que seu ponto de vista era bem diferente: não vislumbrava crimes do presidente. Foi um banho de água fria. A mensagem passada pelo procurador-geral ainda era a de que pretendia arquivar o inquérito.[60]

Os procuradores também queriam enviar um ofício ao Tribunal Regional Eleitoral do Rio de Janeiro pedindo cópia do inquérito aberto pela instituição contra o senador Flávio Bolsonaro, que havia sido arquivado pela PF do estado. Suspeitavam que era um dos principais motivos do interesse do presidente na corporação fluminense. Na semana anterior, uma reportagem do jornal *O Globo* mostrou que as pressões de Bolsonaro pela troca do superintendente coincidiram com o período em que o juiz do caso determinou que a PF realizasse as diligências da investigação, como a tomada do depoimento de Flávio Bolsonaro.[61] Aras, entretanto, barrou a iniciativa. Não concordou com o pedido de cópia e prometeu analisar o assunto, mas nunca deu andamento ao caso. Se sua intenção, porém, era frear o andamento da investigação, não surtiu efeito. A coordenadora do Serviço de Inquéritos Especiais escalou uma equipe de quatro delegados para atuarem em conjunto com ela no inquérito. Não era o procedimento padrão no setor: cada delegado ficava responsável por uma investigação. Entretanto, Christiane fez essa composição para blindar ao máximo o grupo de interferências externas. Uma investigação com a assinatura de cinco delegados demonstra ter passado pelo crivo de diversos investigadores e é mais difícil de ser transformada em uma querela pessoal, como Bolsonaro costuma fazer para atacar adversários. Então, apesar de Aras impedir que sua equipe pedisse cópia da investigação contra Flávio Bolsonaro, a própria PF expediu um ofício solicitando o material à Superintendência do Rio de Janeiro.[62] Ao contrário de Aras, a delegada Christiane não queria deixar nenhuma lacuna na investigação e orientava sua equipe a esgotar as mais diferentes linhas de apuração.

Enquanto Aras decidiu atuar como espectador, coube à PF esgotar todas as diligências possíveis. O inquérito tramitou com celeridade até o dia 19 de junho, quando, às 19h38, a delegada Christiane enviou um ofício ao ministro Celso de Mello. Seu objetivo era pedir uma orientação sobre uma das últimas diligências necessárias para concluir a investigação, mas que era o passo mais polêmico de todos, conforme constava no documento: "Informo a Vossa Excelência que as investigações se encontram em estágio avançado, razão pela qual nos próximos dias torna-se necessária a oitiva [o depoimento] do senhor Jair Messias Bolsonaro, Presidente da República".[63]

A PF não precisaria pedir autorização para tomar o depoimento do presidente da República. Isso já havia sido feito anteriormente, em investigações contra o então presidente Michel Temer, do MDB, que tramitaram sob a relatoria dos ministros Edson Fachin e Luís Roberto Barroso. Nestes dois casos, Temer respondeu a perguntas por escrito. Mas o ministro Celso de Mello tinha um entendimento diferente a respeito da tomada do depoimento de um presidente da República. O tema está disciplinado pelo artigo 221 do Código de Processo Penal, mas havia um problema. O legislador escreveu que o presidente da República poderá responder por escrito no caso de ser ouvido na condição de testemunha. A redação foi dada por uma lei de 1959, que alterava o Código de Processo Penal de 1941, vigente até hoje. Os legisladores não vislumbraram a hipótese de que o presidente da República teria que ser ouvido no futuro, por diversas vezes, não como testemunha, mas, sim, como investigado em um inquérito criminal. É por isso que Celso de Mello entendia que a regra do depoimento por escrito não se aplicava nesse caso, e foi por isso que a delegada expediu o ofício. Esperava que o ministro desse uma ordem sobre o formato do depoimento, mas não houve resposta.

Diante do silêncio de Celso de Mello, em 1º de julho a PF expediu novo ofício, dessa vez pedindo uma orientação explícita: "A oitiva ainda não foi agendada, permanecendo a Polícia Federal no aguardo da decisão sobre a aplicação ou não do art. 221 do Código de Processo Penal quando da formalização dessa oitiva".[64]

Antes de decidir, Celso de Mello pediu manifestações da Advocacia-Geral da União e da Procuradoria-Geral da República. As respostas seguiram na mesma linha. A AGU pediu que o depoimento fosse feito por escrito. O procurador-geral defendeu que o presidente escolhesse o formato que preferia: exercer seu direito ao silêncio e não prestar depoimento; responder às perguntas por escrito ou ser ouvido presencialmente. A celeuma acabou travando a investigação. O ministro só proferiu sua decisão quase três meses após a PF ter provocado o assunto, no dia 11 de setembro:

> Pode o Chefe de Estado, sob investigação criminal, optar por responder por escrito ao seu interrogatório? Entendo que não, pois as prerrogativas atribuídas ao Presidente da República, quando for submetido a atos de persecução criminal, são, unicamente, aquelas que a Constituição e as leis do Estado lhe concederam, e entre estas, quando figurar como investigado, não se encontra a prerrogativa de responder ao interrogatório [...] mediante depoimento por escrito.[65]

Os investigadores tinham pressa para concluir o caso, por isso expediram a intimação destinada ao presidente Jair Bolsonaro pouco depois, em 15 de setembro. O ofício dava ao chefe da nação a opção de escolher três datas para seu interrogatório, ainda naquele mesmo mês: dias 21, 22 ou 23, às duas horas da tarde. A AGU agiu com a mesma velocidade. No dia seguinte, o órgão apresentou um recurso para que o formato do depoimento fosse julgado pelos demais ministros do Supremo. Como Celso de Mello estava de licença médica, coube ao seu substituto, o ministro Marco Aurélio Mello, proferir uma decisão. Marco Aurélio suspendeu a tramitação do inquérito até que o plenário do STF julgasse o tema.[66] A investigação ficaria parada por muito tempo até que o dilema fosse resolvido — e, nesse meio-tempo, a Polícia Federal, a Procuradoria-Geral da República e o Supremo Tribunal Federal passariam por muitas mudanças. O depoimento acabou sendo prestado apenas em novembro do ano seguinte, em meio à lentidão do STF para julgar o assunto. Antes que o julgamento fosse concluído, a defesa de Bolsonaro pediu a desistência do recurso e concordou que ele prestasse depoimento pessoalmente. Era a última diligência necessária para a conclusão da investigação. O presidente afirmou que determinou a demissão de Valeixo do comando da PF devido a uma "falta de interlocução" com o diretor. Sobre sua obsessão de trocar o superintendente da PF do Rio de Janeiro, ele se limitou a dizer: "[O presidente] nunca buscou obter informações privilegiadas de investigações sigilosas em andamento na SR-PF-RJ ou de interferir, seja na gestão local ou em investigações em andamento".[67]

13.

O FIM DAS FORÇAS-TAREFAS

POUCO TEMPO DEPOIS DE TER assumido o comando da Procuradoria-Geral da República, Augusto Aras tentou costurar uma saída honrosa para convencer o procurador Deltan Dallagnol a deixar a Lava-Jato de Curitiba. Alçado ao posto pelo presidente Jair Bolsonaro e com a benção de senadores-alvo da operação, Aras defendia em seu discurso uma "correção de rumos" nas investigações e fazia críticas pesadas a Deltan em conversas particulares. Considerava que o procurador havia adquirido protagonismo demais e afirmava que a Operação Lava-Jato tinha se tornado uma instituição à parte dentro do Ministério Público Federal.[1] Por isso, Aras buscou caminhos para tirar Deltan o quanto antes do comando das investigações.

Essa oportunidade surgiria em outubro de 2019: o Conselho Superior do Ministério Público Federal tinha uma sessão marcada para analisar a promoção de procuradores da primeira instância para o cargo de procurador regional, correspondente ao segundo degrau na carreira no MPF. Os critérios para promoção seriam por antiguidade ou merecimento, e Deltan levava vantagem em ambos. Além de seu destaque na Lava-Jato, era um dos procuradores mais antigos de primeira instância. Ou seja: só não seria promovido caso não quisesse. Com a promoção, sairia de Curitiba e passaria para alguma Procuradoria Regional da

República, órgão de segunda instância do MPF. Essa mudança significava que Deltan não seria mais o "procurador natural" da Lava-Jato de Curitiba e o caso automaticamente migraria para a responsabilidade de outro colega. Era a saída ideal vislumbrada por Aras: não precisaria assumir o desgaste de tentar retirar Deltan do caso e ele cairia para cima, sem passar uma impressão ruim à opinião pública.

Só faltava a parte mais difícil: convencer Deltan Dallagnol. Por meio de vários interlocutores da PGR, Aras enviou recados a Curitiba para que o coordenador da força-tarefa aceitasse a promoção. A procuradora-chefe do MPF do Paraná, Paula Cristina Conti Thá, foi uma das pessoas que transmitiu a mensagem.[2] O procurador já acumulava o desgaste da revelação das mensagens do seu celular pelo site *The Intercept Brasil* e também do caso da criação de uma fundação privada da Lava-Jato para gerir 2,5 bilhões de reais pagos pela Petrobras como compensação pelos crimes descobertos na investigação. A fundação foi anulada por uma ordem do Supremo Tribunal Federal após um pedido da antecessora de Aras, Raquel Dodge, que abriu um confronto direto com a Lava-Jato ao mesmo tempo em que mirava uma cadeira de ministra do STF[3] ou sua recondução ao comando da PGR.[4] Mas, por um erro de leitura do cenário político, aqueles recados para que Deltan aceitasse a promoção não foram interpretados pelos procuradores como uma ameaça, apenas como um conselho.

"Foram vários sinais que deram para o Deltan aceitar a promoção", relatou um ex-integrante da força-tarefa. "Ou seja, Deltan tinha que sair da coordenação. A gente começou a perceber que eram muitos recados, várias pessoas disseram: 'olha, é hora do Deltan aceitar a promoção'."[5]

Mas a reação foi inversa. Aos seus colegas, Deltan disse que não era o momento para deixar o grupo. Tinha o receio de que sair da Lava-Jato diante de tantas pressões passasse a imagem de que os procuradores fizeram algo errado no caso da revelação dos diálogos hackeados ou no da fundação. Apesar de as trocas de mensagens entre os investigadores e o ex-juiz Sergio Moro mostrarem a existência de contatos e uma proximidade bem distantes do ideal na condução de um processo imparcial, eles seguiam convictos de que não erraram. Por isso, Deltan não queria que sua saída fosse interpretada como uma "confissão de culpa", porque entendia que a força-tarefa não cometeu nenhum ato ilegal nos episódios.

"Vai parecer que estou fugindo", disse aos demais integrantes da força-tarefa.[6]

Por isso, no dia 21 de outubro de 2019, Deltan enviou um ofício ao Conselho Superior do MPF no qual avisou que não tinha interesse em concorrer à promoção na carreira.[7] Sua escolha foi continuar na Lava-Jato. Mas a verdade é que o longo tempo de existência da força-tarefa já tornava a função exaustiva para os integrantes mais antigos. Criada em 2014 pelo então procurador-geral da República Rodrigo Janot, inicialmente com seis integrantes, o grupo contava com um efetivo de catorze procuradores e um volume de trabalho interminável. Uma das críticas feitas pelo vice-procurador-geral da República Humberto Jacques de Medeiros tinha razão de ser: a força-tarefa era um arranjo temporário e precário que precisava ser prorrogada todo ano pela PGR, mas acabou se tornando uma instituição intocável. Por isso, mesmo sob pressão para desmontar a equipe, Raquel Dodge havia prorrogado a Lava-Jato e mantido seu efetivo em agosto de 2019.[8] Os próprios procuradores do grupo buscavam um modelo de transição que tornasse o trabalho permanente. Rodrigo Janot tentou propor uma procuradoria nacional anticorrupção, mas recuou após críticas internas — foi acusado de conceber um órgão que daria poderes excessivos ao procurador-geral da República para interferir em todas as investigações em andamento no país e não respeitar a autonomia institucional.

Apesar de sua ideia ter sido abandonada, a cúpula do Ministério Público Federal continuou debatendo formas de superar a questão. Um dos modelos de inspiração era o formato usado pelos Ministérios Públicos estaduais, chamado pela sigla de Gaeco: Grupo de Atuação Especial de Combate ao Crime Organizado. Os Gaecos, inexistentes até então no Ministério Público Federal, funcionavam como unidades de elite, com estruturas bem equipadas. Possuíam, dentre outras coisas, promotores e procuradores com dedicação exclusiva, equipes periciais para analisar quebras de sigilo e suspeitas de lavagem de dinheiro, equipamentos para interceptações telefônicas e até mesmo servidores para cumprir mandados judiciais. A partir disso, a 2ª Câmara de Coordenação e Revisão do MPF, órgão da Procuradoria-Geral da República responsável por coordenar a atuação criminal, concebeu um projeto para criar Gaecos nas unidades estaduais do Ministério Público Federal. A iniciativa foi da subprocuradora-geral da República Luiza Frischeisen, coordenadora da Câmara e um dos nomes mais experientes na área criminal.[9]

Quando assumiu o cargo de procurador-geral, Aras passou a defender a adoção do modelo de Gaeco, mas ainda sem ter uma ideia clara a respeito de sua aplicação. O projeto foi modificado e apresentado para debate no Conselho Superior da PGR por dois dos seus integrantes, os subprocuradores-gerais da República Hindemburgo Chateaubriand e José Adônis Callou de Araújo Sá. Hindemburgo ocupava a função de secretário de cooperação internacional da gestão de Aras, enquanto Adônis atuou durante quatro meses na coordenação da Lava-Jato na PGR — saiu após desentendimentos com Aras. Era, portanto, uma proposta independente, sem vinculação com o procurador-geral. O novo projeto retomava aquela ideia de Janot e criava um órgão nacional de combate à corrupção, que ficaria sob coordenação da PGR. Foi batizado de Unac: Unidade Nacional Anticorrupção.[10] A ideia dividia opiniões. Integrantes das forças-tarefas da Lava-Jato tinham ressalvas porque a coordenação do órgão seria definida pelo procurador-geral da República. Queriam instrumentos para garantir votação e escolha independente de coordenadores. Já Aras, que no início era favorável ao projeto, acabou retirando seu apoio por temer a aprovação de um modelo excessivamente independente. Como o procurador-geral é responsável por presidir o Conselho Superior, Aras colocou o assunto na gaveta e não permitiu que a discussão fosse adiante no órgão. Ao mesmo tempo, preparava terreno para o fim das forças-tarefas.

Os sinais que Curitiba recebia da PGR eram desfavoráveis, mas só começaram a ser concretizados depois que Sergio Moro pediu demissão do Ministério da Justiça e rompeu com o bolsonarismo. A partir dali, Aras se sentiu à vontade para abertamente declarar guerra à Lava-Jato. A retomada da delação de Tacla Duran, a desastrada viagem de Lindôra a Curitiba e a ação no Supremo para obter uma cópia das bases de dados das forças-tarefas mostravam que o vento havia mudado radicalmente de direção. Convictos de que as investidas contra a Lava-Jato não cessariam, os integrantes da força-tarefa começaram a discutir seriamente um plano de transição para, pouco a pouco, deixarem as investigações.

Contudo, a situação se precipitou no dia 28 de julho de 2020. Às sete da noite, Aras se sentou à frente do computador localizado em seu gabinete e ingressou numa videoconferência.[11] Era um debate com um grupo chamado de "Prerrogativas", composto por advogados que tinham uma linha de pensamento garantista, favorável aos direitos individuais e contrária à Lava-Jato. A videoconferência foi transmitida ao vivo pela internet. Nela, Aras respondeu a perguntas de diversos advogados que atuaram na defesa de alvos da operação.

Todas as suas críticas à força-tarefa de Curitiba até então estavam restritas aos bastidores. Aquela foi a primeira vez que Aras verbalizou publicamente tudo que pensava a respeito do assunto, misturando dados diferentes, apresentando informações imprecisas e criando uma narrativa que não tinha correspondência com os fatos. Afirmou que o banco de dados da Lava-Jato de Curitiba era maior do que o de todo o Ministério Público Federal e classificou aquilo como "caixas de segredos".[12] Na verdade, o procurador-geral comparou informações distintas. Cada fase da Lava-Jato gerava um volume imenso de dados proveniente de buscas e apreensões e quebras de sigilo, que ficava registrado no sistema da Justiça Federal. Aras comparou aquilo com o material do sistema único, um banco de dados interno do Ministério Público Federal que agrega todos os processos, mas não inclui o que foi gerado a partir das operações deflagradas. O recado do procurador-geral da República era claro: sua gestão havia deflagrado uma ofensiva contra a Lava-Jato. Logo no início da videoconferência, Aras discorreu longamente sobre a existência de grupos paralelos dentro do MPF que se consideravam à margem da instituição, uma fala direta para a força-tarefa:

> *Todo Ministério Público Federal, no seu sistema único, tem 40 terabytes. Curitiba tem 350 terabytes e 38 mil pessoas lá com seus dados depositados. Ninguém sabe como foram escolhidos, quais os critérios, e não se pode imaginar que uma unidade institucional se faça com segredos, com caixas de segredos. Nenhuma instituição.*[13]

Posteriormente, a própria PGR descobriu que o volume de dados de Curitiba era muito maior e chegava a mil terabytes — ou um pentabyte.[14] As 38 mil pessoas citadas por Aras foram os alvos de relatórios de inteligência financeira do Coaf. O procurador-geral também lançava dúvidas sobre os critérios usados para determinar os alvos das investigações, sugerindo a existência de perseguições a pessoas inocentes: "O lavajatismo já revela que alguma coisa não vai bem nessa figura e esse conceito lavajatismo há de ser superado pelo natural, bom e antigo enfrentamento à corrupção".[15]

As declarações geraram preocupação imediata nos investigadores e mostraram a necessidade de acelerar os planos de um modelo de transição. Os procuradores mais antigos da força-tarefa de Curitiba chegaram a uma conclusão: Deltan precisava sair o quanto antes.[16] Isso diminuiria a pressão vinda da PGR. A preocupação deles era que, em um ato unilateral de Aras, a estrutura da força-tarefa fosse extinta e as investigações não tivessem mais condições de prosseguir, como justificou um dos procuradores: "Não temos como continuar assim, porque amanhã vão tirar os assessores, tirar a exclusividade, acabou a força-tarefa. E aí, o que fazemos com todo esse acervo de processos?".[17]

Em setembro daquele ano, seria necessário pedir à PGR a prorrogação da estrutura da força-tarefa. Os precedentes dados pela equipe de Aras eram desfavoráveis. No caso da força-tarefa Greenfield, sediada em Brasília, a Procuradoria-Geral da República já havia retirado o regime de exclusividade da maior parte da equipe, o que foi visto como um golpe fatal às investigações. Com o objetivo de aparar as arestas, pouco depois daquela live na qual Aras disparou críticas à operação, os procuradores de Curitiba pediram uma reunião virtual com o vice-procurador-geral Humberto Jacques, responsável por definir o modelo de transição. No início da conversa, logo avisaram que eram favoráveis à definição de um novo formato e que Deltan deixaria a Lava-Jato assim que isso fosse resolvido.

"Ninguém aqui está forçando ficar pra sempre na força-tarefa. Só queremos que permaneça o trabalho que foi feito. Pode ser qualquer solução: Unac, Gaeco, tanto faz pra nós", disse um dos procuradores.[18]

Humberto Jacques concordou com a necessidade de acelerar essa transição. Combinaram de conversar sobre o assunto posteriormente, mas um fato abrupto abreviou o cenário. Uma semana depois, Deltan Dallagnol levou sua filha Sofia, à época com um ano e dez meses, a uma consulta médica e recebeu um diagnóstico preocupante: a bebê tinha dificuldades de desenvolvimento cognitivo, que revelavam suspeitas de autismo. Seria necessário investir muito tempo em terapias, tratamentos e atenção para incentivar o seu desenvolvimento. Essa demanda da vida pessoal se mostrava pouco compatível com a carga de trabalho da função de coordenador da força-tarefa, que exigia de Deltan análise de processos extensos e sensíveis durante as noites, madrugadas e finais de semana. Com tanto desgaste acumulado após seis anos na investigação, ele já confidenciava aos amigos próximos que estava cansado e buscava um caminho para deixar a Lava-Jato, mas tinha receio que isso resultasse no desmantelamento da operação. Aquela consulta médica mudou seu pensamento: era o momento de sair.[19]

A preocupação de Deltan, então, passou a ser encontrar uma solução que o permitisse deixar a investigação sem que a Lava-Jato acabasse. A melhor maneira seria encontrar um procurador competente e atuante na área criminal que pudesse trocar de vaga com ele. Deltan estava no comando da Lava-Jato porque a investigação teve início no 15º Ofício de Combate à Corrupção do MPF em Curitiba, do qual ele era o titular. Isso lhe dava o posto de "procurador natural" do caso — um termo técnico para definir que, pelo fato de ter sido o primeiro procurador a atuar na investigação, os processos vinculados a ela também seriam distribuídos para Deltan. O princípio do "procurador natural" é considerado uma das principais garantias da independência e impessoalidade do Ministério Público Federal para impedir interferências políticas nos processos. Se um procurador é sorteado para determinado caso, ele jamais pode ser removido, a não ser por raras exceções — grave infração disciplinar, promoção para outro cargo ou permutas com outros colegas.

Mas, apesar da grande exposição midiática da Lava-Jato, encontrar um substituto não era tarefa fácil. A verdade é que pouquíssimos procuradores estavam dispostos a assumir uma missão tão complicada e os desgastes decorrentes dela. Assumir o caso, principalmente em um momento de sucessivas derrotas, era uma tarefa inglória. Primeiro, Deltan telefonou para um colega em quem depositava muita confiança por seu histórico na atuação criminal e combate a crimes financeiros, o procurador Rafael Brum Miron. Investigador responsável pela Operação Hashtag, que desarticulou uma célula do Estado Islâmico no Brasil que planejava um atentado terrorista na época das Olimpíadas de 2016, Miron ocupava o posto de coordenador criminal do MPF do Paraná e, por isso, tinha muita proximidade com a equipe da Lava-Jato. Mas a sondagem feita por Deltan não o animou. Dedicado naqueles tempos a questões familiares e desanimado pela falta de apoio institucional que a PGR sinalizava à Lava-Jato, Rafael Brum Miron declinou gentilmente da oferta.[20] Depois disso, Deltan teve outra ideia. Tinha boa relação com um procurador de Curitiba conhecido por seu perfil discreto e extremamente técnico e que atuava na Lava-Jato dentro da Procuradoria-Geral da República. Telefonou, então, para Alessandro José Fernandes de Oliveira. Sem antecipar detalhes, o então coordenador da Lava-Jato perguntou se o colega teria algum interesse em fazer uma permuta e assumir seu ofício no MPF do Paraná.

"É uma pergunta sem compromisso", garantiu Deltan.[21]

Alessandro sinalizou positivamente e disse que conversaria com sua família. Deltan também faria o mesmo. No dia seguinte, sexta-feira, 28 de agosto, Deltan convocou uma videoconferência com os procuradores da força-tarefa. Em tempos de pandemia, esse era o principal meio de diálogo da equipe. Foi dessa forma que ele lhes comunicou o diagnóstico de sua filha e sua decisão de deixar a operação. Antes que isso pudesse provocar um burburinho, o próprio Deltan apresentou a solução para o problema: Alessandro Oliveira estava disposto a permutar o ofício e assumir a investigação. Todos foram solidários à questão familiar apresentada e concordaram com a sugestão. Já era consenso na força-tarefa que a sobrevivência da operação dependia da saída de seu coordenador, que estava na mira de Aras.[22]

Experiente na área criminal, Alessandro Oliveira ingressou na função de membro auxiliar da Lava-Jato na PGR em janeiro de 2018, durante a gestão de Raquel Dodge. Foi responsável por um projeto pioneiro lançado em 2019: o Sistema de Monitoramento de Colaborações, que permite acompanhar o cumprimento das centenas de delações premiadas assinadas pela Procuradoria-Geral da República.[23] Apesar de não ter atuado na força-tarefa de Curitiba, ele conhecia o histórico da operação e tinha a confiança da equipe. Participou, dentre outros casos, do acordo de delação premiada do ex-presidente da OAS Léo Pinheiro, feito em conjunto entre a PGR e a força-tarefa de Curitiba. Seu estilo era completamente oposto ao de Deltan. Avesso a redes sociais e extremamente discreto, seria uma mudança e tanto na face pública da força-tarefa, que, personalizada na figura de Deltan, passou a querer opinar no debate público do país, posicionar-se publicamente sobre eleições para o comando do Poder Legislativo e criticar políticos nas redes sociais — uma clara distorção de uma atuação que deveria ser eminentemente jurídica e técnica.

Para o grupo, Alessandro tinha um forte ativo: atuava na PGR e tinha boa relação com a subprocuradora-geral Lindôra Araújo, com quem a força-tarefa vinha tendo embates frequentes. Os procuradores contavam que isso poderia ajudar a melhorar a relação em um momento no qual dependiam completamente de Aras para continuarem a existir. Justamente nesse período em que Deltan tratava de sua saída, a força-tarefa enviou à Procuradoria-Geral da República um pedido de prorrogação de sua estrutura por mais um ano, solicitação que ainda estava sob análise. A presença de Alessandro à frente do grupo poderia facilitar esse aval.

Batido o martelo, Deltan telefonou para o vice-procurador-geral da República Humberto Jacques de Medeiros. Relatou o diagnóstico de sua filha, a necessidade de dedicar muito tempo ao tratamento da menina e anunciou que precisaria sair da força-tarefa. De forma quase simultânea, Alessandro telefonou para Lindôra e pediu desligamento do seu posto na PGR. Explicou-lhe que assumiria o ofício de Deltan em Curitiba.[24] A notícia foi recebida com gosto de vitória na equipe de Aras. A assessoria de comunicação do MPF do Paraná começou a preparar a divulgação oficial daquela mudança, com a gravação de um vídeo de despedida do coordenador da Lava-Jato, mas foi atropelada. Regozijados com o fato, integrantes da PGR logo vazaram a informação para a imprensa de Brasília e o anúncio da saída de Deltan da força-tarefa teve que ser precipitado para aquele mesmo dia, 1º de setembro.[25]

Uma semana depois, Humberto Jacques autorizou a prorrogação da força-tarefa de Curitiba, mas não da forma que foi solicitada. O vice-procurador-geral da República concedeu um prazo de apenas três meses para o grupo. Seu objetivo era que, até janeiro, a força-tarefa fosse extinta para integrar um novo órgão designado pela PGR. Após barrar a discussão da Unac, a equipe de Aras decidiu apostar na criação de Gaecos nas unidades onde existiam forças-tarefas da Lava-Jato e absorver os procuradores que faziam parte das equipes. O Gaeco do Paraná foi criado em uma portaria do mês anterior publicada por Augusto Aras, mas ainda não tinha nenhuma relação com a Lava-Jato. A prorrogação por pouco tempo da força-tarefa era uma forma de pressionar o MPF do Paraná a definir a absorção da Lava-Jato pelo Gaeco e acabar de vez com o seu nome, que tanto irritava Augusto Aras.[26]

Um dos problemas que Humberto Jacques constatou durante sua análise das forças-tarefas era que os procuradores deslocados para compor os grupos deixavam um buraco em suas procuradorias. Na gestão de Rodrigo Janot, a avaliação da PGR era que esse buraco deveria ser um sacrifício temporário das unidades do MPF porque era necessário um reforço para a investigação de um grande e complexo caso de corrupção. Passados seis anos do início da Lava-Jato, a solução paliativa havia se tornado uma estrutura fixa que ninguém tinha coragem de mexer, pelo medo do desgaste público. A gestão de Aras tinha um pensamento diferente e entendia que aquele arranjo não poderia durar para sempre. Por isso, nas suas análises das forças-tarefas, Humberto tentava obrigar os procuradores a se tornarem colaboradores eventuais, trabalhando em seus estados de origem e ajudando pontualmente a Lava-Jato. Para os investigadores, isso era fatal: era impossível avançar em uma apuração tão minuciosa sem dedicação exclusiva.[27] Entretanto, a PGR deixava claro que não recuaria em sua missão de acabar com as forças-tarefas e limpar qualquer resquício da marca Lava-Jato do MPF.

O fim da Lava-Jato, portanto, estava próximo. Em 3 de fevereiro de 2021, o Ministério Público Federal do Paraná anunciou oficialmente que a força-tarefa deixaria de existir. Naquele momento, quatro procuradores da Lava-Jato passaram a fazer parte do Gaeco, com exclusividade para atuar na investigação. O número era bem inferior aos catorze procuradores que integraram a força-tarefa no auge da Lava-Jato e refletia tanto o desmonte do modelo como o arrefecimento natural da investigação, que agora se dedicava a ilícitos envolvendo personagens do baixo escalão na Petrobras.[28] Por meio de um comunicado à imprensa, o MPF do Paraná definiu da seguinte forma o saldo final da força-tarefa:

> *Até o fim de janeiro, em quase sete anos de dedicação ao combate à corrupção, a operação acumula números significativos que revelaram para a sociedade os crimes de corrupção que assolam historicamente o Brasil. Foram 79 fases, 1.450 mandados de busca e apreensão, 211 conduções coercitivas, 132 mandados de prisão preventiva e 163 de temporária. Durante as fases, foram colhidos materiais e provas que*

embasaram 130 denúncias contra 533 acusados, gerando 278 condenações (sendo 174 nomes únicos) chegando a um total de 2.611 anos de pena. Foram também propostas 38 ações civis públicas, incluindo ações de improbidade administrativa contra três partidos políticos (PSB, MDB, e PP) e um termo de ajuste de conduta firmado. A isso somam-se 735 pedidos de cooperação internacional — sendo 352 pedidos a outros países (ativos) e 383 passivos (solicitações de outros países ao MPF). Em 2015 foram 66 ativos e 8 passivos, enquanto que em 2019 foram 67 ativos e 133 passivos. A evolução desses dados demonstra a seriedade e eficiência da operação, que passou a cooperar com investigações no mundo todo. Mais de R$ 4,3 bilhões já foram devolvidos por meio de 209 acordos de colaboração e 17 acordos de leniência, nos quais se ajustou a devolução de quase R$ 15 bilhões. Do valor recuperado, R$ 3 bilhões foram destinados à Petrobras, R$ 416,5 milhões aos cofres da União e R$ 59 milhões foram transferidos para a 11ª Vara da Seção Judiciária de Goiás — decorrentes de ilícitos que vitimaram a estatal Valec. Também já reverteu em favor da sociedade R$ 1,1 bilhão, decorrente de acordos firmados com concessionárias por meio da Operação Integração, desdobramento da Lava-Jato paranaense. Desse montante, R$ 570 milhões são para subsidiar a redução dos pedágios no Paraná e R$ 515 milhões para investimentos em obras nas rodovias do estado.[29]

Em 20 de maio de 2021, uma fatalidade abateu a extinta Lava-Jato paranaense. O novo coordenador Alessandro Oliveira, que estava havia algumas semanas no hospital por problemas de saúde, morreu de forma prematura, aos 45 anos.

Com sua saída da força-tarefa, Deltan Dallagnol ficou completamente de lado e submergiu. Ele passou a cuidar de casos pouco relevantes e se tornou o símbolo dos erros da operação. Quando processos disciplinares contra procuradores da Lava-Jato estavam prestes a serem julgados no Conselho Nacional do Ministério Público (CNMP), Deltan chegou a oferecer ajuda para se pronunciar publicamente em defesa dos colegas, mas seu apoio foi recusado. Os colegas chegaram à conclusão de que o auxílio de Deltan, naquele momento, era mais prejudicial do que benéfico. O ex-coordenador havia se tornado uma figura maldita dentro da classe.

***

Pouco tempo depois, foi a vez da força-tarefa da Lava-Jato de São Paulo também entrar em colapso. O grupo vinha pedindo apoio da PGR desde o início da gestão de Augusto Aras para aumento da sua estrutura, sem sucesso. As investigações contra políticos do PSDB avançaram lentamente, porque a força-tarefa tinha poucos assessores para auxiliar no trabalho. O banco de dados nem estava totalmente digitalizado, o que dificultava muito a busca de informações obtidas em buscas e apreensões. Na composição designada por uma portaria da PGR de 2018, ainda na gestão de Raquel Dodge, a força-tarefa tinha onze procuradores,[30] mas somente um assessor, ou seja, o funcionário de nível superior responsável por dar suporte ao trabalho. O apoio foi sendo oferecido de improviso. A procuradora natural do caso em São Paulo e coordenadora do grupo, Anamara Osório Silva, tinha dois assessores em seu gabinete e colocou um deles para atuar exclusivamente para a força-tarefa. Outro procurador também emprestou um assessor, totalizando três servidores. Quando Aras assumiu a Procuradoria-Geral da República, em setembro de 2019, Anamara foi convidada para trabalhar na Secretaria de Cooperação Internacional da PGR e, posteriormente, acabou promovida para o posto de procuradora regional. Por isso, a Lava-Jato perdeu sua procuradora natural e também um dos assessores emprestados. Com pouca estrutura também na Polícia Federal, as investigações foram andando em ritmo lento, mas a Lava-Jato paulista começou a colher robustos indícios de propinas pagas no exterior para políticos tucanos, dos quais o ex-governador e senador José Serra seria um dos principais beneficiados. Foram expedidas solicitações de cooperação internacional para obter dados bancários de outros países, que mostrariam o caminho do dinheiro para os tucanos.

Desde o início da gestão de Augusto Aras, a força-tarefa paulista fez frequentes contatos telefônicos e por ofício pleiteando uma reunião presencial. A ideia era expor a imensa carga de trabalho da comissão de São Paulo e pedir mais apoio. Apenas em março de 2020, seis meses após Aras ter assumido, uma assessora do seu gabinete telefonou para a procuradora regional Janice Ascari, que assumiu a coordenação do grupo após a saída de Anamara. Era uma segunda-feira. O telefonema avisava que finalmente Aras poderia receber a força-tarefa, mas a data sugerida, dali a dois dias, pegou Janice de surpresa. Orçamentos de viagem precisavam ser solicitados com muitos dias de antecedência para que fossem aprovados. Para não perder a agenda, três procuradores pagaram do próprio bolso as passagens e embarcaram na quarta-feira para Brasília. Na reunião, Aras prometeu conseguir seis assessores para a força-tarefa paulista, o que nunca foi concretizado.[31]

Apesar da falta de apoio da PGR, o fim da Lava-Jato de São Paulo se precipitou por conta de divergências internas. A saída de Anamara, por uma progressão natural de sua carreira, teve efeitos nefastos. A Procuradoria da República de São Paulo teria que abrir um processo seletivo interno para buscar procuradores interessados em ocupar o posto deixado por ela, o 5º Ofício. Assim como ocorreu no caso de Deltan e no da Greenfield, havia pouco interesse na tarefa, que significaria assumir o posto de procurador natural da Lava-Jato paulista. Os procuradores que atuavam no caso sondaram colegas experientes da área criminal do MPF de São Paulo e tentaram convencê-los a se candidatar ao posto, sem sucesso. A vaga teve três candidatos e foi arrematada pela procuradora com mais antiguidade na carreira: Viviane de Oliveira Martinez, que até então não tinha nenhuma relação com a Lava-Jato nem com os procuradores do caso. Logo que foi anunciada, a então coordenadora da força-tarefa Janice Ascari lhe telefonou para começarem a conversa sobre os trabalhos da operação. A resposta veio sem nenhuma empolgação com o assunto.

"Olha, estou de férias e volto daqui a vinte dias. Quando eu voltar, a gente conversa."[32]

Ela assumiu formalmente o novo ofício e se reuniu com os integrantes do grupo em uma sexta-feira 13 do mês de março de 2020. Logo de início, Viviane falou algo que deixou os procuradores perplexos. Apesar de se tornar a procuradora natural da Lava-Jato paulista, ela afirmou aos integrantes da força-tarefa que não queria atuar no caso, deixando-os tocar os processos sem nenhuma participação sua. A conversa deixou todos em choque.

"Vocês continuam fazendo o trabalho que lhes cabe e eu não vou atrapalhar", disse Viviane à força-tarefa.[33]

Um dos participantes da reunião retrucou:

"Viviane, acho que não caiu sua ficha. Você agora é a titular da Lava-Jato!"

"Não. Vocês é que são", declarou a nova procuradora.[34]

Todos caíram na gargalhada após essa resposta.

Como não tinha interesse em atuar no caso, Viviane também disse que não pediria à PGR para ter exclusividade nos processos da Lava-Jato. O motivo: não queria abrir mão de receber uma gratificação paga aos procuradores por eventualmente substituírem seus colegas em outros ofícios, o que não pode ser feito por quem está exclusivo em apenas um caso. O recado dado era que ela não queria analisar nenhum processo da operação, não produziria nenhuma peça judicial e não participaria das reuniões do caso. Viviane foi além e tentou adiar a deflagração de uma operação. Em uma das investigações que já estava em curso havia alguns anos, os procuradores finalmente conseguiram rastrear o caminho da propina da empreiteira Odebrecht para contas ligadas a José Serra. Por meio dos dados de transferências bancárias internacionais, a Lava-Jato paulista comprovou que contas da Odebrecht fizeram repasses milionários para uma conta no exterior do empresário José Amaro Pinto Ramos, amigo de Serra. Posteriormente, esse empresário transferiu os valores para a conta de uma empresa offshore chamada Dortmund International, criada no Panamá, que estava em nome de uma cidadã brasileira: Verônica Serra, a filha do senador tucano. Com esses dados em mãos, a força-tarefa avaliou que era o momento de deflagrar uma busca e apreensão contra o senador, além de já ter provas suficientes para apresentar uma denúncia.

A equipe, então, produziu sete peças jurídicas e as inseriu no sistema interno do MPF, o "Sistema Único", no dia 11 de junho, para que todos os integrantes da força-tarefa pudessem assiná-las. Eram as solicitações de diligências contra o senador que, em seguida, seriam protocoladas na Justiça Federal.[35] Para espanto de todos, a procuradora Viviane Martinez tentou impedir a operação. No dia seguinte ao protocolo das peças no sistema interno, Viviane enviou um e-mail aos integrantes da força-tarefa. O teor dessa comunicação foi relatado em um ofício enviado pelos procuradores à PGR:

> *Surpreendentemente, contudo, apesar de não ter feito qualquer objeção à época das trocas de minutas, a procuradora Viviane enviou um e-mail, em 12/06/2020, aos demais integrantes da Força-Tarefa, pedindo que as peças fossem recolhidas do Único, e que a operação planejada fosse adiada. Na ocasião, chamou atenção, entre outras*

> *coisas, o fato de que a nova titular do 5º ofício não apresentou qualquer razão jurídica para fundamentar o que pedia, seja em termos de divergência quanto ao cabimento da investigação, seja em termos de divergência quanto à distribuição do caso.*[36]

Viviane simplesmente argumentou que, como a PGR estava discutindo um novo modelo para as forças-tarefas, era possível que os casos da Lava-Jato de São Paulo saíssem de sua responsabilidade e, por isso, ela não queria deflagrar aquela operação — que resultaria num volume de trabalho muito grande. Os procuradores da força-tarefa, obviamente, não aceitaram aquela justificativa. Seguiram em frente com o pedido de diligências e finalizaram uma denúncia para acusar o senador e sua filha por crimes de lavagem de dinheiro, já que estava comprovado o recebimento de propina em conta no exterior. No ofício, descrevem a reação ao e-mail de Viviane:

> *Diante do espanto causado pelo e-mail em tela, e do fato de que já estava marcado, para aquele dia 12/06/2020, um despacho com o juiz da causa, para explicar os pleitos que seriam protocolados, estes signatários escreveram à procuradora Viviane, no grupo de aplicativo de troca de mensagens da Força-Tarefa. Na ocasião, deixaram expressamente consignado que a investigação em questão vinha consumindo uma enorme quantidade de horas da Força-Tarefa nas últimas semanas, com integrantes virando noites para organizar as provas, minutar e revisar peças e preparar uma operação que, pela primeira vez na história, implicava a cúpula paulista do Partido Social da Democracia Brasileira em corrupção e lavagem de capitais. Lembraram ainda que alguns dos investigados eram maiores de setenta anos, e que postergações como a proposta aumentavam o risco de prescrição. [...] Diante disso, a procuradora Viviane, então, anuiu com o protocolo dos pleitos investigatórios, e esta Força-Tarefa deflagrou a Operação Revoada, no mesmo dia em que ofereceu denúncia em face de José Serra e sua filha Verônica Allende Serra.*[37]

Em 3 de julho de 2020, a força-tarefa deflagrou uma medida de busca e apreensão nos endereços do tucano e apresentou a denúncia contra ele.[38] O nome de Viviane constava nas peças, mas ela não assinou os documentos.

A procuradora Viviane estava mais preocupada em reduzir seu acervo de processos — e, consequentemente, sua carga de trabalho. Em abril, havia feito uma reunião com os integrantes da força-tarefa e fez duas propostas sobre isso: impedir a instauração de novas investigações até que recebesse um plano de trabalho da força-tarefa, ou colocar seu acervo "à disposição" da Procuradoria-Geral da República ou da força-tarefa para que os casos fossem tocados sem nenhuma participação sua. Em paralelo, ela passou a enviar ofícios à PGR alegando que grande quantidade de processos enviados à Lava-Jato de São Paulo não deveria estar sob responsabilidade do grupo e que seria necessária a redistribuição dos casos.[39] Aqueles ofícios soavam como música aos ouvidos da equipe do procurador-geral Augusto Aras. Tanto que ele começou a fazer críticas públicas sobre a distribuição de processos às forças-tarefas e levantar suspeitas a respeito dessa sistemática. A PGR encaminhou as informações fornecidas por Viviane à Corregedoria do MPF, que abriu em agosto de 2020 um procedimento para verificar a eventual existência de vícios ou até mesmo fraudes na distribuição dos processos para a força-tarefa paulista. Essa investigação interna contribuiu para o desmantelamento da Lava-Jato em São Paulo. Quase um ano depois, porém, a corregedoria concluiu que não existia nenhuma irregularidade na distribuição dos processos. O caso foi arquivado em julho de 2021.[40]

Mesmo sem nenhuma comprovação de irregularidades na distribuição dos processos, Viviane começou a fazer despachos individuais para recusar as novas investigações que chegavam, ou até mesmo para tirar de seu gabinete diversos casos em andamento. Os atritos entre a força-tarefa e Viviane foram se acentuando até chegar a um ponto "insustentável", na definição dos integrantes do grupo.[41] Por isso, no dia 2 de setembro, os oito integrantes da força-tarefa enviaram um ofício à PGR pedindo desligamento da função. No documento, eles lamentam que essa situação ocorresse justamente no momento em que as investigações ganharam fôlego, com a obtenção de detalhes de transações ilícitas no exterior envolvendo operadores ligados ao PSDB e suspeitas de corrupção em grandes obras realizadas no estado de São

Paulo. Mas afirmaram que o desligamento foi causado "pela inviabilidade de se seguir atuando em conjunto com a procuradora da República Viviane de Oliveira Martinez".[42]

O ofício chegou ao vice-procurador-geral da República Humberto Jacques no final da tarde daquele dia. Assim que tomou conhecimento, Humberto telefonou para Janice e conversaram sobre o assunto. O vice-procurador-geral da República disse entender as razões e afirmou que precisaria tomar providências para a continuidade das investigações. Alguns minutos após essa conversa, Janice recebeu o telefonema de um jornalista, que já lhe perguntava sobre o pedido de demissão da força-tarefa. Irritadíssima, ela voltou a telefonar para Humberto Jacques em seguida:

"Acabaram de me ligar da imprensa, o que é isso? Isso vazou do seu gabinete! Um ofício sigiloso para a PGR, isso é um absurdo!"

O vice-procurador-geral da República desconversou.

"Isso passou por várias pessoas. Não sei de onde saiu."

"Mas tem que ser aberta uma investigação para ver essas várias pessoas que podem ter vazado. Inclusive você!", arrematou Janice.[43]

Essa investigação nunca foi aberta. Apesar do longo relato de irregularidades envolvendo a procuradora Viviane Martinez, nenhuma providência foi tomada contra ela pela Procuradoria-Geral da República. Tampouco a força-tarefa foi remontada. As investigações ficaram paradas e não tiveram nenhum avanço. Somente em julho de 2021, a PGR designou reforço para auxiliar a procuradora com os casos da Lava-Jato: apenas mais um procurador. A Corregedoria da PGR também concluiu pela ausência de infrações por parte de Viviane. Para arrematar o fracasso, em agosto de 2021 o ministro do Supremo Tribunal Federal Gilmar Mendes trancou a ação de lavagem de dinheiro contra Serra e sua filha. O argumento do magistrado foi de que o caso deveria ser processado na Justiça Eleitoral. Com isso, apesar dos extratos bancários que comprovavam o fluxo da propina, Serra se livrou da acusação.[44]

Um advogado do Rio de Janeiro telefonou para a Procuradoria-Geral da República em dezembro de 2020 para marcar uma reunião com a chefe da Lava-Jato, Lindôra Araújo. Seu pretexto era negociar um acordo de colaboração para um cliente seu. Surpresa com aquele contato, Lindôra ficou extremamente interessada, mas não por causa do cliente. Outrora desconhecido, aquele advogado ganhou fama no Rio de Janeiro anos antes por sua ascensão meteórica — e também por falar demais. Assediava clientes dos colegas, prometia sucesso nos processos e dizia abertamente que tinha acesso livre ao juiz da Lava-Jato fluminense, Marcelo Bretas. Chamava-se Nythalmar Dias Ferreira.

Lindôra queria muito conversar com ele. Dentro do desmonte da Lava-Jato, faltava desferir um golpe na equipe fluminense da operação. Uma delação premiada daquele advogado era o que faltava para atacar a força-tarefa do Rio de Janeiro e o juiz Marcelo Bretas, que atravessavam incólumes a gestão de Augusto Aras até aquele momento, enquanto Curitiba e São Paulo acumulavam sucessivos embates e derrotas. Meses antes do telefonema, Aras começou a ouvir as histórias sobre Nythalmar e pediu à sua equipe para acompanhar o assunto. Uma investigação preliminar chegou a ser aberta na PGR após uma representação feita por advogados.

Rumores de todo o tipo circulavam no Rio sobre a relação entre Nythalmar e Marcelo Bretas. Diversos advogados passaram a contar histórias sobre como Nythalmar abordou seu cliente prometendo encontrar soluções para obter sucesso nos processos da Lava-Jato. A fama se espalhou também entre os alvos da operação. Em um documento apreendido com o ex-presidente da Eletronuclear, o almirante Othon Luiz Pinheiro, que chegou a ser preso por ordem de Bretas, havia uma anotação sobre Nythalmar: "advogado milagreiro".[45] Diante da situação incômoda para a classe, ele se tornou alvo de uma representação na seccional fluminense da Ordem dos Advogados do Brasil para apurar supostas infrações ao código de ética da categoria justamente pelas tentativas de "roubar" clientes dos colegas.[46]

A pessoas próximas, Nythalmar atribui as acusações à inveja por sua ascensão profissional. O advogado costumava dizer que suas sucessivas vitórias nos processos foram o que geraram essa fama e, com isso, ele passou a ser procurado pelos alvos da investigação, e não o contrário. Natural de Pernambuco, Nythalmar sempre diz aos amigos que veio de origem humilde e cresceu na advocacia fluminense a duras penas graças a "soluções inovadoras" que adotou nos processos da Lava-Jato.[47] Contudo, a própria força-tarefa passou a se incomodar com os rumores sobre Nythalmar, porque colocavam suspeitas sobre o trabalho da operação. Por isso, os procuradores apresentaram um pedido para que a Polícia Federal abrisse uma investigação contra o advogado para apurar se houve crimes como "exploração de prestígio" — o que basicamente significa vender a ideia de que se tem influência sobre terceiros mesmo sem esse poder. Os procuradores sabiam que Nythalmar tinha uma boa relação com Bretas, mas estavam convictos que o juiz não havia cometido crime e que o advogado vendia fumaça. Em conversas com o juiz, chegaram a alertá-lo.

"Esse Nythalmar é o maior 171 [número no Código Penal que enquadra o crime de estelionato]. Você não pode ter proximidade com ele", disse um procurador durante uma conversa reservada com Bretas.[48]

Mas o juiz saía em defesa do advogado dizendo que os medalhões da advocacia fluminense tinham inveja da competência de Nythalmar. O problema é que, a partir da representação feita pelos procuradores, o caso mudou de patamar. A investigação colheu indícios de que o advogado tinha informações privilegiadas dos processos conduzidos por Bretas e usava aquilo para se cacifar na captação de clientes. Em um dos depoimentos, um defensor do empresário Eike Batista relatou à Polícia Federal que Nythalmar lhe antecipou que o empresário receberia uma "sentença condenatória bem dura" a ser proferida por Bretas. Em um diálogo obtido no celular do ex-secretário de Saúde do Rio de Janeiro, Sérgio Côrtes, que era alvo de diversas ações da Lava-Jato, Nythalmar afirmou: "É fundamental que você receba o compromisso de solução do seu caso".[49]

Diante dessas provas, o procurador Rodrigo da Costa Lines, que não fazia parte da força-tarefa e assumiu a investigação do caso, pediu à Justiça Federal autorização para busca e apreensão contra Nythalmar. Na operação, deflagrada em 23 de outubro de 2020,[50] os investigadores apreenderam os aparelhos celulares e computadores do advogado. A ação pegou Nythalmar de surpresa — muito autoconfiante, ele não acreditava que aquela investigação fosse adiante. Depois disso, o advogado entrou em desespero. Pouco tempo após a operação, o diretor da 7ª Vara Federal do Rio (em que Bretas ocupava o posto de juiz titular), Fernando Pombal, recebeu mensagens e ligações com ameaças cifradas. Uma delas continha uma carta na qual o autor prometia acabar "com a vida pessoal e com a carreira" de Marcelo

Bretas caso a investigação não fosse interrompida. O Ministério Público Federal rastreou a origem daqueles contatos e detectou que um deles partiu diretamente de um aparelho celular registrado em nome de Nythalmar. Sua prisão era iminente.[51]

Foi em meio a essa pressão que, no mês de dezembro, o advogado se sentou frente a frente com a chefe da Lava-Jato da Procuradoria-Geral da República e sinalizou que desejava fazer uma delação premiada. Estipulou algumas condições: não queria ser preso nem sofrer punições severas. Para compensar, avisou que teria um material valioso para Lindôra: a gravação de uma conversa comprometedora com o juiz Marcelo Bretas. Lindôra se empolgou e deu prosseguimento às negociações. Nythalmar entregou uma prévia do material para análise da equipe da PGR.[52]

Quando teve início o recesso do Poder Judiciário, o advogado também lançou outra cartada de ataque. Protocolou uma "reclamação" no Superior Tribunal de Justiça para tentar suspender a investigação. Esse tipo de processo é usado para argumentar que uma ação judicial na primeira instância deveria tramitar sob a competência de um tribunal superior por algum motivo previsto na lei. No caso específico, Nythalmar argumentou que a investigação contra ele deveria tramitar no STJ porque poderia envolver crimes de procuradores regionais que faziam parte da força-tarefa da Lava-Jato do Rio de Janeiro. Os procuradores regionais correspondem ao segundo estágio da carreira do MPF e têm direito a foro privilegiado no STJ. Na verdade, a investigação da primeira instância não colheu nenhuma suspeita de crime dos procuradores, mas Nythalmar dava um recado claro: se fosse atingido, cairia atirando. Pouco antes do Natal, no dia 21 de dezembro de 2020, o presidente do STJ Humberto Martins acolheu o pedido e determinou a remessa do caso para o tribunal.[53] A decisão tinha motivos que iam além das razões jurídicas: Martins tinha ódio da força-tarefa fluminense porque eles haviam deflagrado uma operação contra seu filho, o advogado Eduardo Martins, suspeito de crimes envolvendo o recebimento de honorários da Federação do Comércio do Rio de Janeiro.[54] Puxar a investigação contra Nythalmar para o Superior Tribunal de Justiça dava munição ao tribunal para contra-atacar e fortalecia a tentativa de acordo de delação com Lindôra, já que ela era responsável pelos casos da PGR perante o STJ. Tudo agora estava engatilhado.

Lindôra escalou três procuradores da equipe da PGR para ouvir o áudio entregue por Nythalmar e analisar os relatos de sua tentativa de delação premiada. Entretanto, as coisas não saíram como esperado. A opinião unânime dos auxiliares era que o áudio não continha nenhuma evidência de crime e estava longe de ser a bomba prometida pelo advogado. Em uma conversa truncada, Bretas e Nythalmar falavam sobre a negociação do acordo de delação premiada do empresário Fernando Cavendish, ex-dono da Delta Construções. No áudio, o juiz diz ao advogado que, se o acordo de delação for assinado com a Procuradoria-Geral da República, em Brasília, a força-tarefa da Lava-Jato do Rio de Janeiro também tinha interesse e não criaria problemas para o empresário. É uma constatação relativamente óbvia: se o acordo fosse homologado pelo STF, as demais instâncias do Judiciário e do Ministério Público Federal também teriam que respeitar o acordo. Em seguida, Bretas afirma que iria "aliviar" a pena do empresário, já que ele havia se comprometido a confessar seus crimes. A redução de pena declarada por Bretas no caso de confissão está prevista em lei.[55]

"E aí deixa comigo também que eu vou aliviar. Não vou botar 43 anos no cara. O cara tá assustado com os 43 anos", afirmou Bretas na gravação, em uma referência à condenação imposta por ele a Othon Luiz Pinheiro, acusado de corrupção na Eletronuclear.[56]

Era uma relação de intimidade excessiva entre o juiz e o advogado, embora a caracterização de um crime fosse mais difícil de ser comprovada. Em sua defesa apresentada ao Conselho Nacional de Justiça, o juiz confirmou ter se reunido com Nythalmar para falar sobre a delação de Cavendish, mas declarou que jamais orientou o acordo. Bretas disse que só foi informado sobre a conclusão do acordo de delação do empresário minutos antes de uma audiência que iria interrogá-lo. O juiz escreveu:

> *É importante reiterar que não participei de nenhuma conversa sobre os termos do que seria o acordo de colaboração anunciado, e apenas fui informado sobre a conclusão do mesmo nos minutos que antecederam a audiência de interrogatório do acusado referido.*[57]

Por se tratar da principal prova apresentada por Nythalmar, o áudio frustrou os procuradores. A avaliação feita por eles era que não havia provas suficientes para fechar um acordo de colaboração com o advogado. O material foi considerado fraco e pouco consistente,[58] mas Lindôra queria levar o caso adiante de qualquer jeito. Como os procuradores não concordaram com a delação, ela ordenou que sua equipe de assessores jurídicos (que não eram da carreira de procurador da República) preparassem os termos do acordo de colaboração. Lindôra, então, decidiu assiná-lo, enviando o caso para homologação do Superior Tribunal de Justiça.

Apesar de sigilosa, a negociação do acordo com Nythalmar rapidamente vazou para a imprensa e se tornou pública. Os procuradores da força-tarefa fluminense ficaram incrédulos. Isso porque eles acreditavam ainda gozar de prestígio na Procuradoria-Geral da República enquanto as demais forças-tarefas estavam sob forte ataque. O coordenador da força-tarefa, o procurador Eduardo El Hage, tinha uma boa relação com Lindôra e foi responsável por levar adiante uma das principais investigações do interesse da PGR: as suspeitas de corrupção do governador do Rio de Janeiro Wilson Witzel. Quando o caso foi aberto, Lindôra designou a força-tarefa fluminense para auxiliar na investigação, já que eles tinham um extenso conhecimento dos esquemas de corrupção no estado e um método de trabalho eficiente. Com a experiência de terem investigado (e prendido) dois ex-governadores do Rio de Janeiro, Luiz Fernando Pezão e Sérgio Cabral, os procuradores logo encontraram transações financeiras suspeitas entre empresários com interesse em contratos do governo fluminense e o escritório da primeira-dama Helena Witzel. Era uma fortíssima evidência de pagamento de propina. Munida desse material, a PGR deflagrou a operação Tris In Idem em 28 de agosto de 2020, afastando Witzel do cargo.[59]

Apesar das provas consistentes, a investigação também tinha um forte componente político: Witzel havia se tornado adversário do presidente Jair Bolsonaro, responsável pela indicação de Aras ao comando da PGR. No dia da operação, o próprio governador revidou e fez um pronunciamento acusando Lindôra de persegui-lo politicamente para favorecer os interesses de Bolsonaro.

"Por que não se faz em qualquer outro Ministério Público a distribuição e não o direcionamento para um determinado procurador, no caso a doutora Lindôra? Uma procuradora cuja imprensa já noticiou seu relacionamento próximo com a família Bolsonaro", discursou Witzel, já na condição de governador afastado.[60]

De forma estratégica, a PGR escalou o próprio El Hage para ser a imagem pública da operação. Respeitado pelo trabalho desenvolvido na Lava-Jato, o procurador fez um pronunciamento em defesa das investigações e rebateu as suspeitas de direcionamento político.

"A operação de hoje não tem nenhum viés político como tenta dizer o governador Wilson Witzel. Temos um colaborador da delação que fez o acordo quando estava solto e foi desenhada uma organização criminosa. [...]Depois de dois governadores presos, é inadmissível que isso se repita. O MPF pediu a sua prisão [de Witzel], mas foi deferido o afastamento."[61]

Mesmo dentro da PGR, entretanto, a rapidez das investigações contra Witzel surpreendeu. Outros casos que envolviam políticos poderosos, principalmente perante o Supremo Tribunal Federal, tramitavam em ritmo muito mais lento. O clima de uso da instituição para perseguição de adversários políticos pairava no ar, apesar do trabalho técnico feito pela Lava-Jato fluminense. Os procuradores da força-tarefa também começavam a colher indícios de crimes envolvendo desembargadores do Tribunal de Justiça do Rio de Janeiro e negociavam delações premiadas que atingiam o Judiciário. Esses casos, então, tinham que ser conduzidos pela PGR, mas o órgão deu autorização para que a força-tarefa fluminense também atuasse nas investigações. Como o trabalho estava fluindo bem, El Hage acreditava que a força-tarefa não seria afetada pela perseguição executada por Aras contra a Lava-Jato. Foi nesse clima de otimismo que, no final de 2020, o grupo enviou à PGR um pedido de prorrogação por mais um ano do funcionamento da força-tarefa do Rio de Janeiro. Entretanto, essa não era a intenção de Aras, que resolveu pressionar o grupo a também acabar com a força-tarefa e integrá-la ao Gaeco estadual, que ainda não havia sido criado. Por isso, no dia 8 de dezembro, Augusto Aras prorrogou a força-tarefa apenas até o dia 31 de janeiro.[62] O Ministério Público Federal do Rio de Janeiro ainda debatia e formatava a criação do Gaeco, mas aquela prorrogação por um período tão curto funcionou como um instrumento de pressão.

Pouco depois, em 29 de janeiro, Aras criou um grupo de transição dando prazo de dois meses para que a força-tarefa fosse absorvida pelo Gaeco fluminense.[63] Em 7 de abril, Aras oficializou a criação do Gaeco com oito membros, tornando El Hage o coordenador do novo grupo.[64] Ficava oficialmente extinta a força-tarefa da Lava-Jato, que tinha onze integrantes. Apesar de não considerarem o novo grupo uma solução perfeita, os procuradores da extinta Lava-Jato fluminense aderiram ao novo modelo por entenderem que essa era a maneira possível de dar continuidade às investigações. Tentavam contornar os incômodos para permitir que o trabalho prosseguisse.

Entretanto, a delação de Nythalmar foi a gota d'água. Após o assunto ter vazado à imprensa, os procuradores do Rio de Janeiro fizeram uma viagem a Brasília para conversar com Lindôra sobre o assunto. Nessa reunião, relataram toda a cronologia das suspeitas envolvendo Nythalmar e buscaram deixar claro que o pedido de investigação do caso tinha partido da iniciativa deles, por acreditarem que o advogado estaria vendendo fumaça e oferecendo aos clientes vantagens que não tinha. Lindôra confirmou que estava conduzindo uma delação com o advogado, mas buscou esclarecer que eles não eram o alvo: ela disse que a principal suspeita recaía sobre a relação entre Nythalmar e o juiz Marcelo Bretas. Insatisfeitos, os procuradores voltaram para o Rio de Janeiro convictos de que não era mais possível manter uma relação de cooperação com a Procuradoria-Geral da República nas investigações. Eles se consideraram traídos por Aras e Lindôra, e, por isso, pediram para encerrar todas as investigações em conjunto que conduziam com a PGR. Na ocasião, estava em curso uma grande apuração sobre corrupção no Judiciário fluminense a partir da delação premiada de José Carlos Lavouras, ex-presidente da Federação das Empresas de Transporte de Passageiros do Rio de Janeiro (Fetranspor). O encerramento da parceria significava que essa nova frente de investigação ficaria estagnada, caminhando a passos de tartaruga. O fim da Lava-Jato no estado foi turbulento.[65] A força-tarefa até mesmo soltou uma nota pública criticando a PGR após a divulgação de notícias sobre a assinatura da delação do advogado: "É surpreendente que a Procuradoria-Geral da República tenha celebrado um acordo de colaboração com Nythalmar Dias Ferreira Filho, figura conhecida por distorcer a realidade dos fatos para obter benefícios pessoais".[66]

A PGR de Augusto Aras conduziu com prioridade a iniciativa de desmantelar a Lava-Jato, mas ainda coube ao Judiciário dar o golpe final no legado da operação.

14.

Lula livre

Monte Alegre do Sul é um pequeno município no interior de São Paulo, a 130 quilômetros da capital. Tem população estimada em 8.181 habitantes e faz parte do chamado "Circuito das Águas Paulista", uma rota turística com balneários e fontes naturais.[1] Com construções em estilo colonial e ruas pacatas de pouco movimento, seria difícil imaginar que o fim da Operação Lava-Jato também passasse por aquela cidadezinha. Entretanto, por causa do agravamento da pandemia da covid-19 no Brasil e da adoção do regime de trabalho a distância em todo o Judiciário, uma discreta casa localizada num sítio na cidade passou a funcionar como o quartel-general do advogado Cristiano Zanin Martins. Ele se mudou com a família para o local no segundo semestre de 2020 e montou um miniescritório em um dos cômodos da casa, onde se trancava diariamente por horas a fio para estudar a infinidade de processos e recursos do seu mais famoso cliente: o ex-presidente Luiz Inácio Lula da Silva.[2]

O escritório no qual Zanin trabalhava desde 2004 tinha como principal advogado Roberto Teixeira, amigo de longa data e compadre de Lula — ele é padrinho de um dos filhos do petista. O escritório Teixeira Martins tinha mais de vinte anos na ativa e uma equipe de aproximadamente trinta advogados,[3] uma empresa que pode ser considerada modesta se comparada às gigantes da advocacia de São Paulo. Zanin entrou na equipe e se tornou sócio do escritório no mesmo ano em que se casou com a filha de Roberto Teixeira, a advogada Valeska Teixeira Zanin Martins. Ela também é sócia e atuou na defesa de Lula. Quando o ex-presidente entrou na mira da Lava-Jato, Roberto Teixeira prontamente se apresentou para defendê-lo, mas foi seu genro, Cristiano Zanin, em quem ele depositava total confiança, que assumiu a dianteira do caso. A escolha provocou ciumeira e críticas de outros advogados próximos ao PT: Zanin não tinha experiência como criminalista — pelo contrário, havia se especializado em direito processual civil. Desde o início do caso, porém, passou a estudar longamente todos os detalhes das acusações que pesavam sobre o ex-presidente, buscando caminhos para rebatê-las.

Zanin partiu para uma estratégia diferente da adotada pelos criminalistas tradicionais, que optavam por submergir e não bater de frente com os juízes, para evitar que isso afetasse negativamente os processos de seus clientes. Fez justamente o contrário. O advogado apontou desde cedo que as acusações da Lava-Jato contra Lula tinham um viés mais político do que jurídico, por isso levantou uma tese crucial para o caso: a falta de imparcialidade do juiz Sergio Moro para conduzir e julgar os processos do petista. Além de incorporar uma postura combativa em relação a Moro, Zanin arquitetou uma atuação com suporte de outras áreas de conhecimento, como contratação de auditorias e perícias independentes, psicologia jurídica e comunicação. Para fazer um contraponto ao espaço da Lava-Jato na imprensa, os advogados criaram nas redes sociais e na internet páginas para publicar a visão da defesa de Lula diante das acusações apresentadas.[4] Diante das críticas de não ter formação de criminalista, Zanin rebateu: "Nas grandes operações como a Lava-Jato, não temos casos criminais, e sim multidisciplinares que envolvem diversas áreas. Não acredito que hoje possamos dividir a atuação da advocacia em criminal e de outras áreas. A maior parte dos casos de grande complexidade têm uma atuação multidisciplinar que demanda o suporte de outras ciências".

O trabalho de defesa começou no final de 2015, quando Zanin acompanhou o ex-presidente Lula em um depoimento sigiloso prestado à Polícia Federal de Brasília, em dezembro. Até aquele momento, o petista era citado nas investigações, mas não havia entrado diretamente na mira. Esse marco ocorreu em 4 de março de 2016, quando o juiz Sergio Moro autorizou uma operação contra Lula, que incluiu sua condução coercitiva,[5] o cumprimento de busca e apreensão em seus endereços e quebras de sigilo. A entrada de Zanin na coordenação da defesa gerou atrito com a cúpula do PT, já que ele não era historicamente alinhado ao partido.[6] Quando entrou no caso, Zanin disse ao ex-presidente e aos líderes partidários que não seguiria as orientações políticas da legenda nem aceitaria interferências em sua estratégia no processo. Revoltados, os petistas costumavam afirmar que Zanin e a esposa se achavam "donos do Lula".[7]

Em fevereiro de 2018, dois meses antes de ser preso após ter a condenação no caso do tríplex confirmada pelo Tribunal Regional Federal da 4ª Região (TRF-4), Lula reforçou sua defesa com o advogado Sepúlveda Pertence, ministro aposentado do Supremo Tribunal Federal e criminalista respeitado nacionalmente. A entrada do advogado, entretanto, foi vista por Zanin e Valeska como uma maneira de o PT ter alguma influência nas decisões da defesa. Nos cinco meses em que ficou no caso, Pertence acumulou desavenças com os colegas. Com a prisão de Lula, em 7 de abril de 2018, realizada após uma ordem de Moro, o ex-ministro do Supremo encampou a tese defendida pela maior parte dos petistas de que o ex-presidente deveria entrar com um pedido para substituir seu encarceramento por medidas alternativas, como prisão domiciliar e uso de tornozeleira eletrônica. Com a figura de Moro ainda forte no cenário nacional e sem perspectiva de Lula ser solto, essa estratégia era vista pelo PT, naquele momento, como a única maneira de o líder da sigla deixar a cadeia. Além disso, Pertence havia recebido o recado de um ministro do STF de que esse seria o melhor caminho para seu cliente sair de trás das grades.[8]

O próprio ex-presidente Lula era radicalmente contra esse caminho. Dizia a quem o visitava na prisão que não queria qualquer atenuante da sua pena e não cederia ao que chamava de "barganhas". Só aceitaria um desfecho: que fosse declarado inocente. O tema foi discutido pelo petista com Zanin e Valeska, que concordaram com o posicionamento e passaram a defendê-lo também. Em junho de 2018, Sepúlveda Pertence deu um passo que deflagrou de vez a crise com seus pares na defesa do petista. Sem consultar os demais, apresentou um pedido à Segunda Turma do STF, responsável pelos casos da Lava-Jato, para que fosse concedida ao ex-presidente a prisão domiciliar caso os ministros rejeitassem o pedido de liberdade.[9] Informados por meio da imprensa sobre aquela iniciativa, Zanin e Valeska prontamente emitiram uma nota para desmenti-lo: "A defesa não apresentou ao STF ou a qualquer outro Tribunal pedido de prisão domiciliar".[10]

Sentindo-se desrespeitado, Pertence enviou uma carta a Lula por meio de seu filho, o também advogado Evandro Pertence. Nela, ameaçou deixar o caso.[11] O petista, que seguia preso na sede da Polícia Federal, em Curitiba, recusou-se a ler o recado e insistiu para que o amigo de longa data permanecesse. Apesar disso, Lula se posicionou a favor da estratégia de Zanin. Não demorou para que Sepúlveda Pertence concretizasse sua renúncia à defesa do petista.

Uma das principais apostas de Zanin era o *habeas corpus* em que pediu o reconhecimento da suspeição do juiz Sergio Moro, impetrado no final de 2018, depois que o ex-juiz da Lava-Jato foi confirmado como ministro da Justiça do governo de Jair Bolsonaro. A iniciativa, no entanto, também foi motivo de embates entre Zanin e membros do PT. Depois da apresentação do pedido, correligionários da sigla pediram uma reunião com o ex-presidente na prisão em Curitiba. Entre os presentes, além de Zanin, estavam os advogados Luiz Eduardo Greenhalgh e Wadih Damous, filiados ao PT, e José Roberto Batochio, criminalista de renome que também passou a atuar na defesa de Lula desde o início daquele ano. O grupo se posicionou contra a manutenção do *habeas corpus* da suspeição de Moro e argumentou que ir adiante com aquela ação só elevaria a tensão com ministros do STF e que as chances de Lula conseguir uma prisão domiciliar seriam afetadas. Naquele momento, foi a vez de Zanin ameaçar deixar a defesa do petista. "Se quiserem retirar o *habeas corpus* da suspeição, nomeiem outro advogado. Disso eu não abro mão", disse em tom categórico.[12]

Lula defendeu a manutenção do pedido e o caso seguiu. O petista foi solto em 8 de novembro de 2019, depois que o STF mudou seu entendimento e decidiu que não cabe a prisão após condenação em segunda instância.[13] Essa compreensão praticamente vigorou apenas tempo suficiente para que Lula ficasse de fora das eleições de 2018. A soltura foi recebida como uma vitória pela defesa do petista, mas os advogados queriam mais e seguiram na luta para anular os processos e para que a Justiça reconhecesse que Moro foi parcial nos casos do ex-presidente.

O *habeas corpus* sobre a parcialidade de Moro havia sido levado para julgamento na Segunda Turma do STF no dia 4 de dezembro de 2018 pelo relator do caso, ministro Edson Fachin. Ele votou contra o pedido da defesa de Lula, mas o julgamento foi interrompido por um pedido de vista do ministro Gilmar Mendes, que queria mais tempo para analisar o processo.[14] O pedido de vista é uma ação prevista no regimento do STF para permitir que um ministro se aprofunde e estude melhor um caso para, pouco tempo depois, devolvê-lo a julgamento. O regimento interno prevê um prazo de dez dias, renovável por mais dez, para a análise do processo durante o pedido de vista, mas essa regra está muito longe de ser cumprida. Na prática, os processos demoram meses e até anos no escaninho dos ministros até que decidam devolvê-los para julgamento. Gilmar, o maior estrategista dentre os onze ministros do STF, costumava usar os pedidos de vista para analisar cenários, aguardar mudanças nas tendências jurídicas e articular consensos nos bastidores antes de colocar um caso de volta para julgamento. Ele entendeu que o momento não era adequado para debater aquele assunto, já que Moro estava em alta. Não pretendia devolver o caso tão cedo.

Diante da demora, Zanin seguiu em busca de novas estratégias. Em novembro de 2020, apresentou outro *habeas corpus* ao STF. Dessa vez, o argumento era diferente: em vez de debater a parcialidade de Moro, pedia que a Corte reconhecesse que os processos do ex-presidente Lula não poderiam ser julgados pela 13ª Vara Federal de Curitiba porque não havia uma conexão direta entre seus processos e eventuais crimes envolvendo a Petrobras.[15] Ao longo dos últimos anos, o Supremo passou a retirar de Curitiba diversos casos da Lava-Jato por entender que deveriam tramitar em outras unidades da Justiça pelo país. Os ministros da Corte entendiam que caberia a Curitiba conduzir apenas os processos relacionados exclusivamente à estatal, enquanto investigações sobre outros temas deveriam ser redistribuídas. Zanin queria aproveitar essa mudança na jurisprudência para obter uma vitória nos processos do petista.

Na tarde de 8 de março de 2021, o advogado estava em seu escritório improvisado em Monte Alegre do Sul quando atendeu um telefonema de Lula — os contatos diários entre eles eram frequentes. No momento em que conversavam, Zanin viu em seu computador que havia uma movimentação no *habeas corpus* apresentado quatro meses antes. Até aquele momento, não havia nenhum sinal de que o ministro Edson Fachin, relator da Lava-Jato paranaense na Corte, já estivesse pronto para proferir algum despacho naquele pedido, tampouco que o despacho provocaria uma hecatombe na política nacional e no Judiciário. Ao perceber que uma decisão do ministro havia sido lançada no sistema do STF, Zanin só conseguiu visualizar, à primeira vista, um resumo do seu teor:

> [...] *concedo a ordem de* habeas corpus *para declarar a incompetência da 13ª Vara Federal da Subseção Judiciária de Curitiba para o processo e julgamento das Ações Penais n. 5046512-94.2016.4.04.7000/PR (Triplex do Guarujá), 5021365-32.2017.4.04.7000/PR (Sítio de Atibaia), 5063130-17.2018.4.04.7000/PR (sede do Instituto Lula) e 5044305-83.2020.4.04.7000/PR (doações ao Instituto Lula), determinando a remessa dos respectivos autos à Seção Judiciária do Distrito Federal.*[16]

Ainda ao telefone com o ex-presidente, Zanin ficou espantado, mas preferiu adotar um tom cauteloso ao informar o que estava lendo: "Presidente, tô vendo aqui uma decisão do Fachin que parece muito importante, ele deferiu um pedido de anulação. Mas eu preciso ler com calma e entender melhor. Logo mais ligo pro senhor".[17]

O advogado não queria criar falsas expectativas antes de se assegurar do teor da decisão. Aquele resumo, porém, já indicava que era algo bombástico. Minutos depois, Zanin teve acesso à íntegra do documento. Tratava-se de um longo despacho de 46 páginas no qual Fachin traçava um histórico a respeito dos julgamentos do STF que delinearam a competência da 13ª Vara Federal de Curitiba para concluir que o ex-presidente Lula não poderia ter sido processado naquele juízo.[18] Além disso, Fachin determinava a anulação das quatro ações processadas na 13ª Vara Federal de Curitiba contra o petista.

Aquela era, de longe, a mais importante vitória obtida por Lula contra a Lava-Jato, e a mais fragorosa derrota sofrida pela operação nas cortes superiores. Cinco anos e quatro dias depois da deflagração da 24ª fase da operação, batizada de Aletheia, que cumpriu mandados de busca e apreensão e condução coercitiva do ex-presidente, Fachin dizia que a 13ª Vara Federal de Curitiba nunca teve competência para processar o petista. Com isso, determinava a anulação de todas as decisões proferidas nas quatro ações penais contra ele.

Aquele despacho trazia reflexos importantes também no cenário político e eleitoral. A ação do tríplex do Guarujá, que colocou o petista por 580 dias na prisão e foi responsável por tirar Lula da disputa pela presidência em 2018, após ter sido condenado em segunda instância pelo Tribunal Regional Federal da 4ª Região, não tinha validade. Ou seja: o petista não poderia ter sido impedido de concorrer ao pleito, já que a sentença que o tirou da corrida eleitoral era nula porque o caso não deveria ter tramitado na 13ª Vara Federal de Curitiba. O processo do sítio de Atibaia foi sentenciado pela juíza Gabriela Hardt depois que Moro deixou a carreira de juiz, e também teve a condenação confirmada em segunda instância, mas estava igualmente anulado. As outras duas ações envolvendo o Instituto Lula ainda não haviam chegado à fase final de tramitação. A decisão do ministro Edson Fachin limpava a ficha corrida do ex-presidente ao anular suas duas condenações e, assim, o recolocava na disputa eleitoral em um momento de extremo desgaste do presidente Bolsonaro. A partir daquele dia, o xadrez político para as eleições de 2022 sofreu uma reviravolta.

Entretanto, o despacho de Fachin tinha outro elemento nas entrelinhas. Ao anular os quatro processos, o ministro declarava que o outro *habeas corpus* apresentado pela defesa de Lula com o objetivo de declarar Sergio Moro suspeito nos casos do petista não precisava mais ser julgado. O argumento de Fachin era que a perda de objeto seria uma consequência natural da sua decisão, já que as ações da 13ª Vara Federal de Curitiba sobre Lula foram anuladas.[19] A questão, no entanto, era mais complexa. Fachin anulou as condenações e remeteu os processos para distribuição à Justiça Federal do Distrito Federal. Facultou aos novos juízes a opção de reaproveitar e ratificar todos os atos proferidos nas quatro ações caso achassem que tudo tinha sido feito corretamente. Isso significava que, em algumas canetadas, aquelas condenações poderiam ser restabelecidas. Se a parcialidade de Moro fosse reconhecida pelo STF, esse quadro seria alterado. A suspeição tornava impossível reaproveitar os atos do processo e forçaria as investigações a recomeçarem praticamente do zero. Isso ocorreria porque todos os atos de Moro como juiz ficariam contaminados, o que incluiria a colheita de provas na busca e apreensão, as interceptações telefônicas, as quebras de sigilo e tudo o mais. Na prática, a suspeição enterraria totalmente as investigações da Lava-Jato contra o petista, além de ter o risco de anular uma série de processos da investigação.

Fachin tinha a intenção de preservar o legado da operação Lava-Jato. A avaliação feita por integrantes de seu gabinete era que a suspeição de Sergio Moro poderia ter um efeito cascata e ser usada por outros réus da operação para se livrarem das acusações.[20] Seu receio era que isso servisse para derrubar toda a Lava-Jato, com consequências imprevisíveis — os alvos poderiam começar até mesmo a solicitar a devolução de dinheiro ilícito apreendido, o que, até aquele momento, era apresentado como um dos principais triunfos da operação. Por isso, ao anular aqueles quatro processos do ex-presidente, Fachin buscava limitar a derrota apenas à situação de Lula e manter as demais ações intactas. Seria uma redução de danos em um cenário de sucessivos reveses para a investigação.

Quando Gilmar Mendes pediu vista do *habeas corpus* sobre a suspeição de Moro, em dezembro de 2018, sabia que não seria possível impor uma derrota ao ex-juiz da Lava-Jato naquele momento. Bolsonaro estava recém-eleito, com alta popularidade perante o eleitorado, e tinha Sergio Moro com uma das principais cartadas da sua equipe. Gilmar, para além de suas funções como magistrado, também é conhecido por ser um dos mais argutos observadores políticos de Brasília. Ele avaliava que Moro não duraria muito tempo como ministro e que os ventos para julgar sua suspeição mudariam. A decisão proferida por Fachin em março de 2021 precipitou sua estratégia, mas nem tanto. Àquela altura, o clima já havia mudado radicalmente para o ex-juiz, que era então ex-ministro, atacado por bolsonaristas, petistas e boa parte da classe política de Brasília. Moro estava em baixa e vulnerável aos ataques. Gilmar sabia muito bem disso.

Nascido em 8 de fevereiro de 1958 no interior do Rio Grande do Sul, na pequena cidade de Rondinha, Luiz Edson Fachin se mudou ainda criança para o Paraná. Foi em Curitiba que se graduou em direito, pela Universidade Federal do Paraná. Fez mestrado e doutorado na Pontifícia Universidade Católica de São Paulo,[21] mas continuou ligado a Curitiba, onde passou a atuar como professor e advogado. Tinha uma produção intelectual jurídica focada em duas áreas muito distantes dos crimes do colarinho branco: direito civil e de família.[22] Fachin era conhecido no estado por ser politicamente ligado ao PT e sustentar ideias alinhadas à esquerda.[23] Durante os debates sobre a

Assembleia Constituinte que definiria a futura Constituição de 1988, chegou a escrever um texto defendendo que a propriedade rural era uma função social, e não um direito individual. Atuou no Instituto Nacional de Colonização e Reforma Agrária e também se aproximou do Movimento dos Trabalhadores Rurais Sem-Terra.[24] Tornou-se um jurista e professor respeitado no Paraná. Em 2010, gravou um vídeo manifestando apoio público à candidatura de Dilma Rousseff à presidência da República. Depois disso, seu nome passou a circular como possível candidato ao Supremo Tribunal Federal nas vagas abertas durante os mandatos da petista.[25]

Contudo, foi somente em 2015 que Dilma Rousseff indicou Fachin ao STF, para a vaga aberta com a aposentadoria do ministro Joaquim Barbosa — indicado de Lula que havia se transformado em algoz do PT ao conduzir o julgamento do mensalão. Em um momento de desgaste de Dilma no Congresso Nacional, Fachin enfrentou forte oposição de senadores conservadores e teve um dos placares mais apertados da história recente em sua votação para a vaga. Foi aprovado na Comissão de Constituição e Justiça por vinte votos favoráveis e sete contrários; e aprovado no plenário do Senado por 52 votos favoráveis e 27 contrários, em 19 de maio de 2015.[26]

Sereno na fala e gentil no trato pessoal, Fachin chegou ao Supremo com uma postura discreta e longe dos holofotes. Permaneceu dessa forma até janeiro de 2017, quando uma tragédia atingiu a Corte e mudou a trajetória de Fachin no Supremo. No dia 19 de janeiro, um acidente de avião matou o ministro Teori Zavascki, até então o relator da Lava-Jato dentro do STF,[27] e deixou um vácuo na operação, que estava em seu auge. A então presidente Cármen Lúcia, movida pelo senso de urgência durante aquele período de recesso do Judiciário, chamou para si as delações premiadas de 77 executivos da Odebrecht, que aguardavam a deliberação de Teori, e homologou todo o material,[28] conferindo valor jurídico para que fosse usado como meio de prova em investigações. Entretanto, Cármen tinha um problema ainda maior para resolver: definir a transição para um novo relator da Lava-Jato no STF. A depender do perfil do ministro escolhido, isso significaria permitir o avanço das apurações ou enterrar de vez a Operação.

Pelo regimento, a relatoria da Lava-Jato caberia ao novo ministro do Supremo a ser indicado para a cadeira aberta com a morte de Teori. Isso criaria a insólita situação de facultar ao então presidente Michel Temer (MDB) a prerrogativa de escolher um magistrado que seria responsável por conduzir investigações que o atingiam, já que começavam a surgir indícios contra ele. O emedebista, entretanto, decidiu apenas indicar o novo ministro depois que o STF definisse o relator da Lava-Jato para não passar a impressão de que estava escolhendo seu próprio investigador e interferindo no caso.[29] Com isso, coube ao Supremo definir por sorteio o novo relator. Contudo, uma articulação nos bastidores colocou Fachin como o favorito. Primeiramente, ele pediu à presidente Cármen Lúcia sua transferência para a Segunda Turma, responsável pela Lava-Jato, o que era uma condição necessária para que disputasse o posto. Credenciou-se, então, para concorrer ao sorteio, que ficaria entre os cinco ministros da turma: Dias Toffoli, Gilmar Mendes, Ricardo Lewandowski, Celso de Mello e, agora, Fachin. Como o algoritmo do sistema eletrônico do Supremo favorecia, dentro desse sorteio, os ministros que tinham um acervo com número menor de processos para que os colegas não ficassem sobrecarregados, Fachin acabou sendo sorteado como o novo relator da operação.[30] Entretanto, a postura que ele adotaria à frente do caso ainda era uma incógnita para seus pares e os investigadores.

Sua primeira sinalização em favor da Lava-Jato foi a montagem da equipe: Fachin chamou para assessorá-lo os juízes auxiliares que já trabalhavam com Teori nas investigações e conheciam todo o acervo de casos. Logo, Fachin mostrou que sua caneta seria pesada: proferiu decisões duras contra os alvos e adotou entendimentos de que, nos crimes de corrupção, provas indiciárias (que não são cabais) seriam suficientes para abertura de ações penais e condenações contra políticos. Acabou por repetir a história do seu antecessor, Joaquim Barbosa, e se tornou também um algoz do PT ao se alinhar à Lava-Jato e tomar decisões que atingiam membros da cúpula do partido, incluindo o ex-presidente Luiz Inácio Lula da Silva.

Entretanto, em uma Corte que funciona com um forte componente político, faltava a Fachin uma característica importante: a capacidade de articulação. Ele não era um magistrado de bastidores.[31] É comum no STF que decisões polêmicas sejam precedidas de conversas e articulações entre seus membros para que o julgamento público gere consenso. Foi assim que o ministro Teori Zavascki, por exemplo, convenceu os colegas a inovar no entendimento jurídico e decretar a prisão do então senador Delcídio do Amaral, à época líder do governo Dilma Rousseff no Senado, apesar de a Constituição expressamente proibir a prisão de um parlamentar sem que seja por flagrante delito. Após uma costura feita por Teori, a Segunda Turma decidiu que os crimes de Delcídio poderiam ser considerados permanentes, equiparando-os a uma prisão em flagrante, embora não houvesse previsão legal sobre isso.[32]

Fachin, entretanto, entendia que um magistrado precisava julgar apenas com sua consciência e que o convencimento dos colegas deveria vir da força do argumento jurídico. Ao longo da sua atuação como relator da Lava-Jato, ele se agrupou com os ministros mais favoráveis à pauta anticorrupção, como Luís Roberto Barroso, Luiz Fux, Cármen Lúcia e Rosa Weber, mas essa adesão não era automática e irrestrita. E, com a perda de popularidade da Lava-Jato, Fachin ficou cada vez mais isolado na Segunda Turma. Com uma oposição capitaneada pelos ministros Gilmar Mendes e Ricardo Lewandowski, sofreu frequentes derrotas em suas posições jurídicas na Lava-Jato. Paulatinamente, a Segunda Turma passou a determinar a soltura de alvos de prisões preventivas e retirar os processos da competência da 13ª Vara Federal de Curitiba, esvaziando o foro inicial da Lava-Jato.

Consciente que a onda lhe era favorável, o advogado Cristiano Zanin foi acumulando vitórias no STF em favor da defesa do ex-presidente Lula depois de amargar anos de derrotas, especialmente nas instâncias inferiores. Em fevereiro de 2019, apresentou um pedido no STF para ter acesso à íntegra da documentação do acordo de leniência da empreiteira Odebrecht, correspondente a um acordo de delação premiada para pessoas jurídicas.[33] Essa documentação era importante porque algumas ações contra Lula se baseavam nessas provas, principalmente envolvendo o caso do Instituto Lula. O argumento de Zanin se baseava em um entendimento antigo do Supremo, conhecido como Súmula 14: a defesa deve ter acesso a todas as provas de acusação para exercer plenamente o seu direito. Após idas e vindas, o caso foi julgado na Segunda Turma do STF em 4 de agosto de 2020. O ministro Ricardo Lewandowski proferiu o voto vencedor, determinando que a defesa tivesse acesso à documentação do acordo de leniência e aos sistemas internos de registros de pagamentos de propina da Odebrecht. Como seu voto foi o vencedor, Lewandowski se tornou o relator dos futuros pedidos relacionados ao mesmo assunto. Foi nessa esteira que, pouco tempo depois, a defesa apresentou uma nova petição, não menos importante: solicitou a Lewandowski o acesso integral às trocas de mensagens entre os procuradores da Lava-Jato apreendidas na Operação Spoofing com os hackers responsáveis por invadir o celular de Deltan Dallagnol, entre outras autoridades. A ironia da história: a investigação determinada por Sergio Moro contra os hackers seria o golpe final que a defesa de Lula teria contra a Lava-Jato.

Lewandowski acolheu o pedido em dezembro de 2020 e determinou que a Polícia Federal fornecesse uma cópia integral do material. Cristiano Zanin, então, destacou um perito para analisar todos os diálogos e identificar tudo que indicasse uma perseguição ao ex-presidente Lula. A cada análise finalizada, o advogado enviava ao STF um resumo das informações descobertas nos diálogos, que reforçavam o sentimento de perseguição ao ex-presidente. Em suas peças, Zanin citou frequentemente o termo "*lawfare*", que significa:

> *Uso ilegítimo da legislação (nacional ou internacional) em manobras jurídicas com a finalidade de causar danos a um adversário político (estrangulando-o financeiramente, encurtando seus prazos etc.) de modo que este não possa perseguir objetivos, tais como concorrer a uma função pública. Nesse sentido, a lawfare seria comparável ao uso estratégico de processos judiciais visando criar impedimentos a adversários políticos.*[34]

Na visão de Zanin, era exatamente essa a tática aplicada pela Lava-Jato em relação ao ex-presidente.

Na sua linha de fazer frente à estratégia midiática adotada pela Lava-Jato, a defesa de Lula passou a criar uma onda favorável ao petista na opinião pública ao divulgar trechos dos diálogos que indicavam uma perseguição ao ex-presidente. A estratégia era semelhante à da Operação, que passou anos divulgando trechos das investigações para angariar apoio público. Ao longo dos processos, Lula pouco explicou as relações no mínimo impróprias que manteve com as principais empreiteiras-alvo da Lava-Jato, adotando como principal linha de defesa a declaração de que era alvo de perseguição pelo juiz

Sergio Moro. As reformas feitas no tríplex do Guarujá pela OAS, por ordem do presidente da empreiteira Léo Pinheiro, tinham uma fragilidade probatória pelo fato de Lula ter desistido de ocupar o imóvel. Entretanto, as provas envolvendo o sítio de Atibaia eram robustas. Comprado por um amigo e nunca transferido para o nome de Lula, o imóvel era usado principalmente pelo ex-presidente. A propriedade era inclusive chamada por amigos do ex-presidente que costumavam frequentá-la como "o sítio de Lula".[35] Indícios obtidos pela investigação apontavam que Lula foi ao menos 270 vezes ao local. Mantinha diversos itens pessoais no endereço, um forte indicativo de que seria o dono oculto do imóvel. E, o mais importante, as provas demonstravam que a OAS, o grupo Odebrecht e o pecuarista José Carlos Bumlai, amigo do petista, gastaram cerca de 1 milhão de reais com reformas e benesses no empreendimento para o uso do ex-presidente[36] — até mesmo um engenheiro da Odebrecht foi deslocado para cuidar das obras do local.[37]

Apesar disso, as trocas de mensagens entre os procuradores e o juiz evidenciavam que a investigação tinha, sim, Lula como um alvo prioritário. As provas de pagamentos das empreiteiras continuavam sendo indícios de corrupção importantes, mas o ex-presidente tinha uma forte tese de defesa nas mãos: a de que não havia sido submetido a um julgamento justo, princípio essencial em qualquer país democrático. Para seus advogados, Lula era um troféu político da operação, alvo do direcionamento das investigações e da ausência de imparcialidade do juiz da causa. Essa tese ganhou reforço após dois fatos: a nomeação de Moro como ministro de Bolsonaro e a divulgação das mensagens entre os investigadores da Lava-Jato.

Foi nesse contexto desfavorável que Fachin proferiu sua decisão do dia 8 de março de 2021 que anulou todas as ações contra Lula em tramitação na 13ª Vara Federal de Curitiba. O ministro construiu um argumento jurídico sólido com base nos julgamentos anteriores do STF: como as ações contra Lula envolviam supostos crimes ocorridos não apenas na Petrobras, mas também em outras áreas do governo federal, a competência não poderia ser de Curitiba porque a 13ª Vara passou a ser o foro adequado apenas para desvios relacionados à estatal. Contudo, além de tornar Lula ficha-limpa e trazê-lo de volta ao páreo eleitoral, a decisão tinha o poder de inocentar outro personagem: o ex-juiz Sergio Moro.

Gilmar Mendes, que ainda aguardava o melhor momento para pautar a suspeição de Moro, não foi o único pego de surpresa pelo despacho. Naquele dia, quando Fachin terminava os últimos ajustes da sua decisão, nenhum de seus dez colegas de toga sabia o que estava por vir. Diante do alto número de casos da covid-19 no país, o Supremo Tribunal Federal continuava em regime de trabalho a distância, com todos os ministros despachando de casa. Fachin, por exemplo, trabalhava de sua residência em Curitiba desde o início da pandemia, e foi de lá que redigiu os últimos detalhes da decisão mais bombástica que proferiu nos últimos anos.[38] Antes de lançar sua assinatura eletrônica no documento, Fachin telefonou para o presidente da Corte, Luiz Fux, com quem tinha uma boa relação. Limitou-se a avisá-lo que iria proferir uma decisão muito importante, sem adiantar detalhes.[39] Fux só soube do que se tratava da mesma forma que todos os demais colegas do Supremo, quando a decisão entrou no sistema eletrônico do tribunal e ganhou as manchetes da imprensa pouco depois, no início da tarde daquele 8 de março. "Fachin anula condenações de Lula, e petista fica apto a disputar eleição de 2022", estampava a *Folha de S.Paulo*.[40] Todos os outros veículos de comunicação estampavam manchetes semelhantes.

O significado disso era profundo: como Lula não concorreu às eleições de 2018 justamente por ter sido condenado em segunda instância no caso do tríplex do Guarujá, condenação que agora era anulada, não era difícil concluir que tinha havido uma falha grave de todo o Poder Judiciário (desde a Justiça Federal de Curitiba, passando pelo Tribunal Regional Federal da 4ª Região, pelo Superior Tribunal de Justiça até o próprio Supremo Tribunal Federal) ao impedirem o petista de disputar o pleito.

Gilmar ainda não tinha levado o processo da suspeição para julgamento porque não tinha certeza se sairia vitorioso, o que implicaria na derrota de Moro. Ele já contabilizava o voto de Lewandowski em favor da sua tese, mas a responsabilidade pelo desempate ficaria para o novato da Corte, o ministro Kassio Nunes Marques, indicado pelo presidente Jair Bolsonaro em outubro de 2020 para ocupar a cadeira do decano Celso de Mello. Nunes Marques chegou ao Supremo com a benção da bancada de investigados da Lava-Jato no Senado, sob a promessa de adotar uma postura garantista e favorável aos réus.[41] Por isso, vinha sinalizando, em conversas de bastidores, que votaria a favor da suspeição do ex-juiz. Como a decisão de Fachin interrompeu abruptamente suas articulações, Gilmar precisava agir rápido. Na condição de presidente da Segunda Turma, o ministro devolveu o processo da suspeição de Moro, paralisado havia mais de dois anos por ele, e pautou o julgamento para o dia seguinte, em sessão marcada para ter início a partir das duas horas da tarde. Gilmar queria atropelar Fachin e desmoralizar Sergio Moro.

A guerra entre as alas anti e pró-Lava-Jato da Corte passou a ser travada nos bastidores. Fachin tentou contra-atacar: uma hora antes da sessão, enviou um ofício a Fux pedindo que, diante do impasse, o presidente impedisse o julgamento na Segunda Turma e levasse o assunto para o plenário do Supremo, onde as chances de construir um consenso pró-Lava-Jato eram maiores. Fachin telefonou ao presidente para avisá-lo sobre o ofício, mas sem tempo para nenhuma articulação.[42] Era uma última cartada lançada na esperança de que Fux interrompesse o julgamento. Mas o presidente da corte, que já estava irritado por não ter sido avisado da decisão com antecedência, o que permitiria costurar com mais tempo uma articulação, entendeu que nada poderia fazer. Avisou a Fachin que não iria, sozinho, interferir em um julgamento da turma e puxar o processo para o plenário.[43] O ato iria parecer arbitrário e autoritário, além de ter potencial de gerar um conflito fratricida dentro da Corte. Fux adotou um meio-termo: iria submeter o tema para discussão no plenário, mas apenas depois que a Segunda Turma resolvesse seu julgamento. Tudo apontava para a vitória de Gilmar.

Quando a sessão teve início, a Segunda Turma prontamente decidiu, por quatro votos contra um, que ainda era possível julgar a suspeição de Sergio Moro. Fachin ficou mais uma vez isolado. Crítico frequente da Lava-Jato em seus discursos, Gilmar proferiu um voto histórico na sessão do dia 9 de março de 2021. Comparou a atuação da Operação com processos conduzidos sem direito de defesa por regimes totalitários, classificou a atuação de Sergio Moro como política com o objetivo de tirar Lula da disputa eleitoral e chamou a Lava-Jato de "maior escândalo judicial da nossa história".[44]

O *habeas corpus* apresentado pela defesa de Lula logo após a eleição de 2018 listava sete fatos para apontar uma falta de parcialidade da atuação de Moro no julgamento do ex-presidente. São os seguintes:

> [...] *a autorização da condução coercitiva do petista e familiares sem que tivessem sido chamados para depor; a autorização para interceptação de telefones do ex-presidente, familiares e advogados antes que fossem adotadas outras medidas investigativas; a divulgação, em 16 de março de 2016, de conversas captadas nos grampos; a afirmação de Moro, ao levantar este sigilo, que '[a]s principais figuras públicas hostilizadas pelos apoiadores do impedimento eram a ex-presidente Dilma [Rousseff] e o paciente [Lula]'; a sentença condenatória; a suposta oposição à ordem de soltura do petista proferida em 8 de julho de 2018 pelo desembargador federal Rogério Favreto; e a aceitação do cargo de ministro da Justiça e Segurança Pública do governo Jair Bolsonaro, opositor do PT.*[45]

O advogado Cristiano Zanin adotou uma jogada estratégica para o julgamento: decidiu não incluir como novas provas para a suspeição as mensagens obtidas por meio do ataque hacker. Eram dois os motivos para isso: primeiro, considerava que os fundamentos iniciais do *habeas corpus* já eram suficientes para esse reconhecimento. Porém, o mais importante era evitar que as mensagens gerassem um debate sobre a licitude do uso daqueles elementos como prova no processo, já que foram obtidas como fruto de um crime. Isso geraria uma grande polêmica e poderia resultar em novos adiamentos. Os advogados do petista sabiam que a divulgação dos diálogos já havia provocado grande repercussão na opinião pública e que o Supremo Tribunal Federal não ficaria incólume àqueles fatos.[46]

Em seu voto, Gilmar Mendes usou, por diversos momentos, trechos dos diálogos, mas disse que era apenas para reforçar seus argumentos. Também evitou entrar no debate sobre o uso da prova, ressaltando que a parcialidade de Moro poderia ser comprovada pelos fatos descritos inicialmente pelos advogados. Era uma meia verdade, já que aqueles diálogos pesaram muito na análise. Na ótica de Gilmar, Sergio Moro assumiu um papel que ia muito além da função de juiz, coordenando uma estratégia midiática de divulgação das investigações e dando ordens e orientações aos procuradores da força-tarefa, que deveriam ser os titulares da investigação. O ministro citou que, de acordo com os diálogos, "fica evidente a relação próxima"[47] entre o ex-juiz e os procuradores da força-tarefa e ressaltou que eles deveriam, na verdade, atuar de maneira afastada caso se tratasse de um processo penal verdadeiramente democrático. Gilmar citou três tipos de atuação indevida de Sergio Moro: ele, o julgador, escolheu as pessoas a serem denunciadas pelo Ministério Público, indicou testemunha e meios escusos para inseri-la dentro do processo e, por fim, coordenou a divulgação de uma nota à imprensa rebatendo a defesa do ex-presidente. Nas palavras de Gilmar:

> *Sem dúvida, pelo teor das conversas divulgadas, podemos destacar três situações de evidente ilegalidade. Julgador definindo os limites da acusação e selecionando pessoas a serem denunciadas. Como já disse o ministro Fachin em suas palavras introdutórias, esses fatos chegaram a Sua Excelência, que é o relator da Lava-Jato, e Sua Excelência também está muito preocupado com esse desenvolvimento. Com os fatos que ali estão descritos. Portanto, o julgador definindo o juízo da acusação e selecionando as pessoas a serem denunciadas ou não, pois prejudicaria apoios importantes. Julgador indicando testemunha para a acusação e sugerindo meios ilícitos para a inserção da fonte de prova no processo penal, além de incentivar sua inserção no processo de modo indevido, como se fosse de fonte anônima. Julgador atuando em conjunto com acusadores no sentido de emitir nota contrária à defesa, além de taxar de modo pejorativo as estratégias defensivas. Qualquer semelhança com algum processo penal de um regime totalitário não é mera coincidência. De qualquer modo, reitero que a conclusão sobre a parcialidade do julgador é aferida a partir dos fatos narrados na impetração original, de modo a se afastar quaisquer discussões sobre o tema de possibilidade de utilização da prova potencialmente ilícita pela defesa.*[48]

O primeiro ponto questionado pela defesa foi a condução coercitiva realizada no dia 4 de março de 2016 contra Lula. Trata-se de uma ordem judicial para que o alvo seja conduzido à presença de investigadores com o objetivo de ser obrigado a prestar depoimento. Ainda que o alvo possa permanecer em silêncio, essa estratégia com frequência pegava o investigado de surpresa e sem assistência judicial, em um clima de terror psicológico. Pela legislação, a condução coercitiva só pode ser determinada se a pessoa foi intimada a prestar depoimento e não compareceu. Esse instrumento foi usado frequentemente pela Lava-Jato mesmo sem uma intimação anterior. Também foi aplicado contra o ex-presidente. Gilmar Mendes, contudo, afirma que Lula já havia sido intimado e tinha prestado depoimento quatro vezes em outros casos que não tramitavam em Curitiba, por isso, não se justificava essa medida drástica. Para Gilmar, foi uma ação "espetaculosa" sem que Lula tivesse sido intimado anteriormente para prestar depoimento à Lava-Jato.

Em seu voto, Gilmar afirmou que esse "era um modelo hediondo, de um Estado-espetáculo de caráter policialesco" e que a medida foi tomada para a "exposição pública do ex-presidente".[49]

Gilmar também considerou grave a quebra do sigilo telefônico dos advogados do petista, principalmente porque a interceptação atingiu o ramal geral do escritório Teixeira Martins Advocacia. Segundo investigadores, essa quebra teria partido de uma informação equivocada, já que o Ministério Público Federal indicou o número de telefone do escritório porque constava no registro de uma das empresas de Lula usada para a realização de palestras. Gilmar afirmou que a operadora telefônica informou ao juiz Sergio Moro que o ramal correspondia à sede do escritório de advocacia, mas que a quebra de sigilo foi mantida. A medida teve duração de 23 dias e captou 462 ligações da defesa do petista.[50] No processo, Moro escreveu que só teve conhecimento de que a interceptação era do escritório de advocacia quando foi avisado pela defesa do ex-presidente Lula, já depois de as interceptações terem sido finalizadas, e disse que nenhuma conversa de advogados do escritório tinha sido captada.

Mas os diálogos da Vaza-Jato comprovavam de forma cabal que os procuradores souberam que o escritório de advocacia era alvo de interceptação e que tiveram acesso às conversas. Em uma troca de mensagens de maio de 2016, citada por Gilmar em seu voto, um procurador escreveu: "Não me lembro como eles atendiam, mas de fato era telefone do escritório, de uso comum dos advogados. Não sei quantas ligações foram interceptadas, mas foram muitas. Nenhuma relevante para investigação".[51]

E, após essa leitura, ele comentou: "Interceptação de escritório de advocacia é coisa de regime totalitário".[52]

Nesse momento, Gilmar Mendes recebeu uma manifestação de apoio de uma colega que, até então, costumava se posicionar a favor da Lava-Jato. Cármen Lúcia, em dezembro de 2018, tinha sido contra a suspeição de Sergio Moro, mas sinalizava que poderia mudar seu voto. A intervenção demonstrava que os erros cometidos pela Lava-Jato afastaram parte de seus antigos apoiadores. A ministra fez apenas um breve comentário sobre o fato exposto.

"Gravíssimo."

"O direito de defesa desaparece, ministra Cármen. Sucumbe", complementou Gilmar.

"Claro", concordou Cármen Lúcia.[53]

Gilmar fez questão de ressaltar as referências feitas pelos procuradores ao juiz Sergio Moro, apelidado de "Russo". Era uma citação à lendária história da Copa do Mundo de 1958. Naquele ano, o técnico da Seleção Brasileira, Vicente Feola, havia planejado uma jogada complexa para marcar gols na partida contra a União Soviética e, ao explicar o plano para o craque Manoel Francisco dos Santos, o Mané Garrincha, teria recebido a seguinte indagação: "Mas o senhor já combinou tudo isso com os russos?". A expressão se tornou famosa e caiu no uso popular, tanto que a força-tarefa acabou por apelidar o então juiz Moro de "Russo", já que era necessário combinar com ele as ações da operação.[54] Nos diálogos, os procuradores também chegavam a citar um tal "CPP Russo", ou seja, diziam em tom jocoso que o juiz Sergio Moro tinha seu próprio Código de Processo Penal, à margem das leis do país. Gilmar deitou e rolou com as referências e comparou a atuação do juiz com o regime totalitário da União Soviética, famoso por perseguir e prender opositores durante a gestão do ditador Josef Stalin: "Talvez até poderia ser o soviético. Talvez fosse até a denominação mais ajustada, considerando os parâmetros que ele usava do devido processo legal, algum tipo de código do processo penal soviético".[55]

Gilmar ainda relatou que, nas conversas entre os procuradores e a equipe da Polícia Federal da Lava-Jato, os policiais passavam em tempo real as informações colhidas da interceptação dos advogados.

> O vínculo estreito entre os procuradores e os agentes da PF permitiu que a Lava-Jato instalasse um verdadeiro sistema soviético de monitoramento das estratégias utilizadas pela defesa do reclamante. As informações eram repassadas fora dos autos em tempo real pelo agente da Polícia Federal.[56]

A PF informou aos procuradores, por exemplo, que o advogado Roberto Teixeira havia se deslocado até o Instituto Lula para conversar com o ex-presidente. Depois, a Polícia Federal avisou em tempo real que Lula estava indo tomar café da manhã com a então presidente Dilma Rousseff para discutirem seu convite ao cargo de ministro da Casa Civil. Em seguida, o agente da PF relatou aos procuradores o telefonema em que Dilma avisou Lula que mandaria o termo de posse. Esse diálogo foi tornado público pelo juiz Sergio Moro, mas considerado ilegal pelo STF.

No quarto ponto, Gilmar citou a atuação de Sergio Moro para impedir o cumprimento de uma ordem de soltura de Lula proferida pelo desembargador plantonista do TRF4, Rogério Favreto. O ministro disse que, no episódio, o juiz não atuou dentro dos limites de sua competência e tentou defender apenas seu "projeto de poder", que incluía a prisão de Lula e a cassação de seus direitos políticos. Depois, desconstruiu a condenação de Lula no caso do tríplex, imposta pelo juiz Sergio Moro e que tirou o petista da eleição. Nesse momento, citou um diálogo mantido entre Moro e Dallagnol, no qual o juiz pergunta ao procurador sobre a confecção da denúncia contra o ex-presidente.

> A *absoluta contaminação da sentença proferida pelo magistrado resta cristalina quando examinado o histórico de cooperação espúria entre o juiz e o órgão da acusação*, atestou Gilmar. E aí eu digo o seguinte, senhores ministros, tentando caminhar para o final: em fevereiro de 2016, quando o reclamante ainda estava sendo investigado por inquérito policial, o ex-juiz Sergio Moro chegou a indagar ao procurador da República Deltan Dallagnol se já havia da parte do Ministério Público uma denúncia "sólida o suficiente". O procurador responde apresentando um verdadeiro resumo das razões acusatórias do MP, de modo a antecipar a apreciação do magistrado.

Em seguida, ele fez a leitura de trechos dos diálogos obtidos pelo ataque hacker.[57]

O ministro citou outras mensagens nas quais a força-tarefa teria antecipado peças processuais para Sergio Moro, antes mesmo de protocolá-las formalmente. Em uma das conversas, Deltan ofereceu a Moro a possibilidade de enviar a ele a minuta de uma peça que ainda estava em revisão pela força-tarefa. Gilmar classificou de "conluio" essa atuação e disse que o juiz atuava como um verdadeiro "revisor" dos documentos do MPF: "Veja que consórcio, senhores ministros, entre juiz e procurador. Estão mandando antecipadamente! Já imaginaram isso em algum lugar?".[58]

O sexto fato abordado no *habeas corpus* foi a retirada do sigilo, na semana anterior à eleição presidencial de 2018, de um depoimento da delação premiada do ex-ministro petista Antonio Palocci. Gilmar dedicou algumas páginas do seu voto escrito a esse ponto, mas preferiu não fazer a leitura desses trechos na sessão. Pulou, por fim, para o sétimo e último ponto, que foi o convite a Sergio Moro para se tornar ministro da Justiça de Jair Bolsonaro, o candidato diretamente beneficiado pela retirada de Lula da corrida eleitoral. Gilmar interrompeu seu voto para fazer um breve discurso, no qual afirma que o combate à corrupção "há de ser feito nos moldes e dentro dos ditames legais [...]. Não se combate crime cometendo crime. É preciso que o sistema acusatório seja integralmente preservado".[59]

Ao finalizar seu voto, o ministro pediu aos colegas desculpas pela demora e afirmou que era "inevitável" a conclusão de que houve violação da parcialidade do juiz Sergio Moro ao condenar o ex-presidente Luiz Inácio Lula da Silva. Com ampla repercussão, as frases do ministro passaram a ecoar nos noticiários nacional e internacional, lançando uma forte mancha à imagem do ex-juiz Sergio Moro. Com o auxílio do material obtido por meio do ataque hacker, Gilmar dissertou sobre a narrativa irrefutável de uma cooperação mútua entre os procuradores e o juiz Sergio Moro, que violavam a obrigatoriedade de um juiz imparcial, direito de todo cidadão em um Estado Democrático de Direito. E concluiu:

> *Todos esses fatos e circunstâncias ora analisados me levam a indagar: qual país democrático aceitaria como ministro da Justiça o ex-juiz que afastou o principal adversário do presidente eleito na disputa eleitoral?*

> *Em qual nação governada sob um manto de uma Constituição isso seria compatível? Em que localidade o princípio da separação entre os Poderes admitiria tal enredo?*[60]

O ministro ainda lembra sua decisão liminar, ou seja, provisória, de 18 de março de 2016 que, baseando-se em uma interceptação telefônica divulgada ilegalmente, suspendeu a nomeação de Lula como ministro-chefe da Casa Civil de Dilma Rousseff, mas não faz nenhum *mea culpa*, apenas a citou para declarar que foi imparcial no julgamento do *habeas corpus* envolvendo Lula:

> *Fui eu que diante da clara ilegalidade e desvio de finalidade suspendeu a posse de Luiz Inácio Lula da Silva como ministro indicado por Dilma Rousseff em meio à deflagração de fase da chamada operação Lava-Jato, afirmando que tal ato pretendia fraudar a definição da competência para julgamento do processo penal em questão, ou seja, mantive esse processo sob julgamento de Sergio Moro naquele momento. Isso me dá muita autoridade para falar sobre esse assunto. Contudo, aqui vamos muito além de qualquer limite. Não podemos aceitar que o combate à corrupção se dê sem limites. Não podemos aceitar que ocorra a desvirtuação do próprio Estado de Direito. Não podemos aceitar que uma pena seja imposta pelo Estado de um modo ilegítimo. Não podemos aceitar que o Estado viole suas próprias regras. Diante do exposto, senhores ministros, divirjo do relator para conceder a ordem de* habeas corpus, *de modo a reconhecer a suspeição do julgador e assim declarar a nulidade do processo desde o recebimento da denúncia. Consequentemente, verifico a ilegalidade da prisão do paciente, a qual aqui se revoga de forma definitiva.*[61]

Como já era esperado, o ministro Ricardo Lewandowski acompanhou Gilmar. Com o julgamento empatado em dois votos contra a suspeição (Fachin e Cármen Lúcia) e dois votos a favor, o desempate ficaria por conta do novato Kassio Nunes Marques, que precisaria se equilibrar entre dois interesses do presidente Jair Bolsonaro: fustigar Lula ou desmoralizar o ex-ministro Sergio Moro. Diante desse impasse, Nunes Marques pediu vista para analisar o processo com mais tempo. O ministro devolveu o *habeas corpus* para julgamento no dia 23 de março de 2021, votando contra a suspeição de Sergio Moro. Seu posicionamento era um termômetro do impacto político que a liberdade total de Lula havia causado no presidente Jair Bolsonaro: o petista já pontuava à frente nas pesquisas eleitorais e assustava o projeto de reeleição de Bolsonaro.

Em um voto com pouca densidade técnica, Nunes Marques afirmou que os argumentos da defesa de Lula já tinham sido enfrentados pelas demais instâncias da Justiça e que não caberia analisar o assunto novamente. Também citou que os diálogos foram obtidos por meio de um ataque hacker e eram uma prova ilegal, portanto não poderiam ser utilizados. O ministro citou referências de "garantismo penal" (corrente de pensamento jurídico que defende ao máximo a liberdade dos cidadãos diante do poder punitivo do Estado) para justificar a impossibilidade de aceitar os diálogos, frutos de crime, no processo e disse que isso incentivaria outros réus a cometerem novos crimes para tentar obter provas de defesa.[62]

Isso irritou Gilmar profundamente. O ministro, que apoiou a indicação de Nunes Marques à cadeira do STF, vinha articulando nos bastidores por um voto favorável à parcialidade de Moro. As sinalizações dadas até aquele momento eram que o novato acompanharia Gilmar. Nas articulações feitas nos bastidores pelo ministro, uma das possibilidades na mesa era anular apenas a condenação do caso tríplex, o que não deixaria Lula livre para concorrer à eleição, porque ainda ficaria mantida a outra condenação, no processo do sítio de Atibaia, que foi proferida pela juíza Gabriela Hardt. Contudo, o cenário havia mudado depois que Fachin proferiu a decisão da incompetência da 13ª Vara e deixou Lula inocente e livre para concorrer. Nesse cenário, não interessava a Bolsonaro ter o petista como adversário viável e competitivo nas eleições.

Irritado com a divergência do novato, Gilmar partiu abertamente para o ataque. Tomou novamente a palavra e rebateu com ênfase o voto de Kassio Nunes Marques, repetindo os argumentos de seu voto proferido semanas antes:

> *Eu quero fazer a seguinte pergunta que não é retórica: combinação de ação entre o Ministério Público e o juiz encontra guarida em algum texto da Constituição? Ministra Cármen, ministro Lewandowski, ministro Fachin, pode-se fazer essa combinação? Essas ações podem*

ser consertadas e combinadas? Isso tem a ver com o nosso processo acusatório? Isso tem a ver com o garantismo? Nem aqui nem no Piauí, ministro Kassio![63]

Gilmar vociferou a última frase em referência ao estado em que Nunes Marques nasceu e atuou como advogado.

A surpresa ficou por conta da ministra Cármen Lúcia, que tinha uma atuação alinhada à Lava-Jato até então e já tinha votado, em dezembro de 2018, contra a suspeição. A ministra pediu a palavra e decidiu mudar seu voto diante do surgimento de novas provas — os diálogos entre os integrantes da Lava-Jato foram determinantes para sua nova posição. Apesar disso, enfatizou que não considerou os diálogos das interceptações para embasar sua fundamentação: "Aqui houve, eu diria, uma parcialidade no julgamento [de Lula] que impõe, portanto, o reconhecimento do que aqui é divulgado como suspeição".[64]

Fachin ainda pediu a palavra ao final do julgamento e defendeu que não existia nenhum elemento novo no processo, com exceção dos diálogos obtidos por ataque hacker. O próprio relator da Lava-Jato admitiu que o teor das conversas era grave e poderia contaminar todos os processos, mas fez um alerta aos ministros que era preciso antes verificar a integridade dos diálogos para avaliar sua utilização como prova.

Tenho receio de que o uso do material, tal como sugerido, ainda que do ponto de vista retórico e argumentativo, receio que tenha por efeito prático a anulação de todos os casos em que a amizade entre o ex-juiz e o ex-procurador ocorreram. Não podemos aqui ter meias-palavras: a amizade do juiz com a acusação pode ter o condão de anular todos os processos em que o mesmo fato ocorreu. Ou seja: neste julgamento, e nesta noite, virtualmente, todos os processos julgados pela 13ª Vara Federal de Curitiba. Não basta dizer que esse é apenas um caso específico. É preciso ir além e reconhecer — pelo menos de minha parte, reconheço com imprescindível honestidade intelectual — que essa decisão poderá implicar a anulação de todos os processos julgados pelo ex-magistrado. Os fatos realmente são graves, e se forem verdadeiros

> *mesmo, a solução pode ser, e quiçá deva ser, a nulidade, mas não posso admitir que isso seja feito sem que as dúvidas sobre a integridade do material sejam examinadas.*[65]

O resultado final do julgamento da Segunda Turma, portanto, foi de três votos contra dois pela suspeição do ex-juiz, mas com críticas feitas à Lava-Jato até mesmo por parte do seu relator na Corte. Contaminado pelas falhas cometidas pela investigação e pelos diálogos impróprios, estava enterrado todo o trabalho da Lava-Jato contra Luiz Inácio Lula da Silva, que agora despontava como o líder nas pesquisas eleitorais para 2022.

Aquele dia 23 de março de 2021 marcou simbolicamente o fim da maior operação de combate à corrupção existente na história do Brasil, com a desmoralização de seu trabalho e a pecha do cometimento de irregularidades com o intuito de punir o ex-presidente petista a qualquer custo. Como mostramos ao longo desta história, o fim da Lava-Jato foi uma obra construída com a contribuição de diversos atores com interesses distintos. Sergio Moro, o ex-juiz responsável pelo caso, fortaleceu as suspeitas de uso político das investigações ao aceitar o convite de Jair Bolsonaro para se tornar ministro de seu governo depois de ter sido responsável por tirar o principal adversário do então candidato da corrida eleitoral. Ao governo, deu uma imagem de credibilidade no combate à corrupção ao mesmo tempo em que o presidente Jair Bolsonaro desmontava e aparelhava os órgãos responsáveis por conduzir investigações, como a Polícia Federal e a Procuradoria-Geral da República, criando um cenário muito diferente da independência dada a esses órgãos durante a gestão do PT no governo federal. E o ex-presidente Lula, principal alvo da operação, terminou por enterrá-la ao demonstrar ao Supremo Tribunal Federal a falta de imparcialidade dos trabalhos da Lava-Jato na condução dos seus processos. Na história do país, empresários poderosos nunca haviam passado muito tempo atrás das grades e nunca haviam admitido pagamentos de propina a agentes públicos e nem restituído os cofres públicos com cifras bilionárias. Políticos poderosos nunca haviam sido flagrados em tão larga escala carregando malas de dinheiro, enchendo apartamentos com dólares e reais em espécie, recebendo transferência de propina diretamente em suas contas na Suíça ou ações do tipo. Agora, o futuro deste trabalho é incerto.

A suspeição de Sergio Moro lançou um manto de dúvida sobre o legado da Operação: outras condenações, o dinheiro recuperado e os acordos de delação milionários serão mantidos pelo Judiciário após esse precedente ou tudo cairá por terra? O resultado só poderá ser aferido ao longo dos próximos anos, após a tramitação das ações contra os empresários e políticos acusados de corrupção. Buscamos, neste livro, apresentar os bastidores que envolvem os fatos mais relevantes do caso, os motivos para as tomadas de decisões dos personagens retratados e a complexidade do tema. Aos historiadores, no futuro, caberá buscar uma resposta para a pergunta que se apresenta diante dos acontecimentos dos últimos anos: a Lava-Jato combateu a corrupção ou foi um projeto de poder?

Epílogo

Sergio Moro discursou durante quarenta minutos para um lotado auditório com 1.500 pessoas em Brasília, na manhã daquele dia 10 de novembro de 2021. De terno escuro, camisa clara e sem gravata, o ex-juiz sorria mais do que de costume e acenava para os presentes. O palco, decorado com uma bandeira do Brasil no piso e uma imensa foto dele ao fundo, deixava clara a natureza do evento. Moro anunciava sua filiação a um partido político, o Podemos, com o objetivo de viabilizar sua candidatura à presidência da República. Sete anos depois da deflagração da Lava-Jato, após a operação ter afundado de vez, o magistrado decidiu que caberia a ele entrar na disputa política para tentar implantar as mudanças que buscou fazer como juiz e ministro da Justiça. Também resolveu defender sua biografia, agora atacada indistintamente por petistas, bolsonaristas, integrantes do Centrão, ministros da Suprema Corte e magistrados de primeira instância. Seu discurso, impresso em papel, totalizava exatamente dez páginas, nas quais o ex-juiz seguiu fielmente o texto feito a quatro mãos com Fernando Vieira, marqueteiro do Podemos.[1] A preparação foi intensa. Durante dois dias, o ex-ministro da Justiça do governo de Jair Bolsonaro passou horas treinando sua fala com um teleprompter, uma espécie de tela que exibe o texto enquanto o palestrante fala ao público. Moro resistia a usar a ferramenta. Tinha receio de que seu discurso ficasse engessado e artificial. A proposta do ex-juiz era treinar exaustivamente para que, no evento, falasse o que havia decorado. O marqueteiro, então, lhe apresentou o chamado teleprompter presidenciável. Transparente e colocado nos dois lados do palco, o aparelho era mais discreto e dava a possibilidade da desenvoltura que Moro queria. A voz e os vícios de linguagem do ex-ministro também foram trabalhados. O partido contratou a fonoaudióloga Leny Kyrillos, muito disputada entre políticos, jornalistas e artistas, para treinar o ex-juiz e deixá-lo com uma voz mais firme, sem os deslizes em tom agudo que se tornavam motivo de chacota durante audiências na 13ª Vara Federal de Curitiba e no Congresso Nacional. Foram feitas oito sessões de uma hora de duração com a fonoaudióloga, com resultado surpreendente para a dicção do ex-ministro.

Moro iniciou sua fala em tom descontraído, inclusive com brincadeiras sobre a própria voz ser frequente alvo das críticas de seus desafetos. Já estava bem diferente do jeito sisudo que, nos seus tempos de juiz, era marcado pela camisa social preta vestida sob um terno também escuro.

> *Eu confesso que estou um pouco ansioso quanto a falar hoje neste palco. Não tenho uma carreira política e não sou treinado em discursos. Alguns até dizem que não sou eloquente e não gostam da minha voz... Mas, se eventualmente eu não sou a melhor pessoa para discursar, posso assegurar que sou alguém em quem vocês podem confiar. A vida pública me testou mais de uma vez, como juiz da Lava-Jato e como ministro da Justiça. Vocês conhecem a minha história e sabem que tomei decisões difíceis e que nunca recuei do desafio, nem repudiei meus princípios para alimentar ambições pessoais. Por isso, peço atenção às minhas palavras, muito além da minha voz. O Brasil não precisa de líderes que tenham voz bonita. O Brasil precisa de líderes que ouçam e atendam a voz do povo brasileiro.*[2]

No discurso, o ex-juiz mirou os principais adversários, sem citá-los nominalmente, e abordou as acusações de corrupção e desvios de recursos públicos envolvendo Lula e Bolsonaro. Tentou, porém, ir além dessa pauta, com acenos a diferentes públicos. Aos mais pobres, citou o aumento da fome, aos conservadores pregou a "proteção da família brasileira" e destacou "nossos valores cristãos", ao empresariado hasteou a bandeira do "livre mercado" e à imprensa, comprometeu-se a "não intimidar jornalistas", como fazia seu antigo chefe, e não propor o controle da mídia, ideia historicamente encampada por algumas alas do PT.[3]

"Após um ano morando fora, eu resolvi voltar", ele continuou. "Não podia ficar quieto, sem falar o que penso, sem pelo menos tentar mais uma vez, com você, ajudar o país. Então resolvi fazer do jeito que me restava: entrando para a política, corrigindo isso de dentro para fora".[4]

Com uma plateia selecionada a dedo pela organização do evento, que deveria reunir apenas apoiadores do ex-juiz e jornalistas credenciados para a cobertura da cerimônia, Moro terminou o discurso ovacionado. Enquanto, ainda no palco, era cumprimentado por parlamentares que compareceram à filiação e disputado por apoiadores que queriam se aproximar para uma foto, um homem rompeu o clima amistoso por alguns instantes. Jogou uma moeda no palco para chamar a atenção e, provocando constrangimento, gritou: "Moro traidor!"[5]

Identificada, a pessoa foi prontamente retirada do evento. Moro, que no momento cumprimentava a presidente nacional do Podemos, a deputada federal Renata Abreu, olhou discretamente para a moeda que aterrissou aos seus pés e fingiu que nada aconteceu.[6] Poucos minutos depois de estrear como pré-candidato à Presidência, o ex-juiz da Lava-Jato já recebia seu primeiro ataque, resultado direto do rompimento com o bolsonarismo ao qual havia se juntado anteriormente. Na plateia, além dos parlamentares do Podemos, antigos aliados e agora inimigos do presidente Jair Bolsonaro marcavam presença, como o ex-ministro da Saúde Luiz Henrique Mandetta e o ex-ministro da Secretaria de Governo, o general Carlos Alberto Santos Cruz. Parlamentares que apoiaram a eleição de Bolsonaro e depois se tornaram críticos do capitão reformado também estavam lá, como os deputados federais Joice Hasselmann e Kim Kataguiri. Do passado da Lava-Jato, apenas uma figura na plateia remontava aos tempos da Operação, o procurador aposentado do Ministério Público Federal Carlos Fernando dos Santos Lima, o veterano da força-tarefa de Curitiba. Depois de dar entrevistas aos jornalistas em que sinalizou apoio à candidatura de Moro, Carlos Fernando adotou a discrição e preferiu se sentar longe do palco, em uma das cadeiras mais distantes do auditório.

A esposa de Moro, Rosangela, foi a única figura do círculo mais próximo do ex-juiz que não compareceu ao ato. Como eles passaram a morar nos Estados Unidos depois que Moro fechou um contrato de trabalho com uma empresa norte-americana, Rosangela resolveu permanecer lá para acompanhar o fim dos estudos de um dos filhos do casal e organizar a mudança de volta para o Brasil. Ela, inclusive, fotografou todos os móveis e itens domésticos da casa onde moravam em Maryland, nos arredores de Washington, e os anunciou para venda em grupos de WhatsApp e sites americanos.[7]

Desde que deixou o governo, Moro manteve contato com o meio político e deixava claro que pretendia ter um papel relevante nas eleições de 2022, mas não havia decidido se arriscaria uma candidatura. No primeiro momento, buscou a iniciativa privada para trabalhar. Em 29 de novembro de 2020, sete meses após ter saído do governo, Moro foi anunciado como a nova contratação da empresa de consultoria norte-americana Alvarez & Marsal, que tinha atuação também no Brasil. O fato causou polêmica: o braço brasileiro do escritório tinha diversos contratos para administrar os processos de recuperação judicial e falência de empresas que foram alvos da Lava-Jato – e que entraram em dificuldades financeiras justamente por causa do trabalho feito pela Operação. Dessas, a maior era a Odebrecht, mas a lista incluía também OAS, Galvão Engenharia e outras, que pagaram 65 milhões de reais em honorários ao escritório.[8] Com o anúncio, Moro passou a ser alvo de questionamentos éticos e acusado de suspeitas de conflito de interesse, o que resultou na abertura de uma investigação no Tribunal de Contas da União. Para rebater as críticas, o ex-juiz e a consultoria argumentavam que ele não iria atuar nos casos envolvendo as empresas-alvo da Lava-Jato e que trabalharia para um outro braço do escritório, mas o desgaste público já estava feito.[9]

O TCU começou a buscar informações sobre os valores recebidos por Moro em seu trabalho para o escritório e colocou mais pressão sobre o ex-juiz. Diante de tantos questionamentos, Moro se sentiu obrigado a abrir seus extratos e revelar seus honorários. Seu salário mensal era de 45 mil dólares, o equivalente a cerca de 242 mil reais, de acordo com a cotação de janeiro de 2022. Ele revelou ter recebido, entre novembro de 2020 e outubro de 2021, o total de 656 mil dólares, equivalente a 3,5 milhões de reais, incluindo o pagamento de bônus.[10]

A sua opção pela iniciativa privada até fez pessoas próximas acreditarem que ele queria se afastar da política, mas não foi o que ocorreu. As tratativas para filiação a alguma legenda se intensificaram pouco antes de seu contrato com a consultoria completar um ano, momento em que Moro teria que decidir se continuaria lá ou se lançaria uma candidatura. Sob a influência de um antigo aliado, o senador Álvaro Dias, Moro se aproximou do Podemos. Foi em uma reunião em Curitiba, em setembro de 2021, que o ex-juiz deu sua palavra final à presidente do partido, Renata Abreu: seria candidato. A confirmação oficial só ocorreu no fim de outubro devido às questões contratuais do ex-juiz com a Alvarez & Marsal.

Mas o seu plano de disputar a Presidência da República naufragou rapidamente. Com apenas quatro meses no Podemos, o ex-juiz passou a se sentir boicotado dentro da legenda. Moro montou uma estrutura de pré-campanha e contratou fornecedores, mas o partido não demonstrava disposição para arcar com essas despesas. O ex-juiz também se incomodou com o fato de que os integrantes da cúpula da legenda não abraçavam sua campanha e nem saíam publicamente em sua defesa diante do que considerava uma perseguição do Tribunal de Contas da União (TCU). Sem avisar a ninguém do partido, acabou migrando para uma nova legenda em 31 de março de 2022, no final do prazo de filiação para disputar as eleições: o União Brasil, que havia se formado por meio de uma fusão entre o DEM e o PSL.[11] Mas sua entrada provocou gritaria dos dirigentes partidários, que deixaram claro: não colocariam a legenda à disposição para uma candidatura do ex-juiz à Presidência da República. Em uma nota pública, o presidente do partido, Luciano Bivar, e o secretário-geral ACM Neto afirmaram que a filiação de Moro buscava "a construção de um projeto político-partidário no estado de São Paulo", mostrando que queriam empurrar Moro para uma candidatura a deputado. Até a possibilidade de lançá-lo senador por aquele estado[12] se fechou posteriormente. Nos bastidores, dirigentes passaram a dizer que, caso Moro insistisse em uma candidatura à Presidência, anulariam a sua filiação. O plano do ex-juiz de tentar alçar altos voos na política brasileira foi podado antes mesmo de ter se iniciado.

Outro nome que ficou famoso na operação e decidiu entrar para a política ao lado de Moro foi o ex-coordenador da força-tarefa, Deltan Dallagnol. Em 3 de novembro, uma semana antes do evento de filiação de Moro, Deltan apresentou seu pedido de exoneração da carreira de procurador do Ministério Público Federal,[13] ainda mantendo mistério sobre quais eram seus planos futuros. Mas sua atuação à frente da força-tarefa, na qual inclusive criou uma proposta de lei para ser apresentada ao Congresso Nacional, que ficou conhecida como Dez Medidas Contra a Corrupção, já mostrava que Deltan tinha interesse direto em influenciar a política. Naquela época, no ano de 2016, ele foi convidado a ingressar em partidos e tentar uma candidatura, mas preferiu continuar no MPF. Cinco anos depois, porém, o contexto era outro. Após deixar o ofício responsável pela Lava-Jato, ele passou a cuidar de investigações muito mais simples, como casos envolvendo moedas falsas e outros delitos corriqueiros. Ainda era alvo de investigações no Conselho Nacional do Ministério Público, diversas delas movidas por políticos que foram alvos da Operação, e se tornou uma figura desprestigiada dentro da instituição. Estava escanteado e avaliou que a política era o caminho que lhe restava. Em um vídeo de 4 de novembro de 2021, no qual anunciou sua saída da carreira, afirmou: "Acredito que posso fazer mais pelo país fora do Ministério Público, lutando com mais liberdade pelas causas em que eu acredito. Às vezes é necessário dar um passo de fé na direção dos nossos sonhos"[14]

Sua cerimônia de filiação ao Podemos ocorreu um mês depois da de Moro, em um hotel em Curitiba e com o ex-juiz ao seu lado. Seu plano era se candidatar a deputado federal, consolidando o Podemos como o partido da Lava-Jato — que, só agora, assumia de fato um posicionamento público como partido político. Não foi só Moro que faturou um bom dinheiro antes de se aventurar nas urnas. Deltan recebeu do MPF, em dezembro de 2021, um mês após seu desligamento, indenizações por férias acumuladas no valor de 191 mil reais. O procurador atribuiu a alta cifra ao tempo em que trabalhou na Lava-Jato, o que segundo ele, resultou no acúmulo de períodos de férias devido à alta demanda gerada pela Operação.[15]

Enquanto isso, a maior parte do trabalho desenvolvido por Moro e Deltan na Lava-Jato foi se esfarelando. Após o STF declarar a suspeição do ex-juiz, a Justiça Federal do Distrito Federal arquivou as duas principais ações movidas contra o ex-presidente Luiz Inácio Lula da Silva — a do tríplex do Guarujá[16] e a do sítio de Atibaia.[17] Nos dois casos, a juíza federal substituta da 12ª Vara Federal do DF, Polyanna Kelly Maciel Martins Alves, entendeu que a investigação precisaria ser refeita, mas que as acusações contra o petista já estavam prescritas porque os crimes eram antigos e a contagem da prescrição cai pela metade para os réus com mais de setenta anos. Na verdade, a Justiça não chegou a fazer uma nova análise das provas contra o petista, apenas concluiu que não eram mais válidas.

    O descrédito da Lava-Jato deu combustível para que diversas instâncias judiciais anulassem e derrubassem acusações, mesmo aquelas com provas robustas. Um alvo emblemático das investigações, por exemplo, o ex-presidente da Câmara Eduardo Cunha, que foi acusado de receber propina em contas abertas em seu nome na Suíça, anulou parte das acusações e passou a planejar seu retorno à política como deputado federal por São Paulo. Em setembro de 2021, a Segunda Turma do STF julgou um recurso apresentado por sua defesa e concluiu que uma ação contra Cunha sobre transferências de 7,5 milhões de reais feitas por um lobista para contas dele no país europeu deveria ser anulada por uma questão processual. Os ministros entenderam que o caso não poderia ter tramitado sob a responsabilidade do juiz Sergio Moro, mas sim perante a Justiça Eleitoral, porque Cunha teria omitido esse patrimônio em suas declarações de bens como candidato. Trata-se apenas de uma filigrana processual, mas que foi considerada suficiente pelos ministros Gilmar Mendes e Ricardo Lewandowski para anular a condenação do político.[18]

    Também flagrado com transferências bancárias de um empresário a contas em seu nome abertas na Suíça, o ex-presidente da Câmara Henrique Eduardo Alves conseguiu anular sua condenação imposta pela 10ª Vara da Justiça Federal de Brasília. O entendimento do Tribunal Regional Federal da 1ª Região, costurado pelo desembargador Ney Bello, era de que o caso deveria tramitar na Justiça Eleitoral do Rio Grande do Norte. Mais uma vez, a propina no exterior foi vista como de competência da Justiça Eleitoral.[19]

    As acusações contra os principais líderes do PP também têm sido derrubadas nas ações movidas no STF pelo ex-procurador-geral da República Rodrigo Janot. Baseadas em planilhas do doleiro Alberto Youssef, depoimentos de delações premiadas e indícios de repasse de propina, mas sem uma prova cabal, essas denúncias foram consideradas frágeis pelos ministros do Supremo. Em março de 2021, por exemplo, a Segunda Turma rejeitou a denúncia conhecida como "Quadrilhão do PP", que atingia o senador Ciro Nogueira e o presidente da Câmara Arthur Lira, ambos aliados de Jair Bolsonaro e acusados de integrar uma organização criminosa com o objetivo de desviar recursos dos cofres públicos. Nogueira e Lira ainda obtiveram vitórias em outras acusações movidas contra eles.[20]

O fim da carreira de Rodrigo Janot não foi menos conturbado que o fim da Lava-Jato. Após se aposentar do Ministério Público Federal, ele escreveu um livro de memórias que lhe gerou problemas. Ao revelar, nas entrevistas concedidas para a divulgação do livro, que certa vez compareceu armado a uma sessão do plenário do STF com a ideia de dar um tiro no ministro Gilmar Mendes, seu desafeto, o ex-procurador-geral da República foi alvo de um mandado de busca determinado pelo ministro Alexandre de Moraes para apreender sua arma. O episódio gerou muito desgaste à imagem de Janot, que tentou se dedicar à iniciativa privada ao abrir um escritório de advocacia. A empreitada, entretanto, não prosperou. Passou a viver dos proventos de sua aposentadoria — e, movido mais por sua paixão pela cozinha do que por necessidade financeira, chegou a vender "quentinhas" gourmet durante um período.

Até a conclusão deste livro, das acusações feitas por Janot envolvendo políticos com foro privilegiado, apenas um parlamentar, o deputado federal Nelson Meurer, acabou condenado pelo STF e com ordem de prisão decretada por causa da Lava-Jato, em outubro de 2019. Ele morreu em julho de 2020, após contrair covid-19 enquanto estava preso. Com 78 anos e condição de saúde debilitada, Meurer teve um pedido de prisão domiciliar negado pelo ministro Edson Fachin alguns meses antes.[21] Outros alvos de investigações de Janot acabaram perdendo seus mandatos e foram condenados e presos por ordens de juízes de primeira instância, como o próprio Eduardo Cunha, mas têm conseguido reverter essas decisões nas instâncias superiores.

Um dos poucos alvos das investigações que chegou a cumprir o tempo de prisão suficiente para progredir de regime e ser colocado em liberdade condicional foi Geddel Vieira Lima, ex-ministro do governo de Michel Temer (MDB). Preso em 2017 pela Polícia Federal após investigadores encontrarem 51 milhões de reais em dinheiro vivo em um apartamento ligado a ele, Geddel cumpriu 33% da pena de treze anos e quatro meses imposta pelo Supremo Tribunal Federal pelo crime de lavagem de dinheiro e teve direito ao benefício em fevereiro de 2022.[22]

O desmonte das investigações também beneficiou o próprio presidente Jair Bolsonaro e seus aliados. Seu filho, o senador Flávio Bolsonaro, foi denunciado pelo Ministério Público do Rio de Janeiro sob acusação de peculato (desvio de recursos públicos) e lavagem de dinheiro no esquema das rachadinhas, com provas robustas de que assessores eram obrigados a devolver parte dos seus salários para enriquecer o parlamentar. Contudo, a Quinta Turma do Superior Tribunal de Justiça, capitaneada pelo ministro João Otávio de Noronha, que se tornou aliado de Bolsonaro, derrubou a investigação sob o entendimento de que as quebras de sigilo bancário e fiscal não foram suficientemente fundamentadas.[23] Também alvo de múltiplas investigações, Bolsonaro conseguiu se blindar. A CPI da Covid pediu seu indiciamento por diversos crimes na condução da pandemia, mas cabia ao procurador-geral da República Augusto Aras dar prosseguimento às apurações. Aliado de Bolsonaro, Aras não havia tomado nenhuma medida efetiva para punir o presidente até março de 2022, quando este livro foi concluído. O procurador-geral também engavetou e blindou o presidente em diversas outras investigações, sempre movido pela promessa de ser indicado a uma cadeira no Supremo Tribunal Federal.

Até a finalização deste livro, nenhuma investigação contra Jair Bolsonaro havia resultado em uma acusação formal, seja porque a Polícia Federal concluiu a inexistência da prática de crimes por parte do presidente da República ou porque Augusto Aras arquivou os casos.

Até o dia 15 de março de 2022, o Brasil registrava o total de 655.649[24] mortes provocadas pela covid-19, resultado direto da ação de um presidente que tratou com desprezo a aquisição de vacinas, estimulou as pessoas a se contaminarem com o vírus e sabotou medidas de contenção da contaminação. O fim da Lava-Jato e o aparelhamento das instituições de controle permitiu que os responsáveis por essa tragédia permanecessem impunes até o momento.

Notas

Introdução

1 Entrevista com uma fonte anônima que testemunhou diretamente o diálogo.
2 G1. "Moro pede exoneração do cargo de juiz federal para ser ministro do novo governo". 16 nov. 2018. Disponível em: https://g1.globo.com/pr/parana/noticia/2018/11/16/presidente-do-trf-4-assina-exoneracao-de-sergio-moro.ghtml. Acesso em: 19 set. 2021.
3 G1. "Bolsonaro diz que Moro pediu 'liberdade total' e que não vai interferir no trabalho do ministro".1º nov. 2018. Disponível em: https://g1.globo.com/politica/noticia/2018/11/01/bolsonaro-diz-que-moro-pediu-liberdade-total-e-que-nao-vai-interferir-no-trabalho-do-ministro.ghtml. Acesso em: 19 set. 2021.
4 *Folha de S.Paulo*. "Intacto, Moro supera em 25 pontos a aprovação de Bolsonaro, mostra Datafolha." 5 set. 2019. Disponível em: https://www1.folha.uol.com.br/poder/2019/09/intacto-moro-supera-em-25-pontos-aprovacao-de-bolsonaro-mostra-datafolha.shtml. Acesso em: 19 set. 2021.
5 Entrevista com uma fonte anônima que testemunhou diretamente o diálogo.
6 Câmara dos Deputados. "Câmara aprova projeto que define crimes de abuso de autoridade". 14 ago. 2019. Disponível em: https://www.camara.leg.br/noticias/571081-camara-aprova-projeto-que-define-crimes-de-abuso-de-autoridade. Acesso em: 19 set. 2021.
7 G1. "STF autoriza 12º inquérito contra o presidente do Senado". 18 nov. 2016. Disponível em: http://g1.globo.com/politica/noticia/2016/11/toffoli-autoriza-abertura-de-12-inquerito-contra-renan-calheiros.html. Acesso em: 19 set. 2021.
8 Entrevista com fonte anônima que testemunhou diretamente o diálogo.
9 G1. "Saiba o que Bolsonaro vetou no projeto de abuso de autoridade". 5 nov. 2019. Disponível em: https://g1.globo.com/politica/noticia/2019/09/05/veja-o-que-bolsonaro-vetou-no-projeto-de-abuso-de-autoridade.ghtml. Acesso em: 19 set. 2021.
10 G1. "Congresso rejeita 18 e mantém 15 vetos de Bolsonaro ao projeto de abuso de autoridade". 24 set. 2019. Disponível em: https://g1.globo.com/politica/noticia/2019/09/24/congresso-rejeita-parte-dos-vetos-de-bolsonaro-ao-projeto-do-abuso-de-autoridade.ghtml. Acesso em: 19 set. 2021.
11 G1. "Após dizer 'quem manda sou eu', Bolsonaro ameniza o tom ao falar da troca no comando da PF no RJ". 16 ago. 2019. Disponível em: https://g1.globo.com/rj/

rio-de-janeiro/noticia/2019/08/16/policia-federal-troca-comando-da-superintendencia-no-rj.ghtml. Acesso em: 19 set. 2021.
12 Entrevista com delegado da Polícia Federal, ouvido sob condição de anonimato.
13 *O Globo.* "Bolsonaro anuncia durante entrevista que irá trocar superintendente da PF no Rio". 15 ago. 2019. Disponível em: https://oglobo.globo.com/brasil/bolsonaro-anuncia-durante-entrevista-que-ira-trocar-superintendente-da-pf-no-rio-23879087. Acesso em: 19 set. 2021.
14 Ministério da Justiça. Nota à imprensa PF. 15 ago. 2019. Disponível em: https://www.justica.gov.br/news/collective-nitf-content-1565902162.96. Acesso em: 19 set. 2021.
15 Entrevistas com duas fontes anônimas que acompanharam diretamente o caso.
16 Polícia Federal. Nota à imprensa. 15 ago. 2018. Disponível em: http://www.pf.gov.br/imprensa/noticias/2019/08/nota-a-imprensa. Acesso em: 20 jan. 2021.
17 G1. "Eu que indico o diretor da PF, e não o Sergio Moro, diz Bolsonaro". 22 ago. 2019. Disponível em: https://g1.globo.com/globonews/estudio-i/video/eu-que-indico-o-diretor-da-pf-e-nao-o-sergio-moro-diz-bolsonaro-7863215.ghtml. Acesso em: 19 set. 2021.
18 Entrevistas, sob condição de anonimato, com três delegados que participaram do evento.
19 *O Globo.* "Declarações de Bolsonaro provocam mal-estar e reação da PF". 22 ago. 2019. Disponível em: https://oglobo.globo.com/brasil/declaracoes-de-bolsonaro-provocam-mal-estar-reacao-da-pf-23895582. Acesso em: 19 set. 2021.
20 Entrevistas, sob condição de anonimato, com um ministro do governo de Jair Bolsonaro.
21 Entrevista, sob condição de anonimato, com uma fonte que acompanhou a reunião.
22 Entrevista, sob condição de anonimato, com uma fonte que acompanhou o diálogo.
23 *O Estado de S. Paulo.* "Caso Queiroz: o que ainda precisa ser esclarecido." 23 jan. 2019. Disponível em: https://politica.estadao.com.br/noticias/geral,caso-queiroz-o-que-ainda-precisa-ser-esclarecido,70002690908. Acesso em: 19 set. 2021.
24 G1. "Toffoli suspende inquérito com dados do Coaf a pedido da defesa de Flávio Bolsonaro". 16 jul. 2018. Disponível em: https://g1.globo.com/politica/noticia/2019/07/16/toffoli-atende-flavio-bolsonaro-e-suspende-apuracoes-com-dados-do-coaf-e-do-fisco-sem-aval-judicial.ghtml. Acesso em: 19 set. 2021.
25 *Valor Econômico.* "Moro discute com Toffoli decisão sobre Coaf". 30 jul. 2019. Disponível em: https://valor.globo.com/politica/noticia/2019/07/30/moro-discute-com-toffoli-decisao-sobre-coaf.ghtml. Acesso em: 19 set. 2021.
26 Entrevista, sob condição de anonimato, com três fontes que tiveram conhecimento ou testemunharam o diálogo.
27 Entrevista com uma fonte anônima que acompanhou o diálogo.
28 Entrevista com uma fonte anônima que acompanhou diretamente o diálogo.
29 Entrevista com uma fonte anônima que acompanhou diretamente o diálogo.
30 Entrevista, sob condição de anonimato, com uma fonte que acompanhou diretamente o diálogo.
31 *O Globo.* "Moro relata mensagem de Bolsonaro: 'Quero apenas a PF do Rio.'" 5 ago. 2020. Disponível em: https://oglobo.globo.com/brasil/moro-relata-mensagem-de-bolsonaro-quero-apenas-pf-do-rio-24411489. Acesso em: 19 set. 2021.
32 Entrevista, sob condição de anonimato, com uma fonte que acompanhou diretamente o diálogo.
33 Entrevista, sob condição de anonimato, com interlocutor de Sergio Moro.
34 Entrevista, sob condição de anonimato, com fonte que tomou conhecimento do diálogo.
35 Entrevista, sob condição de anonimato, com uma fonte que tomou conhecimento do diálogo.

1. O JUIZ

1. Entrevistas, sob condição de anonimato, com um funcionário da Justiça Federal do Paraná e com um advogado.
2. Entrevista com um advogado, sob condição de anonimato, que atua há mais de vinte anos em processos da 13ª Vara Federal de Curitiba, antiga 2ª Vara Federal Criminal.
3. Entrevistas, sob condição de anonimato, com um funcionário da Justiça Federal do Paraná e com um advogado.
4. Fundação Getúlio Vargas. Verbete biográfico: "Sergio Fernando Moro". Disponível em: http://www.fgv.br/cpdoc/acervo/dicionarios/verbete-biografico/sergio-fernando-moro. Acesso em: 19 set. 2021.
5. TRF4. "Paraná ganha amanhã vara especializada em crimes de lavagem de dinheiro". 11 jun. 2013. Disponível em: https://www.trf4.jus.br/trf4/controlador.php?acao=noticia_visualizar&id_noticia=3337. Acesso em: 19 set. 2021.
6. Tribunal Regional Federal da 4ª Região. Resolução nº 99, de 11 de junho de 2013. Disponível em: https://www.trf4.jus.br/trf4/institucional/arquivos/RESOLUCAO_99.pdf. Acesso em: 19 set. 2021.
7. TRF4. "Nova sede da Justiça Federal em Paranaguá é inaugurada". 24 jan. 2014. Disponível em: https://www.trf4.jus.br/trf4/controlador.php?acao=noticia_visualizar&id_noticia=9829. Acesso em: 19 set. 2021.
8. Entrevista, sob condição de anonimato, com funcionário da Justiça Federal do Paraná.
9. Entrevistas, sob condição de anonimato, com três funcionários da Justiça Federal do Paraná.
10. Entrevistas, sob condição de anonimato, com dois funcionários da Justiça Federal do Paraná.
11. Entrevista, sob condição de anonimato, com um funcionário da Justiça Federal do Paraná.
12. Entrevista, sob condição de anonimato, com um funcionário da Justiça Federal do Paraná.
13. Polícia Federal. "Operação Lava-Jato desarticula rede de lavagem de dinheiro em sete estados". 17 mar. 2014. Disponível em: http://www.pf.gov.br/agencia/noticias/2014/03/operacao-lava-jato-desarticula-rede-de-lavagem-de-dinheiro-em-7-estados. Acesso em: 20 set. 2021.
14. Entrevista, sob condição de anonimato, com um funcionário da Justiça Federal do Paraná.
15. Entrevista, sob condição de anonimato, com um funcionário da Justiça Federal do Paraná.
16. Justiça Federal do Paraná. Ação penal nº 5025676-71.2014.4.04.7000. Interrogatório de Shelly Claro. Evento 193, de 4 set. 2014. Acesso em: 28 jan. 2021.
17. Justiça Federal do Paraná. Ação penal nº 5025676-71.2014.4.04.7000. Interrogatório de Shelly Claro. Evento 193, de 4 set. 2014. Acesso em: 28 jan. 2021.
18. Justiça Federal do Paraná. Ação penal nº 5025676-71.2014.4.04.7000. Interrogatório de Shelly Claro. Evento 193, de 4 set. 2014. Acesso em: 28 jan. 2021.
19. Justiça Federal do Paraná. Ação penal nº 5025676-71.2014.4.04.7000. Interrogatório de Shelly Claro. Evento 193, de 4 set. 2014. Acesso em: 28 jan. 2021.
20. G1. "PF prende ex-diretor da Petrobras em operação contra lavagem de dinheiro". 20 mar. 2014. Disponível em: http://g1.globo.com/politica/noticia/2014/03/pf-prende-ex-diretor-da-petrobras-em-operacao-contra-lavagem-de-dinheiro.html. Acesso em: 20 set. 2021.
21. Entrevista, sob condição de anonimato, com um funcionário da Justiça Federal do Paraná.

22 Entrevista, sob condição de anonimato, com um funcionário da Justiça Federal do Paraná.
23 Entrevistas, sob condição de anonimato, com três funcionários da Justiça Federal do Paraná.
24 Entrevista, sob condição de anonimato, com um funcionário da Justiça Federal do Paraná.
25 Entrevista, sob condição de anonimato, com um funcionário da Justiça Federal do Paraná.
26 UOL. "Nove anos após ser condenado por Moro, Beira-Mar repete tráfico em presídio federal". 18 jul. 2017. Disponível em: https://noticias.uol.com.br/cotidiano/ultimas-noticias/2017/07/18/nove-anos-apos-ser-condenado-por-moro-beira-mar-repete-trafico-em-presidio-federal.htm. Acesso em: 20 set. 2021.
27 Entrevista, sob condição de anonimato, com fonte próxima da família de Sergio Moro.
28 Entrevistas, sob condição de anonimato, com dois funcionários da Justiça Federal do Paraná.
29 Entrevista, sob condição de anonimato, com funcionário da Justiça Federal do Paraná
30 Wikipedia. "Ato Institucional nº 5". Disponível em: https://pt.wikipedia.org/wiki/Ato_Institucional_n.%C2%BA_5. Acesso em: 2 out. 2021.
31 Entrevista, sob condição de anonimato, com funcionário da Justiça Federal do Paraná.
32 G1. "Sergio Moro diz que ficou tocado com apoio da população à Lava-Jato". 13 mar. 2016. Disponível em: http://g1.globo.com/politica/blog/cristiana-lobo/post/sergio-moro-diz-que-ficou-tocado-com-apoio-da-populacao-lava-jato.html. Acesso em: 21 dez. 2021.
33 G1. "Manifestações contra governo Dilma ocorrem pelo país". 13 mar. 2016. Disponível em: http://g1.globo.com/politica/noticia/2016/03/manifestacoes-contra-governo-dilma-ocorrem-pelo-pais.html. Acesso em: 30 set. 2021.
34 G1. "Triplex do Guarujá: o que dizem ex-executivos da OAS, o Ministério Público Federal e o ex-presidente Lula". 11 mai. 2017. Disponível em: https://g1.globo.com/politica/operacao-lava-jato/noticia/triplex-do-guaruja-o-que-dizem-ex-executivos-da-oas-o-ministerio-publico-federal-e-o-ex-presidente-lula.ghtml. Acesso em: 20 set. 2021.
35 Entrevista, sob condição de anonimato, com um funcionário da Justiça Federal do Paraná.
36 Conjur. "Moro reconhece erro em grampo de Dilma e Lula, mas mantém divulgação". 17 mar. 2016. Disponível em: https://www.conjur.com.br/2016-mar-17/moro-reconhece-erro-grampo-dilma-lula-nao-recua. Acesso em: 20 set. 2021.
37 G1. "Moro derruba sigilo e divulga grampo de ligação entre Lula e Dilma; ouça". Disponível em: http://g1.globo.com/pr/parana/noticia/2016/03/pf-libera-documento-que-mostra-ligacao-entre-lula-e-dilma.html. Acesso em: 20 set. 2021.
38 Conjur. "Moro reconhece erro em grampo de Dilma e Lula, mas mantém divulgação". 17 mar. 2016. Disponível em: https://www.conjur.com.br/2016-mar-17/moro-reconhece-erro-grampo-dilma-lula-nao-recua. Acesso em: 20 set. 2021.
39 Entrevista, sob condição de anonimato, com um funcionário da Justiça Federal do Paraná
40 Conjur. "Moro reconhece erro em grampo de Dilma e Lula, mas mantém divulgação", 17 mar. 2016. Disponível em: https://www.conjur.com.br/2016-mar-17/moro-reconhece-erro-grampo-dilma-lula-nao-recua. Acesso em: 20 set. 2021.
41 G1. "Lula terá os 'poderes necessários' para ajudar, afirma Dilma". 16 mar. 2016. Disponível em: http://g1.globo.com/politica/noticia/2016/03/lula-tera-os-poderes-necessarios-para-ajudar-afirma-dilma.html. Acesso em: 20 set. 2021.
42 G1. "Moro derruba sigilo e divulga grampo de ligação entre Lula e Dilma; ouça". Disponível em: http://g1.globo.com/pr/parana/noticia/2016/03/pf-libera-documento-que-mostra-ligacao-entre-lula-e-dilma.html. Acesso em: 20 set. 2021.

43 Entrevista com uma fonte anônima que acompanhou o diálogo.
44 Entrevista com uma fonte anônima que acompanhou o diálogo.
45 Entrevista com uma fonte anônima que acompanhou o diálogo.
46 Entrevista com uma fonte anônima que testemunhou o diálogo.
47 Entrevista com uma fonte anônima que acompanhou o diálogo.
48 G1. "Cardozo diz que Dilma não estava favorecendo Lula em telefonema". 16 mar. 2016. Disponível em: http://g1.globo.com/politica/noticia/2016/03/cardozo-diz-que-dilma-nao-estava-favorecendo-lula-em-telefonema.html. Acesso em: 20 set. 2021.
49 G1. "Divulgação das conversas de Lula é 'arbitrariedade', diz Jacques Wagner". 16 mar. 2016. Disponível em: http://g1.globo.com/politica/noticia/2016/03/divulgacao-das-conversas-de-lula-e-arbitrariedade-diz-jaques-wagner.html. Acesso em: 20 set. 2021.
50 *Folha de S.Paulo*. "Conversas de Lula mantidas sob sigilo enfraquecem tese de Moro". 8 set. 2019. Disponível em: https://www1.folha.uol.com.br/poder/2019/09/conversas-de-lula-mantidas-sob-sigilo-pela-lava-jato-enfraquecem-tese-de-moro.shtml. Acesso em: 20 set. 2021.
51 *Folha de S.Paulo*. "Conversas de Lula mantidas sob sigilo enfraquecem tese de Moro", 8 set. 2019. Disponível em: https://www1.folha.uol.com.br/poder/2019/09/conversas-de-lula-mantidas-sob-sigilo-pela-lava-jato-enfraquecem-tese-de-moro.shtml. Acesso em: 20 set. 2021.
52 *Conjur*. "Moro reconhece erro em grampo de Dilma e Lula, mas mantém divulgação". 17 mar. 2016. Disponível em: https://www.conjur.com.br/2016-mar-17/moro-reconhece-erro-grampo-dilma-lula-nao-recua. Acesso em: 20 set. 2021.
53 *Conjur*. "Teori descarta uso de grampos em Lula e Dilma como prova e envia caso para Moro". 13 jun. 2016. Disponível em: https://www.conjur.com.br/2016-jun-13/teoria-descarta-grampos-lula-prova-envia-moro. Acesso em: 20 set. 2021.
54 *O Globo*. "Juiz que suspendeu posse de Lula criticava governo e exaltava Moro no Facebook". 17 mar. 2016. Disponível em: https://oglobo.globo.com/politica/juiz-que-suspendeu-posse-de-lula-criticava-governo-exaltava-moro-no-facebook-18899017. Acesso em: 20 set. 2021.
55 *Conjur*. "Gilmar Mendes suspende nomeação de Lula na Casa Civil". 18 mar. 2016. Disponível em: https://www.conjur.com.br/2016-mar-18/gilmar-mendes-suspende-nomeacao-lula-casa-civil. Acesso em: 20 set. 2021.
56 *Conjur*. "Gilmar Mendes suspende nomeação de Lula na Casa Civil". 18 mar. 2016. Disponível em: https://www.conjur.com.br/2016-mar-18/gilmar-mendes-suspende-nomeacao-lula-casa-civil. Acesso em: 20 set. 2021.
57 STF. Despachos proferidos em 16 mai. 2016 nos mandados de segurança nº 34.070 e 34.071. Disponível em: http://portal.stf.jus.br/processos/detalhe.asp?incidente=4948822. Acesso em: 20 set. 2021.
58 STF. Medida cautelar em mandato de segurança 34.609 Distrito Federal. Disponível em: http://www.stf.jus.br/arquivo/cms/noticiaNoticiaStf/anexo/MS34609.pdf. Acesso em: 20 set. 2021.

2. Lava-Jato eleitoral

1 G1, "STF condena Geddel Vieira Lima no caso dos R$ 51 milhões encontrados em apartamento". 22 out. 2019. Disponível em: https://g1.globo.com/jornal-nacional/noticia/2019/10/22/stf-condena-geddel-vieira-lima-no-caso-dos-r-51-milhoes-encontrados-em-apartamento.ghtml. Acesso em: 21 set. 2021.
2 G1. "Extratos contrariam versão de Cunha e mostram movimentações em contas". 12 nov 2015. Disponível em: http://g1.globo.com/politica/operacao-lava-jato/noticia/2015/11/extratos-contrariam-versao-de-cunha-e-mostram-movimentacoes-em-contas.html. Acesso em: 21 set. 2021.

3   Procuradoria da República no Paraná. "Lava-Jato: procuradores que atuam no caso são premiados pela International Association of Prosecutors". 22 jun. 2018. Disponível em: http://www.mpf.mp.br/pr/sala-de-imprensa/noticias-pr/lava-jato-procuradores-que-atuam-no-caso-sao-premiados-pela-international-association-of-prosecutors. Acesso em: 20 set. 2021. Procuradoria Regional da República da 4ª Região. "Procuradores da Lava-Jato alinham atuação nas três instâncias do Ministério Público Federal". 16 mar. 2018. Disponível em: http://www.mpf.mp.br/regiao4/sala-de-imprensa/noticias-r4/procuradores-da-lava-jato-alinham-atuacao-nas-tres-instancias-do-ministerio-publico-federal. Acesso: em 20 set. 2021.
4   G1. "Lula é condenado na Lava-Jato a nove anos e seis meses no caso do tríplex". 12 jul. 2017. Disponível em: https://g1.globo.com/pr/parana/noticia/lula-e-condenado-na-lava-jato-no-caso-do-triplex.ghtml. Acesso: em 20 set. 2021.
5   G1. "Lula é condenado na Lava-Jato a nove anos e seis meses no caso do tríplex". 12 jul. 2017. Disponível em: https://g1.globo.com/pr/parana/noticia/lula-e-condenado-na-lava-jato-no-caso-do-triplex.ghtml. Acesso em: 20 set. 2021.
6   *Folha de S.Paulo*. "Recurso de Lula foi o que mais rápido chegou à 2ª instância." 25 ago. 2017. Disponível em: https://www1.folha.uol.com.br/poder/2017/08/1912821-recurso-de-lula-foi-o-que-mais-rapido-chegou-a-2-instancia.shtml. Acesso em: 21 set. 2021.
7   TRF4. "TRF4 confirma condenação do ex-presidente Luiz Inácio Lula da Silva". 24 jan. 2018. Disponível em: https://www.trf4.jus.br/trf4/controlador.php?acao=noticia_visualizar&id_noticia=13418. Acesso em: 21 set. 2021.
8   G1. "Lula sanciona Lei do Ficha Limpa sem vetos". 4 jun. 2010. Disponível em: http://g1.globo.com/politica/noticia/2010/06/lula-sanciona-lei-do-ficha-limpa-sem-vetos.html. Acesso em: 21 set. 2021.
9   G1. "Lula tem 37%, Bolsonaro 16%, Alckmin 7%, aponta pesquisa Datafolha para 2018". 31 jan. 2018. Disponível em: https://g1.globo.com/politica/noticia/lula-tem-37-bolsonaro-16-alckmin-7-aponta-pesquisa-datafolha-para-2018.ghtml. Acesso em: 21 set. 2021.
10 G1. "Moro determina prisão de Lula para cumprir pena no caso do tríplex". 5 abr. 2018. Disponível em: https://g1.globo.com/pr/parana/noticia/moro-determina-prisao-de-lula-para-cumprir-pena-no-caso-do-triplex-em-guaruja.ghtml. Acesso em: 21 set. 2021.
11 G1. "Conheça a trajetória do magnata e político italiano Silvio Berlusconi". 8 nov. 2011. Disponível em: http://g1.globo.com/mundo/noticia/2011/11/conheca-trajetoria-do-magnata-e-politico-italiano-silvio-berlusconi.html. Acesso: em 21 set. 2021.
12 G1. "Berlusconi é condenado a três anos de prisão por caso de corrupção". 8 ago. 2017. Disponível em: http://g1.globo.com/mundo/noticia/2015/07/berlusconi-e-condenado-tres-anos-de-prisao-por-caso-de-corrupcao.html. Acesso: em 21 set. 2021.
13 G1. "Ex-primeiro-ministro Berlusconi será julgado em caso de suborno em escândalo sexual". 28 jan. 2017. Disponível em: https://g1.globo.com/mundo/noticia/ex-primeiro-ministro-berlusconi-sera-julgado-em-caso-de-suborno-em-escandalo-sexual.ghtml. Acesso em: 21 set. 2021.
14 *Folha de S.Paulo*. "Inspiração da Lava-Jato, Mãos Limpas sofreu mais com reação de políticos".15 set. 2019. Disponível em: https://www1.folha.uol.com.br/poder/2019/09/inspiracao-da-lava-jato-maos-limpas-sofreu-mais-com-reacao-de-politicos.shtml. Acesso em: 21 set. 2021.
15 BBC Brasil. "Discurso de Bolsonaro deixa ativistas 'estarrecidos' e leva OAB a pedir sua cassação". 19 abr. 2016. Disponível em: https://www.bbc.com/portuguese/noticias/2016/04/160415_bolsonaro_ongs_oab_mdb. Acesso em: 21 set. 2021.
16 G1. "Lula tem 37%, Bolsonaro 16%, Alckmin 7%, aponta pesquisa Datafolha para 2018". 31 jan. 2018. Disponível em: https://g1.globo.com/politica/noticia/

lula-tem-37-bolsonaro-16-alckmin-7-aponta-pesquisa-datafolha-para-2018.ghtml. Acesso em: 21 set. 2021.
17 G1. "Lula tem 30%, Bolsonaro, 17%, Marina, 10%, aponta pesquisa Datafolha para 2018". 10 jun. 2018. Disponível em: https://g1.globo.com/politica/noticia/lula-tem-30-bolsonaro-17-marina-10-aponta-pesquisa-datafolha-para-2018.ghtml. Acesso em: 21 set. 2021.
18 G1. "PT anuncia candidatura de Fernando Haddad à Presidência no lugar de Lula". 11 set. 2018. Disponível em: https://g1.globo.com/pr/parana/eleicoes/2018/noticia/2018/09/11/pt-anuncia-candidatura-de-fernando-haddad-a-presidencia-no-lugar-de-lula.ghtml. Acesso em: 21 set. 2021.
19 G1. "Pesquisa Datafolha: Bolsonaro, 26%; Ciro, 13%; Haddad, 13%; Alckmin, 9%; Marina, 8%". 14 set. 2018. Disponível em: https://g1.globo.com/politica/eleicoes/2018/noticia/2018/09/14/pesquisa-datafolha-bolsonaro-26-ciro-13-haddad-13-alckmin-9-marina-8.ghtml. Acesso em: 21 set. 2021.
20 Globonews. "Candidato à presidência Jair Bolsonaro (PSL) é entrevistado na *Central das Eleições*". ago. 2018. Disponível em: https://canaisglobo.globo.com/assistir/c/p/v/6921428/. Acesso em: 11 dez. 2020.
21 Ibidem.
22 *O Estado de S. Paulo*. "Sem tiro de advertência: primeiro na testa". 2 abr. 2017. Disponível em: https://infograficos.estadao.com.br/politica/bolsonaro-um-fantasma-ronda-o-planalto/entrevista. Acesso em: 21 set. 2021.
23 *Jornal Nacional*. "Jair Bolsonaro (PSL) é entrevistado no *Jornal Nacional*". 28 ago. 2018. Disponível em: https://globoplay.globo.com/v/6980200/. Acesso em: 21 set. 2021.
24 *O Globo*. "Jair Bolsonaro bate continência para Sergio Moro, e reação de juiz viraliza". 30 mar. 2017. Disponível em: https://oglobo.globo.com/brasil/jair-bolsonaro-bate-continencia-para-sergio-moro-reacao-de-juiz-viraliza-21137812. Acesso em: 21 set. 2021.
25 *Folha de S.Paulo*. "Bolsonaro ficou chateado com Moro ao ser ignorado por ele em aeroporto em 2017". 31 out. 2018. Disponível em: https://www1.folha.uol.com.br/poder/2018/10/bolsonaro-ficou-chateado-com-moro-ao-ser-ignorado-por-ele-em-aeroporto-em-2017.shtml. Acesso em: 21 set. 2021.
26 Ibidem.
27 Entrevista, sob condição de anonimato, com um ministro do governo de Jair Bolsonaro.
28 Entrevistas, sob condição de anonimato, com dois funcionários da Justiça Federal do Paraná.
29 Entrevista, sob condição de anonimato, com um funcionário da Justiça Federal do Paraná que testemunhou o diálogo.
30 Ibidem.
31 Ibidem.
32 STJ. "Corte Especial confirma afastamento do governador Wilson Witzel por 180 dias 2 set. 2020. Disponível em: https://www.stj.jus.br/sites/portalp/Paginas/Comunicacao/Noticias/02092020-Corte-Especial-confirma-afastamento-do-governador-Wilson-Witzel-por-180-dias.aspx. Acesso em: 21 set. 2021.
33 Entrevista, sob condição de anonimato, com um funcionário da Justiça Federal do Paraná que testemunhou os diálogos.
34 Ibidem.
35 Entrevista, sob condição de anonimato, com um funcionário da Justiça Federal do Paraná que acompanhou o diálogo.
36 Entrevista, sob condição de anonimato, com dois funcionários da Justiça Federal do Paraná que acompanharam os diálogos.
37 Ibidem.

38 Entrevistas, sob condição de anonimato, com procuradores integrantes da força-tarefa de Curitiba.
39 UOL. "Ex-procurador da Lava-Jato votou em Bolsonaro, mas diz que 'impeachment está atrasado'". 26 mai. 2020. Disponível em: https://noticias.uol.com.br/politica/ultimas-noticias/2020/05/26/ex-procurador-da-lava-jato-diz-que-votou-em-bolsonaro-governo-terrivel.htm. Acesso em: 21 set. 2021.
40 The Intercept Brasil. "Moro viola sempre o sistema acusatório" 29 jun. 2019. Disponível em: https://theintercept.com/2019/06/29/chats-violacoes-moro-credibilidade-bolsonaro/. Acesso em: 21 set. 2021.
41 The Intercept Brasil. "Moro viola sempre o sistema acusatório". 29 jun. 2019. Disponível em: https://theintercept.com/2019/06/29/chats-violacoes-moro-credibilidade-bolsonaro/. Acesso em: 21 set. 2021.
42 Ibidem.
43 Página pessoal de Álvaro Dias. "Senado aprova projeto de Álvaro Dias sobre Apaes sugerido por Rosangela Moro". 28 fev. 2018. Disponível em: https://alvarodias.com.br/2018/02/28/senado-aprova-projeto-de-alvaro-dias-sobre-apaes-sugerido-por-rosangela-moro/. Acesso em: 21 set. 2021.
44 Entrevistas com duas fontes que tiveram conhecimento sobre o diálogo.
45 Ibidem.
46 G1. "Lula tem 30%, Bolsonaro, 17%, Marina, 10%, aponta pesquisa Datafolha para 2018". 10 jun. 2018. Disponível em: https://g1.globo.com/politica/noticia/lula-tem-30-bolsonaro-17-marina-10-aponta-pesquisa-datafolha-para-2018.ghtml. Acesso em: 21 set. 2021.
47 Entrevistas com duas fontes que tiveram conhecimento sobre o diálogo.
48 Ibidem.
49 Youtube pessoal de Álvaro Dias. "Convenção do Podemos 19 oficializa a candidatura de Álvaro Dias – parte 2". 4 ago. 2018. Disponível em: https://www.youtube.com/watch?v=uYKQuw8e1R4. Acesso em: 21 set. 2021. G1. "Podemos confirma Álvaro Dias para disputa da Presidência; candidato defende 'refundar a República'". 4 ago. 2018. Disponível em: https://g1.globo.com/politica/eleicoes/2018/noticia/2018/08/04/podemos-confirma-alvaro-dias-para-disputa-da-presidencia.ghtml. Acesso em: 21 set. 2021.
50 Arquivo Eleitoral no Youtube. "Álvaro Dias (Pode) diz que defende Sérgio Moro – Presidente 2018 – Horário Eleitoral". 04 set. de 2018. Disponível em: https://www.youtube.com/watch?v=XVO-6mKkvDw. Acesso em: 21 set. 2021.
51 *Conjur*. "Moro levanta sigilo de delação do ex-ministro do PT Antonio Palocci". 1º out. 2018. Disponível em: https://www.conjur.com.br/2018-out-01/moro-levanta-sigilo-delacao-ex-ministro-pt-antonio-palocci. Acesso em: 21 set. 2021.
52 Ibidem.
53 Ibidem.
54 *O Estado de S. Paulo*. "Apuração 1º turno". out. 2018. Disponível em: https://politica.estadao.com.br/eleicoes/2018/cobertura-votacao-apuracao/primeiro-turno. Acesso em: 21 set. 2021.
55 Entrevista, sob condição de anonimato, com uma fonte que testemunhou o diálogo.
56 Entrevistas, sob condição de anonimato, com um integrante da campanha eleitoral de Jair Bolsonaro e com um integrante da sua equipe de governo.
57 Entrevista, sob condição de anonimato, com uma fonte que testemunhou o diálogo
58 Ibidem.
59 Entrevistas, sob condição de anonimato, com duas fontes que tiveram conhecimento do diálogo.
60 Ibidem.

61 Ibidem.
62 Entrevista, sob condição de anonimato, com um integrante da campanha eleitoral que teve conhecimento do diálogo.
63 Ibidem.
64 Ibidem.
65 Entrevista, sob condição de anonimato, com um ministro do governo de Jair Bolsonaro.
66 G1. "Lava-Jato completa quatro anos com quarenta sentenças de Sergio Moro; tempo médio de trâmite das ações foi nove meses". 17 mar. 2018. Disponível em: https://g1.globo.com/pr/parana/noticia/lava-jato-completa-quatro-anos-com-40-sentencas-de-sergio-moro-tempo-medio-de-tramite-das-acoes-foi-de-nove-meses.ghtml. Acesso em: 21 set. 2021.
67 Ibidem.
68 Entrevista, sob condição de anonimato, com um funcionário da Justiça Federal do Paraná.
69 Entrevista, sob condição de anonimato, com duas fontes que atuaram na Lava-Jato.
70 Entrevista, sob condição de anonimato, com um funcionário da Justiça Federal do Paraná.
71 Entrevista, sob condição de anonimato, com um funcionário da Justiça Federal do Paraná.
72 Entrevista, sob condição de anonimato, com um delegado da Polícia Federal que tinha proximidade com Sergio Moro.
73 Entrevista, sob condição de anonimato, com dois integrantes da força-tarefa da Lava-Jato de Curitiba.
74 G1. "Jair Bolsonaro é eleito presidente com 57,8 milhões de votos". 28 out. 2018. Disponível em: https://g1.globo.com/politica/eleicoes/2018/apuracao/presidente.ghtml. Acesso em: 21 set. 2021.
75 *Conjur*. "Moro parabeniza Bolsonaro e pede reformas para recuperar confiança da população", 28 out. 2018. Disponível em: https://www.conjur.com.br/2018-out-28/moro-parabeniza-bolsonaro-reformas-economicas-politicas. Acesso em: 21 set. 2021.
76 *Veja*. "Rosangela Moro celebra vitória de Jair Bolsonaro: 'Feliz'". 28 out. 2018. Disponível em: https://veja.abril.com.br/politica/rosangela-moro-celebra-vitoria-de-jair-bolsonaro-feliz/. Acesso em: 21 set. 2021.
77 G1. "Bolsonaro diz que convidará Sérgio Moro para ministro da Justiça ou o indicará para o STF". 29 out. 2018. Disponível em: https://g1.globo.com/politica/noticia/2018/10/29/bolsonaro-diz-que-convidara-sergio-moro-para-ministro-da-justica-ou-o-indicara-para-o-stf.ghtml. Acesso em: 21 set. 2021.
78 G1. "Moro aceita convite de Bolsonaro para comandar o Ministério da Justiça". 1º nov. 2018. Disponível em: https://g1.globo.com/politica/noticia/2018/11/01/moro-aceita-convite-de-bolsonaro-para-comandar-o-ministerio-da-justica.ghtml. Acesso em: 21 set. 2021.
79 Entrevista, sob condição de anonimato, com três fontes que testemunharam ou tomaram conhecimento da reunião.
80 Entrevista, sob condição de anonimato, com uma fonte que testemunhou a reunião.
81 Entrevista, sob condição de anonimato, com uma fonte que testemunhou o diálogo.
82 Entrevista, sob condição de anonimato, com uma fonte que testemunhou o diálogo.
83 Ibidem.
84 Ibidem.
85 Ibidem.
86 *Poder 360*. "Moro terá carta branca para composição de superministério, afirma Bolsonaro". 1º nov. 2018. Disponível em: https://www.poder360.com.br/governo/

moro-tera-carta-branca-para-composicao-de-superministerio-afirma-bolsonaro/. Acesso em: 21 set. 2021.
87 Entrevista, sob condição de anonimato, com uma fonte que tomou conhecimento do diálogo.
88 G1. "Íntegra: nota de Sergio Moro ao aceitar convite para ser ministro da Justiça de Bolsonaro". 1º nov. 2018. Disponível em: https://g1.globo.com/politica/noticia/2018/11/01/integra-nota-de-sergio-moro-ao-aceitar-convite-para-ser-ministro-da-justica-de-bolsonaro.ghtml. Acesso em: 14 nov. 2021.
89 Entrevista, sob condição de anonimato, com fonte que testemunhou o diálogo.
90 Entrevista, sob condição de anonimato, com um funcionário da Justiça Federal do Paraná.
91 Ibidem.
92 Ibidem.
93 Ibidem.
94 Ibidem.
95 G1. "Presidente do TRF4 assina exoneração de Sergio Moro". 16 nov. 2018. Disponível em: https://g1.globo.com/pr/parana/noticia/2018/11/16/presidente-do-trf-4-assina-exoneracao-de-sergio-moro.ghtml. Acesso em: 21 set. 2021.

3. O POLÍTICO

1 Entrevistas, sob condição de anonimato, com um funcionário da Justiça Federal e um delegado da Polícia Federal.
2 *Conjur*. "Desembargador do TRF-4 manda soltar Lula ainda neste domingo (8/7)". 8 jul. 2018. Disponível em: https://www.conjur.com.br/2018-jul-08/desembargador-trf-manda-soltar-lula-neste-87. Acesso em: 22 set. 2021.
3 *O Globo*. "Bastidores: as idas e vindas na PF sobre ordem para libertar Lula". 8 jul. 2018. Disponível em: https://oglobo.globo.com/politica/bastidores-as-idas-vindas-na-pf-sobre-ordem-para-libertar-lula-22865802. Acesso em: 22 set. 2021.
4 G1. "Após batalha de decisões, presidente do TRF4 determina que Lula deve continuar preso". 8 jul. 2018. Disponível em: https://g1.globo.com/rs/rio-grande-do-sul/noticia/presidente-do-trf-4-determina-que-a-decisao-da-soltura-de-lula-volte-para-o-relator-do-processo.ghtml. Acesso em: 22 set. 2021.
5 *Poder 360*. "Delegado da Lava-Jato assume diretoria de combate ao crime organizado". 17 jan. 2019. Disponível em: https://www.poder360.com.br/governo/delegado-da-lava-jato-assume-diretoria-de-combate-ao-crime-organizado/. Acesso em: 22 set. 2021.
6 *O Globo*. "Moro anuncia Maurício Valeixo como futuro diretor-geral da PF". 20 nov. 2018. Disponível em: https://oglobo.globo.com/politica/moro-anuncia-mauricio-valeixo-como-futuro-diretor-geral-da-pf-23246978. Acesso em: 22 set. 2021.
7 *Poder 360*. "Moro anuncia nomes para Coaf e Secretaria Nacional de Políticas sobre Drogas". 30 nov. 2018. Disponível em: https://www.poder360.com.br/governo/moro-anuncia-nomes-para-coaf-e-secretaria-nacional-de-politicas-sobre-drogas/. Acesso em: 22 set. 2021.
8 Entrevista com uma fonte, sob condição de anonimato, que acompanhou a formatação do Pacote Anticrime.
9 Entrevista, sob condição de anonimato, com dois funcionários do Ministério da Justiça.
10 Entrevista, sob condição de anonimato, com um funcionário do Ministério da Justiça.
11 BBC Brasil. "Bolsonaro vai a Davos: como o novo governo reposiciona o Brasil no xadrez internacional". 21 jan. 2019. Disponível em: https://www.bbc.com/portuguese/brasil-46924169. Acesso em: 22 set. 2021.
12 FAB. "Presidente Jair Bolsonaro embarca em avião da FAB para Suíça". 21 jan. 2019. Disponível em: https://www.fab.mil.br/noticias/mostra/33436/INSTITUCIONAL%20

-%20Presidente%20Jair%20Bolsonaro%20embarca%20em%20avi%C3%A3o%20da%20FAB%20para%20Su%C3%AD%C3%A7a. Acesso em: 22 set. 2021.
13 Entrevista, sob condição de anonimato, com interlocutor de um integrante da comitiva.
14 G1. "Em Davos, Bolsonaro diz que quer compatibilizar preservação ambiental com avanço econômico". 22 jan. 2019. Disponível em: https://g1.globo.com/politica/noticia/2019/01/22/em-davos-bolsonaro-diz-que-brasil-e-pais-que-mais-preserva-meio-ambiente-e-defende-negocios-sem-vies-ideologico.ghtml. Acesso em: 22 set. 2021.
15 Entrevista, sob condição de anonimato, com uma fonte que acompanhou o diálogo.
16 Ibidem.
17 G1. "Bolsonaro assina decreto que facilita posse de armas". 15 jan. 2019. Disponível em: https://g1.globo.com/politica/noticia/2019/01/15/bolsonaro-assina-decreto-que-facilita-posse-de-armas.ghtml. Acesso em: 22 set. 2021.
18 Entrevista, sob condição de anonimato, com uma fonte que acompanhou o diálogo.
19 *O Globo*. "Antes de assinar, Bolsonaro pediu endurecimento no decreto das armas". 10 fev. 2019. Disponível em: https://oglobo.globo.com/brasil/antes-de-assinar-bolsonaro-pediu-endurecimento-no-decreto-das-armas-23442235. Acesso em: 22 set. 2021.
20 Entrevista, sob condição de anonimato, com uma fonte que acompanhou o painel.
21 Instituto Igarapé. "Instituto Igarapé vai integrar Conselho Nacional de Segurança Pública". 17 set. 2018. Disponível em: https://igarape.org.br/instituto-igarape-vai-integrar-conselho-nacional-de-seguranca-publica/. Acesso em: 22 set. 2021.
22 Ministério da Justiça. "Agenda de autoridades: dados abertos". 24 nov. 2020. Disponível em: https://www.gov.br/mj/pt-br/acesso-a-informacao/agenda-de-autoridades/dados-abertos. Acesso em: 20 dez. 2020.
23 Entrevista, sob condição de anonimato, com um funcionário do Ministério da Justiça.
24 Jovem Pan. "Ministério da Justiça nomeia Ilona Szabó para conselho e gera revolta nas redes sociais". 27 fev. 2019. Disponível em: https://jovempan.com.br/noticias/brasil/ministerio-da-justica-nomeia-ilona-szabo-para-conselho-e-gera-revolta-nas-redes-sociais.html. Acesso em: 22 set. 2021.
25 *O Globo*. "Pequeno grupo impulsiona artilharia bolsonarista no Twitter". 31 mar. 2019. Disponível em: https://oglobo.globo.com/brasil/pequeno-grupo-impulsiona-artilharia-bolsonarista-no-twitter-23562974; Acesso em: 22 set. 2021.
26 *Folha do Centro-Sul*. "Olavo de Carvalho diz: 'Alguém, entre milhões de eleitores do Bolsonaro, votou nele PARA ISSO?". 27 fev. 2019. Disponível em: https://www.folhacentrosul.com.br/politica/18017/olavo-de-carvalho-diz-alguem-entre-milhoes-de-eleitores-do-bolsonaro-votou-nele-para-isto. Acesso em: 22 set. 2021.
27 *Diário do Centro do Mundo*. "Moro é massacrado nas redes por bolsonaristas teleguiados por Olavo de Carvalho. Só falta o Carluxo". 27 fev. 2019. Disponível em: https://www.diariodocentrodomundo.com.br/moro-e-massacrado-nas-redes-por-bolsonaristas-teleguiados-por-olavo-de-carvalho-so-falta-o-carluxo/. Acesso em: 22 set. 2021.
28 Entrevista, sob condição de anonimato, com uma fonte que testemunhou a reunião.
29 Brasil de Fato. "Por que o Pacote Anticrime de Moro é uma licença para matar". 26 fev. 2019. Disponível em: https://www.brasildefatope.com.br/2019/02/26/por-que-o-pacote-anticrime-de-moro-e-uma-licenca-para-matar. Acesso em: 22 set. 2021.
30 Entrevista, sob condição de anonimato, com uma fonte que testemunhou o diálogo.
31 Ibidem.
32 Entrevista, sob condição de anonimato, com um ministro do governo de Jair Bolsonaro.
33 Ibidem.
34 Metrópolis. "Carlos Bolsonaro reage a denúncia de Moro: 'Camisolão fofoqueiro'". 28 nov. 2020. Disponível em: https://www.metropoles.com/brasil/politica-brasil/carlos-bolsonaro-reage-a-denuncia-de-moro-camisolao-fofoqueiro. Acesso em: 22 set. 2021.
35 Entrevista, sob condição de anonimato, com fonte que tomou conhecimento do diálogo.

36 Entrevista, sob condição de anonimato, com fonte que tomou conhecimento do diálogo.
37 Entrevista, sob condição de anonimato, com dois funcionários do Ministério da Justiça.
38 Entrevista, sob condição de anonimato, com um funcionário do Ministério da Justiça.
39 Entrevista, sob condição de anonimato, com uma fonte que tomou conhecimento do diálogo.
40 Entrevista, sob condição de anonimato, com uma fonte que tomou conhecimento do diálogo.
41 Ministério da Justiça. "Nota à imprensa". 28 fev. 2019. Disponível em: https://www.justica.gov.br/news/collective-nitf-content-1551389282.31. Acesso em: 22 set. 2021.
42 G1. "Ministério revoga nomeação de Ilona Szabó para conselho após repercussão negativa". 28 fev. 20219. Disponível em: https://g1.globo.com/politica/noticia/2019/02/28/ministerio-revoga-nomeacao-de-ilona-szabo-para-conselho-apos-repercussao-negativa.ghtml. Acesso em: 22 set. 2021.
43 Entrevista, sob condição de anonimato, com um ministro do governo de Jair Bolsonaro.

4. Transações atípicas

1 Entrevista, sob condição de anonimato, com uma fonte que teve acesso à investigação da Receita Federal.
2 Wikipedia. "Instituto Brasiliense de Direito Público". Disponível em: https://pt.wikipedia.org/wiki/Instituto_Brasiliense_de_Direito_P%C3%BAblico. Acesso em: 22 set. 2021.
3 Entrevista, sob condição de anonimato, com uma fonte que teve conhecimento do diálogo.
4 Entrevista, sob condição de anonimato, com uma fonte que teve conhecimento do diálogo.
5 Entrevista, sob condição de anonimato, com uma fonte que teve acesso à investigação da Receita Federal.
6 Entrevista, sob condição de anonimato, com uma fonte que teve conhecimento do diálogo.
7 Ibidem.
8 *O Estado de S. Paulo*. "Mulher de Toffoli e ministra do STJ também foram alvos da Receita". 25 fev. 2019. Disponível em: https://politica.estadao.com.br/blogs/fausto-macedo/mulher-de-toffoli-e-ministra-do-stj-tambem-foram-alvos-da-receita/. Acesso em: 22 set. 2021.
9 Agência Brasil. "PGR pede arquivamento de investigação sobre ministro do STJ". 6 set. 2017. Disponível em: https://agenciabrasil.ebc.com.br/politica/noticia/2017-09/pgr-pede-arquivamento-de-investigacao-sobre-ministro-do-stj. Acesso em: 22 set. 2021.
10 *Conjur*. "Receita Federal investiga secretamente 134 agentes públicos". 12 fev. 2019. Disponível em: https://www.conjur.com.br/2019-fev-12/receita-federal-investiga-secretamente-134-agentes-publicos. Acesso em: 22 set. 2021.
11 Ibidem.
12 Entrevista, sob condição de anonimato, com duas fontes que acompanharam o caso.
13 *Conjur*. "Documentos provam a ligação de auditor preso no Rio com a 'Lava-Jato'". 5 out. 2019. Disponível em: https://www.conjur.com.br/2019-out-05/veja-documento-prova-ligacao-auditor-preso-lava-jato. Acesso em: 23 set. 2021.
14 G1. "Justiça manda soltar auditor acusado de chefiar esquema para cobrar propina de investigados da Lava-Jato". 23 dez. 2019. Disponível em: https://g1.globo.com/rj/rio-de-janeiro/noticia/2019/12/23/justica-manda-soltar-auditor-acusado-de-chefiar-esquema-para-cobrar-propina-de-investigados-na-lava-jato.ghtml. Acesso em: 23 set. 2021.

15 *Poder 360*. "Gilmar ordenou 21 solturas na Lava-Jato em menos de 30 dias". 8 jun. 2018. Disponível em: https://www.poder360.com.br/lava-jato/gilmar-soltou-21-presos-da-lava-jato-em-menos-de-30-dias/. Acesso em: 23 set. 2021.
16 MPF. "PGR pede suspeição de Gilmar Mendes no hc de Jacob Barata Filho e Lelis Teixeira". 21 ago. 2017. Disponível em: http://www.mpf.mp.br/pgr/noticias-pgr/pgr-pede-suspeicao-de-gilmar-mendes-no-hc-de-jacob-barata-filho-e-lelis-teixeira. Acesso em: 23 set. 2021.
17 JANOT, Rodrigo; EVELIN, Guilherme; DE CARVALHO, Jaílton. *Nada menos que tudo: Bastidores da operação que colocou o sistema político em xeque*. São Paulo: Planeta, 2019.
18 *Poder 360*. "Dodge arquiva pedido de suspeição da Lava-Jato contra Gilmar Mendes". 11 mar. 2019. Disponível em: https://www.poder360.com.br/lava-jato/dodge-arquiva-pedido-de-suspeicao-da-lava-jato-contra-gilmar-mendes/. Acesso em: 23 set. 2021.
19 G1. "TCU manda inspecionar Receita para apurar investigação sobre Gilmar Mendes". 27 fev. 2019. Disponível em: https://g1.globo.com/politica/noticia/2019/02/27/tcu-determina-inspecao-na-receita-para-apurar-eventual-irregularidade-em-relacao-a-gilmar-mendes.ghtml. Acesso em: 23 set. 2021.
20 *O Estado de S. Paulo*. "Mulher de Toffoli e ministra do STJ também foram alvos da Receita". 25 fev. 2019. Disponível em: https://politica.estadao.com.br/blogs/fausto-macedo/mulher-de-toffoli-e-ministra-do-stj-tambem-foram-alvos-da-receita/. Acesso em: 22 set. 2021.
21 *Folha de S.Paulo*. "Ministro do STF censura sites e manda tirar do ar reportagem sobre Toffoli". 15 abr. 2019. Disponível em: https://www1.folha.uol.com.br/poder/2019/04/ministro-do-stf-censura-sites-e-manda-tirar-do-ar-reportagem-sobre-toffoli.shtml. Acesso em: 23 set. 2021.
22 *Crusoé*. "O amigo do amigo do meu pai". 11 abr. 2019. Disponível em: https://crusoe.com.br/edicoes/50/o-amigo-do-amigo-de-meu-pai/. Acesso em: 23 set. 2021.
23 G1. "Alexandre de Moraes revoga decisão que censurou reportagens de 'Crusoé' e 'O Antagonista'". 18 abr. 2019. Disponível em: https://g1.globo.com/politica/noticia/2019/04/18/alexandre-de-moraes-revoga-decisao-que-censurou-reportagens-de-crusoe-e-antagonista.ghtml. Acesso em: 23 set. 2021.
24 G1. "Moraes suspende apuração da Receita por suspeita de quebra de sigilo de ministros do STF". 1º ago. 2019. Disponível em: https://g1.globo.com/politica/noticia/2019/08/01/moraes-suspende-apuracao-e-manda-receita-afastar-servidores-por-suspeita-de-quebra-de-sigilo-de-ministros.ghtml. Acesso em: 23 set. 2021.
25 Entrevista, sob condição de anonimato, com fonte que tomou conhecimento do diálogo.
26 Entrevistas, sob condição de anonimato, com fontes do Supremo Tribunal Federal e do governo de Jair Bolsonaro que acompanhavam os diálogos entre os dois.
27 *O Globo*. "Servidor que acessou dados de Bolsonaro faz acordo e vai pagar R$ 5 mil para encerrar processo". 27 jan. 2020. Disponível em: https://oglobo.globo.com/brasil/servidor-que-acessou-dados-de-bolsonaro-faz-acordo-vai-pagar-5-mil-para-encerrar-processo-24213221. Acesso em: 23 set. 2021.
28 Entrevista, sob condição de anonimato, com fonte que testemunhou o ocorrido.
29 Entrevista, sob condição de anonimato, com fonte que testemunhou o ocorrido.
30 Entrevistas, sob condição de anonimato, com duas fontes que acompanharam a montagem do governo de Jair Bolsonaro.
31 BBC Brasil. "O que é a MP 870 e por que ela virou um cabo de guerra entre governo e Congresso". 22 mai. 2019. Disponível em: https://www.bbc.com/portuguese/brasil-48367849. Acesso em: 23 set. 2021.
32 *O Globo*. "Câmara derrota governo e tira Coaf das mãos do ministro da Justiça Sergio Moro". 22 mai. 2019. Disponível em: https://oglobo.globo.com/brasil/

camara-derrota-governo-tira-coaf-das-maos-do-ministro-da-justica-sergio-moro-23686236. Acesso em: 23 set. 2021.
33 *O Estado de S. Paulo*. "Câmara tira Coaf de Sérgio Moro, mas aprova redução de ministérios". 22 mai 2019. Disponível em: https://politica.estadao.com.br/noticias/geral,por-228-votos-a-210-camara-tira-coaf-de-moro-orgao-volta-para-economia,70002839788. Acesso em: 23 set. 2021.
34 G1. "Maia sobre votação do Coaf: 'Moro mostrou para o governo que o diálogo pode gerar resultados'". 23 mai. 2019. Disponível em: https://g1.globo.com/politica/noticia/2019/05/23/maia-sobre-votacao-do-coaf-moro-mostrou-para-o-governo-que-o-dialogo-pode-gerar-resultados.ghtml. Acesso em: 23 set. 2021.
35 Unafisco. "Após protesto nacional dos auditores, Câmara derruba emenda da mordaça". 24 mai. 2019. Disponível em: https://unafisconacional.org.br/apos-protesto-nacional-dos-auditores-camara-derruba-emenda-da-mordaca/. Acesso em: 23 set. 2021.
36 Diap. "MP 870: Coaf fica no Ministério da Economia e Funai, no da Justiça". 14 mai. 2019. Disponível em: https://www.diap.org.br/index.php/noticias/agencia-diap/89200-mp-870-coaf-fica-no-ministerio-da-economia-e-funai-no-da-justica. Acesso em: 23 set. 2021.
37 Entrevista, sob condição de anonimato, com integrante da equipe de campanha eleitoral de Jair Bolsonaro.
38 *O Estado de S. Paulo*. "Caso Queiroz: o que ainda precisa ser esclarecido". 23 jan. 2019. Disponível em: https://politica.estadao.com.br/noticias/geral,caso-queiroz-o-que-ainda-precisa-ser-esclarecido,70002690908. Acesso em: 19 set. 2021.
39 Ibidem.
40 G1. "Queiroz recebeu R$ 2 milhões em 483 depósitos de assessores ligados a Flávio Bolsonaro, diz mp". 18 dez. 2019. Disponível em: https://g1.globo.com/rj/rio-de-janeiro/noticia/2019/12/18/queiroz-recebeu-r-2-milhoes-em-483-depositos-de-assessores-ligados-a-flavio-bolsonaro-diz-mp.ghtml. Acesso em: 24 set. 2021.
41 *Conjur*. "Lula indica Toffoli para ocupar cadeira no Supremo". 17 set. 2009. Disponível em: https://www.conjur.com.br/2009-set-17/lula-indica-jose-dias-toffoli-ocupar-cadeira-supremo. Acesso em: 24 set. 2021.
42 *O Globo*. "Bolsonaro exalta Toffoli: 'É muito bom nós termos aqui a Justiça ao nosso lado'". 30 mai. 2019. Disponível em: https://oglobo.globo.com/politica/bolsonaro-exalta-toffoli-muito-bom-nos-termos-aqui-justica-ao-nosso-lado-23706320. Acesso em: 24 set. 2021.
43 Entrevista, sob condição de anonimato, com ministro do governo de Jair Bolsonaro.
44 Entrevista, sob condição de anonimato, com advogado que tem proximidade com Dias Toffoli.
45 *O Globo*. "Bolsonaro pede a aliados que poupem ministros do ST nas redes". 5 dez. 2019. Disponível em: https://blogs.oglobo.globo.com/bela-megale/post/bolsonaro-pede-aliados-que-poupem-ministros-do-stf-nas-redes.html. Acesso em: 24 set. 2021.
46 *Conjur*. "Leia a decisão de Toffoli que suspendeu processos com dados do Coaf". 19 jul. 2019. Disponível em: https://www.conjur.com.br/2019-jul-19/leia-decisao-toffoli-suspendeu-processos-dados-coaf. Acesso em: 24 set. 2021.
47 *O Globo*. "MPF contabiliza 935 investigações paralisadas por decisão de Toffoli sobre Coaf". 18 nov. 2019. Disponível em: https://oglobo.globo.com/brasil/mpf-contabiliza-935-investigacoes-paralisadas-por-decisao-de-toffoli-sobre-coaf-24087394. Acesso em: 24 set. 2021.
48 *O Globo*. "Com liminar de Toffoli, produção de relatórios do Coaf cai". jan. 2020. Disponível em: https://oglobo.globo.com/brasil/com-liminar-de-toffoli-producao-de-relatorios-do-coaf-cai-14-1-24174799. Acesso em: 24 set. 2021.

49 *Valor Econômico*. "Moro discute com Toffoli decisão sobre Coaf". 30 jul. 2019. Disponível em: https://valor.globo.com/politica/noticia/2019/07/30/moro-discute-com-toffoli-decisao-sobre-coaf.ghtml. Acesso em: 24 set. 2021.
50 Entrevista, sob condição de anonimato, com duas fontes que tomaram conhecimento do diálogo.
51 Entrevista, sob condição de anonimato, com uma fonte do STF que acompanhou o caso.
52 Entrevista, sob condição de anonimato, com três fontes que tiveram conhecimento ou testemunharam o diálogo.
53 *Conjur*. "2ª Turma do STF se adianta na discussão sobre envio de dados do Coaf ao MP". 19 set. 2019. Disponível em: https://www.conjur.com.br/2019-set-19/turma-stf-adianta-discussao-dados-coaf. Acesso em: 24 set. 2021.
54 Entrevista, sob condição de anonimato, com fonte que acompanhou o assunto.
55 Entrevista, sob condição de anonimato, com pessoas próximas ao ministro Paulo Guedes.
56 *O Estado de S. Paulo*. "Combate à lavagem de dinheiro ficaria prejudicado". 31 jul. 2019. Disponível em: https://politica.estadao.com.br/noticias/geral,combate-a-lavagem-ficaria-prejudicado,70002948368. Acesso em: 24 set. 2021.
57 *Folha de S.Paulo*. "Planalto pressiona Guedes a tirar aliado de Moro da chefia do Coaf". 3 ago. 2019. Disponível em: https://www1.folha.uol.com.br/poder/2019/08/planalto-pressiona-guedes-a-tirar-aliado-de-moro-da-chefia-do-coaf.shtml. Acesso em: 24 set. 2021.
58 Agenda de Paulo Roberto Nunes Guedes para 7/8/2019. Disponível em: http://antigo.economia.gov.br/Economia/agendas/gabinete-do-ministro/ministro-da-economia/paulo-guedes/2019-08-07?month:int=8&year:int=2019. Acesso em: 15 nov. 2021.
59 Entrevista, sob condição de anonimato, com uma fonte que testemunhou a reunião.
60 Entrevista, sob condição de anonimato, com um participante da reunião.
61 G1. "Bolsonaro edita medida provisória e transfere Coaf do Ministério da Economia para o Banco Central". 19 ago. 2019. Disponível em: https://g1.globo.com/economia/noticia/2019/08/19/bolsonaro-edita-medida-provisoria-e-transfere-coaf-para-o-banco-central-informa-bc.ghtml. Acesso em: 24 set. 2021.
62 G1. "Bolsonaro diz que Coaf pode ser vinculado ao Banco Central para tirar órgão do 'jogo político'". 9 ago. 2019. Disponível em: https://g1.globo.com/politica/noticia/2019/08/09/bolsonaro-diz-que-coaf-pode-ser-vinculado-ao-banco-central-para-tirar-orgao-do-jogo-politico.ghtml. Acesso em: 24 set. 2021.
63 G1. "Novo Coaf terá 'independência necessária da política', diz Maia". 20 ago. 2019. Disponível em: https://g1.globo.com/politica/noticia/2019/08/20/novo-coaf-estabelece-a-independencia-necessaria-da-politica-diz-maia.ghtml. Acesso em: 24 set. 2021.
64 Entrevista, sob condição de anonimato, com duas fontes que tomaram conhecimento do diálogo.
65 G1. "Novo Coaf terá 'independência necessária da política', diz Maia". 20 ago. 2019. Disponível em: https://g1.globo.com/politica/noticia/2019/08/20/novo-coaf-estabelece-a-independencia-necessaria-da-politica-diz-maia.ghtml. Acesso em: 24 set. 2021.
66 Câmara dos Deputados. "Câmara aprova MP que transfere Coaf para o Banco Central". 11 dez. 2019. Disponível em: https://www.camara.leg.br/noticias/625650-CAMARA-APROVA-MP-QUE-TRANSFERE-COAF-PARA-O-BANCO-CENTRAL. Acesso em: 24 set. 2021.
67 Entrevista, sob condição de anonimato, com uma fonte que tomou conhecimento sobre o diálogo.
68 *Conjur*. "Roberto Leonel deixa comando do Coaf, que vira Unidade de Inteligência Financeira". 20 ago. 2019. Disponível em: https://www.conjur.com.br/2019-ago-20/ligado-moro-roberto-leonel-deixa-comando-antigo-coaf. Acesso em: 24 set. 2021.

69 Entrevistas, sob condição de anonimato, com integrantes do Supremo Tribunal Federal, do Ministério da Justiça e da Câmara dos Deputados.
70 Entrevista, sob condição de anonimato, com uma fonte que testemunhou o diálogo.

5. Pacote Anticrime

1 IBGE: Cidades: Cariacica. Disponível em: https://cidades.ibge.gov.br/brasil/es/cariacica/panorama. Acesso em: 26 set. 2021.
2 Entrevista com o prefeito de Cariacica Geraldo Luzia de Oliveira Júnior.
3 Ministério da Justiça. "Ministro Sergio Moro acompanha trabalhos do Em Frente, Brasil em Goiânia -GO". 24 set. 2019. Disponível em: https://www.justica.gov.br/news/collective-nitf-content-1569334548.65. Acesso em: 26 set. 2021.
4 Entrevista, sob condição de anonimato, com integrante da comitiva do ministro Sergio Moro.
5 *A Gazeta*. "Bolsonaro ameaça retirar Força Nacional de Cariacica". 3 out. 2019. Disponível em: https://www.agazeta.com.br/es/politica/bolsonaro-ameaca-retirar-forca-nacional-de-cariacica-1019. Acesso em: 26 set. 2021.
6 Ibidem.
7 Entrevista com o prefeito de Cariacica Geraldo Luzia de Oliveira Júnior.
8 Ibidem.
9 Entrevista, sob condição de anonimato, com integrantes da comitiva.
10 Entrevista, sob condição de anonimato, com integrantes da comitiva.
11 Entrevista, sob condição de anonimato, com três ex-assessores de Sergio Moro.
12 Entrevista, sob condição de anonimato, com um ex-assessor de Sergio Moro.
13 *O Globo*. "O cardápio do jantar de Moro e Guedes: Bolsonaro em 2022, Rodrigo Maia e Jobim 'sem noção'". 25 jul 2019. Disponível em: https://blogs.oglobo.globo.com/bela-megale/post/o-cardapio-do-jantar-de-moro-e-guedes-bolsonaro-em-2022-rodrigo-maia-e-jobim-sem-nocao.html. Acesso em: 30 set. 2021.
14 Entrevista, sob condição de anonimato, com assessor de Paulo Guedes.
15 Entrevista, sob condição de anonimato, com uma testemunha da reunião.
16 *Conjur*. Juíza condena Lula a mais doze anos de prisão por lavagem de dinheiro". 6 fev. 2019. Disponível em: https://www.conjur.com.br/2019-fev-06/juiza-condena-lula-12-anos-prisao-lavagem-dinheiro. Acesso em: 2 out. 2021.
17 Entrevista, sob condição de anonimato, com um funcionário da Justiça Federal do Paraná.
18 G1. "MPF denuncia Lula, Marisa Letícia e Marcelo Odebrecht na Lava-Jato". 15 dez. 2016. Disponível em: http://g1.globo.com/jornal-nacional/noticia/2016/12/mpf-denuncia-lula-marisa-leticia-e-marcelo-odebrecht-na-lava-jato.html. Acesso em: 2 out. 2021.
19 Entrevista, sob condição de anonimato, com funcionário da Justiça Federal do Paraná.
20 Entrevista, sob condição de anonimato, com um ex-assessor de Sergio Moro.
21 Ibidem.
22 G1. "Moro apresenta projeto anticorrupção e antiviolência com alterações em catorze leis". 4 fev. 2019. Disponível em: https://g1.globo.com/politica/noticia/2019/02/04/moro-apresenta-a-governadores-projeto-anticrime-com-14-alteracoes-em-leis.ghtml. Acesso em: 26 set. 2021.
23 Ministério da Justiça. "Projeto de lei Anticrime". Disponível em: https://www.justica.gov.br/news/collective-nitf-content-1549284631.06/projeto-de-lei-anticrime.pdf. Acesso em: 26 set. 2021.
24 Agência Brasil. "O Presidente da Câmara dos Deputados, Rodrigo Maia, recebe o ministro da Justiça e Segurança Pública, Sergio Moro, para um café da manhã". 4 fev. 2019. Disponível em: https://agenciabrasil.ebc.com.br/foto/2019-02/

rodrigo-maia-recebe-sergio-moro-para-um-cafe-da-manha-1581293599-2. Acesso em: 26 set. 2021.
25 Entrevista, sob condição de anonimato, com um participante da reunião.
26 Câmara dos Deputados. "Guia para jornalistas: votação". Disponível em: https://www2.camara.leg.br/comunicacao/assessoria-de-imprensa/guia-para-jornalistas/votacao. Acesso em: 26 set. 2021.
27 Câmara dos Deputados. "Grupo de Trabalho exclui prisão em segunda instância do Pacote Anticrime". 9 jul. 2019. Disponível em: https://www.camara.leg.br/noticias/562007-grupo-de-trabalho-exclui-prisao-em-segunda-instancia-do-pacote-anticrime/. Acesso em: 26 set. 2021.
28 *Conjur*. "STJ afasta execução antecipada da pena pela condenação no júri a mais de quinze anos". 12 ago. 2021. Disponível em: https://www.conjur.com.br/2021-ago-12/stj-afasta-execucao-antecipada-pena-condenacao-juri. Acesso em: 26 set. 2021.
29 *Código Penal*. Disponível em: http://www.planalto.gov.br/ccivil_03/decreto-lei/del2848compilado.htm. Acesso em: 26 set. 2021.
30 Ministério da Justiça. "Projeto de lei Anticrime". Disponível em: https://www.justica.gov.br/news/collective-nitf-content-1549284631.06/projeto-de-lei-anticrime.pdf. Acesso em: 26 set. 2021.
31 Ibidem.
32 Câmara dos Deputados. "Tramitação: pl 882/2019". Disponível em: https://www.camara.leg.br/proposicoesWeb/fichadetramitacao?idProposicao=2192353. Acesso em: 26 set. 2021.
33 Ministério da Justiça. "Projeto de lei Anticrime". Disponível em: https://www.justica.gov.br/news/collective-nitf-content-1549284631.06/projeto-de-lei-anticrime.pdf. Acesso em: 26 set. 2021.
34 Entrevista com a deputada federal Margarete Coelho (PP-PI).
35 *O Globo*. "O cardápio do jantar de Moro e Guedes". 25 jul. 2019. Disponível em: https://blogs.oglobo.globo.com/bela-megale/post/o-cardapio-do-jantar-de-moro-e-guedes-bolsonaro-em-2022-rodrigo-maia-e-jobim-sem-nocao.html. Acesso em: 4 out. 2021.
36 *O Globo*. "Maia coloca Freixo, PT e PSL para analisar pacote de Moro". 20 mar. 2019. Disponível em: https://oglobo.globo.com/epoca/guilherme-amado/maia-coloca-freixo-pt-psl-para-analisar-pacote-de-moro-23537218. Acesso em: 26 set. 2021.
37 Entrevista com integrantes da comissão especial da Câmara para discutir o Pacote Anticrime.
38 Câmara dos Deputados. "Princípio da proporcionalidade partidária". Disponível em: https://www2.camara.leg.br/a-camara/estruturaadm/gestao-na-camara-dos-deputados/responsabilidade-social-e-ambiental/acessibilidade/glossarios/dicionario-de-libras/p/principio-da-proporcionalidade-partidaria. Acesso em: 26 set. 2021.
39 Entrevista, sob condição de anonimato, com integrantes do grupo de trabalho do Pacote Anticrime.
40 Câmara dos Deputados. "Grupo de trabalho do Pacote Anticrime". Disponível em: https://www2.camara.leg.br/atividade-legislativa/comissoes/grupos-de-trabalho/56a-legislatura/legislacao-penal-e-processual-penal/conheca-a-comissao/membros-da-comissao. Acesso em: 26 set. 2021.
41 Entrevista, sob condição de anonimato, com um deputado federal que acompanhou o assunto e *Folha de S.Paulo*. "Cobrança de Moro na madrugada causou reação de Maia a ministro". 20 mar. 2019. Disponível em: https://www1.folha.uol.com.br/poder/2019/03/cobranca-de-moro-na-madrugada-causou-reacao-de-maia-a-ministro.shtml. Acesso em: 26 set. 2021.
42 *Folha de S.Paulo*. "Moro lamenta congelamento de Pacote Anticrime na Câmara". 20 mar. 2019. Disponível em: https://www1.folha.uol.com.br/poder/2019/03/

moro-lamenta-congelamento-de-pacote-anticrime-na-camara.shtml. Acesso em: 26 set. 2021.
43 G1. "Rodrigo Maia critica Sergio Moro e diz que ministro da Justiça 'conhece pouco a política'". 20 mar. 2019. Disponível em: https://g1.globo.com/politica/noticia/2019/03/20/rodrigo-maia-critica-sergio-moro-e-diz-que-ministro-da-justica-conhece-pouco-a-politica.ghtml. Acesso em: 26 set. 2021.
44 Ibidem.
45 Entrevista, sob condição de anonimato, com um deputado federal que acompanhou o assunto.
46 *Folha de S.Paulo*. "'Quero ser o Bolsonaro de saias', diz a deputada Joice Hasselmann". 18 out. 2018. Disponível em: https://www1.folha.uol.com.br/poder/2018/10/quero-ser-o-bolsonaro-de-saias-diz-a-deputada-eleita-joice-hasselmann.shtml. Acesso em: 26 set. 2021.
47 Entrevista, sob condição de anonimato, com integrantes do Ministério da Economia e da Câmara dos Deputados que acompanharam o assunto.
48 Metrópoles. "Após troca de farpas, Moro se reúne com Maia por Pacote Anticrime". 28 mar. 2019. Disponível em: https://www.metropoles.com/brasil/politica-brasil/apos-troca-de-farpas-moro-se-reune-com-maia-por-pacote-anticrime. Acesso em: 26 set. 2021.
49 Agência Brasil. "Moro e Maia se reúnem para discutir tramitação de Projeto Anticrime". 28 mar. 2019. Disponível em: https://agenciabrasil.ebc.com.br/politica/noticia/2019-03/moro-e-maia-se-reunem-para-discutir-tramitacao-de-projeto-anticrime. Acesso em: 26 set. 2021.
50 Ibidem.
51 *O Globo*. "Moro e Paulo Guedes se reúnem com celebridades em busca de apoio à Reforma da Previdência e Pacote Anticrime". 10 abr. 2019. Disponível em: https://oglobo.globo.com/politica/moro-paulo-guedes-se-reunem-com-celebridades-em-busca-de-apoio-reforma-da-previdencia-pacote-anticrime-23587690. Acesso em: 15 nov. 2021.
52 Entrevista, sob condição de anonimato, com um integrante da equipe de Paulo Guedes.
53 Ibidem.
54 Entrevista, sob condição de anonimato, com integrante do grupo de trabalho do Pacote Anticrime.
55 Ibidem.
56 Entrevista concedida por integrantes do Ministério da Justiça na gestão de Sergio Moro.
57 *O Globo*. "Campanha Publicitária do governo Bolsonaro sobre Pacote Anticrime custou R$ 10 milhões". 27 set. 2019. Disponível em: https://oglobo.globo.com/politica/campanha-publicitaria-do-governo-bolsonaro-sobre-pacote-anticrime-custou-10-milhoes-23977649. Acesso em: 29 dez. 2021.
58 Ministério da Justiça e Segurança Pública. "Governo lança campanha publicitária do Pacote Anticrime". 3 out. 2019. Disponível em: https://www.gov.br/mj/pt-br/assuntos/noticias/governo-federal-lanca-campanha-publicitaria-do-pacote-anticrime. Acesso em: 29 dez. 2021.
59 *O Globo*. "TCU determina suspensão de campanha publicitária para Pacote Anticrime e Moro". 8 out. 2019. Disponível em: https://oglobo.globo.com/politica/tcu-determina-suspensao-de-campanha-publicitaria-para-pacote-anticrime-de-moro-24003916. Acesso em: 29 dez. 2021.
60 Entrevista com o deputado federal Capitão Augusto.
61 Ibidem.
62 Câmara dos Deputados. "Grupo de Trabalho destinado a analisar e debater as mudanças promovidas na legislação penal e processual penal pelos projetos de Lei nº 10.372, de 2018, nº 10.373, de 2018, e nº 882, de 2019. Reunião deliberativa ordinária realizada

em 3 de setembro de 2019". Disponível em: https://escriba.camara.leg.br/escriba-servicosweb/html/57027. Acesso em: 26 set. 2021.
63 Ibidem.
64 *O Estado de S. Paulo*. "Carla Zambelli deixa grupo de trabalho do Pacote Anticrime em protesto: 'Estão desconfigurando'". 19 set. 2019. Disponível em: https://politica.estadao.com.br/blogs/coluna-do-estadao/carla-zambelli-deixa-grupo-de-trabalho-do-pacote-anticrime-em-protesto-estao-desconfigurando/. Acesso em: 26 set. 2021.

6. "Hacker aqui"

1 Polícia Federal. Laudo de perícia criminal federal nº 1195/2019/INC/DITEC/PF, produzido na Operação Spoofing. 19 jul. 2019.
2 Ibidem.
3 *O Globo*. "Hacker invade celular de Moro, e PF é acionada para investigar". jun. 2019. Disponível em: https://oglobo.globo.com/brasil/hacker-invade-celular-de-moro-pf-acionada-para-investigar-caso-23720160. Acesso em: 27 set. 2021.
4 *O Estado de S. Paulo*. "Investigação contra hackers começou uma hora após invasão de celular de Moro". out. 2019. Disponível em: https://politica.estadao.com.br/noticias/geral,investigacao-contra-hackers-comecou-uma-hora-apos-invasao-de-celular-de-moro,70003040497. Acesso em: 27 set. 2021.
5 Polícia Federal. Laudo de perícia criminal federal nº 1195/2019/INC/DITEC/PF, produzido na Operação Spoofing. 19 jul. 2019.
6 Entrevista, sob condição de anonimato, com um investigador que participou da reunião.
7 Entrevista, sob condição de anonimato, com integrantes da força-tarefa da Lava-Jato de Curitiba.
8 G1. "Hacker diz que acessa quem quiser e quando quiser ao invadir grupo do Conselho do MP", 12 jun. 2019. Disponível em: https://g1.globo.com/politica/noticia/2019/06/12/hacker-diz-que-acessa-quem-quiser-e-quando-quiser-ao-invadir-grupo-do-conselho-do-mp.ghtml. Acesso em: 29 set. 2021.
9 The Intercept Brasil. "Leia os diálogos de Sergio Moro e Deltan Dallagnol que embasaram a reportagem do Intercept". 12 jun. 2019. Disponível em: https://theintercept.com/2019/06/12/chat-sergio-moro-deltan-dallagnol-lavajato/. Acesso em: 29 set. 2021.
10 Ibidem.
11 Ibidem.
12 ZANIN, Cristiano. Mensagens extraídas de arquivo oficial da Operação Spoofing — autorização: STF, Reclamação 43.007/PR – Documento 02, p. xx.
13 PT. "PT lança documento em defesa da democracia". 26 fev. 2016. Disponível em: https://pt.org.br/pt-lanca-documento-em-defesa-da-democracia/. Acesso em: 30 set. 2021.
14 Associação dos Juízes Federais do Brasil.
15 The Intercept Brasil. "Leia os diálogos de Sergio Moro e Deltan Dallagnol que embasaram a reportagem do Intercept", 12 jun. 2019. Disponível em: https://theintercept.com/2019/06/12/chat-sergio-moro-deltan-dallagnol-lavajato/. Acesso em: 29 set. 2021.
16 Assessoria de comunicação da Polícia Federal.
17 The Intercept Brasil. "Leia os diálogos de Sergio Moro e Deltan Dallagnol que embasaram a reportagem do Intercept", 12 jun. 2019. Disponível em: https://theintercept.com/2019/06/12/chat-sergio-moro-deltan-dallagnol-lavajato/. Acesso em: 29 set. 2021.
18 *Veja*. "Quem é 'Vermelho', estelionatário fanfarrão suspeito de hackear Moro". 26 jul. 2019. Disponível em: https://veja.abril.com.br/politica/

quem-e-vermelho-estelionatario-fanfarrao-e-suspeito-de-hackear-moro/. Acesso em: 1º outubro de 2021.
19 *O Globo*. "PF acusa hacker Delgatti de lavagem de dinheiro". 1º set. 2019. Disponível em: https://oglobo.globo.com/politica/pf-acusa-hacker-delgatti-de-lavagem-de-dinheiro-23920471. Acesso em: 1º out. 2021.
20 *Valor Econômico*. "Justiça solta hackers acusados de vazar conversas de Moro e da Lava-Jato". 29 set. 2020. Disponível em: https://valor.globo.com/politica/noticia/2020/09/29/justica-solta-hackers-acusados-de-vazar-conversas-de-moro-e-da-lava-jato.ghtml. Acesso em: 1º out. 2021.
21 Lava-Jato.
22 WAGNER, Cláudio. "Relatório de análise preliminar sobre diálogos apreendidos na Operação Spoofing, apresentado ao Supremo Tribunal Federal nos autos da Reclamação nº 43.007". 11 fev. 2021.
23 G1. "Janot pede arquivamento de investigação contra Renan Calheiros". 16 jun. 2016. Disponível em: http://g1.globo.com/politica/operacao-lava-jato/noticia/2016/06/janot-pede-arquivamento-de-investigacao-contra-renan-calheiros.html. Acesso em: 2 out. 2021.
24 ZANIN, Cristiano e outros. "12º relatório de análise preliminar enviado ao Supremo Tribunal Federal nos autos da Reclamação nº 43.007". 22 mar. 2016.
25 ZANIN, Cristiano. Mensagens extraídas de arquivo oficial da Operação Spoofing – autorização: STF, Reclamação 43.007/PR – 8º relatório de análise preliminar; p 31. Disponível em: https://cdn.revistaforum.com.br/wp-content/uploads/2021/03/peticao-lula.pdf. Acesso em: 4 jan. 2022.
26 Ibidem, p. 29.
27 Entrevista, sob condição de anonimato, com integrantes da força-tarefa e do Ministério da Justiça.
28 *O Globo*. "Ex-integrante da Lava-Jato, procurador faz desabafo sobre mensagens obtidas por hacker: 'Era ambiente de botequim'". 11 fev. 2021. Disponível em: https://oglobo.globo.com/politica/ex-integrante-da-lava-jato-procurador-faz-desabafo-sobre-mensagens-obtidas-por-hacker-era-ambiente-de-botequim-24878512. Acesso em: 4 out. 2021.
29 Entrevista, sob condição de anonimato, com assessor do Ministério da Justiça.
30 Ibidem.
31 G1. "Moro vai ao Senado no dia 19 para falar sobre mensagens divulgadas por site, anuncia Alcolumbre". 11 jun. 2019. Disponível em: https://g1.globo.com/politica/noticia/2019/06/11/moro-vai-ao-senado-no-dia-19-para-falar-sobre-mensagens-divulgadas-por-site-anuncia-alcolumbre.ghtml. Acesso em: 3 out. 2021.
32 G1. "Moro recebe deputados evangélicos no gabinete, ora e se mostra tranquilo em relação à atuação na Lava-Jato". 12 jun. 2019. Disponível em: https://oglobo.globo.com/brasil/moro-recebe-deputados-evangelicos-no-gabinete-ora-se-mostra-tranquilo-em-relacao-atuacao-na-lava-jato-23735358. Acesso em: 3 out. 2021.
33 Entrevista, sob condição de anonimato, com um assessor do Ministério da Justiça.
34 G1. "Bolsonaro leva Moro para jogo do Flamengo em estádio de Brasília". 12 jun. 2019. Disponível em: https://g1.globo.com/politica/noticia/2019/06/12/bolsonaro-leva-moro-para-jogo-do-flamengo-em-estadio-de-brasilia.ghtml. Acesso em: 3 out. 2021.
35 Entrevista, sob condição de anonimato, com um ministro do governo de Jair Bolsonaro.
36 Entrevista com o ex-deputado federal Alberto Fraga.
37 Entrevista, sob condição de anonimato, com assessor do Ministério da Justiça.
38 Ibidem.
39 Ibidem.
40 G1. "Moro diz não ter nada a esconder e que dados podem ter sido alterados". 19 jun. 2019. Disponível em: https://g1.globo.com/politica/noticia/2019/06/19/

moro-diz-nao-ter-nada-a-esconder-e-que-dados-podem-ter-sido-alterados.ghtml. Acesso em: 4 out. 2021.
41 Ibidem.
42 Ibidem.
43 Ibidem.
44 G1. "Grupo de trabalho da Câmara retira prisão em segunda instância do Pacote Anticrime de Moro". 9 jul. 2019. Disponível em: https://g1.globo.com/politica/noticia/2019/07/09/grupo-de-trabalho-da-camara-retira-prisao-em-segunda-instancia-do-pacote-anticrime-de-moro.ghtml. Acesso em: 4 out. 2021.
45 G1. "Por 6 votos a 5, STF muda de posição e derruba prisão após condenação em 2ª instância". 7 nov. 2019. Disponível em: https://g1.globo.com/politica/noticia/2019/11/07/por-6-votos-a-5-stf-muda-de-posicao-e-derruba-prisao-apos-condenacao-na-2a-instancia.ghtml. Acesso em: 4 out. 2021.
46 G1. "Proposta de *plea bargain* de Moro é retirada do Pacote Anticrime por grupo de trabalho da Câmara". 6 ago. 2019. Disponível em: https://g1.globo.com/politica/noticia/2019/08/06/proposta-de-plea-bargain-de-moro-e-retirada-do-pacote-anticrime-por-grupo-de-trabalho-da-camara.ghtml. Acesso em: 4 out. 2021.
47 G1. "Grupo de trabalho na Câmara rejeita mudança no excludente de ilicitude proposta por Moro". 25 set. 2019. Disponível em: https://g1.globo.com/politica/noticia/2019/09/25/grupo-de-trabalho-na-camara-rejeita-mudanca-no-excludente-de-ilicitude-proposta-por-moro.ghtml. Acesso em: 4 out. 2021.
48 Câmara dos Deputados. "Grupo de trabalho rejeita obrigatoriedade de regime fechado para corrupção". 1º out. 2019. Disponível em: https://www.camara.leg.br/noticias/593091-grupo-de-trabalho-rejeita-obrigatoriedade-de-regime-fechado-para-corrupcao/. Acesso em: 4 out. 2021.
49 Entrevista do deputado Capitão Augusto aos autores do livro.
50 Câmara dos Deputados. "Grupo de Trabalho destinado a analisar e debater as mudanças promovidas na legislação penal e processual penal pelos Projetos de Lei nº 10.372, de 2018, nº 10.373, de 2018, e nº 882, de 2019. Reunião deliberativa ordinária, 19 de setembro de 2019 (quinta-feira)". Disponível em: https://escriba.camara.leg.br/escriba-servicosweb/html/57558. Acesso em: 4 out. 2021.
51 O termo "jabuti" é usado para definir a inclusão, dentro de um projeto legislativo, de um item que não tem nenhuma relação com o tema daquele projeto.
52 Ibidem.
53 Ibidem.
54 Ibidem.
55 Ibidem.
56 Entrevista, sob condição de anonimato, com testemunhas da reunião.
57 Entrevista da deputada federal Margarete Coelho aos autores do livro.
58 Canal no Youtube do Ministério da Justiça e Segurança Pública. "Ministro Moro e presidente da Câmara acertam votação do pacote anticrime". 19 nov. 2019. Disponível em: https://www.youtube.com/watch?v=mF8KUEQ12Ok. Acesso em: 4 out. 2021.
59 Entrevista, sob condição de anonimato, com parlamentares e assessores do Ministério da Justiça.
60 Entrevista, sob condição de anonimato, com parlamentares que acompanharam a votação.
61 Câmara dos Deputados. "Câmara aprova texto-base do Pacote Anticrime". 4 dez. 2019. Disponível em: https://www.camara.leg.br/noticias/622241-camara-aprova-texto-base-do-pacote-anticrime/. Acesso em: 4 out. 2021. Câmara dos Deputados. "Plenário conclui votação do Pacote Anticrime; matéria vai ao Senado". 4 dez. 2019. Disponível em: https://www.camara.leg.br/

noticias/622279-plenario-conclui-votacao-do-pacote-anticrime-materia-vai-ao-senado. Acesso em: 4 out. 2021.
62 Entrevista do deputado Capitão Augusto aos autores.
63 Entrevista, sob condição de anonimato, com fonte que tomou conhecimento do diálogo.
64 Ibidem.
65 Senado. "Senado aprova Pacote Anticrime, que vai para sanção presidencial". 11 dez. 2019. Disponível em: https://www12.senado.leg.br/noticias/materias/2019/12/11/senado-aprova-pacote-anticrime-que-vai-para-sancao-presidencial. Acesso em: 4 out. 2021.
66 G1. "Moro diz que Ministério da Justiça pediu veto a juiz das garantias, sancionado por Bolsonaro". 25 dez. 2019. Disponível em:: https://g1.globo.com/politica/noticia/2019/12/25/moro-diz-que-ministerio-da-justica-pediu-veto-a-juiz-de-garantias-sancionado-por-bolsonaro.ghtml. Acesso em: 4 out. 2021.
67 Entrevista, sob condição de anonimato, com assessores do Ministério da Justiça.
68 G1. "Moro diz que Ministério da Justiça pediu veto a juiz de garantias, sancionado por Bolsonaro", 25 dez. 2019. Disponível em: https://g1.globo.com/politica/noticia/2019/12/25/moro-diz-que-ministerio-da-justica-pediu-veto-a-juiz-de-garantias-sancionado-por-bolsonaro.ghtml. Acesso em: 4 out. 2021.
69 Entrevista, sob condição de anonimato, com parlamentares do grupo de trabalho do Pacote Anticrime.
70 Entrevista, sob condição de anonimato, com uma fonte que acompanhou a tramitação do projeto.
71 Entrevista, sob condição de anonimato, com uma fonte que tomou conhecimento do diálogo.
72 G1. "Toffoli suspende aplicação do juiz de garantias por 180 dias". 15 jan. 2020. Disponível em: https://g1.globo.com/politica/noticia/2020/01/15/toffoli-suspende-aplicacao-do-juiz-de-garantias-por-180-dias.ghtml. Acesso em: 4 out. 2021.
73 G1. "Fux suspende juiz de garantias por tempo indeterminado". 22 jan. 2020. Disponível em: https://g1.globo.com/politica/noticia/2020/01/22/fux-suspende-juiz-de-garantias-por-tempo-indeterminado.ghtml. Acesso em: 4 out. 2021.
74 *Folha de S.Paulo*. "'*In Fux we trust*', diz Moro a Deltan em mensagem sobre ministros do STF". 12 jun. 2019. Disponível em: https://www1.folha.uol.com.br/poder/2019/06/in-fux-we-trust-diz-moro-a-deltan-em-mensagem-sobre-ministro-do-stf.shtml. Acesso em: 4 out. 2021.

7. Coveiro da Lava-Jato

1 Metrópoles. "DF: Inmet alerta para chuvas fortes e ventos de 60 km/h nesta 3ª". 3 dez. 2019. Disponível em: https://www.metropoles.com/distrito-federal/clima-df/df-inmet-alerta-para-chuvas-fortes-e-ventos-de-60-km-h-nesta-3a. Acesso em: 2 out. 2021.
2 G1. "Dodge prorroga Lava-Jato no Paraná por mais um ano". 12 ago. 2019. Disponível em: https://g1.globo.com/politica/noticia/2019/08/12/dodge-prorroga-lava-jato-no-parana-por-mais-um-ano.ghtml. Acesso em: 2 out. 2021.
3 Senado. "Aprovado pela CCJ, Augusto Aras diz que faltou cabeça branca na Lava--Jato". 25 set. 2019. Disponível em: https://www12.senado.leg.br/noticias/materias/2019/09/25/aprovado-pela-ccj-augusto-aras-diz-que-faltou-2018cabeca-branca2019-na-lava-jato. Acesso em: 2 out. 2021.
4 Senado. Notas taquigráficas 25/09/2019 – 58ª – Comissão de Constituição, Justiça e Cidadania. Disponível em: https://www25.senado.leg.br/web/atividade/notas-taquigraficas/-/notas/r/9127. Acesso em: 2 out. 2021.

5 Senado. "Senado aprova indicação de Augusto Aras para a PGR". 25 set. 2019. Disponível em: https://www12.senado.leg.br/noticias/materias/2019/09/25/senado-aprova-indicacao-de-augusto-aras-para-a-pgr. Acesso em: 2 out. 2021.
6 G1. "Líder do governo no Senado, Delcídio do Amaral é preso pela Polícia Federal". 25 nov. 2015. Disponível em: http://g1.globo.com/politica/operacao-lava-jato/noticia/2015/11/delcidio-amaral-senador-do-pt-e-preso-pela-policia-federal.html. Acesso em: 2 out. 2021.
7 G1. "Janot pede afastamento de Eduardo Cunha da presidência da Câmara". 17 dez. 2015. Disponível em: http://g1.globo.com/politica/noticia/2015/12/pgr-pede-afastamento-de-eduardo-cunha-da-presidencia-da-camara.html. Acesso em: 2 out. 2021.
8 Congresso em Foco. "PGR pede que STF suspenda indulto natalino de Temer a condenados por crimes como corrupção". 27 dez. 2017. Disponível em: https://congressoemfoco.uol.com.br/especial/noticias/pgr-pede-que-stf-suspenda-indulto-natalino-de-temer-a-condenados-por-crimes-como-corrupcao/. Acesso em: 2 out. 2021.
9 Entrevista, sob condição de anonimato, com um procurador que acompanhou o assunto.
10 Entrevista, sob condição de anonimato, com uma testemunha da reunião.
11 Ibidem.
12 Ibidem.
13 Entrevista, sob condição de anonimato, com participantes da reunião.
14 MPF. "Valor devolvido pela Lava-Jato já ultrapassa os R$ 4 bilhões". 2 dez. 2019. Disponível em: http://www.mpf.mp.br/pr/sala-de-imprensa/noticias-pr/valor-devolvido-pela-lava-jato-ja-ultrapassa-os-r-4-bilhoes. Acesso em: 2 out. 2021.
15 *Folha de S.Paulo*. "Sucessor de Raquel Dodge vai assumir a PGR com as contas em aperto". 15 jul. 2019. Disponível em: https://www1.folha.uol.com.br/poder/2019/07/sucessor-de-raquel-dodge-vai-assumir-a-pgr-com-as-contas-em-aperto.shtml. Acesso em: 2 out. 2021.
16 Entrevistas, sob condição de anonimato, com testemunhas da reunião.
17 Ibidem.
18 Ibidem.
19 MPF. "Ingresso no Ministério Público Federal foi perfeitamente legal, afirma procurador da Lava Jato". 24 jul. 2017. Disponível em: http://www.mpf.mp.br/pr/sala-de-imprensa/noticias-pr/ingresso-no-ministerio-publico-federal-foi-perfeitamente-legal-afirma-procurador-da-lava-jato. Acesso em: 6 out. 2021.
20 PGR. Portaria nº 217, de 3 de abril de 2014. Disponível em: http://bibliotecadigital.mpf.mp.br/bdmpf/bitstream/handle/11549/19207/PT_PGR_MPF_217_2014.pdf?sequence=4&isAllowed=y. Acesso em: 6 out. 2021.
21 *Migalhas*. "CNMP aplica censura a Dallagnol por tweets contra Renan Calheiros". 8 set. 2020. Disponível em: https://www.migalhas.com.br/quentes/333001/cnmp-aplica-censura-a-dallagnol-por-tweets-contra-renan-calheiros. Acesso em: 17 nov. 2021.
22 G1. "Bolsonaro indica Augusto Aras para procurador-geral da República". 5 set. 2019. Disponível em: https://g1.globo.com/politica/noticia/2019/09/05/bolsonaro-indica-augusto-aras-para-procurador-geral-da-republica.ghtml. Acesso em: 6 out. 2021.
23 ANPR. "Lista tríplice". Disponível em: https://www.anpr.org.br/institucional/lista-triplice. Acesso em: 6 out. 2021.
24 Entrevista, sob condição de anonimato, com procuradores do Ministério Público Federal.
25 Entrevista, sob condição de anonimato, com fontes que tomaram conhecimento do diálogo.
26 Ibidem.
27 *O Globo*. "Grupo da Lava-Jato na PGR pede demissão coletiva em protesto contra Raquel Dodge". 4 set. 2019. Disponível em: https://oglobo.globo.com/politica/

grupo-da-lava-jato-na-pgr-pede-demissao-coletiva-em-protesto-contra-raquel-dodge-23927675. Acesso em: 6 out. 2021.
28 O Globo. "Ex-chefe da Lava-Jato em SP é cotada para chefiar grupo da operação na gestão Aras". 9 set. 2019. Disponível em: https://blogs.oglobo.globo.com/bela-megale/post/ex-chefe-da-lava-jato-em-sp-e-cotada-para-chefiar-grupo-da-operacao-na-gestao-aras.html. Acesso em: 6 out. 2021.
29 O Globo. "Deltan defende diálogo e cooperação com Aras e elogia montagem da equipe na PGR". 13 set. 2019. Disponível em: https://blogs.oglobo.globo.com/bela-megale/post/deltan-defende-dialogo-e-cooperacao-com-aras-e-elogia-montagem-da-equipe-na-pgr.html. Acesso em: 6 e out. 2021.
30 ANPR. "Lista tríplice". Disponível em: https://www.anpr.org.br/institucional/lista-triplice. Acesso em: 6 out. 2021.
31 Conjur. "FHC reconduz Brindeiro para seu quarto mandato consecutivo na PGR". 21 jun. 2001. Disponível em: https://www.conjur.com.br/2001-jun-21/procurador-geral_republica_quarto_mandato. Acesso em: 7 out. 2021.
32 Conjur. "Ministério Público denuncia 40 por causa do mensalão". 11 abr. 2006. Disponível em: https://www.conjur.com.br/2006-abr-11/ministerio_publico_denuncia_40_causa_mensalao. Acesso em: 7 out. 2021.
33 Entrevista, sob condição de anonimato, com procuradores do Ministério Público Federal.
34 G1. "Dilma indica Rodrigo Janot como procurador-geral". 17 ago. 2013. Disponível em: http://g1.globo.com/politica/noticia/2013/08/dilma-indica-rodrigo-janot-como-procurador-geral-1.html. Acesso em: 7 out. 2021.
35 Ibidem.
36 Ibidem.
37 G1. "Temer é notificado, assume a Presidência e anuncia ministros". 12 mai. 2016. Disponível em: http://g1.globo.com/politica/processo-de-impeachment-de-dilma/noticia/2016/05/presidente-em-exercicio-michel-temer-anuncia-ministerio-do-novo-governo.html. Acesso em: 7 out. 2021.
38 G1. "Cármen Lúcia homologa as 77 delações de executivos e ex-executivos da Odebrecht". 30 jan. 2017. Disponível em: https://g1.globo.com/politica/operacao-lava-jato/noticia/carmen-lucia-homologa-as-delacoes-da-odebrecht.ghtml. Acesso em: 7 out. 2021.
39 O Globo. "Janot denuncia Temer ao STJ pela segunda vez". 14 set. 2017. Disponível em: https://oglobo.globo.com/politica/janot-denuncia-temer-ao-stf-pela-segunda-vez-21823266. Acesso em: 7 out. 2021.
40 O Globo. "Mensalão do DEM: STJ determina prisão e afastamento do governador Arruda". 11 fev. 2010. Disponível em: https://oglobo.globo.com/politica/mensalao-do-dem-stj-determina-prisao-afastamento-do-governador-arruda-3054107. Acesso em: 7 out. 2021.
41 Entrevista, sob condição de anonimato, com pessoas próximas a Jair Bolsonaro.
42 G1. "Bolsonaro não se compromete com lista tríplice, mas diz que futuro PGR não será do MP Militar". 16 out. 2018. Disponível em: https://g1.globo.com/politica/eleicoes/2018/noticia/2018/10/16/bolsonaro-nao-se-compromete-com-lista-triplice-mas-diz-que-futuro-pgr-nao-sera-do-mp-militar.ghtml. Acesso em: 7 out. 2021.
43 Ibidem.
44 O Globo. "Raquel Dodge denuncia Bolsonaro ao STF por racismo". 13 abr. 2018. Disponível em: https://oglobo.globo.com/brasil/raquel-dodge-denuncia-bolsonaro-ao-stf-por-racismo-22589473. Acesso em: 7 out. 2018.
45 MPF. "PGR denuncia Jair Bolsonaro por racismo e Eduardo Bolsonaro por ameaças a jornalista". 13 abr. 2018. Disponível em: http://www.mpf.mp.br/pgr/noticias-pgr/

pgr-denuncia-jair-bolsonaro-por-racismo-e-eduardo-bolsonaro-por-ameacas-a-jornalista. Acesso em: 7 out. 2021.
46 G1. "STF rejeita denúncia contra Jair Bolsonaro por crime de racismo". 11 set. 2018. Disponível em: https://g1.globo.com/politica/noticia/2018/09/11/stf-rejeita-denuncia-contra-jair-bolsonaro-por-crime-de-racismo.ghtml. Acesso em: 7 out. 2021.
47 Entrevista, sob condição de anonimato, com ministros e auxiliares do presidente Jair Bolsonaro.
48 Entrevista, sob condição de anonimato, com duas testemunhas diretas dos fatos.
49 Entrevista com o ex-deputado federal Alberto Fraga.
50 Ibidem.
51 Ibidem.
52 G1. "Bolsonaro recebe pela segunda vez candidato a procurador-geral que não integra lista tríplice". 23 jul. 2019. Disponível em: https://g1.globo.com/politica/noticia/2019/07/23/bolsonaro-recebe-pela-segunda-vez-candidato-a-procurador-geral-que-nao-integra-lista-triplice.ghtml. Acesso em: 10 out. 2021.
53 Entrevista, sob condição de anonimato, com fontes que tomaram conhecimento do diálogo.
54 Blogs d'O Globo. Bela Megale. "A conversa dos filhos de Bolsonaro com o candidato à PGR". 13 mai. de2019. Disponível em: https://blogs.oglobo.globo.com/bela-megale/post/conversa-dos-filhos-de-bolsonaro-com-o-candidato-pgr.html. Acesso em: 06 jan. 2022.
55 Entrevista com o ex-deputado federal Alberto Fraga.
56 Governo Federal. "MPF, MInfra, SeGov e PPI firmam Protocolo de Entendimentos sobre diretrizes de políticas públicas para o setor ferroviário brasileiro". 25 mar. 2019. Disponível em: https://www.ppi.gov.br/mpf-minfra-segov-e-ppi-firmam-protocolo-de-entendimentos-sobre-diretrizes-de-politicas-publicas-para-o-setor-ferroviario-brasileiro. Acesso em: 11 out. 2021.
57 ANPR. "Lista tríplice". Disponível em: https://www.anpr.org.br/institucional/lista-triplice. Acesso em: 11 out. 2021.
58 Conjur. "STF define nomes do Ministério Público para substituir Asfor Rocha". 6 mar. 2013. Disponível em: https://www.conjur.com.br/2013-mar-06/stj-define-nomes-ministerio-publico-substituir-asfor-rocha. Acesso em: 7 out. 2021.
59 Entrevista, sob condição de anonimato, com fonte que já testemunhou esse diálogo.
60 G1. "Advogado indicado ao STF explica vídeo em que pede votos para Dilma". 16 abr. 2015. Disponível em: http://g1.globo.com/bom-dia-brasil/noticia/2015/04/advogado-indicado-ao-stf-explica-video-em-que-pede-votos-para-dilma.html. Acesso em: 10 out. 2021.
61 Entrevista, sob condição de anonimato, com fontes que já testemunharam esses diálogos.
62 UOL. "Favorito à PGR deu festa em casa com Dirceu, Rui Falcão e outros petistas". 13 ago. 2019. Disponível em: https://noticias.uol.com.br/politica/ultimas-noticias/2019/08/13/favorito-a-pgr-deu-festa-com-dirceu-genoino-e-rui-falcao-e-outros-petistas.html. Acesso em: 10 out. 2021.
63 Entrevista, sob condição de anonimato, com fontes próximas de Augusto Aras que acompanharam sua campanha para PGR.
64 Folha de S.Paulo. "Bolsonaro ignora lista tríplice e indica Augusto Aras para o comando da PGR". 5 set. 2019. Disponível em: https://www1.folha.uol.com.br/poder/2019/09/bolsonaro-ignora-lista-triplice-e-diz-a-augusto-aras-que-o-indicara-a-pgr.shtml. Acesso em: 11 out. 2021.
65 O Globo. "MPF contabiliza 935 investigações paralisadas por decisão de Toffoli sobre Coaf". 18 nov. 2019. Disponível em: https://oglobo.globo.com/brasil/

mpf-contabiliza-935-investigacoes-paralisadas-por-decisao-de-toffoli-sobre-coaf-24087394. Acesso em: 11 out. 2021.
66 Entrevista, sob condição de anonimato, com uma fonte da PGR que acompanhou o assunto.
67 Entrevista, sob condição de anonimato, com uma testemunha do diálogo.
68 Ibidem.
69 *O Globo*. "Aras pede para STF revogar decisão que paralisou investigação sobre Flávio Bolsonaro". 19 nov. 2019. Disponível em: https://oglobo.globo.com/brasil/aras-pede-para-stf-revogar-decisao-que-paralisou-investigacao-sobre-flavio-bolsonaro-1-24088536. Acesso em: 11 out. 2021.
70 Entrevista, sob condição de anonimato, com fontes que acompanharam o assunto.
71 *O Globo*. "PGR deve cortar cerca de cinquenta assessores que atuam nas investigações contra políticos e na Lava-Jato". 9 dez. 2019. Disponível em: https://oglobo.globo.com/politica/pgr-deve-cortar-cerca-de-50-assessores-que-atuam-nas-investigacoes-contra-politicos-na-lava-jato-1-24126877. Acesso em: 11 out. 2021.
72 Entrevista, sob condição de anonimato, com fontes que acompanharam o assunto.
73 *O Globo*. "PGR deve cortar cerca de cinquenta assessores que atuam nas investigações contra políticos e na Lava-Jato". 9 dez. 2019. Disponível em: https://oglobo.globo.com/politica/pgr-deve-cortar-cerca-de-50-assessores-que-atuam-nas-investigacoes-contra-politicos-na-lava-jato-1-24126877. Acesso em: 11 out. 2021.
74 Agência Brasil. "PGR prorroga por seis meses grupo de trabalho da Lava-Jato". 20 jan. 2017. Disponível em: https://agenciabrasil.ebc.com.br/politica/noticia/2017-01/pgr-prorroga-por-seis-meses-grupo-de-trabalho-da-lava-jato. Acesso em: 11 out. 2021.
75 *Jornal da Paraíba*. "Aposentadoria de Eitel Santiago é publicada no Diário Oficial da União". 2 out. 2017. Disponível em: https://jornaldaparaiba.com.br/politica/2017/10/02/aposentadoria-de-eitel-santiago-e-publicada-no-diario-oficial-da-uniao. Acesso em: 11 out. 2021.
76 *O Globo*. "Santinho de campanha de secretário da PGR com Bolsonaro é ressuscitado em grupos de procuradores". 8 jul. 2020. Disponível em: https://blogs.oglobo.globo.com/bela-megale/post/santinho-de-campanha-de-secretario-da-pgr-com-bolsonaro-e-ressuscitado-em-grupos-de-procuradores.html. Acesso em: 11 out. 2021.
77 Entrevista, sob condição de anonimato, com fontes que faziam parte do grupo e acompanharam as discussões.
78 Ibidem.
79 UOL. "O vaivém das opiniões de Gilmar Mendes sobre a prisão em 2ª instância". 7 nov. 2019. Disponível em: https://noticias.uol.com.br/politica/ultimas-noticias/2019/11/07/o-voto-de-gilmar-mendes.htm. Acesso em: 11 out. 2021.
80 Entrevista, sob condição de anonimato, com fontes próximas de Augusto Aras e de Gilmar Mendes.
81 *O Estado de S. Paulo*. "PGR pede ao plenário do Supremo que limite competência de Gilmar em ações que miram Beto Richa". 22 jan. 2020. Disponível em: https://politica.estadao.com.br/blogs/fausto-macedo/pgr-pede-ao-plenario-do-supremo-que-limite-competencia-de-gilmar-em-acoes-que-miram-beto-richa/. Acesso em: 11 out. 2021.
82 Entrevista, sob condição de anonimato, com uma fonte que acompanhou o assunto.
83 Ibidem.
84 Ibidem.
85 *O Globo*. "Coordenador da Lava-Jato na PGR pede demissão por divergências com Aras". 23 jan. 2020. Disponível em: https://oglobo.globo.com/brasil/coordenador-da-lava-jato-na-pgr-pede-demissao-por-divergencias-com-aras-2-24207518. Acesso em: 11 out. 2021.

86 UOL. "Augusto Aras anuncia subprocuradora Lindôra Araújo como nova coordenadora da Lava-Jato na PGR. 23 jan. 2020. Disponível em: https://economia.uol.com.br/noticias/reuters/2020/01/23/coordenador-da-lava-jato-na-pgr-pede-demissao.htm. Acesso em: 11 out. 2021.

8. A CRISE DA PF

1 Entrevista, sob condição de anonimato, com um delegado da Polícia Federal que acompanhou a investigação.
2 Depoimento do ex-ministro da Justiça Sergio Moro à Polícia Federal no inquérito 4.831, em tramitação no Supremo Tribunal Federal.
3 *Folha de S.Paulo*. "Sem agenda oficial, Bolsonaro passeia em comercio e vai à churrascaria no Japão". 27 jun. 2019. Disponível em: https://www1.folha.uol.com.br/mundo/2019/06/sem-agenda-oficial-bolsonaro-passeia-em-comercio-e-vai-a-churrascaria-no-japao.shtml. Acesso em: 17 out. 2021.
4 Autos da operação de busca e apreensão autorizada pela 26ª Zona Eleitoral de Minas Gerais.
5 G1. "Polícia Federal faz operação que investiga suposto esquema de candidaturas-laranja do PSL em MG". 27 jun. 2019. Disponível em: https://g1.globo.com/mg/minas-gerais/noticia/2019/06/27/policia-federal-faz-operacao-que-investiga-suposto-esquema-de-candidaturas-laranja-do-psl-em-mg.ghtml. Acesso em: 17 out. 2021.
6 *Folha de S.Paulo*. "Ministro de Bolsonaro criou candidatos-laranja para desviar recursos na eleição". 4 fev. 2019. Disponível em: https://www1.folha.uol.com.br/poder/2019/02/ministro-de-bolsonaro-criou-candidatos-laranjas-para-desviar-recursos-na-eleicao.shtml. Acesso em: 25 out. 2021.
7 Entrevista com dois delegados da Polícia Federal que tomaram conhecimento do diálogo.
8 G1. "PF faz busca na sede do PSL em Minas em operação que investiga candidaturas-laranja". 29 abr. 2019. Disponível em: https://g1.globo.com/mg/minas-gerais/noticia/2019/04/29/operacao-que-apura-supostas-candidaturas-laranjas-cumpre-mandado-na-sede-do-psl-em-bh.ghtml. Acesso em: 21 nov. 2021.
9 *Folha de S.Paulo*. "Moro vazou para Bolsonaro". 5 jul. 2019. Disponível em: https://www1.folha.uol.com.br/colunas/rubens-valente/2019/07/moro-vazou-para-bolsonaro.shtml. Acesso em: 25 out. 2021.
10 *Folha de S.Paulo*. "Ministério diz agora que não comprometeu sigilo da investigação ao passar dados a Bolsonaro". 6 jul. 2019. Disponível em: https://www1.folha.uol.com.br/poder/2019/07/ministerio-diz-agora-que-nao-comprometeu-sigilo-ao-passar-dados-a-bolsonaro.shtml. Acesso em: 25 out. 2021.
11 Depoimento de Sergio Moro prestado à Polícia Federal no inquérito nº 4831, em tramitação perante o Supremo Tribunal Federal.
12 Entrevistas com fontes que acompanharam a investigação.
13 G1. "PF indicia ministro do Turismo e mais dez por candidaturas-laranja no PSL em Minas". 4 out. 2019. Disponível em: https://g1.globo.com/mg/minas-gerais/noticia/2019/10/04/pf-indicia-ministro-do-turismo-e-mais-10-por-candidaturas-laranja-no-psl-em-minas.ghtml. Acesso em: 25 out. 2021.
14 Entrevista, sob condição de anonimato, com ministro do governo.
15 *Poder 360*. "Bolsonaro demite Marcelo Álvaro Antônio do Ministério do Turismo; é o 12º". 9 dez. 2020. Disponível em: https://www.poder360.com.br/governo/bolsonaro-demite-marcelo-alvaro-antonio-do-ministerio-do-turismo-e-o-12o/. Acesso em: 25 out. 2021.

16 Ministério da Justiça. Agenda pública do ministro da Justiça. Disponível em: https://www.gov.br/mj/pt-br/acesso-a-informacao/agenda-de-autoridades. Acesso em: 12 dez. 2020.
17 *Veja*. "Moro repassa recursos para PF em Curitiba pagar conta de luz atrasada". 4 jan. 2016. Disponível em: https://veja.abril.com.br/blog/radar/moro-repassa-recursos-para-pf-em-curitiba-pagar-conta-de-luz-atrasada/. Acesso em: 25 out. 2021.
18 *A Tarde*. "Em Salvador, Moro recebe a Medalha Tiradentes pela ADPF-BA". 23 ago. 2018. Disponível em: https://atarde.uol.com.br/bahia/salvador/noticias/1987707-em-salvador-moro-recebe-a-medalha-tiradentes-pela-adpfba. Acesso em: 25 out. 2021.
19 ADPF. "Nota Pública: ADPF parabeniza futuro governo pela indicação de Moro ao MJ". 1º nov. 2018. Disponível em: https://web.adpf.org.br/noticia/adpf/nota-publica-adpf-parabeniza-futuro-governo-pela-indicacao-de-moro-ao-mj/. Acesso em: 25 out. 2021.
20 Entrevista, sob condição de anonimato, com fonte que testemunhou a reunião.
21 Ibidem.
22 Entrevista, sob condição de anonimato, com fontes que testemunharam a reunião.
23 ADPF. "ADPF ajuíza adis contra texto da Reforma da Previdência que altera cálculo de aposentadoria e pensões".17 abr. 2020. Disponível em: https://web.adpf.org.br/noticia/adpf/adpf-ajuiza-adis-contra-texto-da-reforma-da-previdencia-que-altera-calculo-de-aposentadoria-e-pensoes/. Acesso em: 25 out. 2021.
24 Imprensa Nacional. Portaria nº 739 de 3 de outubro de 2019. Disponível em: https://www.in.gov.br/web/dou/-/portaria-n-739-de-3-de-outubro-de-2019-220480791. Acesso em: 25 out. 2021.
25 *Conjur*. "Nova portaria do Ministério da Justiça reduz atuação da PRF em operações". 20 jan. 2021. Disponível em: https://www.conjur.com.br/2021-jan-20/portaria-ministerio-justica-reduz-atuacao-prf-operacoes. Acesso em: 25 out. 2021.
26 Ibidem.
27 Senado. "Senado aprova MP que cria funções comissionadas na Polícia Federal". 25 mai. 2020. Disponível em: https://www12.senado.leg.br/noticias/materias/2020/05/25/senado-aprova-mp-que-cria-funcoes-comissionadas-na-policia-federal. Acesso em: 25 out. 2021.
28 Entrevista, sob condição de anonimato, com ex-auxiliar de Sergio Moro no Ministério da Justiça.
29 G1. "Ato de campanha de Bolsonaro em Juiz de Fora é interrompido após tumulto". 6 set. 2018. Disponível em: https://g1.globo.com/mg/zona-da-mata/noticia/2018/09/06/ato-de-campanha-de-bolsonaro-em-juiz-de-fora-e-interrompido-apos-tumulto.ghtml. Acesso em: 17 nov. 2021.
30 G1. "Bolsonaro vai à praia e faz churrasco neste domingo". 11 nov. 2018. Disponível em: https://g1.globo.com/politica/noticia/2018/11/11/bolsonaro-vai-a-praia-e-faz-churrasco-neste-domingo.ghtml. Acesso em: 13 out. 2021.
31 Entrevista, sob condição de anonimato, com uma fonte que tomou conhecimento do diálogo.
32 Ibidem.
33 Ibidem.
34 Ibidem.
35 Ibidem.
36 Depoimento de Alexandre Ramagem à Polícia Federal nos autos do inquérito 4831, em tramitação perante o STF (fl. 254).
37 Entrevista, sob condição de anonimato, com fonte que testemunhou o diálogo.
38 Ibidem.
39 Ibidem.
40 Ibidem.

41 Ibidem.
42 Ibidem.
43 *O Estado de S. Paulo*. "Futuro ministro do Meio Ambiente tem forte atuação pelas bandeiras da direita". 9 dez. 2018. Disponível em: https://politica.estadao.com.br/noticias/geral,futuro-ministro-do-meio-ambiente-tem-forte-atuacao-pelas-bandeiras-da-direita,70002639629. Acesso em: 17 out. 2021.
44 Entrevista, sob condição de anonimato, com uma fonte que tomou conhecimento do diálogo.
45 Entrevista de membros da Polícia Federal concedida aos autores sob condição de anonimato.
46 Entrevista, sob condição de anonimato, com uma fonte que tomou conhecimento do diálogo.
47 Ibidem.
48 Termo do depoimento de Sergio Moro à Polícia Federal nos autos do inquérito n° 4831, em tramitação no Supremo Tribunal Federal e entrevista, sob condição de anonimato, com três fontes que acompanharam o assunto diretamente.
49 Ministério da Justiça. "Aviso de pauta: Ministro da Justiça e Segurança Pública, Sergio Moro, participa da Abertura do Consej em Manaus". 7 jun. 2019. Disponível em: https://www.justica.gov.br/news/collective-nitf-content-1559942426.02. Acesso em: 17 nov. 2021.
50 Entrevista, sob condição de anonimato, com uma fonte que acompanhou o assunto.
51 Entrevista, sob condição de anonimato, com uma fonte que tomou conhecimento do diálogo.
52 Ibidem.
53 Ibidem.
54 *Folha de S.Paulo*. "Bolsonaro atropela Polícia Federal e anuncia troca de superintendente no Rio". 15 ago. 2019. Disponível em: https://www1.folha.uol.com.br/poder/2019/08/bolsonaro-atropela-policia-federal-e-anuncia-troca-de-superintendente-no-rio.shtml. Acesso em: 17 nov. 2021.
55 Polícia Federal. "Nota à imprensa". 15 ago. 2018. Disponível em: http://www.pf.gov.br/imprensa/noticias/2019/08/nota-a-imprensa. Acesso em: 20 jan. 2021.
56 MORO, Sergio. *Contra o sistema da corrupção*. Rio de Janeiro: Sextante. 2021, pp. 198-199.
57 G1. "Após dizer 'quem manda sou eu', Bolsonaro ameniza o tom ao falar da troca no comando da PF no RJ". 16 ago. 2019. Disponível em: https://g1.globo.com/rj/rio-de-janeiro/noticia/2019/08/16/policia-federal-troca-comando-da-superintendencia-no-rj.ghtml. Acesso em: 17 nov. 2021.
58 Entrevista de ministros do governo Bolsonaro aos autores, sob condição de anonimato.
59 Entrevista, sob condição de anonimato, com uma fonte que tomou conhecimento do diálogo.
60 Ibidem.
61 Entrevista, sob condição de anonimato, com ex-auxiliares do ministro Sergio Moro.
62 Entrevista, sob condição de anonimato, com uma fonte que tomou conhecimento do diálogo.
63 Entrevista, sob condição de anonimato, com uma fonte que acompanhou o diálogo.
64 Ibidem.
65 Flicker do Palácio do Planalto. "Cerimônia de encerramento dos cursos de formação profissional do ano de 2019, para ingresso nas carreiras da Policial Federal". 08 nov. 2019. Disponível emhttps://www.flickr.com/photos/palaciodoplanalto/albums/72157711694469687. Acesso em: 19 jan. 2022.

9. O estremecimento

1. Entrevista, sob condição de anonimato, com fontes que acompanharam o episódio.
2. Ibidem.
3. G1. "Sergio Moro diz que espera contar com Jungmann como conselheiro informal do novo governo". 7 nov. 2018. Disponível em: https://g1.globo.com/politica/noticia/2018/11/07/sergio-moro-diz-que-espera-contar-com-jungmann-como-conselheiro-informal-do-novo-governo.ghtml. Acesso em: 17 nov. 2021.
4. Entrevista, sob condição de anonimato, com uma fonte que acompanhou o episódio.
5. *O Globo*. "A fórmula que fez do Tejo o restaurante do governo Temer em Brasília". 17 set. 2018. Disponível em: https://oglobo.globo.com/epoca/a-formula-que-fez-do-tejo-restaurante-do-governo-temer-em-brasilia-23072654. Acesso em: 17 nov. 2021.
6. Ibidem.
7. Entrevista, sob condição de anonimato, com fonte que acompanhou o episódio.
8. Ibidem.
9. Ibidem.
10. Ibidem.
11. TV Brasil. "Bolsonaro diz que é contra reeleição". 20 out. 2018. Disponível em: https://tvbrasil.ebc.com.br/reporter-brasil/2018/10/bolsonaro-diz-que-e-contra-reeleicao. Acesso em: 17 nov. 2021.
12. Entrevista, sob condição de anonimato, com pessoa próxima a Gustavo Bebianno.
13. G1. "Ex-ministro de Bolsonaro, Bebianno morre no RJ". 14 mar. 2020. Disponível em: https://g1.globo.com/rj/rio-de-janeiro/noticia/2020/03/14/ex-ministro-de-bolsonaro-bebianno-morre-no-rj.ghtml. Acesso em: 17 nov. 2021.
14. Entrevista, sob condição de anonimato, com ministros e auxiliares de Jair Bolsonaro.
15. Cena presenciada por um dos autores do livro.
16. *O Globo*, blog de Bela Megale. "O cardápio do jantar de Moro e Guedes: Bolsonaro em 2022, Rodrigo Maia e Jobim 'sem noção'". 25 jul. 2019. Disponível em: https://blogs.oglobo.globo.com/bela-megale/post/o-cardapio-do-jantar-de-moro-e-guedes-bolsonaro-em-2022-rodrigo-maia-e-jobim-sem-nocao.html. Acesso em: 25 jan. 2022.
17. Entrevista, sob condição de anonimato, com ex-assessores de Sergio Moro no ministério.
18. G1. "Pesquisa Datafolha aponta Moro com aprovação de 53%, acima de Bolsonaro". 9 dez. 2019. Disponível em: https://g1.globo.com/politica/noticia/2019/12/09/pesquisa-datafolha-aponta-moro-com-aprovacao-de-53percent-acima-de-bolsonaro.ghtml. Acesso em: 17 nov. 2021.
19. Entrevista, sob condição de anonimato, com ex-assessores de Sergio Moro no Ministério da Justiça.
20. Ibidem.
21. MORO, Sergio. *Contra o sistema da corrupção*. Rio de Janeiro: Sextante, 2021, p. 205.
22. *Folha de S.Paulo*. "Bolsonaro diz a secretários que pode recriar Ministério de Segurança Pública". 22 jan. 2020. Disponível em: https://www1.folha.uol.com.br/cotidiano/2020/01/bolsonaro-diz-a-secretarios-que-pode-recriar-ministerio-de-seguranca-publica.shtml. Acesso em: 17 nov. 2021.
23. Ibidem.
24. Entrevista, sob condição de anonimato, com ex-assessor de Sergio Moro no Ministério da Justiça.
25. Entrevista, sob condição de anonimato, com fontes próximas ao ministro Sergio Moro.
26. Ibidem.
27. Ibidem.

28 G1. "Veja a íntegra do depoimento de Bolsonaro à Polícia Federal". 4 nov. 2021. Disponível em: https://g1.globo.com/politica/noticia/2021/11/04/veja-integra-do-depoimento-de-bolsonaro-a-policia-federal.ghtml. Acesso em: 27 jan. 2022.
29 Entrevista, sob condição de anonimato, com deputados federais aliados de Jair Bolsonaro.
30 Entrevista, sob condição de anonimato, com participantes do jantar.
31 Ibidem.
32 Ibidem.
33 Governo do Brasil. "Governo envia ao Congresso proposta de reforma da administração pública". 3 set. 2020. Disponível em: https://www.gov.br/pt-br/noticias/financas-impostos-e-gestao-publica/2020/09/governo-envia-ao-congresso-proposta-de-reforma-da-administracao-publica#:~:text=A%20proposta%20de%20reforma%20administrativa,ajustes%20no%20estatuto%20do%20servidor. Acesso em: 17 nov. 2021.
34 Entrevista, sob condição de anonimato, com participantes da reunião.
35 Ibidem.
36 Agência Brasil. "Primeiro caso de Covid-19 no Brasil completa um ano". 26 fev. 2021. Disponível em: https://agenciabrasil.ebc.com.br/saude/noticia/2021-02/primeiro-caso-de-covid-19-no-brasil-completa-um-ano#:~:textO%20Brasil%20%20identificou%20a%20%20primeira,a%20primeira%20morte%20para%20%20doen%C3%A7a. Acesso em: 17 nov. 2021.
37 G1. "Ministério da Saúde confirma primeiro caso de coronavírus no Brasil". 26 fev. 2020. Disponível em: https://g1.globo.com/ciencia-e-saude/noticia/2020/02/26/ministerio-da-saude-fala-sobre-caso-possivel-paciente-com-coronavirus.ghtml. Acesso em: 17 nov. 2021.
38 G1. "OMS declara pandemia de coronavírus". 11 mar. 2020. Disponível em: https://g1.globo.com/bemestar/coronavirus/noticia/2020/03/11/oms-declara-pandemia-de-coronavirus.ghtml. Acesso em: 17 nov. 2021.
39 G1. "Ibaneis decreta suspensão de aulas e eventos no DF por cinco dias devido ao coronavírus". 11 mar. 2020. Disponível em: https://g1.globo.com/df/distrito-federal/noticia/2020/03/11/ibaneis-afirma-que-vai-suspender-aulas-e-eventos-por-cinco-dias-por-conta-do-coronavirus.ghtml. Acesso em: 17 nov. 2021.
40 *O Globo*. "Moro e Mandetta editam portaria que autoriza uso da polícia contra quem descumprir quarentena do coronavírus". 17 mar. 2020. Disponível em: https://oglobo.globo.com/brasil/moro-mandetta-editam-portaria-que-autoriza-uso-da-policia-contra-quem-descumprir-quarentena-do-coronavirus-1-24310287. Acesso em: 17 nov. 2021.
41 G1. "Bolsonaro pede na TV 'volta à normalidade' e fim do 'confinamento em massa' e diz que meios de comunicação espalharam 'pavor'". 24 mar. 2020. Disponível em: https://g1.globo.com/politica/noticia/2020/03/24/bolsonaro-pede-na-tv-volta-a-normalidade-e-fim-do-confinamento-em-massa.ghtml. Acesso em: 17 nov. 2021.
42 Ibidem.
43 *O Globo*. "Após fala de Bolsonaro, Rosangela Moro defende Mandetta: '*In Mandetta I trust*'". 2 abr. 2020. Disponível em: https://oglobo.globo.com/epoca/guilherme-amado/apos-fala-de-bolsonaro-rosangela-moro-defende-mandetta-in-mandetta-trust-1-24348252. Acesso em: 17 nov. 2021.
44 Rosangela Moro. *Os dias mais intensos*. Rio de Janeiro: Planeta, 2020, p. 127.
45 Ibidem, p. 127.
46 Ibidem, p. 127.
47 Entrevista, sob condição de anonimato, com ministros e auxiliares do presidente Jair Bolsonaro.
48 *Valor Econômico*. "Ao contrário de AGU, Moro diz que polícia pode prender quem descumprir isolamento". 12 abr. 2020. Disponível em: https://valor.globo.com/politica/

noticia/2020/04/12/ao-contrrio-de-agu-moro-diz-que-polcia-pode-prender-quem-descumprir-isolamento.ghtml. Acesso em: 17 nov. 2021.

10. A DEMISSÃO

1. Depoimento de Sergio Moro à Polícia Federal nos autos do inquérito n° 4831, em tramitação no Supremo Tribunal Federal.
2. Entrevista, sob condição de anonimato, com fonte que tomou conhecimento do diálogo.
3. Entrevista, sob condição de anonimato, com fontes da Polícia Federal e do Ministério da Justiça que acompanharam o assunto.
4. MORO, Sergio. *Contra o Sistema da Corrupção*. Rio de Janeiro: Sextante, 2021. p. 203
5. Ibidem.
6. Abin – Governo Federal. "Alexandre Ramagem Rodrigues". Disponível em: https://www.gov.br/abin/pt-br/composicao/direcao-geral/alexandre-ramagem-rodrigues. Acesso em: 21 nov. 2021.
7. Ministério da Justiça e Segurança Pública. "Perfil da equipe". Disponível em: https://www.justica.gov.br/news/perfil-da-equipe.pdf. Acesso em: 21 nov. 2021.
8. Entrevista, sob condição de anonimato, com pessoas próximas do ministro da Justiça Sergio Moro.
9. Depoimento de Sergio Moro à Polícia Federal nos autos do inquérito n° 4831, em tramitação no Supremo Tribunal Federal.
10. Ibidem.
11. Entrevista, sob condição de anonimato, com fontes que acompanharam o assunto.
12. Relatório de análise de material apreendido n° 105/2020 – Sinq/Dicor/pf, disponível nos autos do inquérito n° 4831, em tramitação no Supremo Tribunal Federal (fl. 721).
13. Ibidem.
14. Canal no Youtube do *Poder 360*, "Reunião ministerial de 22 de abril de 2020 na qual Bolsonaro teria indicado interferência na PF". Disponível em: https://www.youtube.com/watch?v=VkCTwQH55Ic. Acesso em: 21 nov. 2021.
15. Ibidem.
16. Ibidem.
17. Ibidem.
18. Governo Federal. "Agenda do ministro da Justiça Sergio Moro para o dia 22 de abril de 2020". Disponível em: https://www.gov.br/mj/pt-br/acesso-a-informacao/agenda-de-autoridades/ministro/agenda-do-ministro/2020-04-22. Acesso em: 22 nov. 2021.
19. Entrevista, sob condição de anonimato, com ministros do governo de Jair Bolsonaro.
20. Relatório de análise de material apreendido n° 105/2020 – Sinq/Dicor/pf, disponível nos autos do inquérito n° 4831, em tramitação no Supremo Tribunal Federal (fl. 721).
21. Ibidem.
22. Entrevista, sob condição de anonimato, com um assessor do Ministério da Justiça que acompanhou o episódio.
23. Entrevista aos autores, sob condição de anonimato, com ex-assessores do Ministério da Justiça.
24. Entrevista, sob condição de anonimato, com assessor do Ministério da Justiça que participou dessa reunião.
25. Relatório de análise de material apreendido n° 105/2020 – Sinq/Dicor/pf, disponível nos autos do inquérito n° 4831, em tramitação no Supremo Tribunal Federal (fl. 721).
26. Ibidem.
27. Depoimento de Sergio Moro à Polícia Federal nos autos do inquérito n° 4831 e entrevista com fontes que tomaram conhecimento do diálogo.
28. Ibidem.
29. Ibidem.

30 Ibidem.
31 Ibidem.
32 Depoimento do ministro Luiz Eduardo Ramos à Polícia Federal nos autos do inquérito nº 4831, em tramitação no Supremo Tribunal Federal (fl. 303).
33 Entrevista, sob condição de anonimato, com ministros do governo de Jair Bolsonaro.
34 Depoimento do ministro Luiz Eduardo Ramos à Polícia Federal nos autos do inquérito nº 4831, em tramitação no Supremo Tribunal Federal (fl. 303).
35 Ibidem.
36 G1, "Moro diz a Bolsonaro que sai se diretor-geral da Polícia Federal for demitido". 23 abr. 2020. Disponível em: https://g1.globo.com/politica/blog/cristiana-lobo/post/2020/04/23/moro-diz-a-bolsonaro-que-sai-se-diretor-geral-da-policia-federal-for-demitido.ghtml. Acesso em: 23 nov. 2021.
37 Governo Federal. "Agenda de Sergio Moro para 23 de abril de 2020". Disponível em: https://www.gov.br/mj/pt-br/acesso-a-informacao/agenda-de-autoridades/ministro/agenda-do-ministro/2020-04-23. Acesso em: 23 nov. 2021.
38 Depoimento do ministro Luiz Eduardo Ramos à Polícia Federal nos autos do inquérito nº 4831, em tramitação no Supremo Tribunal Federal (fl. 303).
39 Relatório de análise de material apreendido nº 105/2020 – Sinq/Dicor/pf, disponível nos autos do inquérito nº 4831, em tramitação no Supremo Tribunal Federal (fl. 721).
40 Ibidem.
41 Ibidem.
42 Ibidem.
43 Ibidem.
44 Ibidem.
45 Ibidem.
46 Ibidem.
47 Ibidem.
48 Entrevista de ex-assessores do Ministério da Justiça aos autores.
49 Entrevista de Rosangela Moro aos autores.
50 *Folha de S.Paulo*. "Bolsonaro exonera diretor da PF e empurra Moro para fora do governo; ministro fala às 11h". 24 abr. 2020. Disponível em: https://www1.folha.uol.com.br/poder/2020/04/bolsonaro-exonera-diretor-geral-da-pf-em-meio-a-negociacoes-para-permanencia-de-moro.shtml. Acesso em: 23 nov. 2021.
51 Entrevista, sob condição de anonimato, com uma testemunha da reunião.
52 Canal no YouTube da CNN Brasil. "Sergio Moro anuncia demissão do governo Bolsonaro; veja íntegra". 24 abr. 2020. Disponível em: https://www.youtube.com/watch?v=Ide-LBRJkoU. Acesso em: 28 nov. 2021.
53 Ibidem.
54 Ibidem.
55 *Poder 360*. "Foto mostra Carlos Bolsonaro e indicado à PF festejando Réveillon". 25 abr. 2020. Disponível em: https://www.poder360.com.br/governo/foto-mostra-carlos-bolsonaro-e-indicado-a-pf-festejando-reveillon/. Acesso em: 28 nov. 2021.
56 Senado. "Senado aprova delegado de Polícia Federal para dirigir a Abin". 26 jun. 2019. Disponível em: https://www12.senado.leg.br/noticias/materias/2019/06/26/senado-aprova-delegado-de-policia-federal-para-dirigir-a-abin. Acesso em: 28 nov. 2021.
57 Canal no Youtube da CNN Brasil. "Sergio Moro anuncia demissão do governo Bolsonaro; veja íntegra. Disponível em: https://www.youtube.com/watch?v=Ide-LBRJkoU. Acesso em: 28 nov. 2021.
58 Ibidem.
59 Ibidem.
60 Ibidem.

61 Ibidem.
62 Entrevista, sob condição de anonimato, com funcionário do Ministério da Justiça.
63 Relatório de análise de material apreendido n° 105/2020 – Sinq/Dicor/pf, disponível nos autos do inquérito n° 4831, em tramitação no Supremo Tribunal Federal (fl. 721),
64 Ibidem.
65 Entrevista da deputada Carla Zambelli aos autores do livro.
66 G1. "Veja e leia a íntegra do pronunciamento de Bolsonaro sobre a saída de Moro do governo". 24 abr. 2020. Disponível em: https://g1.globo.com/politica/noticia/2020/04/24/veja-e-leia-a-integra-do-pronunciamento-de-bolsonaro-sobre-a-saida-de-moro-do-governo.ghtml. Acesso em: 29 nov. 2021.
67 Ibidem.
68 *O Globo*, blog de Bela Megale. "Em novo relatório à Justiça, PF mostra que Adélio Bispo agiu sozinho". 14 mai, 2020. Disponível em: https://blogs.oglobo.globo.com/bela-megale/post/em-novo-relatorio-justica-pf-mostra-que-adelio-bispo-agiu-sozinho-em-atentado-contra-bolsonaro.html. Acesso em: 06 fev. 2022.
69 *O Globo*. "TRF1 permite reabertura de investigação sobre facada em Bolsonaro". 03 nov. 2021. Disponível em: https://oglobo.globo.com/politica/trf-1-permite-reabertura-de-investigacao-sobre-facada-em-bolsonaro-1-25263119. Acesso em: 06 fev. 2021.
70 G1. "MP diz que depoimentos do porteiro do condomínio de Bolsonaro não condizem com a realidade". 30 out. 2019. Disponível em: https://g1.globo.com/jornal-nacional/noticia/2019/10/30/mp-diz-que-depoimentos-do-porteiro-do-condominio-de-bolsonaro-nao-condizem-com-a-realidade.ghtml. Acesso em: 29 nov. 2021.
71 G1. "Caso Marielle: porteiro volta atrás e afirma que errou ao dizer que havia falado com 'seu Jair'". 20 nov. 2019. Disponível em: https://g1.globo.com/rj/rio-de-janeiro/noticia/2019/11/20/caso-marielle-porteiro-volta-atras-e-afirma-que-errou-ao-dizer-que-havia-falado-com-seu-jair.ghtml. Acesso em: 29 nov. 2021.
72 G1. "Veja e leia a íntegra do pronunciamento de Bolsonaro sobre a saída de Moro do governo". 24 abr. 2020. Disponível em: https://g1.globo.com/politica/noticia/2020/04/24/veja-e-leia-a-integra-do-pronunciamento-de-bolsonaro-sobre-a-saida-de-moro-do-governo.ghtml. Acesso em: 29 nov. 2021.
73 Ibidem.
74 Ibidem.

11. A GUINADA NA PROCURADORIA-GERAL DA REPÚBLICA

1 Entrevista com integrantes da Procuradoria-Geral da República.
2 Ibidem.
3 Ibidem.
4 Entrevista com integrantes da Procuradoria-Geral da República.
5 Entrevista com integrantes da Procuradoria-Geral da República.
6 Entrevista com integrantes da Procuradoria-Geral da República que acompanharam o assunto.
7 Entrevista, sob condição de anonimato, com integrantes da Procuradoria-Geral da República.
8 Ibidem.
9 Depoimento prestado por Léo Pinheiro em 28 de dezembro de 2020 nos autos do inquérito n° 4258, em tramitação no Supremo Tribunal Federal.
10 Ibidem.
11 *O Globo*. "Com aval de Fachin, Aras reabre inquérito contra Rodrigo Maia sobre corrupção". 31 out. 2020. Disponível em: https://oglobo.globo.com/

politica/com-aval-de-fachin-aras-reabre-inquerito-contra-rodrigo-maia-sobre-corrupcao-24722368. Acesso em: 30 nov. 2021.
12 Entrevista, sob condição de anonimato, com procuradores que atuaram na gestão de Rodrigo Janot na PGR.
13 *O Globo*. "Maia esteve na Odebrecht no dia em que sistema registrou repasse de caixa dois". 28 jan. 2018. Disponível em: https://oglobo.globo.com/politica/maia-esteve-na-odebrecht-no-dia-em-que-sistema-registrou-repasse-de-caixa-dois-22337354. Acesso em: 30 nov. 2021.
14 G1. "PGR pede arquivamento de inquérito que apura se Rodrigo Maia recebeu vantagens da Odebrecht". 25 fev. 2021. Disponível em: https://g1.globo.com/jornal-nacional/noticia/2021/02/25/pgr-pede-arquivamento-de-inquerito-que-apura-se-rodrigo-maia-recebeu-vantagens-da-odebrecht.ghtml. Acesso em: 30 nov. 2021.
15 Entrevista, sob condição de anonimato, com integrantes da Procuradoria-Geral da República.
16 Entrevista, sob condição de anonimato, com integrantes da Procuradoria-Geral da República.
17 Ibidem.
18 Ibidem.
19 Ibidem.
20 *Crusoé*. "O amigo do amigo de meu pai". 11 abr. 2019. Disponível em: https://crusoe.com.br/edicoes/50/o-amigo-do-amigo-de-meu-pai/. Acesso em: 30 nov. 2021.
21 Entrevista, sob condição de anonimato, com fontes que tomaram conhecimento do diálogo.
22 Ibidem.
23 G1. "Brasil atinge 600 mil mortes por Covid com pandemia em desaceleração". 8 out. 2021. Disponível em: https://g1.globo.com/saude/coronavirus/noticia/2021/10/08/brasil-atinge-600-mil-mortes-por-covid-com-pandemia-em-desaceleracao.ghtml. Acesso em: 27 dez. 2021.
24 Entrevista, sob condição de anonimato, com integrante da Procuradoria-Geral da República.
25 Entrevista, sob condição de anonimato, com fontes que acompanharam o episódio.
26 Ministério Público Federal. "Covid-19: PGR determina teletrabalho em todas as unidades do MPF no país". 20 mar. 2020. Disponível em: http://www.mpf.mp.br/mg/sala-de-imprensa/noticias-mg/covid-19-pgr-determina-teletrabalho-em-todas-as-unidades-do-mpf-no-pais. Acesso em: 30 nov. 2021.
27 Entrevista, sob condição de anonimato, com fontes que acompanharam o episódio.
28 Ibidem.
29 Ibidem.
30 Ibidem.
31 Ibidem.
32 Entrevista, sob condição de anonimato, com fontes que tomaram conhecimento do diálogo.
33 Entrevista, sob condição de anonimato, com fontes que tomaram conhecimento do episódio.
34 Entrevista, sob condição de anonimato, com fontes que acompanharam o episódio.
35 Ibidem.
36 Ibidem.
37 Entrevista, sob condição de anonimato, com uma fonte que acompanhou o assunto.
38 Entrevista, sob condição de anonimato, com fontes que acompanharam o episódio.
39 Ibidem.

40 Paula Cristina Conti Thá. "Ofício nº 5825/2020 – GABPC/PR (Gabinete da Procuradora-chefe do Ministério Público Federal do Paraná), 26 jun. 2020.
41 Deltan Martinazzo Dallagnol e outros. "Ofício nº 5768/2020-PRPR/FT, 25 jun. 2020. Disponível em: https://politica.estadao.com.br/blogs/fausto-macedo/wp-content/uploads/sites/41/2020/06/integra-corregedoria_260620201442.pdf. Acesso em: 30 nov. 2021.
42 Ibidem.
43 *O Globo*. "Grupo da Lava-Jato na PGR pede demissão coletiva por discordância com gestão Aras". 26 jun. 2020. Disponível em: https://oglobo.globo.com/politica/grupo-da-lava-jato-na-pgr-pede-demissao-coletiva-por-discordancia-com-gestao-aras-1-24502348. Acesso em: 30 nov. 2021.
44 *O Globo*. "Após crise com Lava-Jato, auxiliar de Aras retira candidatura ao conselho da PGR". 28 jun. 2020. Disponível em: https://oglobo.globo.com/politica/apos-crise-com-lava-jato-auxiliar-de-aras-retira-candidatura-ao-conselho-da-pgr-24504215. Acesso em: 30 nov. 2021.
45 Wikipedia. "José Bonifácio de Andrada e Silva". Disponível em: https://pt.wikipedia.org/wiki/Jos%C3%A9_Bonif%C3%A1cio_de_Andrada_e_Silva. Acesso em: 30 nov. 2021.
46 *O Globo*. "Em crise com Lava-Jato, PGR diz que forças-tarefas são desagregadoras e incompatíveis". 1º jul. de 2020. Disponível em: https://oglobo.globo.com/politica/em-crise-com-lava-jato-pgr-diz-que-forcas-tarefas-sao-desagregadoras-incompativeis-24509263. Acesso em: 30 nov. 2021.
47 Ibidem.
48 *Poder 360*. "Entenda a camuflagem em denúncias da Lava-Jato nos infográficos do Poder 360". 3 jul. 2020. Disponível em: https://www.poder360.com.br/infograficos/entenda-camuflagem-em-denuncias-da-lava-jato-nos-infograficos-do-poder360/. Acesso em: 30 nov. 2021.
49 Supremo Tribunal Federal. "RCL 42.050, em tramitação".
50 Ibidem.
51 *O Globo*. "A bandeira branca no horizonte da PGR". 7 ago. 2020. Disponível em: https://oglobo.globo.com/epoca/brasil/a-bandeira-branca-no-horizonte-da-pgr-24572455. Acesso em: 30 nov. 2021.
52 Entrevista, sob condição de anonimato, com fontes que tomaram conhecimento do diálogo.

12. O CENTRÃO NO PODER

1 Entrevista, sob condição de anonimato, com pessoas próximas ao presidente Jair Bolsonaro e ao deputado Marco Feliciano.
2 *Veja*. "Feliciano pede impeachment de Mourão por 'deslealdade' a Bolsonaro". 17 abr. 2019. Disponível em: https://veja.abril.com.br/politica/feliciano-pede-impeachment-de-mourao-por-deslealdade-a-bolsonaro. Acesso em: 1º dez. 2021.
3 Entrevista, sob condição de anonimato, com fontes da Câmara dos Deputados e do Palácio do Planalto que acompanharam o assunto.
4 Câmara dos Deputados. "Rodrigo Maia diz que orçamento impositivo vai facilitar a vida do Executivo". 17 dez. 2019. Disponível em: https://www.camara.leg.br/noticias/627225-rodrigo-maia-diz-que-orcamento-impositivo-vai-facilitar-a-vida-do-executivo. Acesso em: 1º dez. 2021.
5 Entrevista, sob condição de anonimato, com fontes que tomaram conhecimento do diálogo.
6 Ibidem.
7 Terra. "Plano de Bolsonaro contém promessa do fim do 'toma lá dá cá'". 14 ago. 2018. Disponível em: https://www.terra.com.br/noticias/brasil/

plano-de-bolsonaro-contem-superministerio-da-economia-bc-independente-e-promessa-do-fim-do-toma-la-da-ca,62be60a6e89f74729da2b2c8629895fcqnpfp1gl.html. Acesso em: 1º dez. 2021.
8 G1. "Bolsonaro anuncia saída do PSL e criação de novo partido". 12 nov. 2019. Disponível em: https://g1.globo.com/politica/noticia/2019/11/12/deputados-do-psl-dizem-que-bolsonaro-decidiu-deixar-partido-e-criar-nova-legenda.ghtml. Acesso em: 1º dez. 2021.
9 Câmara dos Deputados. "Plenário aprova ajuda a estados e municípios para compensar perda de arrecadação". 13 abr. 2020. Disponível em: https://www.camara.leg.br/noticias/653657-plenario-aprova-ajuda-a-estados-e-municipios-para-compensar-perda-de-arrecadacao. Acesso em: 1º dez. 2021.
10 G1. "Maioria na 1ª Turma do STF vota contra recurso de Arthur Lira sobre denúncia; decisão é adiada". 24 nov. 2020. Disponível em: https://g1.globo.com/politica/noticia/2020/11/24/maioria-na-1a-turma-do-stf-vota-contra-recurso-de-arthur-lira-sobre-denuncia-decisao-e-adiada.ghtml. Acesso em: 1º dez. 2021.
11 G1. "Entenda o que é o Centrão, bloco na Câmara do qual Bolsonaro tenta se aproximar". 29 abr. 2020. Disponível em: https://g1.globo.com/politica/noticia/2020/04/29/entenda-o-que-e-o-centrao-bloco-na-camara-do-qual-bolsonaro-tenta-se-aproximar.ghtml. Acesso em: 1º dez. 2021.
12 BBC Brasil. "Colega de Bolsonaro em quartel e comandante no Haiti: o que se sabe sobre o general Ramos, que substituirá Santos Cruz no governo". 13 jun. 2019. Disponível em: https://www.bbc.com/portuguese/brasil-48632002. Acesso em: 2 dez. 2021.
13 Entrevista, sob condição de anonimato, com uma fonte que tomou conhecimento do diálogo.
14 Ibidem.
15 Agenda do Presidente da República. "14 de abril de 2020". Disponível em: https://www.gov.br/planalto/pt-br/acompanhe-o-planalto/agenda-do-presidente-da-republica/2020-04-14. Acesso em: 1º dez. 2021.
16 O Globo. "Apelidado de 05, Ciro Nogueira tenta trazer Bolsonaro de volta ao PP". 3 set. 2020. Disponível em: https://blogs.oglobo.globo.com/bela-megale/post/apelidado-de-05-ciro-nogueira-tenta-trazer-bolsonaro-de-volta-ao-pp.html. Acesso em: 2 dez. 2021.
17 O Globo. "PP ganha cargo e Centrão espera novas nomeações para os próximos dias". 6 mai. 2020. Disponível em: https://oglobo.globo.com/brasil/pp-ganha-cargo-centrao-espera-novas-nomeacoes-para-os-proximos-dias-1-24413233. Acesso em: 1º dez. 2021.
18 G1. "Governo Bolsonaro nomeia chefe de gabinete do senador Ciro Nogueira para a presidência do FNDE". 1º jun. 2020. Disponível em: https://g1.globo.com/politica/noticia/2020/06/01/governo-bolsonaro-troca-presidente-do-fundo-nacional-de-desenvolvimento-da-educacao.ghtml. Acesso em: 1º dez. 2021.
19 O Globo. "Governo deve exonerar presidente do Banco do Nordeste por suspeita de corrupção. 3 jun. 2020. Disponível em: https://oglobo.globo.com/brasil/governo-deve-exonerar-presidente-do-banco-do-nordeste-por-suspeita-de-corrupcao-24460194. Acesso em: 1º dez. 2021.
20 UOL. "Bolsonaro entrega cargos a caciques investigados no mensalão e na Lava-Jato". 2 jun. 2020. Disponível em: https://noticias.uol.com.br/politica/ultimas-noticias/2020/06/02/roberto-jefferson-ciro-nogueira-valdemar-costa-neto-bolsonaro.htm. Acesso em: 1º dez. 2021.
21 Conjur. "Alexandre de Moraes suspende nomeação de Ramagem para chefia da PF". 29 abr. 2020. Disponível em: https://www.conjur.com.br/2020-abr-29/alexandre-suspende-nomeacao-ramagem-chefia-pf. Acesso em: 28 dez. 2021.
22 G1. "Bolsonaro nomeia e dá posse uma hora depois ao delegado Rolando de Souza no comando da PF". 4 mai. 2020. Disponível em: https://g1.globo.com/politica/

noticia/2020/05/04/bolsonaro-nomeia-delegado-rolando-de-souza-para-comando-da-policia-federal.ghtml. Acesso em: 28 dez. 2021.

23 *Valor Econômico*. "Inspiração de Moro, Di Pietro fracassou na política". 2 nov. 2018. Disponível em: https://valor.globo.com/politica/noticia/2018/11/02/inspiracao-de-moro-di-pietro-fracassou-na-politica.ghtml. Acesso em: 2 dez. 2021.

24 BBC Brasil. "Pesquisador italiano teme que Moro tenha destino de 'herói' da Mãos Limpas que entrou para a política". 2 nov. 2018. Disponível em: https://www.bbc.com/portuguese/brasil-46059869. Acesso em: 2 dez. 2021.

25 *O Globo*. "De saída de Brasília, Sergio Moro vende mudança em grupo de WhatsApp". 28 abr. 2020. Disponível em: https://blogs.oglobo.globo.com/bela-megale/post/de-saida-de-brasilia-sergio-moro-vende-mudanca-em-grupo-de-whatsapp.html. Acesso em: 2 dez. 2021.

26 Entrevista, sob condição de anonimato, com fonte que testemunhou diretamente o diálogo.

27 Entrevista, sob condição de anonimato, com pessoas próximas a Sergio Moro.

28 Autos do inquérito n° 4831, em tramitação no Supremo Tribunal Federal.

29 Terra. "Moro chega à PF para prestar depoimento". 2 mai. 2020. Disponível em: https://www.terra.com.br/noticias/moro-chega-a-pf-para-prestar-depoimento,99a7de2d48449d7bed884c301a931b40u7rq85cg.html. Acesso em: 2 dez. 2021.

30 Entrevista, sob condição de anonimato, com fontes que acompanharam o depoimento do ex-ministro Sergio Moro.

31 Termo de depoimento de Sergio Moro nos autos do inquérito n° 4831.

32 Entrevista de pessoas presentes no depoimento de Moro aos autores sob condição de anonimato.

33 Relatório de análise de material apreendido n° 105/2020 – SINQ/DICOR/PF, disponível nos autos do inquérito n° 4831, em tramitação no Supremo Tribunal Federal (fl. 721).

34 Entrevistas de integrantes do governo Bolsonaro aos autores sob condição de anonimato.

35 Termo de depoimento de Sergio Moro à Polícia Federal nos autos do inquérito n° 4831, em tramitação no Supremo Tribunal Federal.

36 *Época*. "Termina depoimento de Moro: nove horas, novas mensagens de *app* e 16 pizzas". 2 mai. 2020. Disponível em: https://oglobo.globo.com/epoca/guilherme-amado/termina-depoimento-de-moro-nove-horas-novas-mensagens-de-app-16-pizzas-24407891. Acesso em: 2 dez. 2021.

37 Entrevista, sob condição de anonimato, com fontes da Polícia Federal que acompanharam o caso.

38 UOL "Favorito à PGR emprega esposa de um procurador em cargo de chefia". 13 ago 2019. Disponível em: https://noticias.uol.com.br/politica/ultimas-noticias/2019/08/13/favorito-a-pgr-emprega-esposa-de-um-procurador-em-cargo-de-chefia.htm. Acesso em: 2 dez. 2021.

39 Entrevista, sob condição de anonimato, com fontes que tomaram conhecimento do diálogo.

40 Autos do inquérito n° 4831, em tramitação no Supremo Tribunal Federal.

41 G1. "AGU pede a Celso de Mello para entregar somente parte da gravação de reunião citada por Moro". 7 mai. 2020. Disponível em: https://g1.globo.com/politica/noticia/2020/05/07/agu-pede-a-celso-de-mello-para-entregar-somente-parte-de-gravacao-de-reuniao-citada-por-moro.ghtml. Acesso em: 2 dez. 2021.

42 Ibidem.

43 Depoimentos de ministros do governo Bolsonaro aos autores sob condição de anonimato.

44 Autos do inquérito n° 4831, em tramitação no Supremo Tribunal Federal.

45 Ibidem.

46 Canal no YouTube do *Poder 360*. "Reunião ministerial de 22.abr.2020, na qual Bolsonaro teria indicado interferência na PF". 23 mai. 2020. Disponível em: https://www.youtube.com/watch?v=VkCTwQH55Ic. Acesso em: 21 nov. 2021.
47 Entrevista, sob condição de anonimato, com fontes que acompanharam a investigação.
48 *O Globo*. "Bolsonaro defendeu em reunião troca na PF para evitar que familiares e aliados fossem prejudicados". 12 mai. 2020. Disponível em: https://oglobo.globo.com/brasil/bolsonaro-defendeu-em-reuniao-troca-na-pf-para-evitar-que-familiares-aliados-fossem-prejudicados-1-24422977. Acesso em: 2 dez. 2021.
49 Canal no YouTube do *Poder 360*, " Reunião ministerial de 22.abr.2020, na qual Bolsonaro teria indicado interferência na pf, 23 mai. 2020. Disponível em: https://www.youtube.com/watch?v=VkCTwQH55Ic. Acesso em: 21 nov. 2021.
50 Ibidem.
51 *O Globo*. "'Tem que vender essa porra logo', diz Paulo Guedes sobre Banco do Brasil". 22 mai. 2020. Disponível em: https://oglobo.globo.com/politica/tem-que-vender-essa-porra-logo-diz-paulo-guedes-sobre-banco-do-brasil-24441610. Acesso em: 11 fev. 2022.
52 Autos do inquérito n° 4831, em tramitação no Supremo Tribunal Federal.
53 Ibidem.
54 Associação dos Magistrados Brasileiros. "Celso de Mello: trajetória do ministro que se aposenta após 31 anos de atuação no STF". 13 out. 2020. Disponível em: https://www.amb.com.br/celso-de-mello-trajetoria-do-ministro-que-se-aposenta-apos-31-anos-de-atuacao-no-stf/. Acesso em: 2 dez. 2021.
55 Autos do inquérito n° 4831, em tramitação no Supremo Tribunal Federal. G1. "Ministro retira sigilo do vídeo de reunião que Moro diz ser prova da interferência de Bolsonaro na PF". 22 mai. 2020. Disponível em: https://g1.globo.com/politica/noticia/2020/05/22/ministro-retira-sigilo-do-video-de-reuniao-que-moro-diz-ser-prova-da-interferencia-de-bolsonaro-na-pf.ghtml. Acesso em: 2 dez. 2021.
56 G1. "Ministro retira sigilo do vídeo de reunião que Moro diz ser prova da interferência de Bolsonaro na PF, 22 mai. 2020. Disponível em: https://g1.globo.com/politica/noticia/2020/05/22/ministro-retira-sigilo-do-video-de-reuniao-que-moro-diz-ser-prova-da-interferencia-de-bolsonaro-na-pf.ghtml. Acesso em: 2 dez. 2021.
57 *O Globo*. "Para procuradores, Bolsonaro pode ter cometido crime de advocacia administrativa em pressão para trocas na PF". 25 mai. 2020. Disponível em: https://oglobo.globo.com/politica/para-procuradores-bolsonaro-pode-ter-cometido-crime-de-advocacia-administrativa-em-pressao-para-trocas-na-pf-24443972. Acesso em: 2 dez. 2021.
58 *Folha de S.Paulo*. "PF antecipou a Flávio Bolsonaro que Queiroz seria alvo de operação, diz suplente do senador". 16 mai. 2020. Disponível em: https://www1.folha.uol.com.br/poder/2020/05/pf-antecipou-a-flavio-bolsonaro-que-queiroz-seria-alvo-de-operacao-diz-suplente-do-senador.shtml. Acesso em: 2 dez. 2021.
59 Autos do inquérito n° 4831, em tramitação no Supremo Tribunal Federal.
60 Entrevista, sob condição de anonimato, com fontes que acompanharam o caso.
61 *O Globo*. "Pressão de Bolsonaro na PF do Rio começou após inquérito contra Flávio avançar". 15 mai. 2020. Disponível em: https://oglobo.globo.com/brasil/pressao-de-bolsonaro-na-pf-do-rio-comecouapos-inquerito-contra-flavio-avancar-1-24428056?utm_source=notificacao-geral&utm_medium=notificacao-browser&utm_campaign=O%20Globo. Acesso em: 2 dez. 2021.
62 Autos do inquérito n° 4831, em tramitação no Supremo Tribunal Federal.
63 Ibidem.
64 Ibidem.
65 Ibidem.
66 Ibidem.

67 Ibidem.

13. O FIM DAS FORÇAS-TAREFAS

1   Entrevista, sob condição de anonimato, com auxiliares de Augusto Aras.
2   Entrevista, sob condição de anonimato, com integrantes da força-tarefa da Lava-Jato de Curitiba.
3   G1. "Alexandre de Moraes suspende acordo entre Petrobras e força-tarefa da Lava-Jato". 15 mar. 2019. Disponível em: https://g1.globo.com/politica/noticia/2019/03/15/alexandre-de-moraes-suspende-acordo-entre-petrobras-e-forca-tarefa-da-lava-jato.ghtml. Acesso em: 3 dez. 2021.
4   *Folha de S.Paulo*. "Dodge segurou investigações de Bolsonaro enquanto articulava recondução". 13 set. 2019. Disponível em: https://www1.folha.uol.com.br/poder/2019/08/dodge-segurou-investigacoes-sobre-bolsonaro-enquanto-articulava-reconducao.shtml?origin=folha. Acesso em: 17 fev. 2022.
5   Entrevista, sob condição de anonimato, com um ex-integrante da força-tarefa da Lava-Jato.
6   Ibidem.
7   G1. "Deltan Dallagnol diz não ter interesse em concorrer à promoção no MPF". 22 out. 2019. Disponível em: https://g1.globo.com/pr/parana/noticia/2019/10/22/deltan-dallagnol-diz-nao-ter-interesse-em-concorrer-a-promocao-no-mpf.ghtml. Acesso em: 3 dez. 2021.
8   G1. "Dodge prorroga Lava-Jato no Paraná por mais um ano". 12 ago. 2019. Disponível em: https://g1.globo.com/politica/noticia/2019/08/12/dodge-prorroga-lava-jato-no-parana-por-mais-um-ano.ghtml. Acesso em: 3 dez. 2021.
9   Entrevista com subprocuradores-gerais da República que acompanharam o assunto.
10 *O Globo*. "Conselho Superior da PGR estuda criar órgão para unificar forças-tarefas da Lava-Jato". 29 jun. 2020. Disponível em: https://oglobo.globo.com/politica/conselho-superior-da-pgr-estuda-criar-orgao-para-unificar-forcas-tarefas-da-lava-jato-24505519. Acesso em: 3 dez. 2021.
11 Entrevista, sob condição de anonimato, com auxiliares de Augusto Aras.
12 Canal do Grupo Prerrogativas no YouTube. "Webconferência do Grupo Prerrogativas com Augusto Aras: os desafios da PGR em tempos de pandemia". 28 jul. 2020. Disponível em: https://www.youtube.com/watch?v=0BbyUX9Fbrw&t=698s. Acesso em: 3 dez. 2021.
13 Ibidem.
14 Entrevista, sob condição de anonimato, com fontes da PGR que acompanharam o assunto.
15 Canal no YouTube do Grupo Prerrogativas, "Webconferência do Grupo Prerrogativas com Augusto Aras: os desafios da PGR em tempos de pandemia, 28 jul. 2020. Disponível em: https://www.youtube.com/watch?v=0BbyUX9Fbrw&t=698s. Acesso em: 3 dez. 2021.
16 Entrevista, sob condição de anonimato, com ex-integrantes da força-tarefa.
17 Entrevista, sob condição de anonimato, com um ex-integrante da força-tarefa de Curitiba.
18 Entrevista, sob condição de anonimato, com um ex-integrante da força-tarefa.
19 Entrevista, sob condição de anonimato, com fontes próximas a Deltan Dallagnol.
20 Entrevista, sob condição de anonimato, com fontes do Ministério Público Federal no Paraná que acompanharam o assunto.
21 Ibidem.
22 Entrevista, sob condição de anonimato, com integrantes da força-tarefa da Lava-Jato do Paraná.

23 *O Globo*. "Quem é Alessandro Oliveira, substituto de Deltan Dallagnol na Lava-Jato". 4 set. 2020. Disponível em: https://oglobo.globo.com/epoca/brasil/quem-alessandro-oliveira-substituto-de-deltan-dallagnol-na-lava-jato-24623172. Acesso em: 11 dez. 2021.
24 Entrevista, sob condição de anonimato, com fontes da Procuradoria-Geral da República e do Ministério Público Federal do Paraná que acompanharam o assunto.
25 Ibidem.
26 Ibidem.
27 Entrevista, sob condição de anonimato, com fontes da Procuradoria-Geral da República e do Ministério Público Federal do Paraná que acompanharam o assunto.
28 MPF. "Lava-Jato passa a integrar o Gaeco no Paraná". 3 fev. 2021. Disponível em: http://www.mpf.mp.br/pr/sala-de-imprensa/noticias-pr/lava-jato-passa-a-integrar-o-gaeco-no-parana. Acesso em: 3 fev. 2021.
29 MPF. "Lava-Jato passa a integrar o Gaeco no Paraná". 3 fev. 2021. Disponível em: http://www.mpf.mp.br/pr/sala-de-imprensa/noticias-pr/lava-jato-passa-a-integrar-o-gaeco-no-parana. Acesso em: 3 fev. 2021.
30 MPF. "Portaria nº 213, de 14 de março de 2018". 14 mar. 2018. Disponível em: http://bibliotecadigital.mpf.mp.br/bdmpf/bitstream/handle/11549/140135/PT_PGR_MPF_2018_213.pdf?sequence=5&isAllowed=y. Acesso em: 11 dez. 2021.
31 Entrevista, sob condição de anonimato, com fontes da Procuradoria-Geral da República e do Ministério Público Federal em São Paulo.
32 Ibidem.
33 Entrevista, sob condição de anonimato, com fontes que acompanharam a reunião.
34 Ibidem.
35 Procuradoria da República em São Paulo. Ofício nº 304/2020, 2 set. 2020. Disponível em: https://static.poder360.com.br/2020/09/LJSP-ofi%CC%81cio-CSMPF.pdf. Acesso em: 12 dez. 2021.
36 Ibidem.
37 Ibidem.
38 G1. "Lava-Jato denuncia José Serra por lavagem de dinheiro, e PF cumpre mandado de busca contra o ex-governador". 3 jul. 2020. Disponível em: https://g1.globo.com/sp/sao-paulo/noticia/2020/07/03/pf-cumpre-mandados-da-lava-jato-em-sao-paulo.ghtml. Acesso em: 12 dez. 2021.
39 Entrevista, sob condição de anonimato, com fontes que acompanharam o caso.
40 Ibidem.
41 Ibidem.
42 Procuradoria da República em São Paulo. Ofício nº 304/2020, 2 set. 2020. Disponível em: https://static.poder360.com.br/2020/09/LJSP-ofi%CC%81cio-CSMPF.pdf. Acesso em: 12 dez. 2021.
43 Entrevista, sob condição de anonimato, com fontes que acompanharam o caso.
44 *Conjur*. "Gilmar vê reciclagem de fatos lavajatistas e anula ação contra Serra". 25 ago. 2021. Disponível em: https://www.conjur.com.br/2021-ago-25/gilmar-ve-reciclagem-fatos-lavajatistas-anula-acao-serra. Acesso em: 2 mar. 2022.
45 *Folha de S.Paulo*. "Investigado da Lava-Jato recebeu alerta sobre 'semana preciosa' dias antes de prisão". 9 dez. 2020. Disponível em: https://www1.folha.uol.com.br/poder/2020/12/investigado-da-lava-jato-recebeu-alerta-sobre-semana-preciosa-dias-antes-de-prisao.shtml. Acesso em: 12 dez. 20201.
46 *Conjur*. "Advogado é denunciado à OAB por cooptar clientes da 'Lava-Jato' no Rio". 26 mar. 2019. Disponível em: https://www.conjur.com.br/2019-mar-26/advogado-denunciado-acusado-cooptar-clientes-lava-jato. Acesso em: 12 dez. 2021.
47 Entrevista, sob condição de anonimato, com pessoas próximas a Nythalmar Dias Ferreira.

48 Entrevista, sob condição de anonimato, com fonte que acompanhou o assunto.
49 Justiça Federal do Rio de Janeiro. Autos do pedido de busca e apreensão criminal n° 5070744-62.2020.4.02.5101/rj, despacho do dia 19 out. 2020, proferido pela juíza federal Rosália Monteiro Figueira.
50 G1. "Advogado abordou réus da Lava-Jato, entre eles Sérgio Cabral, Eike Batista e Sérgio Côrtes, prometendo penas mais brandas, diz MP". 11 nov. 2020. Disponível em: https://g1.globo.com/rj/rio-de-janeiro/noticia/2020/11/11/advogado-abordou-reus-da-lava-jato-entre-eles-sergio-cabral-eike-batista-e-sergio-cortes-prometendo-penas-mais-brandas-diz-mpf.ghtml. Acesso em: 12 dez. 2021.
51 *O Globo*. "MPF diz que ameaça enviada ao juiz Marcelo Bretas partiu de celular de advogado". 11 jun. 2021. Disponível em: https://oglobo.globo.com/brasil/mpf-diz-que-ameaca-enviada-ao-juiz-marcelo-bretas-partiu-de-celular-de-advogado-25056741. Acesso em: 12 dez. 2021.
52 Entrevista, sob condição de anonimato, com fontes que acompanharam o assunto.
53 Supremo Tribunal de Justiça. "STJ determina remessa de processo contra advogado suspeito de vender facilidades na Lava-Jato". 21 dez. 2020. Disponível em: https://www.stj.jus.br/sites/portalp/Paginas/Comunicacao/Noticias/21122020-STJ-determina-remessa-de-processo-contra-advogado-suspeito-de-vender-facilidades-na-Lava-Jato.aspx. Acesso em: 12 dez. 2021.
54 G1. "Operação mira advogados por supostos desvios de R$ 151 milhões do Sistema s". 9 set. 2020. Disponível em: https://g1.globo.com/rj/rio-de-janeiro/noticia/2020/09/09/policia-federal-cumpre-mandados-no.rio.ghtml. Acesso em: 12 dez. 2021.
55 *Veja*. "Bretas é acusado de negociar penas, orientar advogados e combinar com o MP", 4 jun. 2021. Disponível em: https://veja.abril.com.br/politica/bretas-e-acusado-de-negociar-penas-orientar-advogados-e-combinar-com-o-mp/. Acesso em: 13 dez. 2021.
56 Ibidem.
57 *O Globo*. "Marcelo Bretas confirma reunião com advogado que o delatou, mas nega ter orientado acordos da Lava-Jato". 10 jul. 2021. Disponível em: https://blogs.oglobo.globo.com/bela-megale/post/marcelo-bretas-confirma-reuniao-com-advogado-que-o-delatou-mas-nega-ter-orientado-acordos-da-lava-jato.html. Acesso em: 13 dez. 2021.
58 Entrevista, sob condição de anonimato, com integrantes da Procuradoria-Geral da República.
59 G1. "STJ afasta Witzel do cargo por suspeitas de irregularidades na saúde; vice é alvo de buscas". 28 ago. 2020. Disponível em: https://g1.globo.com/rj/rio-de-janeiro/noticia/2020/08/28/pf-cumpre-mandados-no-rj-nesta-sexta-feira.ghtml. Acesso em: 13 dez. 2021.
60 *O Globo*. "Witzel: "Há interesses poderosos contra mim que querem destruir o estado". 28 ago. 2020. Disponível em: https://oglobo.globo.com/rio/witzel-ha-interesses-poderosos-contra-mim-que-querem-destruir-estado-1-24611302. Acesso em: 13 dez. 2021.
61 *O Globo*. "Coordenador da Lava-Jato no Rio afirma ter provas robustas contra Witzel". 28 ago. 2020. Disponível em: https://oglobo.globo.com/rio/coordenador-da-lava-jato-no-rio-afirma-ter-provas-robustas-contra-witzel-1-24611271. Acesso em: 13 dez. 2021.
62 *O Globo*. "Lava-Jato: PGR prorroga força-tarefa no Rio e no Paraná". 7 dez. 2020. Disponível em: https://oglobo.globo.com/politica/lava-jato-pgr-prorroga-forca-tarefa-no-rio-no-parana-24785609. Acesso em: 19 dez. 2021.
63 *O Globo*. "Aras prorroga Lava-Jato do Rio até final de março". 29 jan. 2021. Disponível em: https://oglobo.globo.com/politica/aras-prorroga-lava-jato-do-rio-ate-final-de-marco-24862581. Acesso em: 19 dez. 2021.

64 Antônio Augusto Brandão de Aras. "Portaria nº 172, de 7 de abril de 2021". Disponível em: https://static.poder360.com.br/2021/04/PGR-00116434.2021.pdf. Acesso em: 19 dez. 2021.
65 *O Globo.* "Antigos integrantes da Lava-Jato do Rio sinalizam ruptura com PGR após delação de advogado". 11 jun. 2021. Disponível em: https://oglobo.globo.com/brasil/antigos-integrantes-da-lava-jato-do-rio-sinalizam-ruptura-com-pgr-apos-delacao-de-advogado-25056197. Acesso em: 19 dez. 2021.
66 Metrópoles. "Rio: procuradores chamam acusações de delator de falsas e mentirosas". 4 jun. 2021. Disponível em: https://www.metropoles.com/brasil/justica/rio-procuradores-chamam-acusacoes-de-delator-de-falsas-e-mentirosas. Acesso em: 19 dez. 2021.

14. LULA LIVRE

1 Circuito das Águas Paulista: Monte Alegre do Sul. Disponível em: https://www.circuitodasaguaspaulista.sp.gov.br/cidade/monte-alegre-do-sul. Acesso em: 30 dez. 2021.
2 Entrevista, sob condição de anonimato, com integrantes da equipe de defesa de Luiz Inácio Lula da Silva.
3 Sobre o escritório Teixeira Martins. Disponível em: https://fernandomartins.adv.br/sobre/. Acesso em: 30 dez. 2021.
4 Site "A Verdade de Lula" ver em https://averdadedelula.com.br
5 Medida prevista no Código de Processo Penal aplicada por autoridades policiais para garantir que pessoas intimadas a depor compareçam a esse ato.
6 Entrevista com correligionários do PT sob condição de anonimato.
7 Ibidem.
8 Entrevista com integrantes do STF sob condição de anonimato.
9 *O Globo.* "Defesa de Lula pede prisão domiciliar ao STF". 21 jul. 2018. Disponível em: https://oglobo.globo.com/politica/defesa-de-lula-pede-prisao-domiciliar-ao-stf-22808870 Acesso em: 03 mar. 2022.
10 *Época.* "Trombadas e Ciúmes: advogados de Lula divergem em relação à estratégia de defesa do petista". 03 jul. 2018. Disponível em: https://epoca.oglobo.globo.com/politica/noticia/2018/07/trombadas-e-ciumes-advogados-de-lula-divergem-em-relacao-estrategia-de-defesa-do-petista.html. Acesso em: 03 mar. 2022.
11 *O Globo.* "Com críticas a advogados, Sepúlvda Pertence pede para deixar defesa de Lula". Disponível em: https://oglobo.globo.com/politica/com-criticas-advogados-sepulveda-pertence-pede-para-deixar-defesa-de-lula-22889995. Acesso em: 03 mar. 2022.
12 Entrevista com presentes na reunião sob condição de anonimato.
13 G1. "Lula deixa PF após decisão do STF sobre prisão em 2ª instância". 8 nov. 2019. Disponível em: https://g1.globo.com/jornal-nacional/noticia/2019/11/08/lula-deixa-pf-apos-decisao-do-stf-sobre-prisao-em-2a-instancia.ghtml. Acesso em: 30 dez. 2021.
14 *Conjur.* "Gilmar pede vista e 2ª Turma adia julgamento de pedido de liberdade de Lula". 4 dez. 2018. Disponível em: https://www.conjur.com.br/2018-dez-04/gilmar-vista-turma-adia-julgamento-hc-lula. Acesso em: 30 dez. 2021.
15 *Conjur.* "Fachin anula condenações de Lula e desloca processos para Brasília". 8 mar. 2021. Disponível em: https://www.conjur.com.br/2021-mar-08/fachin-declara-vara-curitiba-incompetente-julgar-lula. Acesso em: 30 dez. 2021.
16 Supremo Tribunal Federal. Habeas corpus nº 193.726, despacho de 8 mar. 2020. Disponível em: http://portal.stf.jus.br/processos/detalhe.asp?incidente=6043118. Acesso em: 30 dez. 2021.
17 Entrevista, sob condição de anonimato, com fontes que acompanharam o caso.

18 Supremo Tribunal Federal. Habeas corpus n° 193.726, despacho de 8 mar. 2020. Disponível em: http://portal.stf.jus.br/processos/detalhe.asp?incidente=6043118. Acesso em: 30 dez. 2021.
19 Ibidem.
20 Entrevista, sob condição de anonimato, com integrantes do gabinete do ministro Edson Fachin no STF.
21 Tribunal Superior Eleitoral. "Conheça os currículos dos ministros Luís Roberto Barroso e Luiz Edson Fachin". 25 mai. 2020. Disponível em: https://www.tse.jus.br/imprensa/noticias-tse/2020/Maio/conheca-os-curriculos-dos-ministros-luis-roberto-barroso-e-luiz-edson-fachin. Acesso em: 5 jan. 2022.
22 G1. "Luiz Fachin é advogado especialista em Direito Civil e de Família". 14 abr. 2015. Disponível em: http://g1.globo.com/politica/noticia/2015/04/luiz-fachin-e-advogado-especialista-em-direito-civil-e-de-familia.html. Acesso em: 5 jan. 2022.
23 *Conjur*. "Crítico da jurisprudência, Fachin tem a chance de transformá-la". 17 abr. 2015. Disponível em: https://www.conjur.com.br/2015-abr-17/critico-jurisprudencia-fachin-chance-transforma-la. Acesso em: 5 jan. 2022.
24 *Conjur*. "Em sabatina, Fachin explica posicionamento sobre reforma agrária". 12 mai. 2015. Disponível em: https://www.conjur.com.br/2015-mai-12/sabatina-fachin-explica-posicionamento-reforma-agraria. Acesso em: 5 jan. 2022.
25 G1. "Dilma indica Luiz Edson Fachin para vaga de ministro do Supremo", 14 abr. 2015. Disponível em: http://g1.globo.com/politica/noticia/2015/04/dilma-indica-luiz-edson-fachin-para-vaga-de-ministro-do-supremo.html. Acesso em: 5 jan. 2022.
26 G1. "Senado aprova por 52 votos a 27 indicação de Luiz Fachin para o STF". 19 mai. 2015. Disponível em: http://g1.globo.com/politica/noticia/2015/05/senado-aprova-por-52-votos-27-indicacao-de-luiz-fachin-para-o-stf.html. Acesso em: 5 jan. 2022.
27 G1. "Relator da Lava-Jato no STF, Teori Zavascki morre aos 68 anos após queda de avião em Paraty". 19 jan. 2017. Disponível em: https://g1.globo.com/politica/noticia/relator-da-lava-jato-no-stf-teori-morre-aos-68-anos-apos-queda-de-aviao-em-paraty.ghtml. Acesso em: 5 jan. 2022.
28 G1. "Cármen Lúcia homologa as 77 delações de executivos e ex-executivos da Odebrecht". 30 jan. 2017. Disponível em: https://g1.globo.com/politica/operacao-lava-jato/noticia/carmen-lucia-homologa-as-delacoes-da-odebrecht.ghtml. Acesso em: 5 jan. 2022.
29 *Poder360*. "Temer afirma que só indicará novo ministro após STF definir relator da Lava Jato", 21 jan. 2017. Disponível em: https://www.poder360.com.br/justica/temer-afirma-que-so-indicara-novo-ministro-depois-da-redistribuicao-da-lava-jato/. Acesso em: 5 jan. 2022.
30 G1. "Fachin é escolhido novo relator da Lava Jato no STF", 2 fev. 2017. Disponível em: https://g1.globo.com/politica/operacao-lava-jato/noticia/fachin-e-escolhido-novo-relator-da-lava-jato-no-stf.ghtml. Acesso em: 5 jan. 2022.
31 Entrevista, sob condição de anonimato, com assessores do Supremo Tribunal Federal.
32 G1. "STF confirma ordens para prender Delcídio Amaral e André Esteves", 25 nov. 2015. Disponível em: http://g1.globo.com/politica/operacao-lava-jato/noticia/2015/11/stf-confirma-ordens-para-prender-delcidio-amaral-e-andre-esteves.html. Acesso em: 5 jan. 2022.
33 Supremo Tribunal Federal. Autos da Reclamação n° 33.543. Disponível em: http://portal.stf.jus.br/processos/detalhe.asp?incidente=5641875. Acesso em: 5 jan. 2022.
34 Wikipedia. "Lawfare". Disponível em: https://pt.wikipedia.org/wiki/Lawfare. Acesso em: 5 jan. 2022.
35 Relatos de amigos e ex-ministros do governo Lula aos autores sob condição de anonimato.

36 Decisão do ex-juiz Sergio Moro na Ação Penal 5021365-32.2017.4.04.7000/PR de 1º ago. 2017, sobre o sítio de Atibaia.
37 *O Globo*. "Engenheiro da Odebrecht confirma obra no sítio de Atibaia", 07 fev. 2018. Disponível em: https://oglobo.globo.com/brasil/engenheiro-da-odebrecht-confirma-obra-no-sitio-de-atibaia-22376702. Acesso em: 03 mar. 2022.
38 Entrevista, sob condição de anonimato, com integrantes do Supremo Tribunal Federal.
39 Ibidem.
40 *Folha de S.Paulo*. "Fachin anula condenações de Lula, e petista fica apto a disputar eleição de 2022", 8 mar. 2021. Disponível em: https://www1.folha.uol.com.br/poder/2021/03/fachin-anula-condenacoes-do-ex-presidente-lula-na-lava-jato-em-curitiba.shtml. Acesso em: 6 jan. 2022.
41 *Gazeta do Povo*. "Kassio Nunes Marques: quem está por trás da indicação dele ao STF", 5 out. 2020. Disponível em: https://www.gazetadopovo.com.br/republica/kassio-nunes-marques-stf-quem-esta-por-tras-indicacao/. Acesso em: 6 jan. 2022.
42 Entrevista, sob condição de anonimato, com integrantes do Supremo Tribunal Federal.
43 Ibidem.
44 Canal do Supremo Tribunal Federal no YouTube, "Segunda Turma do STF – Videoconferência", 09 mar. 2021. Disponível em: https://www.youtube.com/watch?v=oG4PukmrHR0. Acesso em: 6 jan. 2022.
45 *Conjur*. "Gilmar e Lewandowski votam para considerar Moro suspeito para anular ação", 9 mar. 2021. Disponível em: https://www.conjur.com.br/2021-mar-09/gilmar-vota-considerar-moro-suspeito-anular-acao-triplex. Acesso em: 6 jan. 2022.
46 Entrevista, sob condição de anonimato, com integrantes da defesa de Lula.
47 Canal do Supremo Tribunal Federal no YouTube, "Segunda Turma do STF – Videoconferência, 9 mar. 2021". Disponível em: https://www.youtube.com/watch?v=oG4PukmrHR0. Acesso em: 6 jan. 2022.
48 Canal do Supremo Tribunal Federal no YouTube, "Segunda Turma do STF – Videoconferência, 9 mar. 2021". Disponível em: https://www.youtube.com/watch?v=oG4PukmrHR0. Acesso em: 6 jan. 2022.
49 Ibidem.
50 *Conjur*. "Lava-Jato grampeou 462 ligações de defesa de Lula por 23 dias", 19 dez. 2019. Disponível em: https://www.conjur.com.br/2019-dez-19/lava-jato-grampeou-462-ligacoes-defesa-lula-23-dias. Acesso em: 10 mar. 2022.
51 Canal do Supremo Tribunal Federal no YouTube, "Segunda Turma do STF – Videoconferência, 9 mar. 2021". Disponível em: https://www.youtube.com/watch?v=oG4PukmrHR0. Acesso em: 6 jan. 2022.
Ibidem.
52 Ibidem.
53 Ibidem.
54 Endeavor. "James Allen: mas o senhor já combinou tudo isso com os russos?", 22 mai. 2015. Disponível em: https://endeavor.org.br/tomada-de-decisao/estrategia-combinar-russos/. Acesso em: 6 jan. 2022.
55 Canal do Supremo Tribunal Federal no YouTube, "Segunda Turma do STF – Videoconferência, 9 mar. 2021". Disponível em: https://www.youtube.com/watch?v=oG4PukmrHR0. Acesso em: 6 jan. 2022.
56 Ibidem.
57 Ibidem.
58 Ibidem.
59 Ibidem.
60 Ibidem.
61 Ibidem.

62 G1. "Nunes Marques vota contra ação de Lula que pede suspeição de Moro e anulação de condenação", 23 mar. 2021. Disponível em: https://g1.globo.com/politica/noticia/2021/03/23/nunes-marques-vota-contra-acao-de-lula-que-pedia-suspeicao-de-moro-e-anulacao-de-condenacao.ghtml. Acesso em: 6 jan. 2022.
63 Ibidem.
64 Ibidem.
65 Ibidem.

Epílogo

1 Entrevistas, sob condição de anonimato, com pessoas envolvidas na organização do evento de filiação de Sergio Moro.
2 *Poder360*. Leia a íntegra do discurso de Sergio Moro no evento de filiação ao Podemos. 10 nov. 2021. Disponível em: https://www.poder360.com.br/brasil/leia-a-integra-do-discurso-de-sergio-moro-no-evento-de-filiacao-ao-podemos/. Acesso em: 22 mar. 2022.
3 Ibidem.
4 Ibidem.
5 *O Globo*. Blog de Bela Megale. "Em ato de filiação, homem joga moeda para Moro e o chama de traidor", 10 nov. 2021. Disponível em: https://blogs.oglobo.globo.com/bela-megale/post/em-ato-filiacao-homem-joga-moeda-para-moro-e-o-chama-de-traidor.html. Acesso em: 9 fev. 2022.
6 Ibidem.
7 *O Globo*. "*Garage Sale*: De volta ao Brasil, Moro e Rosangela vendem mudança em sites dos EUA e grupos de WhatsApp; veja as fotos", 4 dez. 2021. Disponível em: https://blogs.oglobo.globo.com/bela-megale/post/garage-sale-de-volta-ao-brasil-moro-e-rosangela-vendem-mudanca-em-sites-dos-eua-e-grupos-de-whatsapp-veja-fotos.html. Acesso em: 9 fev. 2022.
8 *O Globo*. "Escritório que contratou Moro teve 77% dos honorários bancados por empresas alvos da Lava-Jato", 22 jan. 2022. Disponível em: https://oglobo.globo.com/politica/escritorio-que-contratou-moro-teve-77-dos-honorarios-bancados-por-empresas-alvos-da-lava-jato-25363825. Acesso: em 9 fev. 2022.
9 Ibidem.
10 *O Globo*. "Moro diz que recebeu R$ 242,5 mil por mês de consultoria e desafia Bolsonaro e Lula a abrirem suas contas", 28 jan. 2022. Disponível em: https://oglobo.globo.com/politica/moro-diz-que-recebeu-2425-mil-por-mes-de-consultoria-desafia-bolsonaro-lula-abrirem-suas-contas-25371956. Acesso em: 9 fev. 2022.
11 *O Globo*. Moro decide se filiar à União Brasil e pode desistir de candidatura à Presidência. 31 mar. 2022. Disponível em: https://blogs.oglobo.globo.com/bela-megale/post/moro-decide-se-filiar-uniao-brasil-e-pode-desistir-de-candidatura-presidencia.html. Acesso em: 8 abr. 2022.
12 G1. "Em nota, ACM Neto e Bivar dizem que filiação de Moro ao União Brasil visa 'projeto político-partidário' em SP "2 abr. 2022. Disponível em: https://g1.globo.com/politica/eleicoes/2022/noticia/2022/04/02/nota-moro-acm-bivar-uniao-brasil-projeto-sp.ghtml. Acesso em: 8 abr. 2022.
13 *O Globo*."Deltan Dallagnol pede exoneração do MPF e deve sair candidato", 4 nov. 2021. Disponível em: https://oglobo.globo.com/politica/deltan-dallagnol-pede-exoneracao-do-mpf-deve-sair-candidato-25264191. Acesso em: 16 mar. 2022.
14 Canal do Antagonista no YouTube, "Deltan explica saída do MP", 4 nov. 2021. Disponível em: https://www.youtube.com/watch?v=rzZ4RByt7-Q. Acesso em: 9 fev. 2022.

15　*Folha de S.Paulo*. "Deltan recebe R$ 191 mil de férias ao se desligar do Ministério Público", 21 jan. 2022. Disponível em: https://www1.folha.uol.com.br/poder/2022/01/deltan-recebe-r-191-mil-de-ferias-ao-se-desligar-do-ministerio-publico.shtml. Acesso em: 9 fev. 2022.
16　G1. "Juíza federal do DF reconhece prescrição e arquiva ação contra Lula sobre Tríplex do Guarujá", 28 jan. 2022. Disponível em: https://oglobo.globo.com/politica/juiza-federal-do-df-reconhece-prescricao-arquiva-acao-contra-lula-sobre-triplex-do-guaruja-1-25371320. Acesso em: 9 fev. 2022.
17　G1. "Juíza federal do DF rejeita pedido do mp para reabrir ação penal contra Lula por sítio de Atibaia". 22 ago. 2021. Disponível em: https://g1.globo.com/politica/noticia/2021/08/22/juiza-federal-do-df-rejeita-pedido-do-mp-para-reabrir-acao-penal-contra-lula-por-sitio-de-atibaia.ghtml. Acesso em: 9 fev. 2022.
18　*Conjur*. "2ª Turma do STF anula processo de Moro e envia denúncia contra Cunha à Justiça Eleitoral", 14 set. 2021. Disponível em: https://www.conjur.com.br/2021-set-14/turma-stf-anula-processo-moro-eduardo-cunha. Acesso em: 9 fev. 2022.
19　*O Globo*. "Derrotas em série expõem insegurança jurídica para o futuro de processos da Lava-Jato", 9 dez. 2021. Disponível em: https://oglobo.globo.com/politica/derrotas-em-serie-expoem-inseguranca-juridica-para-futuro-de-processos-da-lava-jato-25311775. Acesso em: 9 fev. 2022.
20　Ibidem.
21　*Conjur*. "Morre ex-deputado Nelson Meurer, que teve domiciliar negada no STF", 12 jul. 2020. Disponível em: https://www.conjur.com.br/2020-jul-12/ex-deputado-teve-domiciliar-negada-stf-morre-prisao. Acesso em: 9 fev. 2022.
22　*O Globo*. "Fachin coloca Geddel em liberdade após cumprir parte da pena de prisão por bunker com R$ 51 milhões", 8 fev. 2022. Disponível em: https://oglobo.globo.com/politica/fachin-coloca-geddel-em-liberdade-apos-cumprir-parte-da-pena-de-prisao-por-bunker-com-51-milhoes-25386170. Acesso em: 9 fev. 2022.
23　*O Globo*. "Caso das rachadinhas: Quinta Turma do stf anula quebra de sigilo de Flávio Bolsonaro", 23 fev. 2021. Disponível em: https://oglobo.globo.com/politica/caso-das-rachadinhas-quinta-turma-do-stj-anula-quebra-de-sigilo-de-flavio-bolsonaro-24894939. Acesso em: 9 fev. 2022.
24　G1. "Brasil volta a registrar média móvel abaixo de 400 mortes diárias por Covid." 15 mar. 2022. Disponível em: https://g1.globo.com/saude/coronavirus/noticia/2022/03/15/brasil-volta-a-registrar-media-movel-abaixo-de-400-mortes-diarias-por-covid.ghtml. Acesso em: 16 mar. 2022.

ESTE LIVRO, COMPOSTO NA FONTE FAIRFIELD,
FOI IMPRESSO EM PAPEL POLEN 70G/M² NA COAN,
TUBARÃO, JUNHO DE 2022.